历史文献与传统文化
第二十八辑

陈广恩　主编

图书在版编目（CIP）数据

历史文献与传统文化.第28辑/陈广恩主编. — 北京：商务印书馆，2023
ISBN 978-7-100-22774-2

Ⅰ.①历… Ⅱ.①陈… Ⅲ.①文化史－中国－文集 Ⅳ.①K203-53

中国国家版本馆CIP数据核字（2023）第142411号

权利保留，侵权必究。

历史文献与传统文化
第二十八辑
陈广恩　主编

商　务　印　书　馆　出　版
（北京王府井大街36号　邮政编码 100710）
商　务　印　书　馆　发　行
三河市尚艺印装有限公司印刷
ISBN 978-7-100-22774-2

2023年7月第1版　　开本 880×1230　1/32
2023年7月第1次印刷　印张 12 1/2

定价：98.00元

本刊由暨南大学中华文化港澳台
及海外传承传播协同创新中心资助出版

《历史文献与传统文化》编委会

主　　任：程国赋　陈广恩
编委（以姓氏笔画为序）：
　　　　　卜宪群　王子今　邓小南　刘志伟　刘迎胜
　　　　　刘跃进　汤开建　杜建录　李华瑞　李庆新
　　　　　李治安　近藤一成　张帆　陈广恩　郝春文
　　　　　荣新江　黄仕忠　曹家齐　彭林　蒋述卓
　　　　　程国赋　程章灿　廖可斌
主　　编：陈广恩
副 主 编：王京州　吴青
执行编辑：曾肖

目　录

文献考辨

《史记·殷本纪》考源疏证（二）..李　旭　3

《春秋说题辞》"天"字释词考辨

　　——兼论其文献征引及流传..冯秀英　22

《辽史》西辽史料来源新探..葛启航　44

穗澳之间：阿格特绘《澳门平面图》

　　及其《澳门广州航道图》研究........................叶　农　宋玉宇　83

专题研究

中唐干谒的聚焦、分散、移动及其文学书写........张春晓　陈立扬　97

化城：终极的乐土

　　——兼论中古时期民众对佛教经典的理解与改造........武绍卫　114

陆游科举诸事辨析..许起山　131

论忽必烈时期元朝职官制度的定型........................屈文军　周云蕾　147

澳门买办巨贾徐瓜林及其家族与近代中国史事四题............赵利峰　202

类书研究

理学与南宋类书：以《古今源流至论》为中心 ....温志拔　229

元代民间士人视野中的元朝官制
　　——以《事林广记》"官制类"为中心 ....陈柳晶　248

《天中记》文献来源及编纂方法考 ....朱仙林　260

《古今图书集成》所征引重庆府属州县司志考 ....唐光荣　276

岭南文化研究

易简与方献夫的理学精神 ....孙建伟　297

两广总督阮元的对外思想
　　——以伶仃岛事件为中心 ....高君丽　陈文源　311

海外研究

《宋史翼》证误——文字篇 ....王瑞来　335

《历史文献与传统文化》征稿启事 389

Catalogue

Documental Research

Research on the Origins and Annotations of *Records of the Grand Historian, Yin Benji* (II)...Li Xu 3

Verification on the Interpretation of the Word "Tian" in Phraseology of *Chun Qiu Wei-Concurrently* Discussing the Literary Citation and Circulation ....Feng Xiuying 22

A New Exploration of the Sources of Xi Liao Historical Materials in the *History of Liao*...Ge Qihang 44

Between Guangzhou and Macau: A Study on Agote's Macau Plan and Macau Guangzhou Navigation Map..................Ye Nongo Song Yuyu 83

Special Research

The Focus, Dispersion, Movement and Literary Writing of Ganye in the Middle Tang Dynasty............................Zhang Chunxiao Chen Liyang 97

The Magic City: The Understanding and Transformation of Buddhist Classics by the Common People in the Middle Ages......Wu Shaowei 114

Discrimination of Lu You's Imperial Examination.................Xu Qishan 131

The Finalization of the Official System of the Yuan Dynasty in Khubilai Khan's Period……………………………Qu Wenjun Zhou Yunlei 147

Research on Macao Comprador Xu Gualin and His Family in Modern China History………………………………………………Zhao Lifeng 202

Research on books

Between the Neo-Confucianism and the Encyclopedias in Southern Sung: Centered on *the Source and Course of the Ancient and Present Knowledge* ………………………………………………………………Wen Zhiba 229

The Official System of the Yuan Dynasty in the Cognition of Folk Scholars: Centered around the Official System Content in *Shilin Guangji* ………………………………………………………………Chen Liying 248

The Investigation of Literature Reference and Compliation Methods in *Tian Zhongji*………………………………………………Zhu Xianlin 260

An Examination of those Chongqing Local Records Included in *Complete Collection of Pictures and Books of Old and Modern Times* ………………………………………………………………Tang Guangrong 276

Research on Lingnan Culture

The Neo Confucianism Spirit of Yi Jian and Fang Xianfu..Sun Jianwei 297

Strategies of Ruan Yuan, Viceroy of Liangguang, in Handling Foreign-Related Judicial Cases —Research on the Lin-tin Island Affair ………………………………………………Gao Junli Chen Wenyuan 311

Overseas Research

Correction of Errors on the Text of *Song Shi Yi*……………Wang Ruilai 335

Solicitation Notice…………………………………………………… 389

汤崩，太子太丁未立而卒，于是乃立太丁之弟外丙，是为帝外丙。帝外丙即位三年，崩，立外丙之弟中壬，是为帝中壬。帝中壬即位四年，崩，伊尹乃立太丁之子太甲。太甲，成汤適长孙也，是为帝太甲。帝太甲元年，伊尹作《伊训》，作《肆命》，作《徂后》。帝太甲既立三年，不明，暴虐，不遵汤法，乱德，于是伊尹放之于桐宫。三年，伊尹摄行政当国，以朝诸侯。帝太甲居桐宫三年，悔过自责，反善，于是伊尹乃迎帝太甲而授之政。帝太甲修德，诸侯咸归殷，百姓以宁。伊尹嘉之，乃作《太甲训》三篇，褒帝太甲，称太宗。①

[考源疏证]

伪孔本《书序》云：

成汤既没，太甲元年，（伪孔传：太甲，太丁子，汤孙也。太丁未立而卒，及汤没而太甲立，称元年。）②伊尹作《伊训》《肆命》《徂后》。（凡三篇，其二亡。）

《伊训》。（作训以教道太甲。）

《肆命》。（陈天命以戒太甲，亡。）

《徂后》。（陈往古明君以戒，亡。）③

太甲既立，不明，（不用伊尹之训，不明居丧之礼。）伊尹放诸桐。（汤葬地也。不知朝政，故曰放。）三年复归于亳，思庸，（念常道。）伊尹作《太甲》三篇。④

《史记正义》云："《尚书》孔子序云'成汤既没，太甲元年'，不言有外丙、仲壬，而太史公采《世本》，有外丙、仲壬，二书不同，

---

① （汉）司马迁：《史记》，北京：中华书局，2014年，第128—129页。本文引《史记》文字，均据此本，下不一一。
② 本文所引《尚书》文本后小括号中楷体文字，均为伪孔传。
③ 伪孔传，（唐）孔颖达疏：《尚书注疏》卷8，北京：北京大学出版社，2000年，第241、247页。
④ 伪孔传，（唐）孔颖达疏：《尚书注疏》卷8，第247页。

《史记·殷本纪》考源疏证（二）

李　旭

摘　要：本文考索《史记·殷本纪》第二部分（汤以后、纣以前）之史源，其明确可考者，先予指明；无法确考者，则略仿杨树达先生《论语疏证》之例，就于先秦两汉经子典籍之整体脉络，予以定位、疏通。两汉文献之出于《史记》之后者，内容若别有所本，足以反映其"同源"或"异源"之史源，亦予采择讨论。

关键词：《史记·殷本纪》；《尚书》；《诗经》

作者简介：李旭，暨南大学文学院中国文化史籍研究所副教授。近年笔者主讲"史源学实习"课程，师生会读，为《五帝本纪》《夏本纪》诸篇考源疏证，凭恃电子检索之便，旁搜博采，似有所得。2021年暑期，忽忆陈援庵先生"竭泽而渔"之训，反思曩者所为，但得鱼之乐，未详泽渔之法，不觉汗下。及秋，与诸生再考《史记·殷本纪》史源，乃穷一学期之力，试为竭泽之渔，步骤有四：一曰"结网"，《史记》一书为先秦经子文献之总汇，堪称上古史之"总机性文本"（王汎森先生语），故先以三周会读《殷本纪》一篇，以综罗散见殷商史料之备。二曰"观泽"，以三周会读《汉书·艺文志》，建立一目录学视角，据以上推太史公所见先秦文献之范围。三曰"分罟"，依《汉志》选取太史公殷商史述论所本之关键文献十七种，以与《史记》校读，历时四周，具体分工如下：1.《周易》（陈薪元、陈晓俊）；2.《尚书》（李旭）；3.《诗经》（朱文欣、杜赟梅）；4.《礼记》（陈薇、姚舒婷）；5.《春秋左氏传》（林江峰、梁雅婷）；6.《国语》（林江峰、张勉柏）；7.《战国策》（张勉柏、骆妍）；8.《论语》（徐甜、梁雅婷）；9.《孟子》（陈薇、徐甜）；10.《荀子》（薛文强、陈晓俊）；11.《新书》（周云蕾）；12.《庄子》（陈薪元、周云蕾）；13.《韩非子》（薛文强、邹生琴）；14.《墨子》（朱文欣、姚舒婷）；15.《吕氏春秋》（骆妍）；16.《淮南子》（刘哲）；17.《楚辞》（杜赟梅、邹生琴）。四曰"辨鱼"，汇集众人校读成果，探究太史公殷史述论之源流及书法，疏通辨证，以成此文。本文乃集体作业之结果，今由笔者总其成，凡取诸生之说处，均予注明。

文献考辨

当是信则传信，疑则传疑。"就《书序》观之，太甲继成汤而立，未见太丁、外丙、中壬诸王。按《国语·楚语上》载：

> 尧有丹朱，舜有商均，启有五观，汤有太甲，文王有管、蔡。是五王者，皆有元德也，而有奸子。①

则以太甲为成汤之子也。《正义》云太史公所述世系，乃据《世本》，按茆泮林辑《世本》：

> 太甲，汤孙。（《左》襄二十一年正义。）太甲，太丁子。（《书·伊训序》正义。）②

可与《殷本纪》互证；至外丙、中壬，则未之见。考汤崩之后殷王继位史事，《孟子》言之较详，《万章上》云：

> 伊尹相汤以王于天下。汤崩，太丁未立，外丙二年，仲壬四年。太甲颠覆汤之典刑，伊尹放之于桐。三年，太甲悔过，自怨自艾，于桐处仁迁义；三年，以听伊尹之训己也，复归于亳。③

此述太丁、外丙、仲壬、太甲继统史事，大体与《殷本纪》相合，其年数稍有出入处，容为传本之微异。太史公往往据《孟子》补《书》、释《书》，此盖其例也。

《书序》云太甲"不明"，伪孔传释云："不用伊尹之训，不明居丧之礼。"此盖后出之说。按《孔子家语·正论解》云：

> 子张问曰："《书》云：'高宗三年不言，言乃雍。'有诸？"孔子曰："胡为其不然也？古者天子崩，则世子委政于冢宰三年。成汤既没，太甲听于伊尹。武王既丧，成王听于周公，其义一也。"④

---

① 徐元诰：《国语集解》，北京：中华书局，2002年，第483—484页。
② （清）茆泮林辑：《世本》，载《世本八种》，北京：中华书局，2008年，第14页。
③ （宋）朱熹：《四书章句集注》，北京：中华书局，2012年，第314页。
④ （清）陈士珂辑：《孔子家语疏证》，南京：凤凰出版社，2017年，第282页。

《孔丛子·论书第二》云：

> 《书》曰："其在祖甲，不义惟王。"公西赤曰："闻诸晏子：'汤及太甲、祖乙、武丁，天下之大君。'夫太甲为王，居丧行不义，同称大君，何也？"孔子曰："君子之于人，计功以除过。太甲即位，不明居丧之礼，而干冢宰之政。伊尹放之于桐，忧思三年，追悔前愆，起而复位，谓之明王。以此观之，虽四于三王，不亦可乎？"①

《孔子家语》、《孔丛子》、伪孔传，皆中古后出之书，其说盖以"高宗谅暗"之礼附会太甲史事。然太甲之"不明"，果以不能守三年丧之故欤？今检七十子后学引《太甲篇》者，如《礼记·表记》云：

> 子曰："以德报德，则民有所劝。以怨报怨，则民有所惩。《诗》曰：'无言不雠，无德不报。'《太甲》曰：'民非后，无能胥以宁。后非民，无以辟四方。'"②

《礼记·缁衣》云：

> 子曰："小人溺于水，君子溺于口，大人溺于民，皆在其所亵也。夫水近于人而溺人，德易狎而难亲也，易以溺人。口费而烦，易出难悔，易以溺人。夫民闭于人而有鄙心，可敬不可慢，易以溺人。故君子不可以不慎也。《太甲》曰：'毋越厥命，以自覆也。若虞机张，往省括于厥度，则释。'《兑命》曰：'惟口起羞，惟甲胄起兵，惟衣裳在笥，惟干戈省厥躬。'《太甲》曰：'天作孽，可违也。自作孽，不可以逭。'《尹吉》曰：'惟尹躬天见于西邑夏，自周有终，相亦惟终。'"③

---

① 王钧林、周海生译注：《孔丛子》卷1，北京：中华书局，2009年，第29—30页。
② （汉）郑玄：《礼记注》，北京：中华书局，2021年，第703页。
③ （汉）郑玄：《礼记注》，第729—731页。

《礼记·大学》云：

　　《康诰》曰："克明德。"《大甲》曰："顾諟天之明命。"《帝典》曰："克明峻德。"皆自明也。①

《孟子·离娄上》云：

　　孟子曰："不仁者可与言哉？安其危而利其菑，乐其所以亡者。不仁而可与言，则何亡国败家之有？有孺子歌曰：'沧浪之水清兮，可以濯我缨；沧浪之水浊兮，可以濯我足。'孔子曰：'小子听之！清斯濯缨，浊斯濯足矣，自取之也。'夫人必自侮，然后人侮之；家必自毁，而后人毁之；国必自伐，而后人伐之。《太甲》曰：'天作孽，犹可违；自作孽，不可活。'此之谓也。"②

又《孟子·尽心上》云：

　　公孙丑曰："伊尹曰：'予不狎于不顺。'放太甲于桐，民大悦。太甲贤，又反之，民大悦。贤者之为人臣也，其君不贤，则固可放与？"孟子曰："有伊尹之志，则可；无伊尹之志，则篡也。"③

足见此篇之要义，在于修德、保民、敬天，此乃《尚书》所在上古君师"明德"之基本义涵也。故太史公据《孟子》"太甲颠覆汤之典刑"之说，推演"不明"之意云"暴虐，不遵汤法，乱德"，初与守丧、干政无关也。

范祥雍《古本竹书纪年辑校订补》：

外丙：

　　外丙胜居亳。（《太平御览》八十三）

仲壬：

　　仲壬即位居亳，命卿士伊尹。（《春秋经传集解·后序》）

---

① （汉）郑玄：《礼记注》，第786页。
② （宋）朱熹：《四书章句集注》，第285页。
③ （宋）朱熹：《四书章句集注》，第365—366页。

太甲：

伊尹即位，放大甲七年，大甲潜出自桐，杀伊尹，乃立其子伊陟、伊奋，命复其父之田宅而中分之。(《春秋经传集解·后序》、《尚书·咸有一德》疏、《通鉴外纪》三)[1]

《竹书》之说，与《书》《孟子》颇有出入，当非太史公所本。

太宗崩，子沃丁立。帝沃丁之时，伊尹卒。既葬伊尹于亳，咎单遂训伊尹事，作《沃丁》。沃丁崩，弟太庚立，是为帝太庚。帝太庚崩，子帝小甲立。帝小甲崩，弟雍己立，是为帝雍己。殷道衰，诸侯或不至。帝雍己崩，弟太戊立，是为帝太戊。帝太戊立伊陟为相。亳有祥，桑穀共生于朝，一暮大拱。帝太戊惧，问伊陟。伊陟曰："臣闻妖不胜德，帝之政其有阙与？帝其修德。"太戊从之，而祥桑枯死而去。伊陟赞言于巫咸，巫咸治王家有成，作《咸艾》，作《太戊》。帝太戊赞伊陟于庙，言弗臣，伊陟让，作《原命》。殷复兴，诸侯归之，故称中宗。

[考源疏证]

此节世系，仍当以《世本》为据，按茆泮林辑本：

太甲崩，子沃丁立。(《书·沃丁序》正义)

小甲，太庚子。(《史·三代世表》索隐)[2]

其真实性亦可与卜辞及《古本竹书纪年》互证。

其史事仍以《书序》为主干史源。按伪孔本云：

沃丁既葬伊尹于亳，(沃丁，太甲子。伊尹既致仕老终，以三公礼葬。)咎单遂训伊尹事，(训畅其所行功德之事。)作《沃丁》。(咎单，忠臣名。作此篇以戒也，亡。)

---

[1] 范祥雍：《古本竹书纪年辑校订补》，上海：上海古籍出版社，2018年，第16—17页。
[2] (清)茆泮林辑：《世本》，载《世本八种》，第14页。

伊陟相大戊,(伊陟,伊尹子。太戊,沃丁弟之子。)亳有祥,桑穀共生于朝。(祥,妖怪。二木合生,七日大拱,不恭之罚。)伊陟赞于巫咸,作《咸义》四篇。(赞,告也。巫咸,臣名。皆亡。)

太戊赞于伊陟,(告以改过自新。)作《伊陟》《原命》。(原,臣名。《原命》《伊陟》二篇皆亡。)①

桑穀共生于商朝,颇见于经子群书,或以为成汤时事,如《吕氏春秋·季夏纪·制乐》云:

成汤之时,有穀生于庭,昏而生,比旦而大拱。其吏请卜其故。汤退卜者曰:"吾闻祥者福之先者也,见祥而为不善,则福不至。妖者祸之先者也,见妖而为善,则祸不至。"于是早朝晏退,问疾吊丧,务镇抚百姓,三日而穀亡。②

又《韩诗外传》卷三第二章:

有殷之时,穀生汤之廷,三日而大拱。汤问伊尹曰:"何物也?"对曰:"穀树也。"汤问:"何为而生于此?"伊尹曰:"穀之出泽野物也,今生天子之庭,殆不吉也。"汤曰:"奈何?"伊尹曰:"臣闻妖者祸之先,祥者福之先。见妖而为善,则祸不至,见祥而为不善,则福不臻。"汤乃斋戒静处,夙兴夜寐,吊死问疾,赦过赈穷,七日而穀亡。妖孽不见,国家其昌。《诗》曰:"畏天之威,于时保之。"③

或以为太戊时事,如《说苑·君道》云:

殷太戊时,有桑穀生于庭,昏而生,比旦而拱,史请卜之汤庙,太戊从之。卜者曰:"吾闻之:祥者福之先者也,见祥而为不善,则福不生;殃者祸之先者也,见殃而能为善,则祸不至。"于

---

① 伪孔传,(唐)孔颖达疏:《尚书注疏》卷8,第261—263页。
② 许维遹:《吕氏春秋集释》,北京:中华书局,2009年,第144页。
③ 许维遹:《韩诗外传集释》,北京:中华书局,1980年,第80—81页。

是乃早朝而晏退，问疾吊丧，三日而桑穀自亡。①

此章之下，复记武丁时桑穀生朝事：

> 高宗者，武丁也，高而宗之，故号高宗。成汤之后，先王道缺，刑法违犯，桑穀具生乎朝，七日而大拱，武丁召其相而问焉。其相曰："吾虽知之，吾弗得言也。闻诸祖己：'桑穀者，野草也，而生于朝，意者国亡乎？'"武丁恐骇，饬身修行，思先王之政，兴灭国，继绝世，举逸民，明养老。三年之后，蛮、夷重译而朝者七国，此之谓存亡继绝之主，是以高而尊之也。②

又《说苑·敬慎》云：

> 孔子曰："存亡祸福，皆在己而已，天灾地妖，亦不能杀也。……殷王武丁之时，先王道缺，刑法弛，桑穀具生于朝，七日而大拱。工人占之曰：'桑穀者，野物也。野物生于朝，意朝亡乎！'武丁恐骇，侧身修行，思先王之政，兴灭国，继绝世，举逸民，明养老之道。三年之后，远方之君重译而朝者六国。此迎天时，得祸反为福也。故妖孽者，天所以警天子诸侯也；恶梦者，所以警士大夫也。故妖孽不胜善政，恶梦不胜善行也。至治之极，祸反为福。故《太甲》曰：'天作孽，犹可违；自作孽，不可逭。'"③

上述诸说，大同小异，就其君之反应而论，可分三型：（1）退卜者，自修德，如《吕览》所载成汤事是也；（2）问其相，反身修德，如《韩诗外传》所载成汤事、《说苑》所载武丁事是也；（3）问卜者，反身修德，如《说苑》所载太戊、武丁事是也。

《书序》近于第二型，既见灾异，时相伊陟宜有为也。据伪孔传所

---

① 向宗鲁：《说苑校证》，北京：中华书局，1987年，第21页。《说苑》虽编撰于《史记》之后，但其取材多本先秦文献，故可与《史记》校读。
② 向宗鲁：《说苑校证》，第21—22页。
③ 向宗鲁：《说苑校证》，第247—248页。

释，伊陟赞于巫咸，其事颇涉幽冥。按《尚书·君奭》：

> 公曰："君奭，我闻在昔成汤既受命，时则有若伊尹，格于皇天。在太甲，时则有若保衡。在太戊，时则有若伊陟、臣扈，格于上帝，巫咸乂王家。在祖乙，时则有若巫贤。在武丁，时则有若甘盘。率惟兹有陈，保乂有殷，故殷礼陟配天，多历年所。天惟纯佑命则，商实百姓。王人罔不秉德，明恤小臣，屏侯甸。矧咸奔走，惟兹惟德称，用乂厥辟。故一人有事于四方，若卜筮，罔不是孚。"①

求诸卜者、巫者，盖尚鬼之风也。《咸乂》作后，太戊乃"改过自新"，然后有《伊陟》《原命》之作，其首尾乃一事也。

至《殷本纪》所述，则与伪孔传微异，太戊问灾祥于伊陟，伊陟径言修德，祥桑遂以枯死，初无涉于巫者也。其后《咸艾》《太戊》《原命》，各为一事，未尝混言。又伪孔本《书序》有《伊陟》而无《太戊》，其重心在相德；太史公则存《太戊》而无《伊陟》，其重心在君德：此又一大别也。

中宗崩，子帝中丁立。帝中丁迁于隞。河亶甲居相。祖乙迁于邢。帝中丁崩，弟外壬立，是为帝外壬。《仲丁》书阙不具。帝外壬崩，弟河亶甲立，是为帝河亶甲。河亶甲时，殷复衰。河亶甲崩，子帝祖乙立。帝祖乙立，殷复兴。巫贤任职。祖乙崩，子帝祖辛立。帝祖辛崩，弟沃甲立，是为帝沃甲。帝沃甲崩，立沃甲兄祖辛之子祖丁，是为帝祖丁。帝祖丁崩，立弟沃甲之子南庚，是为帝南庚。帝南庚崩，立帝祖丁之子阳甲，是为帝阳甲。帝阳甲之时，殷衰。自中丁以来，废适而更立诸弟子，弟子或争相代立，比九世乱，于是诸侯莫朝。

---

① 伪孔传，(唐)孔颖达疏：《尚书注疏》卷16，第520—523页。

[考源疏证]

本章先言"帝中丁迁于隞。河亶甲居相。祖乙迁于邢",而后乃述河亶甲、祖乙之事,初读略觉突兀,疑其何不依帝系述诸帝之事,如云:"中宗崩,子帝中丁立。帝中丁迁于隞。帝中丁崩,弟外壬立,是为帝外壬。《仲丁》书阙不具。帝外壬崩,弟河亶甲立,是为帝河亶甲。河亶甲居相。河亶甲时,殷复衰。河亶甲崩,子帝祖乙立。帝祖乙立,祖乙迁于邢,殷复兴。"及检史源,始知本章先据《书序》以述中丁以后帝都迁徙之迹:

> 仲丁迁于嚣,(太戊子。去亳。嚣,地名。)作《仲丁》。(陈迁都之义,亡。)河亶甲居相,(仲丁弟。相,地名,在河北。)作《河亶甲》。(亡。)祖乙圮于耿,(亶甲子。圮于相,迁于耿。河水所毁曰圮。)作《祖乙》。(亡。)①

其次所言帝系及盛衰,则别有所据。按《世本》茆辑本云:

> 仲丁是太戊之子。(《书·仲丁序》正义。)
>
> 河亶甲,仲丁弟也。(同上。)
>
> 祖乙,河亶甲子。(同上。)
>
> 祖乙崩,子祖辛立。崩,子开甲立。崩,弟祖丁立。崩,开甲之子南庚立。崩,祖丁子阳甲立。崩,子盘庚立。(《书·盘庚》正义。)②

所述帝系与《殷本纪》略有出入,然亦可见太史公所据史料盖《世本》之类。祖乙之世,"巫贤任职",乃据《尚书·君奭》"在祖乙,时则有若巫贤"之语。"自中丁以来,废适而更立诸弟子,弟子或争相代立,比九世乱,于是诸侯莫朝",则太史公据后世嫡长子继承制以论殷代继统"弟及"制之弊者也。

---

① 伪孔传,(唐)孔颖达疏:《尚书注疏》卷8,第263—264页。
② (清)茆泮林辑:《世本》,载《世本八种》,第15页。

帝阳甲崩，弟盘庚立，是为帝盘庚。帝盘庚之时，殷已都河北，盘庚渡河南，复居成汤之故居，乃五迁，无定处。殷民咨胥皆怨，不欲徙。盘庚乃告谕诸侯大臣曰："昔高后成汤与尔之先祖具定天下，法则可修。舍而弗勉，何以成德！"乃遂涉河南，治亳，行汤之政，然后百姓由宁，殷道复兴。诸侯来朝，以其遵成汤之德也。帝盘庚崩，弟小辛立，是为帝小辛。帝小辛立，殷复衰。百姓思盘庚，乃作《盘庚》三篇。

[考源疏证]

《书序》云："盘庚五迁，将治亳殷，民咨胥怨，作《盘庚》三篇。"①《书序》以《盘庚》为盘庚当时安抚民心之作，《殷本纪》则以为帝小辛世之民追思先王之作，视角略有差异。传世《盘庚上》"邦之臧，惟汝众；邦之不臧，惟予一人有佚罚"一语，《国语·周语上》引作："国之臧，则惟女众。国之不臧，则惟余一人是有逸罚。"②《盘庚中》"乃有不吉不迪，颠越不恭，暂遇奸宄，我乃劓殄灭之，无遗育，无俾易种于兹新邑"一语，《左传》哀公十一年引《盘庚之诰》曰："其有颠越不共，则劓殄无遗育，无俾易种于兹邑。"足证此篇不伪。然太史公未详录《盘庚》全文，仅取其大意云："昔高后成汤与尔之先祖具定天下，法则可修。舍而弗勉，何以成德！"其要义有三：一曰共享先王、先祖之历史记忆，盖本《盘庚上》所云：

> 古我先王，暨乃祖乃父，胥及逸勤，予敢动用非罚？世选尔劳，予不掩尔善。兹予大享于先王，尔祖其从与享之。③

又《盘庚中》云：

> 予念我先神后之劳尔先，予丕克羞尔，用怀尔然。失于政，

---

① 伪孔传，（唐）孔颖达疏：《尚书注疏》卷9，第265页。
② 徐元诰：《国语集解》，第32页。
③ 伪孔传，（唐）孔颖达疏：《尚书注疏》卷9，第275页。

陈于兹，高后丕乃崇降罪疾，曰："曷虐朕民？"汝万民乃不生生，暨予一人猷同心，先后丕降与汝罪疾，曰："曷不暨朕幼孙有比！"故有爽德，自上其罚汝，汝罔能迪。古我先后，既劳乃祖乃父，汝共作我畜民。汝有戕，则在乃心。我先后绥乃祖乃父，乃祖乃父乃断弃汝，不救乃死。兹予有乱政同位，具乃贝玉。乃祖乃父丕乃告我高后曰："作丕刑于朕孙。"迪高后，丕乃崇降弗祥。①

二曰重祖宗之法，盖本《盘庚上》所云：

盘庚教于民，由乃在位，以常旧服，正法度。②

三曰以成德为蕲向，盖本《盘庚上》所云：

汝克黜乃心，施实德于民，至于婚友，丕乃敢大言，汝有积德。……各长于厥居，勉出乃力，听予一人之作猷。无有远迩，用罪伐厥死，用德彰厥善。③

由是观之，太史公虽未详录《盘庚》，而大旨本之。

帝小辛崩，弟小乙立，是为帝小乙。帝小乙崩，子帝武丁立。帝武丁即位，思复兴殷，而未得其佐。三年不言，政事决定于冢宰，以观国风。武丁夜梦得圣人，名曰说。以梦所见视群臣百吏，皆非也。于是乃使百工营求之野，得说于傅险中。是时说为胥靡，筑于傅险。见于武丁，武丁曰是也。得而与之语，果圣人，举以为相，殷国大治。故遂以傅险姓之，号曰傅说。

[考源疏证]

《世本》茆辑本云：

盘庚崩，弟小辛立。崩，弟小乙立。崩，子武丁立。（《书·说

---

① 伪孔传，（唐）孔颖达疏：《尚书注疏》卷9，第284页。
② 伪孔传，（唐）孔颖达疏：《尚书注疏》卷9，第270页。
③ 伪孔传，（唐）孔颖达疏：《尚书注疏》卷9，第272—278页。

命》正义）①

高宗即位，三年不言，见《尚书·无逸》：

> 周公曰："呜呼！我闻曰：昔在殷王中宗，严恭寅畏，天命自度，治民祗惧，不敢荒宁。肆中宗之享国，七十有五年。其在高宗，时旧劳于外，爰暨小人。作其即位，乃或亮阴，三年不言。其惟不言，言乃雍，不敢荒宁。嘉靖殷邦，至于小大，无时或怨。肆高宗之享国，五十有九年。其在祖甲，不义惟王，旧为小人。作其即位，爰知小人之依，能保惠于庶民，不敢侮鳏寡。肆祖甲之享国，三十有三年。自时厥后立王，生则逸。生则逸，不知稼穑之艰难，不闻小人之劳，惟耽乐之从。自时厥后，亦罔或克寿。或十年，或七八年，或五六年，或四三年。"②

儒家文献多引述之，如《论语·宪问》：

> 子张曰："《书》云：'高宗谅阴，三年不言。'何谓也？"子曰："何必高宗？古之人皆然。君薨，百官总己以听于冢宰三年。"③

《礼记·檀弓下》：

> 子张问曰："《书》云：'高宗三年不言，言乃讙。'有诸？"仲尼曰："胡为其不然也？古者天子崩，王世子听于冢宰三年。"④

是以此乃古礼通例，不独殷高宗为然。唯高宗谅暗，亦有其特殊性，《礼记·丧服四制》论之云：

> 《书》曰："高宗谅暗，三年不言。"善之也。王者莫不行此礼，何以独善之也？曰：高宗者，武丁。武丁者，殷之贤王也。继世即位，而慈良于丧。当此之时，殷衰而复兴，礼废而复起，

---

① （清）茆泮林辑：《世本》，载《世本八种》，第15页。
② 伪孔传，（唐）孔颖达疏：《尚书注疏》卷16，第508—511页。
③ （宋）朱熹：《四书章句集注》，第160页。
④ （汉）郑玄：《礼记注》，第729—731页。

故善之。善之，故载之《书》中而高之，故谓之高宗。三年之丧，君不言，《书》云"高宗谅暗，三年不言"，此之谓也。①

然则高宗谅暗所以见称于后世者，不仅在谨守礼制，更在复兴殷道也。

武丁梦得傅说，亦《书》说，《书序》云：

> 高宗梦得说，使百工营求诸野，得诸傅岩，作《说命》三篇。②

《说命》三篇已佚，逸文见于《小戴礼记》：

> 《兑命》曰："念终始典于学。"（《文王世子》《学记》）③

> 《兑命》曰："学学半。"（《学记》）④

> 《兑命》曰："敬孙务时敏，厥修乃来。"（《学记》）⑤

> 《兑命》曰："惟口起羞，惟甲胄起兵，惟衣裳在笥，惟干戈省厥躬。"（《缁衣》）⑥

> 《兑命》曰："爵无及恶德，民立而正，事纯而祭祀，是为不敬，事烦则乱，事神则难。"（《缁衣》）⑦

高宗、傅说君臣遇合之事，颇为后世称道，如《墨子·尚贤中》云：

> 傅说被褐带索，庸筑乎傅岩，武丁得之，举以为三公，与接天下之政，治天下之民。⑧

又《尚贤下》：

> 昔者傅说居北海之洲，圜土之上，衣褐带索，庸筑于傅岩之

---

① （汉）郑玄：《礼记注》，第828—829页。
② 伪孔传，（唐）孔颖达疏：《尚书注疏》卷10，第292页。
③ （汉）郑玄：《礼记注》，第472页。
④ （汉）郑玄：《礼记注》，第472页。
⑤ （汉）郑玄：《礼记注》，第475页。
⑥ （汉）郑玄：《礼记注》，第730—731页。
⑦ （汉）郑玄：《礼记注》，第736页。
⑧ （清）孙诒让：《墨子间诂》，北京：中华书局，2001年，第59页。

城，武丁得而举之，立为三公，使之接天下之政，而治天下之民。①言地理、服饰颇详。《孟子·告子下》云：

> 傅说举于版筑之间。②

《吕氏春秋·慎行论·求人》云：

> 伊尹，庖厨之臣也；傅说，殷之胥靡也，皆上相天子，至贱也。③

太史公言"说为胥靡，筑于傅险"，盖综合诸家之言而述之。

高宗谅暗三年不言与梦得傅说，在《尚书》本为二事，至《国语·楚语上》乃合而论之：

> 灵王虐，白公子张骤谏，王患之，谓史老曰："吾欲已子张之谏，若何？"对曰："用之寔难，已之易矣。若谏，君则曰：'余左执鬼中，右执殇宫，凡百箴谏，吾尽闻之矣，宁闻他言？'"白公又谏，王如史老之言。对曰："昔殷武丁能耸其德，至于神明，以入于河，自河徂亳，于是乎三年，默以思道。卿士患之，曰：'王言以出令也，若不言，是无所禀令也。'武丁于是作书，曰：'以余正四方，余恐德之不类，兹故不言。'如是而又使以象梦旁求四方之贤，得傅说以来，升以为公，而使朝夕规谏，曰：'若金，用女作砺；若津水，用女作舟；若天旱，用女作霖雨。启乃心，沃朕心。若药不瞑眩，厥疾不瘳。若跣不视地，厥足用伤。'若武丁之神明也，其圣之睿广也，其智之不疚也，犹自谓未乂，故三年默以思道。既得道，犹不敢专制，使以象旁求圣人。既得以为辅，又恐其荒失遗忘，故使朝夕规诲箴谏，曰：'必交修余，

---

① （清）孙诒让：《墨子间诂》，第68—69页。
② （宋）朱熹：《四书章句集注》，第354页。
③ 许维遹：《吕氏春秋集释》，第614页。

无余弃也。'今君或者未及武丁,而恶规谏者,不亦难乎!"①
《殷本纪》叙述脉络盖本白公子张之言。

帝武丁祭成汤,明日,有飞雉登鼎耳呴,武丁惧。祖己曰:"王勿忧,先修政事。"祖己乃训王曰:"唯天监下典厥义,降年有永有不永,非天夭民,中绝其命。民有不若德,不听罪,天既附命正厥德,乃曰其奈何。呜呼!王嗣敬民,罔非天继,常祀毋礼于弃道。"武丁修政行德,天下咸驩,殷道复兴。帝武丁崩,子帝祖庚立。祖己嘉武丁之以祥雉为德,立其庙为高宗,遂作《高宗肜日》及《训》。

[考源疏证]

此章史源为《尚书·高宗肜日》,本篇《书序》云:

高宗祭成汤,有飞雉升鼎耳而雊,祖己训诸王,作《高宗肜日》《高宗之训》。②

经文云:

高宗肜日,越有雊雉。祖己曰:"惟先格王,正厥事。"乃训于王,曰:"惟天监下民,典厥义。降年有永有不永,非天夭民,民中绝命。民有不若德,不听罪。天既孚命正厥德。乃曰:'其如台?'呜呼!王司敬民,罔非天胤,典祀无丰于昵。"③

校读可知,《殷本纪》祖己曰"王勿忧,先修政事",乃对武丁之言也;《高宗肜日》祖己曰"惟先格王,正厥事",则祖己自言也。此其小异。

又《诗·商颂·殷武》云:

挞彼殷武,奋伐荆楚。罙入其阻,裒荆之旅。(毛传:挞,疾

---

① 徐元诰:《国语集解》,第502—504页。
② 伪孔传,孔颖达疏:《尚书注疏》卷10,第302页。
③ 伪孔传,孔颖达疏:《尚书注疏》卷10,第302页。

意也。殷武，殷王武丁也。荆楚，荆州之楚国也。罙，深。裒，聚也。郑笺：有钟鼓曰伐。罙，冒也。殷道衰而楚人叛，高宗挞然奋扬威武，出兵伐之，冒入其险阻，谓逾方城之隒，克其军率，而俘虏其士众。）①

杜赟梅君以为，高宗不仅修政行德，亦有拓疆之功，太史公仅述其德业，未及兵事，颇堪留意。

帝祖庚崩，弟祖甲立，是为帝甲。帝甲淫乱，殷复衰。帝甲崩，子帝廪辛立。帝廪辛崩，弟庚丁立，是为帝庚丁。帝庚丁崩，子帝武乙立。殷复去亳，徙河北。帝武乙无道，为偶人，谓之天神。与之博，令人为行。天神不胜，乃僇辱之。为革囊，盛血，卬而射之，命曰"射天"。武乙猎于河渭之间，暴雷，武乙震死。子帝太丁立。帝太丁崩，子帝乙立。帝乙立，殷益衰。

[考源疏证]

祖甲以后帝系史源未详，林江峰、张勉柏二君检《国语·周语下》：

> 玄王勤商，十有四世而兴。帝甲乱之，七世而陨。②

《殷本纪》载帝甲之后，有帝廪辛、帝庚丁、帝武乙、帝太丁、帝乙、帝辛（纣）诸帝，适合七世之数。

帝武乙射天事之史源，今未能详考。按《论衡·感类篇》云：

> 或曰："纣父帝乙射天殴地，游泾、渭之间，雷电击而杀之。斯天以雷电诛无道也。"帝乙之恶，孰与桀、纣？邹伯奇论桀、纣恶不如亡秦，亡秦不如王莽，然而桀、纣、秦、莽之死，不以雷电。③

---

① （汉）毛亨传，（汉）郑玄笺：《毛诗传笺》，北京：中华书局，2018年，第499页。
② 徐元诰：《国语集解》，第131页。
③ 黄晖：《论衡校释》，北京：中华书局，1990年，第801—802页。

据此，则汉儒或以纣父帝乙射天殴地，雷电击而杀之。然《尚书》述帝乙事，多称其德，如《酒诰》载：

> 在昔殷先哲王，迪畏天，显小民，经德秉哲，自成汤咸至于帝乙，成王畏相。惟御事厥棐有恭，不敢自暇自逸。①

《多士》载：

> 自成汤至于帝乙，罔不明德恤祀。亦惟天丕建保乂有殷，殷王亦罔敢失帝，罔不配天其泽。②

《多方》载：

> 乃惟成汤，克以尔多方，简代夏作民主。慎厥丽，乃劝，厥民刑，用劝。以至于帝乙，罔不明德慎罚，亦克用劝。③

若然，汉儒帝乙射天之说，显然悖于《书经》。太史公或有见于此，乃以射天事属"帝武乙"？又陈薇君检《史记·宋微子世家》：

> 君偃十一年，自立为王。东败齐，取五城；南败楚，取地三百里；西败魏军，乃与齐、魏为敌国。盛血以韦囊，县而射之，命曰"射天"。淫于酒妇人。群臣谏者辄射之。于是诸侯皆曰"桀宋"："宋其复为纣所为，不可不诛。"告齐伐宋。王偃立四十七年，齐湣王与魏、楚伐宋，杀王偃，遂灭宋而三分其地。

宋为殷后，其末代之君所为，复与武乙事相类；而时人之说，以射天事属纣，与《殷本纪》略有出入。

战国以后儒家论殷商盛衰大势，或称其圣君之屡作，如《孟子·公孙丑上》云：

> 由汤至于武丁，贤圣之君六七作，天下归殷久矣，久则难变也。武丁朝诸侯，有天下，犹运之掌也。纣之去武丁未久也，其

---

① 伪孔传，孔颖达疏：《尚书注疏》卷14，第446页。
② 伪孔传，孔颖达疏：《尚书注疏》卷16，第500页。
③ 伪孔传，孔颖达疏：《尚书注疏》卷17，第541页。

故家遗俗，流风善政，犹有存者。①

或惜其道德之渐破，如《大戴礼记·少闲第七十六》云：

  成汤卒崩，殷德小破。二十有二世，乃有武丁即位，开先祖之府，取其明法，以为君臣上下之节，殷民更眩，近者说，远者至，粒食之民，昭然明视。武丁卒崩，殷德大破，九世，乃有末孙纣即位。②

太史公述成汤以后殷朝史事，屡衰屡盛，迭见起伏，盖兼综两类史观而作者也。

---

① （宋）朱熹：《四书章句集注》，第229页。
② （清）王聘珍：《大戴礼记解诂》，北京：中华书局，1983年，第219—220页。

《春秋说题辞》"天"字释词考辨
——兼论其文献征引及流传

冯秀英

摘　要：明清以来的学者开展了大量的纬书的辑佚和研究工作，然其个案研究及新研究视域与理念的研究成果尚鲜见。纬书文本阙文、异文情况非常复杂，目前可见的文献考订较为粗疏。据考证，《春秋纬》之《春秋说题辞》文本主体当在北宋中后期散佚，其中的"天"字释词在文献流传中出现了几种引文，通过比勘文献，考辨"天"字释词中的"颠""显""填""镇"等训字及其他，可知其在经书、字书、类书等的文献征引情况，由此考知《春秋说题辞》之流传脉络，可作为文献考证个案研究的一种尝试。

关键词：《春秋说题辞》；字说；征引

刘师培曾在《论谶纬》中赞纬书有补史、考地、测天、考文、征礼、格物之功，可见其内容丰富和价值多元。纬书问世以后，在汉代曾作为与经书具有同等重要地位的"内典"受到尊崇，但魏晋后屡遭禁毁，散佚严重，宋以后除《易纬》几种相对完整外，其他几无完帙。从整理和版本上看，旧有东汉宋均注，但自《七录》以来均不见著录，亡佚已久。自南北朝以来，群书多有征引，尤其唐宋时期的类书、经书等

作者简介：冯秀英，云南师范大学史学理论与史学史博士研究生。本文系云南省哲学社会科学规划项目重点项目"明代至近代滇人及寓滇文人笔记文献目录编撰与研究"（ZD202013）阶段性成果。

多有引文，为明清学人辑佚提供了条件，先后有明《古微书》辑本、《说郛》辑本、清《汉学堂丛书》辑本、《青照堂丛书》辑本、《纬捃》辑本、《七纬》辑本、《玉函山房辑佚书》辑本等，这些辑本的部分收录于《纬书集成》（上海古籍出版社，1994）及日本安居香山、中村璋八辑《纬书集成》（河北人民出版社，1994）中，前者直接选择版本影印结集，后者作了梳理并注明出处，使今人仍可一窥其面貌。《春秋说题辞》又名《春秋说题》《春秋纬说题辞》《春秋说题词》，为汉代纬书《春秋纬》之一，撰者不可考。从辑本看，为解论《春秋》经之作，似为《春秋纬》的概论、序言，或为阐明纬义而作的题解，故以"说题辞"为名。《春秋纬》十四种，为汉代谶纬家对《春秋》的经义训诂，而《春秋说题辞》之内容，据今人所辑内容来看，包括对于六经的阐释，更多的是名物训诂，涉及天文地理、动植物、礼制等。明人孙瑴在《古微书》中说："撰书者统诸纬之义而绎其文。"清朱彝尊摘引此句并说：

> 《春秋说题辞》，佚。按，《说题辞》文多系泛论。其言雨雪曰：盛阳之气，温暖为雨，阴气薄而胁之，则合而为电；盛阴之气，凝滞为雪，阳气薄而胁之，则散而为霰。一岁三十六雨，天地之气宣。十日小雨，应天文也；十五日大雨，以斗运也。大节二十四，小节十二，功德分也，故一岁三十六雨。其言嘉禾曰：天文以七，列精以五，故嘉禾之滋，茎长五尺，五七三十五，神盛，故连茎三十五穗，以成盛德，禾之极也。余不具录。[①]

可见其多有释名条目，以解说经题，阐明纬义，多以阴阳释自然，以天象应人事。值得注意的是，因其释名物的性质，使其与后世字书、字说必然有一定的关系；而其作为纬书之一种，由于经书与纬书的特

---

① （清）朱彝尊：《经义考》卷266，《景印摛藻堂四库全书荟要·史部》第156册，台湾：世界书局，1985年，第73页。

殊关系，经纬互注互证情况必然发生；又因为纬书政治寓言迷信色彩和神秘荒诞性，其解说被小说和杂说类型作品引用也极有可能。因此，本文试图从《春秋说题辞》中的"天"字释词入手，爬梳引文，结合引文和辑本的情况，辨正其训字等释词文本，考察其与汉代《说文解字》《白虎通义》等书之关系，并由释词的不同探知《春秋说题辞》的文献征引和流传情况。

一、《春秋说题辞》"天"字释词引文几种

多部典籍引用了《春秋说题辞》释"天"条，内容基本为："《春秋说题辞》云：天之为言□也，居高理下，为人□，故其字一大以镇之，此天之名义也。"或"天之为言□也。居高理下，为人□□，群阳精也，合为太一，分为殊名，故立字一大为天"。其中的□有若干版本，须予以考辨。

（一）"天之为言□也"句

1. "颠"

李昉等奉敕撰宋类书《太平御览》：

《春秋说题辞》曰：天之为言颠也。居高理下，为人经也。《白虎通》亦云：群阳精也，合为太一，分为殊名，故立字一大为天。《礼统》曰：天地者，元气之所生，万物之祖也。天之为言镇也，神也，珍也，施生为本，运转精神，功效列陈，其道可珍重也。①

清王念孙撰《广雅疏证》：

---

① （宋）李昉等：《太平御览》，北京：中华书局，1960年，第5页。

天，颠也。《太平御览》引《春秋说题辞》云：天之为言颠也。居高理下，为人经纬，故立字一大为天。天，各本讹作夭，今订正。①这里《广雅疏证》已经言明引文来自《太平御览》。

2."显"

明吴玠撰《三才广志》中有引文：

《春秋说题乱②》云：天之言显也。居高理下，为人经纪，故其字一大以镇之，此天之名义也。③

又，明冯复京撰《六家诗名物疏》：

《春秋说题辞》云：天之言显也。居高理下，为人经纪，故其字一大以镇之。《礼统》云：天，镇也，神也，珍也，施生为本，运转精神，功效列陈，其道可珍重也。④

清陈梦雷《古今图书集成·乾象典》之《天部汇考·尔雅·释天》：

《释名》云：天，显也，在上高显。又云：天，坦也，坦然高远。《说文》云：天，颠也。至高无上，从一大也。《春秋说题辞》云：天之言显也。居高理下，为人经纪，故其字一大以镇之，此天之名义也。⑤

清马骕撰《绎史》、清陈元龙撰《格致镜原》，另有《古今图书集成·经籍典》第三百六卷《释天第八》与此同。日本古典书籍库《古

---

① （清）王念孙撰，张其昀点校：《广雅疏证》卷第5上，北京：中华书局，2019年，第364页。
② "乱"，当为"辞"，形近而讹。
③ （明）吴玠：《三才广志》卷2，《续修四库全书》第1225册，上海：上海古籍出版社，2002年，第13页。
④ （明）冯复京：《六家诗名物疏》卷13，《景印文渊阁四库全书》第80册，台北：台湾商务印书馆，1986年，第157页。
⑤ （清）陈梦雷：《乾象典》卷9，《古今图书集成》2，北京：中华书局、成都：巴蜀书社，1986年，第378页。

事类苑》1914年古事类苑出版事务所编《天部》之《尔雅注疏五释天第八疏》所记亦同。

3. "填"

宋朱翌撰《猗觉寮杂记》有引文：

> 介甫《字说》往往出于小说、佛书。且如天，一而大，盖出《春秋说辞》：天之为言填也。居高理下，含为太一，分为殊形，故立字一而大。见《法苑珠林》。①

另，宋释赞宁撰《东坡先生物类相感志》有引文：

> 《说文》云：天，镇也，谓其在万物颠顶也。《春秋说题》云：天之言填也。居高理下，为人之经，群阳精也，合为太乙，分为殊名，故天字从一从大之谓天也。诸家论说不同，或浑或盖，今详其圆，而四垂运转不息，乾健之用难穷……②

又，明木增读书笔记《云薖淡墨》卷一《元气》篇引文：

> 《春秋说题辞》曰：天之为言填也。居高理下，为人经，群阳精也，含为太一，分为殊名，故立字一大为天。③

作"填"字的文本皆为杂家类作品，三者中《猗觉寮杂记》《云薖淡墨》直接和间接表明出自于唐释道世撰《法苑珠林》，再看《法苑珠林》的引文，与《云薖淡墨》引文完全相同。④

4. "镇"

作"镇"的引文最多。最早有隋杜台卿撰《玉烛宝典》：

> 今案《春秋说题辞》曰：天之为言镇也。居高理下，为人君

---

① （宋）朱翌：《猗觉寮杂记》卷上，《景印文渊阁四库全书》第850册，台北：台湾商务印书馆，1986年，第458页。
② （宋）释赞宁：《东坡先生物类相感志》卷1，《四库全书存目丛书·子部》第116册，济南：齐鲁书社，1995年，第713页。
③ （明）木增纂辑：《云薖淡墨》卷1，《续修四库全书》，第412页。
④ （唐）释道世：《法苑珠林》卷7，上海：上海古籍出版社，1991年，第148页。

阳精也。合内太一，分为殊名，故立字一大为天。①
后有唐陆德明撰《经典释文》之《释天第八》：

> 土坚反。《释名》云：天，豫司兖冀以舌腹言之。天，显也，在上高显也；青徐以舌头言之，天，坦也，坦然高远也。《说文》云：天，颠也，至高无上，从一大。《礼统》云：天之为言镇也，神也，陈也，珍也，施生为本，运转精神，功效列陈，其道可珍重也。《春秋说题辞》云：天之言镇也。居高理下，为人经纬，故其字一大以镇之也。②

清郝懿行撰《尔雅义疏》、阮元校刻《尔雅注疏》、桂馥撰《说文解字义证》、王筠撰《说文解字句读》、朱骏声撰《说文通训定声》、阮元撰《经籍籑诂》、陈立撰《白虎通疏证》等均作"镇"，引文与《经典释文》基本相同。

5."显""镇"或"镇""颠"或"镇""填"存于一书

晋郭璞注、唐陆德明音义、宋邢昺疏之《尔雅注疏》，《释天第八音义》中为"镇"（与唐陆德明撰《经典释文》之"释天第八"条同），但疏中为"显"（与宋邢昺等奉敕撰《尔雅注疏》条同）。

清乔松年辑《纬捃》中两条并列，注明一条来自《尔雅注疏》作"镇"，一条来自《太平御览》作"颠"；清桑霙直撰《字触补》也是如此，但注明两条都是引自《春秋说题辞》。

当然，也有人注意到了这个问题，阮元撰、卢宣旬摘录《十三经注疏校勘记》中的《尔雅注疏校勘记》之《释天第八》：

> 天之言镇也。注疏本"镇"改"显"，非。按：此犹《说文》云天颠也，"镇"与"颠"皆真声下，言居高理下，为人经纪，并

---

① （明）木增纂辑：《云薖淡墨》卷1，《续修四库全书》第1192册，第412页。
② （隋）杜台卿：《玉烛宝典》卷1，《续修四库全书》第885册，第3页。

镇守之义。①

此条表达了阮元认为训字"显""颠"均符合声训要求，但按意义应为"镇"，反对训为"显"的观点。

另外，安居香山、中村璋八辑《纬书集成》中列举了两个版本，一为"天之为言镇也，居高理下，为人经纪，故其字一大，以镇之也"（注：事类赋尔雅释天疏、捃微纬玉汉逸集），一为"天之为言填也。居高理下，为人经也。群阳精也。合为太一，分为殊名。故其立字一大为天"（注：览法苑珠林、捃微玉汉逸集）。②虽标明出处，但辑者所根据的版本之外的版本也有不同，例如前文所列的《古微书》《汉学堂丛书》辑本作"显"。

（二）"居高理下，为人□□"句

各引文中《春秋说题辞》中"居高理下，为人□□"句有四种版本：

1."经纬"

《经典释文》《尔雅义疏》《说文解字义证》《说文解字句读》《说文通训定声》《经籍籑诂》《字触补》等均作"经纬"，其中《广雅疏证》写明引自《太平御览》，但不同于《太平御览》的"为人经也"，作"经纬"。

2."经纪"

《三才广志》《六家诗名物疏》《古今图书集成·乾象典》《绎史》《格致镜原》《尔雅注疏》《纬捃》《十三经注疏校勘记》等均作"经纪"。

---

① （清）阮元校刻：《十三经注疏 清嘉庆刊本》12，《尔雅注疏》卷6，北京：中华书局，2009年，第5679页。
② 〔日〕安居香山、中村璋八辑：《纬书集成》，石家庄：河北人民出版社，1994年，第858页。

3. "经也"

《法苑珠林》以及引自它的《云薖淡墨》等作"经",《太平御览》《纬捃》《字触补》作"经也",《东坡先生物类相感志》"之经",意思一样。

4. 缺字

杜台卿撰《玉烛宝典》的"为人君阳精也"不辞,显然有脱字讹误,在此不论。

"居高理下,为人□□"中的"□□"若单作"经","经"有常道之意,意为天高居在上治理下界,为人之常道,现在义理上似有不通,既是"理下",则下句意思当有如何理下的意味,而非定性"天为常道",故作"经""经也""之经"当有脱字或讹之嫌。"经纪",有管理之意①,有纲纪、条理之意②,亦有通行之意③,"居高理下,为人经纪"亦能说通,表示天在上作为治理人的纲纪。"经纬"意为常法④,也意为规划、治理⑤,"居高理下,为人经纬"亦通。但细微之处,"经纬"本指织物的纵线横线,比喻条理和秩序;"经纪"指纲纪和法度,比"经纬"更加有震慑意味,如阮元所讲"并镇守之义",与"居高理下"更为匹配。《白虎通义》"天"字释词"天者何也?天之为言镇也,居高理下,为人镇也"(汉班固《白虎通德论》卷八等)又是另一

---

① 见《管子·版法解》:"天地之位,有前有后,有左有右,圣人法之,以建经纪。"黎翔凤撰,梁运华整理:《管子校注》第21卷,北京:中华书局,2004年,第1196页。
② 见《淮南子·俶真》:"万物百族,使各有经纪条贯。"(汉)刘安编,何宁撰:《淮南子集释》卷2,北京:中华书局,1998年,第137页。
③ 见《淮南子·原道》:"经纪山川,蹈腾昆仑。"(汉)刘安编,何宁撰:《淮南子集释》卷2,第16页。
④ 见《左传·昭公二十五年》:"礼,上下之纪,天地之经纬也。"(清)阮元校刻:《十三经注疏　清嘉庆刊本》,《春秋左氏传》卷51,第4579页。
⑤ 见《左传·昭公二十九年》:"夫晋国将守唐叔之所受法度,以经纬其民。"(清)阮元校刻:《十三经注疏　清嘉庆刊本》,《春秋左氏传》卷53,第4614页。

个"居高理下,为人□□"的说法,也有可能《春秋说题辞》与《白虎通义》有发生引用。

(三)"颠""显""填""镇"之辨

早在《说文解字》之前,乃至周时期,释字即有声训、形训之法。日本学者阿辻哲次在《纬书字说考》(日本京都大学人文科学研究所编《汉语史诸问题》,1988年)即提出,早于系统解释文字的《说文解字》,散见于纬书中的字说反映了较《说文解字》更为古老的文字解释,主要有声训和形训的方式,并找到诸多例证。《春秋说题辞》"天"字释词也是例证之一。

"天之言□也。居高理下,为人□□,故其字一大以镇之,此天之名义也。"从释词的结构上看,"天之言□也"为对"天"字的声训;"居高理下,为人□□,故其字一大以镇之,此天之名义也"为对"天"字的形训,将天字拆分为"一大"进行意义解释。这种字说模式在纬书中较为普遍。

由此可知,"颠""显""填""镇"应均为"天"字声训。据《故训汇纂》,"天"字可训为"颠"(《说文·一部》《广雅·释言》《集韵·谆韵》)、"瑱"(《礼记·月令》孔颖达疏引《元命苞》云)、"镇"(《白虎通义·天地》等)、"陈"(《经籍籑诂·先韵》引贺述《礼统》)。如此看来,"颠""显""填""镇"均符合声训韵部的要求。然而,在声训的同时,字说亦讲求形训的解释的意义要求,甚至声训的部分不过是字说展开过程中的导入部分,后面的意义解释才是字说的重点。[①]"天,颠也。"《说文解字》释"天"为"颠",为头顶之意,引申为最高最初的部分,意义上解释"天"能说通。"显"字解释

---

① 〔日〕阿辻哲次撰,吴新江译:《纬书字说考》,《文教资料》2003年第4期。

"天",在东汉末年刘熙所作的《释名》中有解释(见前文),且《尔雅·释诂》解释为"光也",《玉篇》解释为"明也,觊也,著也",早在《尚书·泰誓》中亦有"天有显道,厥类惟彰"句,传言"天有明道,其义类惟明"用来表示天之特征属性,释词也能解释通。

而"填",引文源流清楚,应是《法苑珠林》最早作"填",导致《猗觉寮杂记》《云薖淡墨》引文亦作"填"。《说文解字》有解释:"填,塞也。从土真声。陟邻切。"字义与语句不合,《法苑珠林》作"填"又是从何而来?乔松年辑《纬捃》卷五《春秋元命苞》有"天之言填。诗君子偕老疏"。马瑞辰《毛诗传笺通释》卷五亦言明在《诗·君子偕老》疏中有引文,安居香山、中村璋八辑《纬书集成》的《春秋元命苞》中也有此条,可见作"填"可能来自于《法苑珠林》等误认为"天之言填"出自《春秋说题辞》,或者唐孔颖达等人注疏《诗·君子偕老》时误将《春秋说题辞》中的"天"字释词认为是出自《春秋元命苞》。当然,还有另外的版本,如清朱骏声《说文通训定声》云:

> 《诗·君子偕老》疏引《春秋元命苞》:"天之言瑱也。"①

可见天字可训为"瑱"。清陈立撰《白虎通疏证》又云:

> 《诗疏》引《元命苞》云:"天之言瑱。"案:瑱,义无所取,当或填字之讹。天与镇、颠、神、陈、珍、填皆叠韵为词,填亦或借作镇字。②

自此可知,"填"可以为训字,可能是"瑱"或"镇"脱笔而造成的传抄或刊刻致误,也可能是借作"镇"。另外,同样是《春秋纬》,《春秋元命苞》和《春秋说题辞》都有"天"字释词,但训字不同,何

---

① (清)朱骏声:《说文通训定声》,武汉:武汉古籍书店影印,1983年,第844页。
② (清)陈立撰,吴则虞点校:《白虎通疏证》,北京:中华书局,1994年,第420页。

也？其实是"瑱"义虽为"以玉充耳"，但古通"填"，亦通"镇"，且"镇"为"瑱"之异体字，由此便可解释了。

"镇"字《说文解字》解释为："博压也。从金真声。"《注》曰："博当作簿。局戏也。压当作厌。笮也。谓局戏以此镇压。如今赌钱者之有桩也。未知许意然否。引申之为重也，安也，压也。"[1] 从字面意义上讲，"天"言"镇"亦能说得通。之后南梁的《礼统》云"天，镇也，神也，陈也，珍也，施生为本，运转精神，功效列陈，其道可珍重也"，除了"镇""神""陈""珍"可训，意义上也进行了相应解释，也证明了这一点。

那么，《春秋说题辞》中的"天之言□也"中的□最初究竟应为何字？

目前可见的《春秋说题辞》"天"字释词中出现了四个版本的情况，原文已佚，且释词较短，如按照声训形训兼顾的释词模式，能确定的是，如为"颠"，则《春秋说题辞》与《说文解字》或有发生引用；如为"显"，则其与《释名》或有发生引用；如为"填"，则其与《春秋元命苞》或发生混淆窜用；如为"镇"，则其与《白虎通义》或有发生引用。总体来说，"天"，《广韵》说"他前切，平先，透"，按照声训来看，"颠""填""显""镇""瑱"等均可作为其训字，但笔者认为，□最初出现可能为"镇"，原因如下：一则如为"镇"，则与后文解释"故其字一大以镇之"相承，声训和形训浑然一体，符合当时字说的体制；考察《春秋说题辞》和《春秋纬》其他书，释词格式均为此种模式，声训和形训尽量保持一致。如"星"字释词："星之为言精也。阳之荣也，阳精为日，日分为星，故其字日生为星。"[2] 取释词

---

[1] （清）段玉裁：《说文解字注》，北京：中华书局，2019年，第714页。
[2] 〔日〕安居香山、中村璋八辑：《纬书集成》，第862页。

中的字作为声训字的做法比比皆是,如"日""月"字释词:"日之为言热也。阳之宗也。远之则寒,近之则热。""月之为言假也。阴之相也,假日之光,而助其明。"① 二来后世引文中为"镇"的居多,"填"讹作"镇"的可能性亦大,"镇"与"瑱"通,可以解释《春秋元命苞》的"天"字释词,且前文中阮元、陈立撰书中关于"显""镇"和"填""镇"的择从已经说明了这一点。三者,清代学人重小学、重考据,清代小学大家之作多作"镇",朱骏声、桂馥、王筠等深谙音义之学,其说更为可信。当然,因流传过程中抄录、刊刻发生错误或手民臆补等,造成异文,也属可能。总之,《春秋说题辞》"天"字释词形成了一个流动的文本脉络。

二、由《春秋说题辞》"天"字释词看其引证

根据以上分析可知,虽然原本《春秋说题辞》"天"字当训为"镇",但在流传过程中,引文可见出现的几种版本,说明《春秋说题辞》与《说文解字》《白虎通义》《礼统》《释名》《春秋元命苞》等典籍有着引证和影响关系。具体如下表所示:

表1 《春秋说题辞》与其他典籍引证和影响关系

书名	"天"字释词	对应《春秋说题辞》释词	撰者	后世引文
《说文解字》	天,颠也	天之为言颠也	东汉许慎	《太平御览》等作"颠"

---

① 〔日〕安居香山、中村璋八辑:《纬书集成》,第862页。

续表

书名	"天"字释词	对应《春秋说题辞》释词	撰者	后世引文
《白虎通义》	居高理下，为人镇也	天之为言镇也	东汉班固	《玉烛宝典》《经典释文》等作"镇"
《礼统》	天之为言镇也，神也，陈也，珍也	天之为言镇也	南朝梁贺述	
《释名》	天，豫司兖冀以舌腹言之，天，显也，在上高显也。青徐以舌头言之，天，坦也，坦然高而远也	天之为言显也	东汉刘熙	《尔雅注疏》等作"显"
《春秋元命苞》	天之言填/天之言瑱	天之为言填也	不明	唐《毛诗注疏》、《法苑珠林》等作"填"

《白虎通义》为班固等人根据汉章帝建初四年（公元79年）经学辩论的结果撰集而成，采用声训的方法训释名物，具有重要的声训研究价值。①《说文解字》原书作于汉和帝永元十二年（公元100年）到安帝建光元年（公元121年）。出现于东汉的《释名》全书用声训来解释，学者考证其成书时间为210年前后，②为两汉时期声训的集大成者。《礼统》作于南北朝时期的梁。而《春秋纬》应成书于汉平帝元始五年（公元5年）到新莽成立（公元9年）之间，即平新（莽）之际。③按照此说法，《春秋说题辞》不具备引用《白虎通义》《说文解字》《释名》《礼统》的条件，那么只有两种可能：一为四种的其中一种有引用《春秋说题辞》的可能性；二为《春秋说题辞》在流传过程中被引用者抄录或使用时乱入了五种书的说法，以致在"天"字释词中出现了众多训字版本。因后者已佚，"天"字释词较早引用的《玉烛宝

---

① 陈思维：《〈白虎通义〉〈释名〉声训格式比较研究》，《长江丛刊》2019年第9期。
② 吴锤：《〈释名〉成书考辨》，《南京航空航天大学学报（社会科学版）》2005年第2期。
③ 徐栋梁、曹胜高：《〈春秋纬〉成书考》，《济南大学学报（社会科学版）》2009年第4期。

典》《经典释文》，则可能受影响于《白虎通义》，《太平御览》则可能受影响于《说文解字》，《三才广志》等则可能受影响于《释名》，《五经正义》《法苑珠林》等则可能受影响于《春秋元命苞》。当然，因"颠""显""镇""填"四字字形上和字音上都有相似之处，抄写刻录过程中发生变化也属可能。经过梳理，当为下列三种情况：

1. 目前可见较早引用的为隋代《玉烛宝典》，后《法苑珠林》《太平御览》《东坡先生物类相感志》《云蘷淡墨》《猗觉寮杂记》等承此脉络，原"天"训为"镇"，后或受到《说文解字》影响作"颠"，或后世征引者受《春秋元命苞》影响作"填"。

2. 目前可见较早引用为唐代《经典释文》，后《尔雅注疏》《广雅疏证》《尔雅义疏》《说文解字义证》《说文解字句读》《说文通训定声》《经籍纂诂》《白虎通疏证》等承此脉络；《三才广志》《乾象典》《格物镜原》《六家诗名物疏》等亦是承此脉络，但受《释名》影响，将"天"训为"显"。

3. 一些辑本两种都收，如《纬捃》《字触补》两种均作引文。

三、《春秋说题辞》的征引及流传

作为《春秋纬》之一种，《春秋说题辞》在历代文献中被频繁征引，从"天"字释词的引用即可见一斑。目前可见辑本的《春秋说题辞》综合起来共有130余条，通过对鼎秀、雕龙古籍数据库的检索，大概统计《春秋说题辞》在古籍中的征引情况，如下表所列：

表2　历代征引《春秋说题辞》条目的文献与次数

朝代	征引《春秋说题辞》条目的书籍及次数
南北朝	《水经注》(7)；《后汉书》(1) 等

续表

朝代	征引《春秋说题辞》条目的书籍及次数
隋	《玉烛宝典》(6)等
唐	《尚书音义》(1);《尚书释音》(1);《稽瑞》(1);《帝范》(1);《北堂书钞》(19);《玉川子诗集》(1);《樊川诗集》(1);《史记索隐》(1);《开元占经》(1);《春秋公羊传注疏》(1);《礼记注疏》(2);《毛诗注疏》(2);《白孔六帖》(2);《法苑珠林》(1);《通典》(1);《六臣注文选》(27)等
宋	《尔雅注疏》(2);《集千家注杜工部诗集》(1);《酒谱》(1);《东坡先生物类相感志》(4);《嘉定剡谈》(1);《重修广韵》(4);《太平御览》(44);《附释文互礼部韵略》(2);《尔雅翼》(2);《增修埤雅广记》(2);《韵补》(1);《长安志》(1);《过庭录》(1);《尔雅注疏》(2);《秦汉文》(1);《熙宁长安县志》(1);《麃斋续集》(1);《增修校正押韵释疑》(1);《山谷内集》(1);《路史》(2);《容斋随笔》(1);《毛诗要义》(1);《文章正宗》(2);《九家集注杜诗》(2);《记纂渊海》(6);《山谷集注》(1);《玉海》(5);《分门集注杜工部诗》(1);《补注杜诗》(1);《杜工部草堂诗笺》(1);《苏诗补注》(1);《太平寰宇记》(1);《太学新增合璧联珠声律万卷青华》(1);《通鉴纲目》(1);《册府元龟》(1)等
元	《集千家注杜诗》(1);《王氏农书》(2);《类编长安志》(2);《凤雅翼》(1);《群书通要》(3);《古今韵会举要》(3);《周易系辞述》(8);《树艺篇》(2);《文选补遗》(1)等
明	《毛诗多识编》(7);《四书名物考》(13);《类隽》(13);《禹贡汇疏》《图经》《神禹别录》(3);《格致草》(1);《经典稽疑》(1);《经义考》(9);《刘子威杂俎》(3);《天中记》(25);《隆庆长洲县志》(1);《崇祯郾城县志》(1);《嘉靖安溪县志》(1);《焦氏笔乘续集》(1);《治河通考》(1);《禹贡古今合注》(1);《疆识略》(6);《茹古略集》(2);《毛诗解》(2);《七国考》(1);《玄盖副草》(1);《艺薮谈宗》(1);《皇霸文纪》(1);《蟫史集》(1);《澹生堂藏书目》(1);《洪武正韵》(1);《天启封川县志》(1);《嘉靖建阳县志》(1);《新镌十名家批评易传阐庸》(4);《骈雅训纂》(1);《万历兖州府志》(3);《尚书苇钥》(2);《删订唐诗解》(1);《成化中都志》(1);《七修类稿》(1);《诗经胡传》(1);《升庵集》(1);《农政全书》(1);《诗志》(1);《正字通》(3);《国宪家猷》(1);《三才广志》(4);《山东通志》(1);《崇祯闽书》(1);《陕西通志》(1);《历代诸家评王右丞诗画钞》(1)等

续表

朝代	征引《春秋说题辞》条目的书籍及次数
清	《春秋繁露注》(5);《尚书注疏》(1);《苏文忠公诗编注集成》(2);《文选笺证》(1);《后汉书考证》(1);《庾开府哀江南赋笺注》(1);《庾开府全集》(2);《李太白全集》(1);《王子安集注》(1);《杜工部诗集注》(1);《杜诗会粹》(1);《读书堂杜诗批注》(1);《杜少陵诗评注》(1);《广释名》(13);《诗纬集证》(4);《宝训》(8);《申培鲁诗传》(1);《释谷》(5);《穀梁礼证》(2);《比雅》(3);《释名疏证补》(9);《六艺论疏证》(2);《小尔雅义证》(3);《广雅疏义》(22);《字触补》(3);《广雅疏证》(21);《悔翁笔记》(2);《奕载堂古玉图录》(1);《大戴礼记注补》(7);《续广博物志》(3);《孝经集证》(3);《今文尚书考证》(8);《说文解字斠诠》(6);《说文解字义证》(48);《经籍籑诂》(44);《尚书大传疏证》(4);《拾雅》(7);《说文通训定声》(41);《春秋繁露义证》(3);《汉碑引经考附引纬考》(3);《补后汉书艺文志》(3);《三农纪》(4);《孔子集语》(2);《毛诗草木鸟兽虫鱼释》(2);《齐诗遗说考》(2);《谐声韵学》(5);《水经注释》(7);《授时通考》(7);《说文解字句读》(12);《周易姚氏学》(3);《方言笺疏》(4);《尚书故》(2);《四书经注集证》(6);《尔雅义疏》(5);《尔雅正义》(5);《康熙宁化县志》(1);《格物中法》(3);《唐韵正》(3);《光绪耒阳县志》(1);《光绪吴桥县志》(3);《籀经堂类稿》(1);《说文古本考》(2);《国语正义》(3);《渊鉴类函》(47);《三家诗遗说考》(3);《周易集解纂疏》(3);《穀梁补注》(3);《说文解字注笺》(5);《公羊义疏》(7);《尚书孔传参正》(3);《读书杂志》(3);《庚子山集注》(2);《绎史》(6);《乾隆河南府志》(3);《周礼正义》(6);《苏文忠诗合注》(3);《后汉书集解》(1);《晋书斠注》(2);《山西通志》(3)等

注：清代可见的引用《春秋说题辞》书籍近三百部，在此不一一列举。

（一）《春秋说题辞》征引情况

从上表中，更能直观看出其征引情况，分析下来可以分为以下几类：

1. 与经书的互证互注

前文说过，《春秋说题辞》"天"字的训字应为"镇"，但看整个释词，则与班固《白虎通义》十分相似，应该可以说，后出的《白虎通义》应该是借鉴了《春秋说题辞》的，而《白虎通义》是为统一经义而作，兼采古今文经，以今文经学为主，也大量征引谶纬，因此也可以作为经纬互证的一个重要例证。当然,不仅如此,如今可考的还有唐人贾公彦在《周礼注疏》之"大宗伯"条下引《春秋纬运斗枢》"大微宫有五帝座星",又引《春秋文耀钩》"灵威仰之等而说也"等。因纬书遭禁毁严重,我们只能从少量引文中看到经纬互证的情况,但从汉代两次集中整理经纬活动的记载,也可理解经纬互证的缘由和初始。第一次的大规模整理活动在《汉书·王莽传》中有记载。载王莽于汉平帝元始四年:

> 征天下通一艺教授十一人以上,及有逸《礼》、古《书》《毛诗》《周官》《尔雅》、天文、图谶、钟律、月令、兵法、《史篇》文字,通知其意者,皆诣公车。网罗天下异能之士,至者前后千数,皆令记说廷中,将令正乖缪,壹异说云。①

在始建国元年秋,又"遣五威将王奇等十二人班《符命》四十二篇于天下"②。这使包括谶纬在内的系列文献得到一次系统整理。建武初光武帝令尹敏等人校定图谶,并于中元元年宣布谶纬八十一篇于天下,这是对谶纬文献的第二次整理,至此后世流传的成体系的传世谶纬文献基本定型。从这两次整理活动可以看出,纬书之始,始于通经之士,其内容也并非全为虚妄荒谬,且因其地位影响经史也在情理之中。班固撰《白虎通义》在两次文献整理之后,其吸纳部分纬说进经书也是十分可能的。除了《白虎通义》的关系,考证《春秋说题辞》的"天"字释词我们可知其被唐陆德明《经典释文》所引,《释文》为古代经典注音和释义,同时考辨经籍字句的重要著作,其引用了纬书的做法,也是经纬互证的一个例子。而辞书之祖《尔雅》,不仅是辞书之祖,还是十三经之一,宋代邢昺等奉敕撰《尔雅注疏》引用了

---

① (汉)班固:《汉书》,北京:中华书局,2007年,第1015—1016页。
② (汉)班固:《汉书》,第1038页。

《春秋说题辞》等纬书，证明古人在解经时对纬书的态度并非完全排斥，对其中被认为是合理的部分仍然加以引用以便证明其说。清人对待纬书的态度更加积极和包容，阮元、陈立等人在训诂和注疏经书时引纬书以自证，成果最富。

从上表可以看出，唐时孔颖达等为经书作注疏时即有引用纬书，仅《春秋说题辞》在《毛诗注疏》《礼记注疏》《春秋公羊传注疏》中就有引用，可见引纬注经在唐代较为普遍。纵观整个征引情况，以纬书《春秋说题辞》解经、证经、注经主要集中在《毛诗》《周易》《礼记》《尔雅》《春秋公羊传》和《春秋榖梁传》上。在唐之后、清之前，经纬互证的情况较少，这应该与几个朝代对于谶纬之书的禁毁有着直接关系，直到清代经纬互证互注的情况才突然频繁，辑佚的版本也大规模出现和流传。

2. 在类书中被广泛征引

类书是我国古代分类式的资料汇编性的工具书，采辑古典文献中有关典故史实、名物制度、诗文词语等方面的各种资料，分门别类编排而成，可称古代的百科全书。从上表可以看出，类书是引文最多的书籍，隋代的《玉烛宝典》、唐《北堂书钞》《白孔六帖》、宋《太平御览》《记纂渊海》《玉海》、明《天中记》、清《渊鉴类函》，均征引了大量的《春秋说题辞》的内容，在清代之前是征引最富的书籍类型。

以《太平御览》为例，作为宋四大类书之一，引用古书一千多种，可称文献渊薮，其分天、地、人、事、物五部，在解释这五部时引经据典，求多求全，纬书字说也成为摘录的对象加以引用。如《春秋纬》中，《太平御览》就引用了《春秋元命苞》关于"木""火""水"等的解释，还引用了《春秋说题辞》关于"天""地""日""星""粟""黍"等的解释，应该是目前可见的引用纬书最多的类书，按理可认为是清人纬书辑佚的最为重要的来源。除了大型的官修私修类书外，一些专科类书,其引用了《春秋说题辞》等纬书,也可认为是纬书大量被类书征引的例证。

3. 字书、辞书、韵书的注证

纬书用了另外一套体系来解说经书,借圣人之口来解释上古经典,多牵强附会,但从前文列举来看,除《尔雅》外,其他后世所出的字书《说文解字》《释名》等有着密切的关系,即便是对纬书持反对意见的许慎,在《说文解字》中也多次提及"孔子说",并使用与纬书字说相同或类似的解释,有学者考证其中的"孔子说"的材料应为出自纬书,马宗霍曾说:"许君非不知纬书之伪,而仍引之为孔子说者,盖亦有取焉尔。"①认为许慎对纬书中的字说加以了客观地舍取使用。清人小学著作,则多取纬书字说,用以自证。如《春秋说题辞》为桂馥《说文解字义证》、王筠《说文解字句读》、朱骏声《说文通训定声》所引,《春秋考异邮》关于"虫"字的释词亦被前两种字书所引。各代字书也多有引用纬书字说。

除字书外,从上表可以看出,几乎所有年代均有韵书、辞书引用《春秋说题辞》,如宋《重修广韵》《韵补》,元代《古今韵会举要》,明代《骈雅训纂》,清代《谐声韵学》《唐韵正》等,可见《春秋说题辞》在文字训诂、格物等方面的价值。当然,当今学者也注意到了纬书的语料价值。

《说文解字》成书于纬书盛行的年代,纬书产生时,字的训释模式已经基本形成,故虽然许慎对纬书持否定的态度,但对其字说中合理的部分难以拒绝。清代的学者因持续了上千年的今古文之争已经到了尾声,加之对纬书的态度较为包容,引纬书注证字说成为可能且较为普遍。《春秋说题辞》中"天"字释词在清代《说文解字》整理和研究

---

① 马宗霍:《说文解字引群书考》卷1,北京:科学出版社,1959年,第12页。

著作中被频繁引用和注证就是一个重要例证。

4.在名物考证、史书、杂家类书中的转引

从上表可以看到,《后汉书》《史记集解索隐正义》《绎史》等史书,尤其《水经注》《禹贡汇疏》《七国考》《疆识略》和明清时期地方志等地理类史书,有引用《春秋说题辞》内容,说明了纬书的"补史""考地""测天"价值;大量的名物考证类著作如《四书名物考》《六家诗名物疏》《丹铅总录》等对《春秋说题辞》有引用,证明其有"考文""征礼""格物"之功;这些应该都来自于《释文》《法苑珠林》《太平御览》的引用而进行的递相转引。而农书转引也较多,如元代《王氏农书》、清代《三农纪》等,盖与专科类书《玉烛宝典》一样,农事与岁时、天文等密切相关,纬书内容与其有相关之处。另外,杂记、笔记类著作也多有引用,如《云蕑淡墨》《悔翁笔记》等,因其内容庞杂,所记者无所不包,二者有相同之处。

5.在文学作品集中引注

从上表看,引《春秋说题辞》注文学作品集始于《文选》。《六臣文选注》引文多达27条,足见用纬书注《文选》之普遍。在别集方面,主要用作注庾信诗赋、杜甫诗、王勃诗、苏轼诗。结合这两点,可以看出《春秋说题辞》最晚不会超过宋即已散佚。除《春秋说题辞》外,还有《文选》李善注引《春秋汉含孳》"刘"字的释词等。

(二)《春秋说题辞》的流传

纬书产生于何时,至今仍无定论,可以确定的是,纬书兴于西汉末年,盛行于东汉,由于统治者的崇信,地位十分尊崇,号为"内学",郑玄、宋均等大家为之作注,各类解说注文层出不穷,如《隋书·经籍志》所载:

俗儒趋时，益为其学，篇卷第目，转加增广。①

汉末因纬书自身的虚伪性、牵强附会等问题，一些学者提出批评乃至禁毁的主张，如《文心雕龙·正纬》所言：

> 桓谭疾其虚伪，尹敏戏其浮假，张衡发其僻谬，荀悦明其诡托。四贤博练，论之精矣。②

而真正禁毁纬书文本的，当始于曹操的"科禁内学"，开此风气后，更多地出于政治考量，晋武帝、宋孝武帝、梁武帝、北魏孝文帝都曾下令禁止谶纬之学；到隋文帝、炀帝更是严厉焚禁，搜天下书籍与谶纬相涉者皆焚之，其书遂散亡，谶纬之学真正衰落。唐代高宗、代宗，宋真宗时都曾收私家谶纬之书焚毁，对谶纬文本全面清除，当然，这种焚毁主要针对的是民间的私藏，而藏于官府和皇室的文本因得以保存，也有可能在某世因为政权更迭的原因而亡佚。③当然，散见于诸经注疏及为其他书籍所征引者不少，后代学者曾加以搜辑。

从上表《春秋说题辞》的征引情况来看，可以得出该书在流传方面的以下结论：

1. 《春秋说题辞》作为纬书之一种，从魏晋时期开始屡遭禁绝但并未真正亡佚，唐代之前的南北朝时期即有引用，唐代孔颖达的《五经正义》之多种对其多有引用，唐李善、五臣等注《文选》多有引用，可见其时还在官方和民间流传，文本的主体尚存。

2. 从各朝各代官方主持编纂类书的辑录引文来看，唐代《北堂书钞》等引文颇多，而北宋初《太平御览》也很多，到南宋中《记纂渊海》和南宋后《玉海》引文则急剧减少，可以推知《春秋说题辞》文

---

① （唐）魏徵等：《隋书》，北京：中华书局，1973年，第941页。
② （南朝梁）刘勰撰，王志彬注：《文心雕龙》，北京：中华书局，2012年，第37页。
③ 李梅训、庄大钧：《谶纬文献的禁毁和辑佚》，《山东大学学报（人文社会科学版）》2002年第1期。

本主体当在北宋中后期散佚。而明清时期的类书又恢复到原本水平，很可能是转引或是原本失传的材料被重新发现。例如《开元占经》在唐后失传，在明代又被发现。

3. 从征引情况看，将《春秋说题辞》作为与经书同样地位的纬书文献进行征引，主要发生在唐代及以前，而汉代、魏晋南北朝时期纬书均藏于秘府，无从得见，故征引较少。而唐后的征引主要还是递相转引，以致征引的书籍门类旁扩，更见琐碎。

4. 因为有这些征引，使《春秋说题辞》有了辑佚成集的可能。从上表看，明代的条目已成规模，而朝廷并未命令禁毁谶纬之书，于是学者具备了辑佚的条件。最早为元代陶宗仪在《说郛》中撷拾散佚条目，但内容较少。清代朴学盛行，学人注重小学，考证之学和辑佚之学多有建树，《说文解字》《尔雅》等书的整理多有成果，不仅限于经书，纬书也进入学者视野，上表也体现出清代学人对于纬书态度，如《广雅疏义》《广雅疏证》《说文解字义证》《说文通训定声》《经籍籑诂》等对《春秋说题辞》的大量征引，说明了王念孙、郝懿行、桂馥、朱骏声、阮元等人对纬书的认同和开放的态度，也反映出当时纬书的辑佚本已经广泛流行和被使用。辑佚成果主要集中在清代，如《纬捃》《七纬》等。

当然，《春秋说题辞》仅为纬书之一种，内容较少，但通过以上材料梳理和研究，可以看出它对古代学术文化的重要影响。通过这一部书可以知晓《春秋纬》乃至整个纬书的文献发生、典藏、流传等状况，而最为重要且可以确定的是，纬书的价值多元，其对中国古代文化的影响，也许比我们现在看到的更为深远。

《辽史》西辽史料来源新探

葛启航

摘　要：《辽史·天祚皇帝本纪》结尾附录西辽史料，叙述了从耶律大石建立西辽到耶律直鲁古被乃蛮王屈出律俘虏，西辽覆灭的历史。关于这一文本的来源，前人有不同看法。本文对近年有学者提出的"耶律楚材搜集说"提出新说，认为从文中部分非汉语名词的音译方式及达达、回回等用词到元朝时才普遍出现的史实，可以看出是入元以后人的手笔。这一材料进入《辽史》，可以放在蒙古西征、西辽故地和内地处在一个政权统治之下，中西交通大开的视角来考虑。在结合域外史料，考察这一文本来源的同时，论文也讨论西辽史若干问题。

关键词：《辽史》；耶律大石；西辽；金朝

1124 年，辽将耶律大石离开天祚帝北走，至漠北可敦城。经过长期发展后，耶律大石势力渐盛，离开可敦城西征西域，建立西辽政权，并于 1134 年前后入据东喀喇汗朝都城八剌沙衮，定都于此。之后耶律大石征服喀什噶尔、于阗一带的喀喇汗王朝支系。东面的高昌回鹘也成为附庸。1141 年西辽在寻思干（撒马尔罕）北大败塞尔柱王朝军，势力扩展到河中地区。并进攻花剌子模，迫使其君主纳贡称臣。至此，经过耶律大石十余年征战，西辽成为东西万里的大国。西辽政权地处陆路交通要道，实行了一系列有利于稳定的政策，实现传统的绿洲丝

作者简介：葛启航，陕西师范大学丝绸之路历史文化研究中心助理研究员。

绸之路和漠北草原丝绸之路的畅通，在中世纪丝路历史上写下浓墨重彩的篇章。①

西辽在东面和金朝及西夏，在西面和花剌子模、古尔王朝等政权都有联系，故而关于西辽的情况在汉文和伊斯兰文献中都可以找到零碎却丰富的记载。然而关于西辽最根本的记载，学界一致认为是《辽史》卷三十《天祚皇帝本纪四》关于西辽的史料。这篇史料记载了耶律大石及之后的西辽君主在位时的事迹、具体年限及年号②，成为研究西辽史的重要依据。诚如清代著名考据家钱大昕所言："西辽世次纪年见于《辽史·天祚纪》末，它书皆无之，今当以《辽史》为正。"③许多学者研究西辽史都是以这篇史料为骨干，将其与伊斯兰史料对比，取得许多成果，足见这一资料的重要性。本文拟讨论这段史料的来源问题，求教于学者。

一、《辽史》西辽史料来源的各家说法

苗润博先生对该文本详细梳理，认为内容可以分为两部分。前半部分是耶律大石的一篇英雄传记或者开国创业事迹，详细叙述了耶律大石身世及西迁，以及东征失败，定居西域的过程。后半部分则与前半部分内容存在较大的差异，记载耶律大石死后西辽五十八年的历史，共有二百七十多个字，对西辽各帝在位的年限及年号有精确记载，但十分简略，类似"大事简编"。很可能是由性质不同、来源不同的两

---

① 魏志江：《试论西辽帝国对中亚、西域的经略及其对丝绸之路的影响》，《北方民族大学学报》2015年第2期。
② （元）脱脱等：《辽史》卷30《天祚皇帝本纪四》，北京：中华书局，1974年，第355—358页。
③ （清）钱大昕著，杨勇军整理：《十驾斋养新录》卷8《西辽纪年》，上海：上海书店出版社，2012年，第164页。

部分内容组成。① 笔者认为这两部分内容也有交叉，如提到耶律普速完执政时期杀害驸马，"驸马父萧斡里剌以兵围其宫，射杀普速完及朴古只沙里"②，萧斡里剌在耶律大石创业部分的文字也有出现，提到他担任六院司大王，参与寻思干之战，并被大石任命为兵马都元帅，率军东征。③ 这两部分内容应有同一史源。

这一材料虽然内容有错简，但纪年十分精确。未寓目伊斯兰史料的钱大昕考订该材料的西辽年代，竟与域外史料记载有许多吻合。如考订耶律大石"在位二十年而殂，则宋绍兴十三年癸亥（1143）也"④。伊本·阿西尔（Ibn al-Athir）《全史》一书记载了当时伊斯兰各王朝的历史，其中有一些关于西辽的记载，该书记载："菊儿罕（Gür Khan，即耶律大石。——引者按）一直活到437年赖哲卜月（1143年1月20日—2月18日）。"⑤ 又如，钱氏根据该资料考证末帝直鲁古被屈出律俘虏"当宋嘉定元年（1211）"，这和巴托尔德梳理伊斯兰史料，得出的"葛儿罕被拘执，不晚于1211年上半年"⑥ 的结论不谋而合。中西史料惊人的一致，说明该史料有着相当可靠的文本来源。对这一材料史源的探讨，有助于西辽史研究的推进。

元人修《辽史》，成于辽天祚帝乾统三年（1103）的耶律俨撰修

---

① 苗润博：《蒙古西征视野下的信息流通与文本生成——〈辽史〉所记"西辽事迹"探源》，《文史》2019年第3辑，第224—226页。
② （元）脱脱：《辽史》卷30《天祚皇帝本纪四》，第358页。
③ （元）脱脱：《辽史》卷30《天祚皇帝本纪四》，第356—357页。
④ （清）钱大昕著，杨勇军整理：《十驾斋养新录》卷8《西辽纪年》，第164页。
⑤ Материалы по истории киргизов и Киргизии, I, москва 1973, стр. 67. 德国学者马迦特（J. Marquart）曾经引用这一记载，和汉文史料对照，以此为坐标考察西辽纪年，见 Marquart, Über das Volkstum der Komanen, W. Bang und J. Marquart (hrs.), Osttürkische Dialektstudien, Beilin, 1914, S. 237.
⑥ 〔俄〕巴托尔德著，张锡彤、张广达译：《蒙古入侵时期的突厥斯坦》上册，上海：上海古籍出版社，2007年，第417页。

的《实录》及成于金章宗泰和七年（1207）的陈大任《辽史》是重要资料来源。① 两书在元代已是珍本②，今佚。其中陈大任《辽史》是元末修《辽史》的主要依据。③ 魏良弢先生指出，耶律俨书修成于天祚帝前期，不可能记载西辽。而陈大任《辽史》修成于1207年，前引西辽史料的下限却是1211年西辽末帝被乃蛮王屈出律擒获，陈大任书无疑没有这一信息。这两种资料都不是《辽史》西辽资料的来源。④ 实际上，该史料明显不是出自金人手笔。诚如苗润博所言，最早将大石政权视作辽朝的延续，称之为"西辽"的是蒙古西征时期抵达西辽故地的耶律楚材，而金宋文献中，将这一政权视作契丹流亡者西迁建立的政权，称之为"大石""大石林牙""大石契丹"等，未出现"西辽"一名。⑤ 且这些文字对耶律大石充满赞美，不可能出自金人之手。金朝与西辽遥隔大漠，双方关系敌对，罕有来往，对西辽了解十分模糊，即使得到若干信息也应是边界上的传闻之词。例如金熙宗皇统四年（1144）曾经派遣粘割韩奴出使西辽，为西辽君主处死，"韩奴去后不复闻问"，到金世宗大定十四年（1174），附属西辽的粘拔恩（乃蛮）部内附，金朝才得知韩奴被处死的消息。⑥ 足见双方信息的隔绝程度。故陈大任书不可能有关于西辽的详细信息。

---

① 陈高华、陈智超等：《中国古代史史料学》，北京：北京出版社，1983年，第281页；冯家昇：《〈辽史〉源流考》，载氏著：《冯家昇论著辑粹》，北京：中华书局，1987年，第117—125页；（清）赵翼著，王树民校证：《廿二史札记校证》卷26《辽史》，北京：中华书局，2013年，第611—612页。
② 冯家昇：《〈辽史〉源流考》，载氏著：《冯家昇论著辑粹》，第157页。
③ 苗润博：《〈辽史〉探源》，北京：中华书局，2020年，第34页。
④ 魏良弢：《西辽史纲》，北京：人民出版社，1991年，第6页；魏良弢：《中国历史·喀喇汗王朝史 西辽史》，北京：人民出版社，2010年，第210—211页。
⑤ 苗润博：《蒙古西征视野下的信息流通与文本生成——〈辽史〉所记"西辽事迹"探源》，《文史》2019年第3辑。
⑥ （元）脱脱等：《金史》卷4《熙宗本纪》，第80页；同书卷121《忠义一·粘割韩奴传》，北京：中华书局，1975年，第2637—2638页。

金人对西辽情况了解渐多是蒙古西征时期。当时蒙古灭西辽,并西征中亚,而金朝在蒙古打击下朝不保夕。金宣宗派使者乌古孙仲端去西域向成吉思汗请和,经过西辽故地,才获得关于西辽内部情况一些信息。① 当时到过西辽故地的金使似乎不只乌古孙仲端。元末周致中撰有《异域志》一书,以笔记形式记载了域外各国情况,他在"黑契丹"条记:"其国有城池房屋,耕种牧养为活,出产羊马。与鞑靼不同,风俗颇类,家室颇富,不与鞑靼相往来。女直金人名马会者曾至其国。"② 惜史源不明。但从文中提到的"鞑靼",对其情况的了解,反映的是蒙古崛起以后,也就是金末的情况。马会是否与乌古孙仲端使团有关,因资料缺乏待考。这段文字将"蒙古"称为"鞑靼",以及"女直金人名马会者"的称谓,作者似乎既不是蒙古也不是金朝的臣民。这一材料可能出自宋人之手。当时南宋为了联合蒙古对付金朝,曾派遣苟梦玉为使者,远行中亚去见成吉思汗,他一直来到中亚铁门关。③ 可见宋人是可能得到西辽一些信息的。苟梦玉著有《使北录》二册④,清人于敏中已将其列为散佚的出使行纪。⑤ 笔者疑心这段材料或出自这一类书。金人获得西辽相对详细的情报已在蒙古西征时期,故《辽史》西辽史料不可能来自陈大任书。

伯希和在讨论撒马尔罕的突厥语名称寻思干(突厥语意为"肥

---

① (金)刘祁撰,崔文印点校:《归潜志》卷13,北京:中华书局,1983年,第167—168页。
② (元)周致中著,陆峻岭校注:《异域志》,北京:中华书局,1981年,第6页。
③ (明)宋濂等撰:《元史》卷1《太祖本纪》,北京:中华书局,1976年,第21、23页;(元)耶律铸:《双溪醉饮集》卷2《凯歌乐词九首·序》,《景印文渊阁四库全书》第1199册,台北:台湾商务印书馆,2008年,第383页;又参见陈高华:《早期宋蒙关系和"端平入洛"之役》,《宋辽金史论丛》第一辑,北京:中华书局,1985年,第49页。
④ (元)耶律铸:《双溪醉饮集》卷2《凯歌乐词九首·序》,《景印文渊阁四库全书》第1199册,第383页。
⑤ (清)于敏中等编纂,瞿宣颖标点,左笑鸿审订,于杰复校:《日下旧闻考》卷37《京城总记》第1册,北京:北京古籍出版社,2001年,第596页。

城")时,说中国人12世纪已知其名。① 12世纪发生在寻思干附近的战争见于汉文史料的只有《辽史》提到的寻思干之战,以此判断伯希和认为该资料来自12世纪时的文献。伯希和还留意到这篇文献对耶律大石的叙述带有传奇性,他说:"总的来说,我怀疑中国人对耶律大石西迁,他在那里的统治以及他的继任者的描述不太可信。耶律大石离开辽朝,辽亡,从此没有独立的契丹史学,所有的新信息都传到了统治的金朝。现在惊人的事实是金人长期不知道耶律大石的行动,他们听到的一点消息与伊斯兰消息的来源有关,这些消息阻碍了耶律大石向西推进几年。但是哈剌契丹帝国的创始人已经成为一个传奇人物,我们在《辽史》中看见的很可能是一个浪漫主义的传记,或多或少地虚构了统治名称(年号)和想象的年表。"② 这段描述可知伯希和对《辽史》西辽部分史料价值提出质疑。而日本学者羽田亨说:"《辽史》所载西辽开国之记事至为暧昧,已如上述。然其暧昧之点特别关于年代记载之顺序上,至其所载之事实则有不少之正确性。"③ 彭晓燕(M. Biran)则说:"但是除了这些普通的缺陷外,西辽编年本身也有同样的问题,也就是说,当和相关的伊斯兰文献相比较时,未经考证的信息资料和编年史矛盾就非常明显了。这些原因导致伯希和将《辽史》卷30视作耶律大石的传奇传记。但就编年史的内容来说,离传奇还很远。相当多的内容都具有中国历史的典型特点,专注于行政措施:任命官职和授予称号,甚至提供了人口调查结果。这种信息强烈说明,至少编年史部分地基于一些已经撰写好的尚存于世的档案。这些档案

---

① P. Pelliot, Les kökö-däbtär et les 户口青册 hou-k'eou ts'ing-ts'eu, *T'oung Pao*, vol. 27, 1930, p.196, n.3;汉译见〔法〕伯希和著,冯承钧译:《阔阔帖卜迭儿及户口青册》,《西域南海史地考证译丛三编》,北京:商务印书馆,1962年,第51页。
② P. Pelliot, *Notes on Marco Polo I*, Paris, 1959, pp.223-224.
③ 〔日〕羽田亨著,冯家昇译:《西辽建国始末及其纪年》,《禹贡半月刊》1936年第5卷第7期,第59页。

内容源于何处？在一百多年里，从西辽没落到《辽史》的编纂，它们怎样保存？在哪儿保存？年代框架是怎样被破坏的，为什么被破坏？诸如此类，目前皆无答案。"① 二位学者认为《辽史》西辽部分是有可靠的史料来源。

魏良弢认为这些材料很可能是蒙古灭西辽时，从西辽王朝史官那里取得的，如同他们从临安取走南宋的文献，从中兴府取走西夏的文献。因为出自西辽官方文献，所以才会有耶律大石一些诏书的原文，七州十八部的具体名称等详细信息，但是元代修《辽史》的史官对之剪裁过多，拼缀不缜密，导致讹误很多。② 此说初视似有一定道理。巴托尔德认为西辽时期汉语在商业往来上是官方语言，在记载西辽的伊斯兰史料中提到"驸马""牌子"等波斯语拼写的汉语词汇。③ 魏特夫、冯家昇认为西辽官方文件使用的是汉语。④ 西辽宫廷不无可能有用汉语书写的史料。但是契丹语似也在西辽上层通行，在新疆沙雅和伊犁还曾发现契丹文铜印⑤，当是西辽时遗物，故伊斯兰史料记载的汉语词汇也可能是被契丹语吸收的汉语词汇。⑥ 然而，诚如刘晓先生所言，大蒙古国时期，蒙古统治者没有意识保护灭亡的政权的前代典籍，连金朝的《实录》也是汉人世侯张柔私人辇致北归，三十年后才献给朝廷，

---

① Michal. Biran, *The Empire of the Qara Khitai in Eurasian History Between China and the Islamic World*, New York, 2005, pp. 4-5.
② 魏良弢：《西辽史纲》，第6页。
③ 〔俄〕巴托尔德著，罗致平译：《中亚突厥史十二讲》，北京：中国社会科学出版社，1984年，第128页。
④ K. A. Wittfogel & Feng Chia-shen, *History of Chinese Society Liao (907-1125)*, Philadelphia, 1949, p. 670.
⑤ 新疆维吾尔自治区博物馆编：《新疆历史文物》，北京：文物出版社，1978年，第124页；新疆社会科学院考古研究所编：《新疆考古三十年》，乌鲁木齐：新疆人民出版社，1983年，第163页。
⑥ 这一点承康鹏老师赐教，谨致感谢。

何况是在此之前灭亡的西辽。①苗润博也指出这一点,并说蒙古灭西辽之战没有汉族士人参加,哲别率领的蒙古军队不会生出保存西辽史料,并不远万里带回中土的想法。②

  笔者赞同二位先生的想法,并略作补充。西辽都城长期在虎思斡耳朵(八剌沙衮),官方文献应在城中或者附近的宫帐。喀什噶尔在西辽时期是附属西辽的东喀喇汗朝余部的都城,原统治的王族保留地位,③西辽官方文献无疑不会放在其地。屈出律窃取西辽皇位后,注意力似乎在喀什噶尔、于阗一带的喀喇汗朝余众的领地。如志费尼记载屈出律放出被西辽统治者俘虏的喀什噶尔君主,送他回喀什噶尔,结果他被杀。于是屈出律出兵喀什噶尔,经过三四年作战,喀什噶尔降服,之后屈出律又夺取于阗,并在当地迫害穆斯林。④察合台汗国史学家扎马勒·哈儿昔(Jamal Qarsi)也记载屈出律为了给他的盟友喀什噶尔汗穆罕默德报仇,出兵占领喀什噶尔,并破坏其地,杀死城里的高官、将领们的亲属。⑤之后屈出律长居喀什噶尔。例如当时哈剌鲁首领布扎儿(Buzar)占据阿力麻里,归附蒙古,与屈出律为敌。屈出律捕杀布扎儿,之后进攻布扎儿的城镇,布扎儿之妻率众守城,屈出律没有攻克其地,于是从阿力麻里前往喀什噶尔。⑥可见当时屈出律首府在其地。这一点在奈撒维(Shihab al-Din Muhammad al-Nasawi 的)《札

---

① 刘晓:《耶律楚材评传》,南京:南京大学出版社,2001 年,第 342 页。
② 苗润博:《蒙古西征视野下的信息流通与文本生成——〈辽史〉所记"西辽事迹"探源》,《文史》2019 年第 3 辑。
③ 邓锐龄:《西辽疆域浅释》,《民族研究》1980 年第 2 期。
④ 〔伊朗〕志费尼著,何高济译:《世界征服者史》上册,呼和浩特:内蒙古人民出版社,1981 年,第 73 页。
⑤ 华涛:《贾玛尔·喀尔施和他的〈苏拉赫字典补编〉》(上),《元史及北方民族史研究集刊》1986 年第 10 期。
⑥ 华涛:《贾玛尔·喀尔施和他的〈苏拉赫字典补编〉》(下),《元史及北方民族史研究集刊》1987 年第 11 期。

兰丁传》(*Sirat al-Sultan Jalal al-Din Mangubirti*)一书也可以找到旁证。作者是呼罗珊奈撒人,长期跟随花剌子模朝末代苏丹札兰丁,在札兰丁败亡后著有此书,从花剌子模苏丹摩诃末在位后期写到札兰丁之死。书中有一些关于西辽的记载。该书记载屈出律夺取西辽政权的过程,说屈出律和海押立(Qayaliq)地方的哈剌鲁首领马木都汗(Memdou-Khan)联合对付西辽君主菊儿汗:"两个盟友从海押立出发,在喀什噶尔边境战胜菊儿汗,从他手中夺取了王位。"①实际上菊儿汗的首府在虎思斡耳朵,屈出律在俘获直鲁古以前和西辽的一次战斗,直鲁古就在八剌沙衮扎营。②笔者认为产生这一误记,应是屈出律夺取政权后,首府移到喀什噶尔导致的误传。该书接下来记载摩诃末和屈出律关系恶化,出兵进攻屈出律:"当良好关系被敌对的状态取代时,苏丹从他的士兵中挑选六万名骑士,派他们去攻打屈出律汗,以削弱他的权力,并从他手中夺走可汗的人。在此之前,他已经派出了许多骑兵小队对抗敌人,这些小部队在喀什噶尔和其他地方进行了各种各样的战斗,在这些战斗中他们通常占优势。"③从摩诃末进攻屈出律时派军队去喀什噶尔及其附近,也不难想见屈出律首府所在。

1210年西辽军在塔剌思为花剌子模击败,溃军返回虎思斡耳朵,城民闭门不纳,西辽军攻城十六日,破城后"他们屠杀居民达三天三夜,大名绅中四万七千名被列入遇害者之列;同时菊儿汗的军队因得到大量战利品而士气大增"④。屈出律未居虎思斡耳朵或与当地残破有关。

---

① Shihab al-Din Muhammad Khurandizi Nasawi, *Histoire du Sultan Djalal ed-Din Mankobirti*, ed. and tr. by O. Houdas, Paris, 1891-1895, vol.2, p.13.
② 〔伊朗〕志费尼著,何高济译:《世界征服者史》上册,第72页。
③ Shihab al-Din Muhammad Khurandizi Nasawi, *Histoire du Sultan Djalal ed-Din Mankobirti*, vol.2, p.16.
④ 〔伊朗〕志费尼著,何高济译:《世界征服者史》上册,第421页。

蒙古灭西辽时，屈出律就在喀什噶尔。①他闻讯逃亡，结果在瓦罕走廊中部的达拉兹峡谷被当地人捕获，交与蒙古军。②从蒙古军队进攻喀什噶尔，屈出律西逃葱岭而没有北去虎思斡耳朵看，之前屈出律势力已经退出其地。或许当地已经被蒙古军占领，但也不无可能屈出律早已退出其地。实际上各种叙述屈出律败亡的史料中，基本都在叙述喀什噶尔一带的战斗，并没有提到蒙古军征服虎思斡耳朵之事。③故而笔者认为在此之前屈出律势力很可能已退出虎思斡耳朵，这从前述他攻打阿力麻里一带失败后退往喀什噶尔也可见端倪。

屈出律的政治中心长期在喀什噶尔。他不通汉语，似乎没有证据显示他会将西辽的官方资料从虎思斡耳朵带往喀什噶尔。蒙古征服西辽，主力也在喀什噶尔一带作战，并未抵达虎思斡耳朵，故而谈不上搜集当地的西辽文献。

周良霄先生提出："《辽史》现有的有关西辽的资料，大概是元朝人所陆续收集的。但时间久，相去远，很多情况隔膜。"④杨若薇女史也说："可是元代史官究竟是从什么史料中断章取义组成了《辽史》'耶律大石'条今已无从考证。但有一点可以确定的是'耶律大石'条绝非出自辽人之手……可见唐先生据以证明辽朝便出现了以'儿'对译 r 的史料，非辽所属，乃元人之物也。"⑤笔者倾向于这一看法，拟在后

---

① 〔伊朗〕志费尼著，何高济译：《世界征服者史》上册，第 74 页；〔波斯〕拉施特主编，余大钧、周建奇译：《史集》第 1 卷第 2 分册，北京：商务印书馆，1983 年，第 253 页。
② 姚大力：《曲出律败亡地点考》，《元史及北方民族史研究集刊》1981 年第 5 期。
③ （明）宋濂等：《元史》卷 120《曷思麦里传》，第 2969 页；〔伊朗〕志费尼著，何高济译：《世界征服者史》上册，第 74—75 页；〔波斯〕拉施特主编，余大钧、周建奇译：《史集》第 1 卷第 2 分册，第 253 页；华涛：《贾玛尔·喀尔施和他的〈苏拉赫字典补编〉》（下），《元史及北方民族史研究集刊》1987 年第 11 期。
④ 周良霄：《关于西辽史的几个问题》，《中华文史论丛》1981 年第 3 辑。
⑤ 杨若薇：《汉语"儿"音演变新探》，载氏著：《契丹王朝政治军事制度研究（修订版）》，北京：社会科学文献出版社，2022 年，第 276 页。

文详证。

二、关于耶律楚材搜集说的若干看法

1218年,耶律楚材应成吉思汗之征北上,次年跟随蒙古军远行中亚。他长期居住在河中地区,尤其在寻思干停留较长,至1225年东行,在西域达六年之久。他著有《西游录》一书,记载西域风土人情。在他的文集《湛然居士文集》中也有许多诗文是关于西域的描述,成为研究这一时期西域历史的宝贵资料。[1]

耶律楚材到过西辽故地,出身契丹族的他对同族建立的这一政权十分关注。在他的《西游录》中,耶律楚材记载了西辽旧地各城情况。[2] 他在西域还认识了西辽末期的执政李世昌。[3] 李世昌为西辽郡王,他的祖先曾经跟随耶律大石。耶律楚材在作于1222年的《赠辽西李郡王》中曾言:"我本东丹八叶花,先生贤祖相林牙。而今四海归王化,明月青天却一家。"[4] 当时在金朝统治下的中国内地,契丹文已经渐不使用。耶律楚材跟随李世昌学习契丹文,"积岁颇习"[5]。

耶律楚材到过西辽故地,对西辽史事颇为熟悉。[6] 诚如苗润博所言,就现存材料来看,最早用"西辽"一名称呼耶律大石建立的政权的是耶律楚材。如他在《西游录》中言:"河之西有城曰虎思斡耳朵,即西

---

[1] 陈得芝:《耶律楚材》,谭其骧主编:《中国历代地理学家评传》第2卷,济南:山东教育出版社,1990年,第211—224页。
[2] (元)耶律楚材著,向达校注:《西游录》,北京:中华书局,1981年,第2页。
[3] (元)耶律楚材著,谢方点校:《湛然居士文集》卷2《赠李郡王笔》,北京:中华书局,1986年,第32页。
[4] (元)耶律楚材著,谢方点校:《湛然居士文集》卷7《赠辽西李郡王》,第153页。
[5] (元)耶律楚材著,谢方点校:《湛然居士文集》卷8《醉义歌》,第171页。
[6] (元)耶律楚材著,谢方点校:《湛然居士文集》卷12《怀古一百韵寄张敏之》,第260页。

辽之都也。"又如他在诗中自注:"西域寻思干城,西辽目为河中府。"①
1227年,耶律楚材返回燕京,次年著有《西游录》,1229年在燕京自家刊行。之后"西辽"这一概念似在中州士人中逐渐传开。如元好问写于元定宗元年(1246)的《大丞相刘氏先茔神道碑》就提到:"车驾征契丹余族,是为西辽。历古续儿国讹夷朵②等城,战合只,破之。"③作为中州的文坛领袖,元好问对耶律楚材的著作无疑是关注的,他或许就是受其影响接受"西辽"的概念。

耶律俨《实录》是《辽史》的重要史料来源。此书在元末已经罕见,据苏天爵记载:"辽人之书有耶律俨《实录》,故中书耶律楚材所藏,天历间入奎章阁。"④知该书原为耶律楚材所藏。

根据以上线索,有学者认为《辽史》西辽史料的史源很可能与耶律楚材有关。如刘晓先生提出这部分材料很可能和私人著作有关,而到过西辽故地的人中与西辽皇室同族的耶律楚材可能性最大。他认识李世昌,此人为西辽郡王,从名字看应该是汉人或者汉化的契丹人,熟悉西辽历史,所以他在为耶律楚材提供材料时按照汉族习惯详细地罗列了西辽各帝的庙号和年号。⑤苗润博也认为,这部分材料关于耶律大石创业部分很可能是耶律楚材在西域时搜集的。认为他很可能是

---

① (元)耶律楚材著,谢方点校:《湛然居士文集》卷4《再用韵纪西游事》,第67页。
② 当即西辽都城虎思斡耳朵,参见王国维:《观堂集林》卷14《西辽都城虎思斡耳朵考》第三册,北京:中华书局,1961年,第629页;岑仲勉:《读〈西辽史〉书所见》,载氏著:《中外史地考证》下册,北京:中华书局,1962年,第461页;刘迎胜:《至元初年以前的垂河流域及其周围地区》,中国蒙古史学会编:《蒙古史研究》第四辑,呼和浩特:内蒙古大学出版社,1993年,第51页。
③ (金)元好问著,姚奠中主编:《元好问全集》卷28《大丞相刘氏先茔神道碑》上册,太原:山西人民出版社,1990年,第658页。
④ (元)苏天爵著,陈高华、孟繁清点校:《滋溪文稿》卷25《三史质疑》,北京:中华书局,2007年,第421页。
⑤ 刘晓:《耶律楚材评传》,南京:南京大学出版社,2001年,第342页。

在西域留居时候从故老那里得到了"开国本末"这样的宣示西辽为辽朝余脉的文献，进而将其整合进既有的辽史叙述中，该文献又随着孤本《皇朝实录》进入元朝官方文献藏书系统，最终为元人所修《辽史》吸纳。①

笔者不否认《辽史》西辽资料部分来自耶律楚材手笔的可能。耶律楚材在《怀古一百韵寄张敏之》中言："后辽兴大石，西域统龟兹。万里名声镇，百年名教垂"，并自注："大石林牙，辽之宗室，掣众而亡，不满二十年，克西域数十国，幅员数万里，传数主，凡百余年，颇尚文教，西域至今思之，庙号德宗。"他提到了大石庙号"德宗"，这在《辽史》中也有提到。但这部分资料主体似不是来自耶律楚材手笔。将楚材诗文和《辽史》对比，可以发现《辽史》西辽各帝在位年限加在一起只有八十八年，而耶律楚材却说西辽"凡百余年"。《辽史》称耶律大石"兵行万里，归者数国"，当时西域被耶律大石征服的主要政权即高昌回鹘和东西喀喇汗朝、花剌子模。"归者数国"这一记载比耶律楚材所言克数十国更接近实际。

笔者认为这一文本应该出自入元后人的手笔，而不是辽金时期人手笔，而且很可能写作时间已经是元中期以后，兹论如下。

首先材料中，出现了大量用"儿"和"耳"音写外来音的现象。例如开头称耶律大石北行，受到白达达详稳床古儿接待。床古儿应和元代钦察大将床兀儿同名。这个名字伯希和、韩百诗据伯劳舍（E. Blochet）校勘的《史集》波斯文写法复原为 Čongqur 或 Čongyur。② 杉

---

① 苗润博：《蒙古西征视野下的信息流通与文本生成——〈辽史〉所记"西辽事迹"探源》，《文史》2019 年第 3 辑，第 229 页。又见氏著：《〈辽史〉探源》，北京：中华书局，2020 年，第 350 页。
② P. Pelliot, L. Hambis, *Historie des campagnes de Gengis Khan, Cheng-wu Ts' in-Tcheng Lou*, Leiden: E. J. Brill, 1951, p. 300.

山正明根据《完者都史》记载的床兀儿名字波斯语拼写形式进行的复原与此接近。①

叙述耶律大石在可敦城大会漠北各部的时候提到有密儿纪部,该部即成吉思汗时代的蔑儿乞部(Merkit),居于鄂尔浑河和色楞格河合流处附近。《辽史》提到该部,称为"梅里急"②。两个译名差异很大。从"梅里急"这个译名也可以看出辽人遇到外来音中的 r 音常用"里"而不是"儿"之类的字来音写。大石所会部落还有纥而毕。

紧叙耶律大石西征,至寻思干,"西域诸国举兵十万,号忽儿珊,来拒战"。"忽儿珊"一名霍沃斯(H. H. Howorth)认为可以复原为 Hursan 或者 Hulasan,是呼罗珊(Khorasan)的汉译,指的是当时以呼罗珊为根据地的塞尔柱苏丹桑贾尔(Sanjar)统帅的军队。③ 羽田亨和梁园东的考证同。④ 尽管还有其他看法⑤,笔者认为此说最为可信。1097 年塞尔柱苏丹别尔克·雅鲁克(Berk-Yaruq)委任其弟桑贾尔为呼罗珊长官,此后桑贾尔统治呼罗珊直到 12 世纪中叶⑥,故他的军队完全可能以呼罗珊为号。

在寻思干战胜忽儿珊后,这段史料继续说耶律大石来到起儿漫,

---

① 〔日〕杉山正明:西暦1314年前後の大元ウルス西境 ——『オルジェイト史』より,载氏著:モンゴ帝国と大元ウルス,京都:京都大学学術出版会,2004 年,第 344 页。

② (元)脱脱等:《辽史》卷 26《道宗本纪六》,第 309 页。

③ H. H. Howorth, The Northern Frontagers of China Part III, The Kara Khitai, *The Journal of the Royal Asiatic Society of Great Britain and Ireland*, New Series, vol. 8, No. 2, 1876, p. 272.

④ 〔日〕羽田亨著,冯家昇译:《西辽建国始末及其纪年》,《禹贡半月刊》1936 年第 5 卷第 7 期,第 55 页;〔俄〕布莱资须奈德著,梁园东译注:《西辽史》,北京:中华书局,1955 年,第 42—43 页。

⑤ 各说的列举参见 K. A. Wittfogel & Feng Chia-shen, *History of Chinese Society Liao (907-1125)*, Philadelphia, 1949, p. 639, n. 30。

⑥ J. A. Boyle (ed.), *The Cambridge History of Iran*, vol.5, Cambridge at the University Press, 1968, p. 135.

在这里称"葛儿罕",葛儿汗即突厥语名号 Gür Khan。①

大石称帝的起儿漫,布莱资须奈德认为即布哈拉与撒马尔罕间的克尔米纳(Kermaneh),其地常为中世纪伊斯兰史家提及,大约当时依旧存在。②《辽史》关于耶律大石来到起儿漫,并且在这里称帝的记载令人费解。据帖木儿朝史学家宏达迷儿(Khwandamir)《旅行者之友》记,西辽后期,大臣博剌克是菊儿汗的侍从,被派去花剌子模征收贡品,结果被花剌子模沙帖乞失(Tekesh)扣留。后摩诃末在位时他被任命为伊斯法罕的官员,在蒙古入侵花剌子模,花剌子模崩溃时博剌克想取道波斯南部的起儿漫(Kirman,今伊朗克尔曼)去印度,结果被当地总督阻拦,博剌克击败总督并夺取起儿漫,建立王朝,"历史学家们都知道,在花剌子模政权结束后,哈剌契丹人在起儿漫统治了八十年"③。这个王朝的统治者出身哈剌契丹人在汉文史料也有印证。刘郁《西使记》云:"黑契丹国名乞里弯,王名忽教马丁算滩,闻王大贤,亦来降。"④ 有学者认为是修《辽史》的史官将博剌克在克尔曼建立政权的事和大石混淆才产生了大石称帝于起儿漫的记载。⑤

笔者认为布莱资须奈德的看法是值得重视的,大石可能确实来到

---

① 关于这一称号研究情况的搜集及最新研究参见白玉冬:《葛儿罕称号考》,朱玉麒主编:《西域文史》第十二辑,北京:科学出版社,2018 年,第 233—247 页。

② E. Bretshneider, *Medieval Researches from Eastern Asiatic Sources*, vol. 1, London, 1888, p. 216, n. 555.

③ Khwandamir Habibu's-siyar, *Tome Three: The Reign of the Mongols and the Turks: Genghis Khan-Emir Temur*, Trans. Wheeeler M. Thackson, Cambridge, Mass: Harvard University Press, 1994, p. 154. 此书承周思成老师提供,谨致感谢。

④ 陈得芝:《刘郁〈常德西使记〉校注》,《中华文史论丛》2015 年第 1 期。

⑤ H. H. Howorth, The Northern Frontagers of China, Part III, The Kara Khitai, *The Journal of the Royal Asiatic Society of Great Britain and Ireland*, New Series, vol. 8, No. 2, 1876, pp. 273-274;王治来:《关于"后西辽"》,《新疆社会科学》1983 年第 1 期;〔波斯〕剌失德丁原著,波伊耳英译,周良霄译注:《成吉思汗的继承者——〈史集〉第二卷》,天津:天津古籍出版社,1992 年,第 68 页。

布哈拉东北的起儿漫。1141年9月,大石率军与桑贾尔的军队激战于寻思干北卡特万草原(Qatvan),桑贾尔军大败。之后攻取布哈拉。萨曼王朝史学家纳尔沙喜(al-Narshakhī)在伊斯兰历三三二年(943—944)著有《布哈拉史》一书,献给萨曼朝君主,该书叙述了布哈拉的历史。此书经后人删改,并一直续写到蒙古西征时期。根据该书续写者记载:"又过了两年,到五三六年(1141—1142)时,菊儿汗的总督阿尔普特勤(Alptekin)统治布哈拉时,下令重建城堡,作为自己的驻地。"① 古尔王朝宫廷诗人内扎米著有《四篇文章》(Chahār maqāla),记载了许多中亚地区趣闻逸事,他也记载西辽占领布哈拉之事:"在处死了东方的伊玛目胡沙木丁(Husamu'd Din,布哈拉 Burhan 王朝统治者。——引者按)后(愿真主为他树立榜样,赞美他的和平),菊儿汗将布哈拉授予阿尔普特勤(Alptagin,或者写作 Atmatagin)。"阿尔普特勤是花剌子模沙阿即思(Atsiz)之侄。② 伊斯兰历五三四年(1139—1140)阿即思攻入布哈拉,杀死当地塞尔柱将领赞吉(Zangī ibn Alī),毁其城堡。③ 耶律大石这一任命或与当地花剌子模势力较大有关。

起儿漫在布哈拉和撒马尔罕间的交通要道上。9世纪大食地理学家伊本·忽尔达兹比赫(Ibn Khrudadhbah)列举布哈拉通向撒马尔罕之路所经各地有起儿漫,库达玛《税册》在叙述这一交通路线时也

---

① Narshakhi, *The History of Bukhara*, pp. 24-25.
② 参见张鸿年先生根据波斯文本翻译的汉译本,见〔伊朗〕内扎米·阿鲁兹依·撒马尔罕迪著,张鸿年译:《四类英才》,北京:商务印书馆,2005年,第46页。汉译本中将"哈剌契丹"误作"喀喇汗王朝",参见王一丹:《波斯胡人与传国宝珠——唐人小说与波斯文献中的珍珠传说》,载许全胜、刘震主编:《内陆欧亚历史语言论集——徐文堪先生古稀纪念》,兰州:兰州大学出版社,2014年,第338页注3。
③ Narshakhi, *The History of Bukhara*, translated by R. N. Frye, Cambridge: Medieval Academy of America, 1954, p. 24.

提到其地（书中写作 Karminiyah）。① 10 世纪大食地理学家伊本·豪卡尔（Ibn Hawqal）也谈到起儿漫处于交通要道的情况："从起儿漫（Kermeniah）到毕国（Beikend）要在粟特（Soghd）边界上走一法尔沙赫（Farsang），布麦赫（Bumeheket）位于粟特水（今泽拉夫善河。——引者按）上。粟特靠近布哈拉。之后通过起儿漫来到达布西（Dabousi）。"② 喀喇汗朝时期起儿漫依旧在撒马尔罕去布哈拉的交通要道上。西喀喇汗朝君主舍木斯·穆尔克（Shams al-Mulk）曾在起儿漫附近兴建灭里·拉巴特（Ribāṭ-i Malik）这一建筑。有学者认为兴建原因即和布哈拉与撒马尔罕两地间有旅行者频繁来往的交通路线有关。③ 故笔者认为耶律大石来到起儿漫，很可能是为了进一步攻取布哈拉。

《辽史》关于在起儿漫"文武百官册立大石为帝，以甲辰岁二月五日即位，年三十八，号葛儿罕。复上汉尊号曰天祐皇帝，改元延庆"的记载令人费解。魏良弢考证延庆元年在 1132 年，这一年耶律大石在叶密立称帝。《辽史》编者将其称帝定在起儿漫，且在 1141 年寻思干大战后是错误，很可能是史官处理西辽原始史料时的错误。④ 苗润博则认为"甲辰岁二月五日"很可能是耶律大石离开天祚帝北走的日期。⑤ 这一错误记载有待于进一步研究。

---

① 〔阿拉伯〕伊本·忽尔达兹比赫著，宋岘译注：《道里邦国志（附：税册）》，北京：中华书局，2001 年，第 28、216 页。
② The Oriental Geography of Ebn Haukal, An Arabian Traveller of the Tenth Century, Tr. by the W.Ouseley, London,1800, p.252.
③ Y. Karev, From Tents to City, The Royal Court of the Western Qarakhanids between Bukhara and Samarqand, in David Durand-Guédy (ed.), Turko-Mongol Rulers, Cities and City Life, Leiden/Boston: Brill, 2013, p. 126. 这一建筑的平面图见 R. N. Frye (ed.), *The Cambridge History of Iran,* vol.4, Cambridge University Press, 1975, p. 347。
④ 魏良弢：《西辽史纲》，第 40—41 页。
⑤ 苗润博：《蒙古西征视野下的信息流通与文本生成——〈辽史〉所记"西辽事迹"探源》，《文史》2019 年第 3 辑。

接下来又提到耶律大石在起儿漫称帝后"延庆三年，班师东归，马行二十日，得善地，遂建都城，号虎思斡耳朵，改延庆为康国元年"。一般认为耶律大石占据八剌沙衮在1134年左右，① 而《辽史》将此事系于1141年寻思干之战后到起儿漫再东归其地，这一错误记载亦令人费解。苗润博认为叙述耶律大石先到极西的起儿漫，称帝后东归，又力图东征，"在此叙述中，北走西行只是权宜之计，而'东归''东征'，兴复大辽才是真正的方向和目标，只不过最终由于'皇天弗顺'，宣告失败。时间上接续辽朝统绪，行动上以东归兴复为指向，而在行文上又浑然一体，衔接连贯，秩序井然，显然是经过精心编排的独立文本"②。出现这一错误，似乎也可以作为这段材料很可能不是来自西辽官方文献，而是后世编写的带有英雄色彩的传记的旁证，将大石塑造成以西域为复国基地，念念不忘东归的形象。虎思斡耳朵即八剌沙衮，11世纪《突厥语词典》已经记载八剌沙衮别名虎思斡耳朵（Quz Ordu）。③ 这里用"斡耳朵"对音 Ordu 一名。关于这一点在后文还将详论。

以上可以看出，这段材料出现了大量用"儿""耳"音写外来词中的 r 音现象。这一现象不太可能在辽金时期的载籍中如此频繁地出现。故而耶律楚材搜集说和来自西辽官方材料说都可以进一步讨论。

上古汉语中缺乏 r 音的字音，当时"儿"字读音接近 ŋje 或 nje，到了中古时期又演变成 nzie。④ 并不用来音写外来词的 r 音。当时汉人遇到外来词的 r 音并不音写出来，正如伯希和观察到的："言及中国译

---

① K. A. Wittfogel & Feng Chia-shen, *History of Chinese Society Liao (907-1125)*, Philadelphia, 1949, pp. 621, 638.
② 苗润博：《蒙古西征视野下的信息流通与文本生成——〈辽史〉所记"西辽事迹"探源》，《文史》2019 年第 3 辑。
③ P. Pelliot, *Notes on Marco Polo I*, Paris, 1959, p. 224.
④ 林连通、郑张尚芳总编，《汉字形音义演变大字典》编辑委员会编纂：《汉字字音演变大字典》，南昌：江西教育出版社，2012 年，第 135 页。

写，必须注重年代。安息确可比对 Arsak，然在纪元初年，当汉语古齿音闭口音纯为齿音之时，而汉语无 -r 尾声，遂有时以 -n 译写外国语尾之 -r，"顾在唐代，或因汉语齿音尾声在北方初转为 d，继续为 dh，或因其他原因，而确定之事实则在突厥人同吐蕃人（西藏人）所耳闻而笔录者皆等若 r；如此看来，自是以后，有一译写外国字尾的 r 之完备译法，这也是中国人在此时代常用的译法"，"反之，毫无理由可说中亚人在当时将汉语纯正的尾音 n 译作 r 也"，他还指出："拼音末尾有 -r（同 -l）之译写问题，迨至北方汉语之古闭口收声变化以后，遂重再提起。自元代始，古 ṅzi 向 eul 转变，在译写中用以代 -r。"① 韩儒林先生也留意到这一现象，指出："按儿字中古音读若 nzi、ni，辽代以降北方音渐变为 Ȯ、er，用来译写他族语之 r 音。现所见元代文献凡译名之儿字，悉与 r 对应（r 音尚有用里、鲁等字译写），未尝见有用以译写 l 音者。"② 不过，《辽史》似乎除了西辽部分罕有用"儿"音写 r 音的现象。韩先生晚年在另一篇文章中又说："'儿'字在唐代西北方音中读为 zi，到元代才读 er，才开始用儿字来译民族语言的 r 音。"③ 亦邻真先生研究元代汉语音韵时也说："现在的 erh 音，当时读 ri，'儿、而、尔'都和'日'一样读作 ʒi。"④

辽金时代遇到外来语或民族语言中的 r 音，似乎罕见用"儿"音写的惯例。这一问题材料较多，这里仅略举几例。

---

① 伯希和：《吐火罗语与库车语》，冯承钧译：《吐火罗语考》，北京：中华书局，1957年，第 75—76 页。
② 韩儒林：《蒙古的名称》，载氏著：《穹庐集》，石家庄：河北教育出版社，2002年，第 161 页。
③ 韩儒林：《关于西北民族史中的审音与堪同》，载氏著：《穹庐集》，第 232 页。
④ 亦邻真：《元代汉字译写蒙古语音的惯例》，载乌云毕力格、乌兰主编：《般若至宝——亦邻真教授学术论文集》，上海：上海古籍出版社，2019年，第 235 页。

唐后期契丹附属回鹘，受回鹘文化影响很深，许多源自突厥语词汇的官职进入契丹。① 这些官职在《辽史》中译写从不用"儿"对r音，如Ordu音译为"斡鲁朵"，Irkin音译为"夷立堇"。又如进入契丹语中的突厥语政治名号Šar在辽代史料中音写为"舍利"②。《辽史·后妃传》记载契丹语称辽朝后妃为"贼俚骞"，而在书末所附《国语解》则言："忒里蹇，辽皇后之称。"③ 据研究这一名号源自突厥语称号tärkän，常被尊贵的女性用为称号。④ 以上可见辽代汉语音写外来词的情况。

这种例子在《辽史》中还有很多。如天赞三年（924）耶律阿保机率军远征漠北，是年九月抵古回鹘城（今蒙古鄂尔浑河附近哈剌八剌哈孙），曾"观渔乌鲁古河"⑤。从《太祖本纪》《游幸表》等记载的是月辽军活动，如猎野乌笃干山（即于都斤山，今杭爱山东南）、进攻胡母思部（该部位于元代漠北首府和林附近，距古回鹘城不远⑥）等看，当时阿保机活动距离古回鹘城不远，乌鲁古河也应该在其地附近，当即鄂尔浑河。"乌鲁古"一名显然与Orkhon有关。又比如当年十月，

---

① 蔡美彪：《契丹部落组织和国家的产生》，《历史研究》1964年第5—6期；〔日〕松井太著，巩彦芬译：《契丹和回鹘的关系》，《河西学院学报》2018年第3期；亦邻真：《中国北方民族与蒙古族族源》，载乌云毕力格、乌兰主编：《般若至宝——亦邻真教授学术论文集》，第112页注2。
② 孙昊：《说"舍利"——兼论突厥、契丹、鞑靼的政治文化互动》，载氏著：《辽代女真族群与社会研究》，兰州：兰州大学出版社，2014年，第156—172页。
③ （元）脱脱等：《辽史》卷116《国语解》，北京：中华书局，1974年，第1548页。
④ G. Doerfer, *Türkische und Mongolische Elemente im Neupersischen*, Band II, Wiesbaden, 1965, s.497；刘迎胜：《西北民族史与察合台汗国史研究》，南京：南京大学出版社，1994年，第51—56页。
⑤ （元）脱脱等：《辽史》卷36《游幸表》，第1040页。
⑥ 刘迎胜：《蒙古征服前操蒙古语部落的西迁运动》，载余太山主编：《欧亚学刊》第一辑，北京：中华书局，1999年，第31页。

辽军"丁卯，军于霸离思山"①，"霸离思"即 Bars 音译，指的是今巴里坤（Bars Kol，意为虎湖）一带的天山。②

在辽中后期，遇到外来语中的 r 音也不用"儿"音写，这里仅举数例。如《辽史·圣宗本纪》提到，统和二年（984）十一月，"是月，速撒等讨阻卜，杀其酋长达剌干"，达剌干即突厥官职 Tarqan 的对音，在《辽史》又有"陀罗斤"等异译。再比如，《辽史·萧图玉传》提到："开泰元年十一月，石烈太师阿里底杀其节度使，西奔窝鲁朵城。"窝鲁朵即 Ordu 的对音。其地即漠北回鹘汗国牙帐旧地，为回鹘人传说中的始祖卜古汗所建。③

辽帝捺钵的重要地点挞鲁河，或者作他鲁河，宋人《武经总要》称踏弩河，辽圣宗改名长春河，其地即今洮儿河。④ 当是同名异译。

直到辽末，似乎依旧没有用"儿"对译 r 音的例子，如天庆四年（1114）天祚帝曾派耶律斡里朵为行军都统，此人名字显然为 Ordu 对音。

到了金代，似乎依旧罕见用儿字译写 r 音的例子。这里还是以《金史》提到的外来词的音写为例。例如金世宗大定年间，西辽统治下的穆斯林到西南面招讨司贸易，"自言：'本国回纥邹括番部，所居城名骨斯讹鲁朵'"⑤，其地即虎思斡耳朵。这些西域商人还向金朝报告西

---

① （元）脱脱等：《辽史》卷 2《太祖本纪下》，第 20 页。
② 〔日〕长泽和俊：《论辽对西北路的经营》，载〔日〕长泽和俊著，钟美珠译：《丝绸之路史研究》，天津：天津古籍出版社，1990 年，第 327—328 页；魏志江：《论辽帝国对漠北蒙古的经略及其对草原丝绸之路的影响》，载刘迎胜主编：《元史及民族与边疆研究集刊》第三十四辑，上海：上海古籍出版社，2017 年，第 136 页。
③ 〔伊朗〕志费尼著，何高济译：《世界征服者史》上册，第 62、64 页。
④ 傅乐焕：《辽代四时捺钵考五篇》，载氏著：《辽史丛考》，北京：中华书局，1984 年，第 47 页。
⑤ （元）脱脱等：《金史》卷 121《忠义一·粘割韩奴传》，第 2637 页。

辽进攻叶不辇部族，据刘迎胜先生研究该部或即亦必儿（Ibir）。① 金章宗时期，金朝曾经在 1195—1198 对边外的广吉剌和阻䩺等部用兵。《金史·宗浩传》记载承安三年（1198）宗浩率领金军进攻广吉剌部（弘吉剌部）时，他的主簿"撒与广吉剌部长忒里虎追躐及之"，忒里虎据考即《元朝秘史》提到的弘吉剌首领迭儿格克。② 又如同传提到"宗浩前军至忒里葛山，遇山只昆所统石鲁、浑滩两部，击走之"③，忒里葛山据考即内蒙古兴安盟与呼伦贝尔盟交界处的特尔根山。④

以上所述，不难看出辽金时代汉语译写外来词的例子，笔者并不是绝对否定当时不存在用儿音音写外来词中的 r 的情况，但是无疑是罕见的。

似乎儿字开始大量用来音写 r 音，是在蒙古灭金后统治下的华北。如户县草堂寺曾有一方碑，是窝阔台之子阔端在 1243 年颁发的令旨的石刻，其中开头言："天地底气力里阔端太子令旨，道与猪哥、胡秀

---

① 刘迎胜：《亦必儿与失必儿》，《历史地理》第 4 辑，上海：上海人民出版社，1986 年，第 66 页。鄂毕河上游在古代有 Yamar 或者 Yabar 的名字，刘老师将亦必儿和 Yabar 堪同，认为该部位于其地，备有一说。"叶不辇"与 Yabar 也比较接近。法国学者 E. M. Quatremere 尝试将亦必儿和阿瓦尔一名堪同（转引自 В. В. Бартольд, Сочинения III, ч. 3, Москва, 1964, стр. 485。）；美国学者普里查克（O. Pritsak）也提出这个名字可能和阿瓦尔一名的变音 Abar 有关。（普雷特萨克著，陈一鸣译："失必儿"一词之来源》，《蒙古学信息》1996 年第 1 期）在阿尔泰北部的鄂毕河上源查雷什河的突厥文碑铭提到阿瓦尔（或 Abar）一名（[苏联] 克利亚什托尔内著，李佩娟译：《古代突厥鲁尼文碑铭——中亚细亚原始文献》，哈尔滨：黑龙江教育出版社，1991 年，第 75 页），或可为刘老师亦必儿位于鄂毕河上游的观点提供旁证。
② 王国维：《观堂集林》卷 15《萌古考》第 3 册，北京：中华书局，1961 年，第 708 页；白拉都格其：《弘吉剌部与德薛禅》，载氏著：《成吉思汗的遗产》，呼和浩特：内蒙古人民出版社，2009 年，第 75 页。
③ （元）脱脱等：《金史》卷 93《宗浩传》，第 2073 页。
④ 王国维：《观堂集林》卷 15《萌古考》第 3 册，第 709 页；陈得芝：《蒙古合答斤撒勒只兀惕部史地札记》，载氏著：《蒙元史研究丛稿》，北京：人民出版社，2005 年，第 271 页。

才、刘黑马、田拔睹儿大小官员，诸色人等。"① "拔睹儿"当即蒙古语Ba'atur，译言勇士。又如当时使者的行纪中，这一现象也比较多，如常德出使西域，刘郁记其事，提到常德所历帖木儿忏察、赤木儿等地名，这些都是用"儿"对译外来词中的 r 的现象。

耶律楚材著作中，似乎并未出现这一现象，如记载西辽故都他译写为"虎司窝鲁朵"，这和西辽史料记载的虎思斡耳朵，明显是两个不同源流的译名。"斡耳朵"一名是元中后期才开始多起来的。这似乎可以证明这部分材料很可能不是出自耶律楚材手笔。又如，耶律楚材记载花剌子模故都玉龙杰赤（Urgenj），音写为"五里犍"②。可见耶律楚材音写外来词，并不用"儿"来对音 r。细翻他的诗文集，也极少出现这一现象。故这部分西辽资料很可能并不是出自耶律楚材手笔，甚至不是出自辽金时人的手笔，而是入元以后的人的手笔，否则似乎很难解释为什么会出现这么多用"儿"对译西域地名中的 r 音的现象。甚至这部分资料有些可能并不是来自汉文史料。

三、从史料中的名词看成书时间

分析这段材料中出现的名词，可以看出是成书于元代而不是辽金时的痕迹。

开头说耶律大石离开天祚帝后，"北行三日，过黑水，见白达达详稳床古儿"，黑水即今爱毕哈河，白达达部就是后来的汪古部。③ 这里引申出一个问题，如果《辽史》西辽史料确是耶律楚材搜集，他是否

---

① 蔡美彪编著：《元代白话碑集录》，北京：中国社会科学出版社，2017年，第23页。
② （元）耶律楚材著，向达校注：《西游录》，北京：中华书局，1981年，第3、第10页注32。
③ 陈得芝：《耶律大石北行史地杂考》，《历史地理》第二辑，上海：上海人民出版社，1982年，第51—55页。

会在著作中用"白达达"一名。将大漠南北的游牧各部泛称为"鞑靼"并按照黑白来区分就现存著作看主要是宋人习惯。如宋使彭大雅出使蒙古,著《黑鞑事略》,开头即言:"黑鞑之国。号大蒙古。"① 南宋史学家李心传也记载:"所谓生鞑靼者,又有白黑之别,今忒末贞乃黑鞑靼也。"② 赵珙《蒙鞑备录》亦言:"其种有三,曰黑,曰白,曰生。所谓白鞑靼者,容貌稍细,为人恭谨而孝,遇父母之丧则劙其面而哭。尝与之聊䜑,每见貌不丑恶而腮面有刀痕者,问曰白鞑靼否,曰然。"③ 托名宇文懋昭撰写的《大金国志》,在叙述汪古部的时候,也注释说:"《宋通鉴》云,鞑靼有黑白之分,此白鞑靼也。"④ 可见以黑白鞑靼区别大漠南北各部主要是宋人的习惯。早期研究这一问题的箭内亘就指出:"宋人之记录蒙古事者,每分为黑白鞑靼或生熟鞑靼。大体近于汉土者称白鞑靼或熟鞑靼。远于汉土者称黑鞑靼或生鞑靼。然生熟之称呼,殆单分类之用;其用为种族之名而实际上常用者为黑鞑靼及白鞑靼。"⑤ 周清澍先生认为蒙古统一漠北后,逐渐形成今蒙古族,但中原人仍旧习惯称为鞑靼,为了区别于另一种大不相同的汪古部,故又分加黑白进行区别。⑥

如果《辽史》记载的耶律大石创业部分资料真的是耶律楚材搜集,

---

① 许全胜校注:《黑鞑事略校注》,兰州:兰州大学出版社,2014年,第1页。
② (宋)李心传:《建炎以来朝野杂记》乙集卷19《鞑靼款塞》,北京:中华书局,2016年,第849页。
③ 王国维:《王国维遗书》第13册《蒙鞑备录笺证》,上海:上海古籍书店,1983年,第1页b。
④ (宋)宇文懋昭撰,崔文印校证:《大金国志校证》上册,北京:中华书局,1986年,第298页。
⑤ 〔日〕箭内亘著,陈捷、陈清泉译:《兀良哈及鞑靼考》,北京:商务印书馆,1932年,第31页。
⑥ 周清澍:《汪古的族源》,载氏著:《元蒙史札》,呼和浩特:内蒙古大学出版社,2001年,第101页。

他是否会在著作中使用"白达达"一名十分可疑。① 似乎没有资料证明辽金时代的人有将汪古部称为白鞑靼的习惯。不仅白鞑靼一名，甚至汪古一名亦不见辽金史料。或认为汪古部即史料中提到的唐古氒。② 耶律楚材当时投奔了蒙古，似乎不会用金人称呼蒙古的鞑靼一词。现存辽金史料中都没有出现用"达达"一名来对译鞑靼的例子。《辽史》多次提到"达旦"，王国维提出这可能是元人讳言鞑靼，故而省其偏旁。③ 元末陈桱《通鉴续编》叙述蒙古早期历史时，提到东部各部"而总隶于达旦"④。可见这一词在元末时常见，似为王国维观点添加旁证，"达旦"很可能是元人的译写。为论证这一点，有必要从辽金石刻寻找鞑靼一名的音写。

辽兴宗重熙六年（1037）的《韩橁墓志》叙述韩橁出使沙州，经漠北前往，"过可敦之界，深入达姐"⑤。又如《耶律仁先墓志》提到："清宁九年九月十七日，皇上以北鄙达打、术不姑等部族寇边，命王为西北路招讨使往讨之。"⑥ 仁先之子耶律庆嗣墓志则提到："咸熙三年，鞑靼扰边，时尚父于越为西北路招讨。"⑦ 《辽道宗哀册》提到："蠢尔鞑

---

① 这一点，笔者受到石坚军老师启发，谨致感谢。
② 王国维：《观堂集林》卷14《鞑靼考》第3册，北京：中华书局，1961年，第650页；周清澍主编：《内蒙古历史地理》，呼和浩特：内蒙古大学出版社，1994年，第106页；蔡美彪：《氒与氒军之演变》，载氏著：《辽金元史考索》，北京：中华书局，2012年，第231页。
③ 王国维：《观堂集林》卷14《鞑靼考》第3册，第645页。
④ 曹金成：《史事与史源：〈通鉴续编〉中的蒙元王朝》，北京：社会科学文献出版社，2020年，第26页。
⑤ 向南主编：《辽代石刻文编》，石家庄：河北教育出版社，1995年，第205页。"姐"字复原据陈得芝：《辽代的西北路招讨司》，《元史及北方民族史研究集刊》1978年第2期。
⑥ 向南主编：《辽代石刻文编》，第354页。"达打"这一译名亦见托名叶隆礼撰写的《契丹国志》，参见（宋）叶隆礼撰，贾敬颜、林荣贵点校：《契丹国志》，上海：上海古籍出版社，1985年，第214页。
⑦ 向南主编：《辽代石刻文编》，第457页。

鞑,自讨凶灭。"据考此即《辽史》提到的阻卜首领磨古斯反辽之事。①

金代石刻文中也没有出现"达达"一名,如《完颜希尹神道碑》叙述耶律余睹反金失败投奔达鞑,"为达鞑所杀,函首以献"②。又如《乌古论元忠墓志铭》提到:"(大定)十五年,达鞑款□□献,诏公往领之。"③ 在西夏石刻中,也没有"达达"一名,如属于夏仁宗时期的西夏王陵残碑提到"鞑靼"。④

从上述资料看,辽夏金时期没有用"达达"一名对译鞑靼的习惯。此名较常见是在蒙元时期,诚如姚大力先生所言:"在元代汉语中,达达作为Mongghol这个名称的固定的汉语译名之一,却为官方公文书和俗文学所普遍采纳。"⑤ 蔡美彪先生曾经系统研究元代文献中"达达"一名,指出其名最早出现在窝阔台汗时期的诏书中。⑥ 辽金时代没有这一译名,耶律楚材是否会用这个名字十分可疑。蒙古人入主中原后,接受了汉人称呼的"白达达"一名来称呼汪古部。如《元史》提到,至元十一年(1274)五月,"诏延安府、沙井、净州等处种田白达达户,选其可充军者,签其出征"⑦。又如修成于元世祖时期的《圣武亲征录》在叙述汪古部首领的时候,曾经有注:"今爱不花驸马丞相,白达达是也。"⑧《元史·太祖本纪》提到:"时乃蛮部长太阳罕心忌帝能,遣使谋于白达达部主阿剌忽思曰……"这一材料或摘自元修《太祖实录》。

---

① 蔡美彪:《辽金石刻中的鞑靼》,载氏著:《辽金元史考索》,第194—206页。
② 陈相伟:《完颜希尹神道碑校勘记》,载陈述主编:《辽金史论集》第三辑,北京:书目文献出版社,1987年,第362页。
③ 王新英编:《金代石刻辑校》,长春:吉林人民出版社,2009年,第206页。
④ 李范文:《西夏陵墓出土残碑考释》,载氏著:《西夏研究论集》,银川:宁夏人民出版社,1983年,第138—140页。
⑤ 姚大力:《元辽阳行省各族的分布》,《元史及北方民族史研究集刊》1983年第7期。
⑥ 蔡美彪:《元代文献中的"达达"》,载氏著:《辽金元史考索》,第208页。
⑦ (明)宋濂等:《元史》卷98《兵制一》,第2515页。
⑧ 贾敬颜校注,陈晓伟整理:《圣武亲征录》,北京:中华书局,2020年,第165页。

可见"白达达"一名在元代的常见,故而笔者认为《辽史》西辽材料明显出自元人之手。不过,在《辽史·部族表》列举耶律大石西行所历各部,白达达部写作"白达旦部"①,与本纪正文不符。疑是元人撰写完西辽部分后,发现"达达"译名和书里其他地方出现的"达旦"为同名异译而作的追改,如同后文他们对虎思斡耳朵一名在《国语解》中的追改一样。"达达"译名应该才是元修《辽史》整理西辽材料时候的原始写法,否则似乎无法解释为什么书里其他地方均写作"达旦","达达"一名仅此一见。

该材料继续言耶律大石离开白达达后,"西至可敦城,驻北庭都护府",实际上耶律大石驻扎在镇州可敦城,并没有到北庭之地。②出现这一错误记载学界有不同看法。安部健夫认为"北庭"是"安北"之误。③梁园东则认为是《辽史》误记,或当只有"北庭"二字,指的是匈奴单于北庭。④笔者认为"北庭"二字透露出元人手笔的痕迹。北庭是高昌回鹘肇基之地,辽宋金时期其地长期是高昌回鹘领地,内地文献很少提及。⑤而在蒙元时期,随着畏兀儿和内地交通的畅通,这一名字才经常出现在元人著作中。例如邱处机师徒经过其地,曾听到当地人说:"此大唐时北庭端府。"⑥又如耶律希亮在阿里不哥之乱中流落西域,经

---

① (元)脱脱等:《辽史》卷69《部族表》,第1123页。
② 余大钧:《耶律大石创建西辽帝国过程及纪年新探》,载陈述主编:《辽金史论集》第一辑,上海:上海古籍出版社,1987年,第238页。
③ 〔日〕安部健夫:『西ウイグル國史の研究』,京都:匯文堂書店,1955年,第493页;汉译见:〔日〕安部健夫著,宋肃瀛、刘美崧、徐伯夫译:《西回鹘国史的研究》,乌鲁木齐:新疆人民出版社,1986年,第360—361页。
④ 〔俄〕布莱资须奈德著,梁园东译注:《西辽史》,第23—24页。
⑤ 西州回鹘时期的北庭历史,付马老师有详细梳理,见付马:《丝绸之路上的西州回鹘王朝》,北京:社会科学文献出版社,2019年,第178—195页。
⑥ (元)李志常著,尚衍斌、黄太勇校注:《长春真人西游记校注》,北京:中央民族大学出版社,2016年,第119页。

过其地："十二月，卧疾北庭都护府民家。"① 元成宗时期还曾在其地设置北庭元帅府，这一机构亦见黑城元代文书。② 元人常用"北庭"一名称呼畏兀儿人或其地区，有时也用"北庭"称呼漠北首府，如程钜夫记载裕和尚"辛亥，宪宗召至北庭行在所，居累月，其言上当帝心"③。故笔者认为，《辽史》这里出现"北庭都护府"是元人文笔的痕迹。

之后叙述耶律大石在可敦城大会漠北各部，提到有王纪剌部，该部即弘吉剌部。该译名是该部名脱离首音 Q 后的 Onggira 一名的读法。④ 有学者认为该名是契丹语的读法，笔者则认为可能是元人手笔。《元史》中曾经出现"雍吉剌""甕吉剌"等译名，《南村辍耕录》作"瓮吉剌歹"，《元朝秘史》作"瓮吉剌惕"，这些都是首音无 Q 的译法。⑤

耶律大石西征，致书回鹘王毕勒哥，信中提到："昔我太祖皇帝北征，过卜古罕城。"卜古罕即回鹘人传说中的始祖 Bögü Khan。卜古罕城也就是古回鹘城，白玉冬先生认为即于阗文书中提到的鞑靼驻地 Buhäthum。⑥ 现藏俄罗斯圣彼得堡的一件成书于 10 或 11 世纪的回鹘文佛经残卷，编号为 SI D/17。文书中已经提到卜古罕。⑦ 故耶律大石

---

① （元）危素：《危太朴文续集》卷 2《耶律希亮神道碑》，《元人文集珍本丛刊》七，台北：新文丰出版公司，1985 年，第 507 页。

② 陈广恩：《北庭元帅府与亦集乃路的关系初探——兼谈黄兀儿月良站的地理位置》，载中国元史研究会编：《元史论丛》第十四辑，天津：天津古籍出版社，2014 年，第 462—470 页。

③ （元）程钜夫著，张文澍点校：《程钜夫集》卷 8《嵩山少林寺裕和尚碑》，长春：吉林文史出版社，2009 年，第 86 页。

④ P. Pelliot, Les formes avec et sans initialen turc et en mongol, *T'oung Pao*（通报）, vol. 37, 1944, p. 77.

⑤ 白拉都格其：《弘吉剌部与德薛禅》，载氏著：《成吉思汗的遗产》，呼和浩特：内蒙古人民出版社，2009 年，第 66 页；乌兰：《〈八旗满洲氏族通谱〉蒙古姓氏考》，《民族研究》2011 年第 1 期。

⑥ 白玉冬：《于阗文 P.2741 文书所见鞑靼驻地 Buhäthum 考》，载朱玉麒主编：《西域文史》第二辑，北京：科学出版社，2007 年，第 231—243 页。

⑦ L. Ju. Tuguseva, Ein Fragment eines fruhmittelalterlichen uigurischen Texts, in R. E. Emmerick et al. ed., *Turfan, Khotan und Dunhuang*, Berlin, S. 357. 此文承党宝海老师提供，谨致感谢。

时代卜古罕的传说应已存在。不过，这里用"罕"字来对音。《辽史》其他地方提到这个政治名号，都是用"可汗"一名。例如《辽史·太祖本纪》叙述契丹开国事，称契丹首领为痕德堇可汗。记载辽军西征漠北时，"十一月己未朔，获甘州回鹘都督毕离遏，因遣使谕其主乌母主可汗"。《辽史·世表》追叙唐代契丹历史时，称呼契丹首领迪辇组里为阻午可汗，又称契丹皇室的先祖为奇首可汗、胡剌可汗、苏可汗、昭古可汗等，甚至将匈奴单于冒顿称为"冒顿可汗"①。辽兴宗时萧韩家奴上书提到："臣闻先世遥辇可汗洼之后，国祚中绝。"②《辽史》中太宗以下各帝不再见可汗称号，只有皇帝尊号。③再次见到称汗即耶律大石称葛儿罕之事。可见辽代文献对这一名号习惯写法是可汗。金代习惯译法同，如《金史·太宗本纪》提到金太宗天会五年（1127），"冬十一月丁卯，沙州回鹘活剌散可汗遣使入贡"。而用"罕"对译可汗则是元人习惯，在元代文献十分常见，不胜枚举。甚至在民间戏曲中也出现"可罕"一词。《至元译语》"皇帝"一词对译即"罕"。④《辽史》后面记载耶律大石称帝，也将尊号译写为"葛儿罕"。

耶律楚材对这一名号称呼应是可汗，如他在作于1227年的诗中言："挂冠神武当归去，自有夔龙辅可汗。"⑤如果此前他在西域确实搜集了关于耶律大石的史料，似乎不会使用"罕"来称呼可汗这一名号。如果《辽史》西辽史料确是随着耶律楚材家藏实录进入宫廷并被元修《辽史》吸收，似乎文中的"可汗"都应改为"罕"，但这一称呼仅在西辽部分出现，其他地方都写作"可汗"，后者应是辽代原始史料的

---

① （元）脱脱等：《辽史》卷63《世表》，第950页。
② （元）脱脱等：《辽史》卷103《文学上·萧韩家奴传》，第1449页。
③ 罗新：《可汗号之性质》，载氏著：《中古北族名号》，北京：北京大学出版社，2009年，第11页。
④ 方龄贵：《元明戏曲中的蒙古语》，北京：汉语大词典出版社，1991年，第57—65页。
⑤ （元）耶律楚材著，谢方点校：《湛然居士文集》卷3《过云中和张仲先韵》，第61页。

写法。这表明西辽部分和《辽史》其他部分来自不同的文本,被整合在一起出现的译名不统一。

用卜古罕城指代回鹘旧地,也可以看出元人手笔的痕迹。《辽史·太祖本纪》叙述阿保机经略漠北,没有提到卜古罕城的名字,而是称为古回鹘城。辽代文献没有卜古罕的记载,辽人对西州回鹘内部情况隔膜,是否知道回鹘人传说中的始祖十分可疑。而元代畏兀儿和内地交通密切,内地人熟悉畏兀儿祖先传说。如虞集《高昌王世勋碑》就提到回鹘始祖的传说称其为"卜古可罕"①,和《辽史》音译用字一样,似可以作为这段材料出自元人之手的旁证。元代和林距离斡耳朵八里(回鹘牙帐)不远,加上其地发现突厥碑文引起重视。志费尼即言斡耳朵八里是卜古罕兴建。② 笔者认为将斡耳朵八里和卜古罕联系很可能是蒙古兴起后才有的。这一时期畏兀儿人来到漠北腹地,将回鹘故地和自己祖先事迹联系起来。欧阳玄《高昌偰氏家传》言畏兀儿:"其地本在哈剌和林,即今之和宁路也。"③ 同文叙述普鞠(卜古)可汗前,还提到和林附近斡耳汗河、和林河、忽尔班达弥尔河、偰辇杰河等河名,了解的如此详细应是畏兀儿人在蒙元时代来到和林得到的信息。罗洪先《广舆图·朔漠图》中,在哈拉和林河源头的位置注有:"哈剌禾林河,即古回鹘地",可见这一观念为许多人接受。《朔漠图》还在和宁之北标有"孛哥罕城"("哥"疑是"可"之误),与古回鹘城位置相符。④ 从图中有"和宁""秃思忽凉楼"等地名看,应是元代的地理信息,可见将古回鹘城称作卜古罕城应是元人习惯,辽

---

① (元)虞集:《高昌王世勋碑》,载苏天爵编:《元文类》卷2,北京:商务印书馆,1958年,第325页。
② 〔伊朗〕志费尼著,何高济译:《世界征服者史》上册,第62—64页。
③ (元)欧阳玄著,魏崇武、刘建立点校:《欧阳玄集》卷11《高昌偰氏家传》,长春:吉林文史出版社,2009年,第150页。
④ (明)罗洪先:《广舆图》卷2《朔漠图》,明万历七年(1579)海虞钱岱刊本,叶94B。

金时代其他史料似乎都没有提到卜古罕城之名，如《史集》称克烈部首领王罕之父"忽儿扎忽思——不亦鲁汗在斡儿塔——巴剌哈孙（即窝鲁朵城。——引者按）地方有自己的禹儿惕"①。《辽史·萧图玉传》称其地窝鲁朵城。提到卜古罕的前引回鹘文残卷也只是说卜古罕出生在合木兰术，出现在于都斤山，未提当地有以他命名的城市。耶律铸长居漠北，他诗文也提到了回鹘牙帐故地："（和林）城西北七十里有苾伽可汗宫城遗址"②，未言卜古罕之名。故笔者认为将卜古罕和斡耳朵八里联系很可能是蒙元时代才有的。

之后叙述寻思干之战后，"回回国王来降，贡方物"。这位回回国王，大部分学者认为是花剌子模沙，但也有人提出是西喀喇汗朝的王族。③日本学者田坂兴道详细地研究了这里的"回回"一名，认为这里最早将"回回"一词作为种族的称呼，很可能是辽金之际华北汉人指代喀喇汗朝及其以西居民的词汇。④汤开建先生也认为这一材料反映了辽亡时，中国人将大食称作"回回"⑤。笔者赞同黄时鉴、邱树森二位先生的观点，这里的"回回"一词很可能是元人修《辽史》时候的添加。⑥

---

① 〔波斯〕拉施特主编，余大钧、周建奇译：《史集》第1卷第2分册，北京：商务印书馆，1983年，第212页。
② （元）耶律铸：《双溪醉饮集》卷2《取和林》，《景印文渊阁四库全书》第1199册，台北：台湾商务印书馆，2008年，第386页。
③ 章巽：《桃花石与回纥国》，载氏著：《章巽文集》，北京：海洋出版社，1986年，第251页；胡小鹏："回回"一词的起源及含义新探》，载氏著：《西北民族文献与历史研究》，兰州：甘肃人民出版社，2004年，第92页；韩中义：《喀喇汗王朝名称杂考》，《中国历史地理论丛》2006年第4辑，第144页。
④ 〔日〕田阪兴道：『中國における回教の伝來とその弘通』上卷，東京：東洋文庫，1964年，第81—88頁。
⑤ 汤开建：《〈梦溪笔谈〉中"回回"一词再释——兼论辽宋夏金时代的"回回"》，《北方民族大学学报》2014年第1期。
⑥ 黄时鉴：《辽与"大食"》，载氏著：《黄时鉴文集Ⅱ：远迹心契》，上海：中西书局，2011年，第29页；邱树森主编：《中国回族史》，银川：宁夏人民出版社，2012年，第91页。

就现存文献看，用"回回"一词指代西域主要是宋人的习惯，沈括《梦溪笔谈》提到的"银装背篓打回回"，《黑鞑事略》作者也把西域各部泛指为"回回"。文天祥被元军俘虏，曾提及他遇到的西域人命里："翌日早，铁木儿自驾一舟来，令命里为千户，摔予上船，凶焰吓人，见者莫不流涕。命里高鼻而深目，面毛而多须，回回人也"，"一日捉将沙漠去，逢遭碧眼老回回"。① 可见这一词在宋后期相对多见，一般认为该词衍生于"回鹘"。② 宋代这一词不常见。常用这一名指代西域各族尤其是穆斯林是在元朝。且彭大雅出使蒙古汗庭，文天祥被元军俘虏，他们的著作中出现"回回"很可能是受蒙元统治下操汉语者的影响。

辽金时代没有用这一词指代西域的现象。如果《辽史》这部分确实是耶律楚材搜集的资料，他似乎不会用"回回"这个词。金代人称呼西域常用的是"回纥"或者"回鹘"，现存文献不见他们用"回回"的例子。在北宋末期的北方，可能已经有用"回纥"泛称西域的现象，《东京梦华录》叙述来到汴梁的各国使节，曾经提到："回纥皆长髯高鼻，以匹帛缠头，散批其服"③，他们的服装像是穆斯林，应是来自喀喇汗朝或者其地以西的地区。前述居虎思斡耳朵的"回纥邹括番部"，他们是喀喇汗朝统治氏族，显然和回鹘无关。又如，《长春真人西游记》提到的"回纥"，不仅包括畏兀儿，还包括彰八里以西的穆斯林突厥语部众，甚至包括花剌子模人，可见当时这一词指代天山及其以

---

① （宋）文天祥：《文天祥全集》卷14《指南录·命里》，北京：中国书店，1985年，第320页。
② 杨志玖：《回回一词的起源和演变》，载氏著：《元史三论》，北京：人民出版社，1985年，第147—150页。
③ （宋）孟元老撰，伊永文笺注：《东京梦华录笺注》卷6《元旦朝会》，北京：中华书局，2007年，第516页。

西地区的突厥语部众。① 金末乌古孙仲端出使西域，他将西域划分为"谋速鲁蛮回纥""遗里诸回纥""印都回纥"，泛指从花剌子模到西北印度的居民为"回纥"。②《金史·完颜陈和尚传》也提到"忠孝一军皆回纥、乃满、羌浑及中原被俘避罪来归者"，成吉思汗遣使召丘处机，在诏书中也说："南连赵宋，北接回纥，东夏西夷，悉称臣佐。"③ 可见当时华北汉人语境中指代西域常用"回纥"。除此他们还用"回鹘"指代西域，如元好问《癸巳五月三日北渡三首》叙述蒙古征金的情况，其中第一首言："红粉哭随回鹘马，为谁一步一回头。"④ "回鹘马"应是蒙古军中西域人组成的军队，元代文献中也有许多称为"回纥"，其实是回回的人。⑤

耶律楚材对西域操突厥语部族的称呼似乎是"回鹘"。例如他在《西游录》中说："金山之南隅有回鹘城，名曰别石把"，不过耶律楚材观念的"回鹘"不仅包括畏兀儿。在给窝阔台的上奏中他说："蒙古、回鹘、河西诸人，种地不纳税者死。"⑥ 显然他用该词泛指西域人。宋子贞根据耶律楚材家传撰写的神道碑中，常将西域穆斯林称作回鹘，例如"庚辰冬，大雷，上以问公，公曰：'梭里檀当死中野。'梭里檀，回鹘王称也"，这里指的是花剌子模苏丹摩诃末。又如，该文接下来

---

① 华涛：《喀喇汗王朝王室族属问题研究》，《元史及北方民族史研究集刊》1989—1990年第12—13期。
② 黄时鉴：《释〈北使记〉所载的"回纥国"及其种类》，载南开大学历史系《中国史论集》编辑组编：《中国史论集》，天津：天津古籍出版社，1994年，第293—303页。
③ （元）陶宗仪著，李梦生点校：《南村辍耕录》卷10《丘真人》，上海：上海古籍出版社，2012年，第113页。
④ （金）元好问著，姚奠中主编：《元好问全集》卷12《癸巳五月三日北渡三首》上册，太原：山西人民出版社，1990年，第364页。
⑤ 杨志玖：《萨都剌的族别及其相关问题》，载氏著：《元史三论》，北京：人民出版社，1985年，第187—202页。
⑥ （明）宋濂等：《元史》卷146《耶律楚材传》，第3457页。

记载:"明年,公奏十月望夜月食,回鹘人言不食",这里指的是耶律楚材与穆斯林争论历法之事。又如提到中州百姓借贷西域商人斡脱债之事,言:"及所在官吏,取借回鹘债银,其年则倍之。"耶律楚材晚年在汗庭为西域人所诬,"回鹘阿散阿迷失吉告公私用官银一千定",此人从名字看应是穆斯林。① 清初的《千顷堂书目》著录耶律楚材著作:"耶律楚材,《庚午元历》二卷,又《历说》,又《己未元历》,又《回鹘历》。"②《回鹘历》显然是一部和西域穆斯林历法有关的著作,可见耶律楚材对西域的称呼是"回鹘"。如果西辽史料确实是耶律楚材搜集,似乎不会出现"回回"一词(《元史·耶律楚材传》中,"回鹘"的相应部分被改作"回回",应该是后世追改)。

如果《辽史》的"回回"是元人添加,这引申出了一个问题,为什么《辽史》多次出现回鹘政权和其他西域部族名,都没有被改作"回回","回回"一名仅在此一见,比较合理的解释应该是这部分材料是元人所写,原始材料上就按照元人称呼西域的习惯写作"回回"。

《辽史》西辽史料后文还提到耶律大石建都虎思斡耳朵。"斡耳朵"一名是元代的译法,辽代译为"斡鲁朵"。金代也没有这一译名,《金史·国语解》载:"斡里朵,官府治事之所",同书卷90提到契丹人名"移剌斡里朵",该书还有多处作"讹里朵"或"讹鲁朵"。③ 耶律楚材《西游录》写作"虎司窝鲁朵",和"虎思斡耳朵"明显是两个不同源流的译名。耶律楚材时代似没有"斡耳朵"的译名,如《长春真人西游记》记载刘仲禄说:"今年五月在乃满国兀里朵得旨",同书叙述邱处机师徒远行西域谒见成吉思汗,曾经过蒙古中部成吉思汗设置的一

---

① (元)宋子贞:《中书令耶律公神道碑》,载苏天爵编:《元文类》卷57,第831、835页。
② (清)黄虞稷撰,瞿凤起、潘景郑整理:《千顷堂书目》卷13《历数类》,上海:上海古籍出版社,2001年,第362页。
③ 李俊义、戴月曦:《〈辽史〉中斡鲁朵名称沿革考》,《赤峰学院学报》2015年第9期。

个"窝里朵"。① 蒙古灭金后统治下的华北,也没有"斡耳朵"之名。如1247年窝阔台之子阔端颁发给户县草堂寺的令旨,开头言:"皇太子于西凉府西北约一百里刁吉滩下窝鲁朵处。"② 又如忽必烈居藩时期,曾经颁发给兴国禅寺令旨,开头即言:"护必烈大王令旨,有易州兴国禅寺朗公长老应命赴斡鲁朵里化导俺每祖道公事。"③ 忽必烈和阿里不哥争位期间在一道圣旨中说:"大斡鲁朵人来也。其余军户与民户每,亦多投拜了也。"④《秘书监制》叙述秘书监在忽必烈时的事务,提到"至元十四年正月二十二日,内里斡鲁朵里有时分……",又提到:"至元二十一年二月二十九日,照得至元十四年正月二十二日内里斡鲁朵里有时分……。"⑤ 同书还记载至元十五年,"张副枢张左丞奉御脱脱出大忒木儿、给事中阿里对翰林承旨霍儿霍孙就斡鲁朵里奏闻过……"⑥。足见元世祖时期"斡耳朵"不是常用译名。成书于大德年间的《吏学指南》释"斡鲁朵里"一词言:"车驾行在之所,金帐之内也。"⑦

"斡耳朵"一名大量出现似是在元中后期。忽必烈在位后期或已有,《元史》卷154《洪万传》提到洪万"复选精骑扈驾,至失剌斡耳朵,从御史大夫玉速帖木儿讨乃颜"。元武宗即位之初,"以乳母夫斡耳朵为司徒"。⑧ 斡耳朵人名应和Ordu有关。泰定帝即位诏书言:"在后,完

---

① (元)李志常著,尚衍斌、黄太勇校注:《长春真人西游记校注》,北京:中央民族大学出版社,2016年,第29、93—94页。
② 蔡美彪编著:《元代白话碑集录》,第42页。
③ 周清澍:《忽必烈早年的活动和手迹》,《中国史研究》2005年第1期。
④ (元)王恽著,杨亮、钟彦飞点校:《王恽全集汇校》卷80《中堂事记上》第8册,北京:中华书局,2013年,第3335页。
⑤ (元)王士点、商企瓮编次,高荣盛点校:《秘书监志》卷6《秘书库》,杭州:浙江古籍出版社,1992年,第104、107页。
⑥ (元)王士点、商企瓮编次,高荣盛点校:《秘书监志》卷1《职制》,第26页。
⑦ (元)徐元瑞撰,杨讷点校:《吏学指南·发端》(外三种),杭州:浙江古籍出版社,1988年,第37页。
⑧ (明)宋濂等:《元史》卷22《武宗本纪一》,第495页。

泽笃皇帝教我继承位次,大斡耳朵里委付了来。"① 叶子奇《草木子》言:"元君立,另设一账房,极金碧之盛,名为斡耳朵。及崩即驾阁起。新君立,复自作斡耳朵。"② 可见这一译名在元末已是常用音译。故而笔者猜测"虎思斡耳朵"一名似透露出这部分材料可能编写于元代中后期的痕迹。不过,"虎思斡耳朵"一名在《辽史·国语解》被改作"虎思斡鲁朵",并释云:"思亦作斯,有力称。斡鲁朵,宫帐名。"③ 和《天祚皇帝本纪》正文译名不符合。很可能是元人留意到"斡耳朵"和《辽史》其他地方出现的斡鲁朵是同名异译,故而在编写完西辽部分后进行了追改。否则似乎无法解释为什么"斡耳朵"在《辽史》仅仅出现了一次。《国语解》这里将"虎思"释作"有力称",有学者尝试从满语 husun(表示力量的词)来解释这一名,然而在耶律大石西征半个世纪前,喀什噶里词典中已经记载八剌沙衮别名虎思斡耳朵,故这一看法可以商榷。④ 笔者赞同安部健夫的看法,"虎思"一名应该和乌古斯有关。⑤ 八剌沙衮拥有这一别名或许因历史上乌古斯游牧部落首领曾经卓帐其地。笔者认为《辽史》出现这一错误解释可能是元人将元代才编写的西辽史料整合进今本《辽史》的时候和契丹语词汇"虎思"混淆了。

　　《辽史·部族表》叙述耶律大石西征所历各部,提到"乃蛮部"(金代译法是乃满)和畏吾儿城(疑是别失八里或和州),这些都是元代常见的译法。而耶律楚材著作中从未出现"畏吾儿"译名,该名在《辽史》的西辽史料正文耶律大石西征部分没有出现。乃蛮一名则在西

---

① (明) 宋濂等:《元史》卷29《泰定帝本纪一》,第638页。
② (明) 叶子奇:《草木子》卷之3下《杂制篇》,北京:中华书局,1997年,第63页。
③ (元) 脱脱等:《辽史》卷116《国语解》,第1541页。
④ P. Pelliot, *Notes on Marco Polo I*, Paris, 1959, p.224.
⑤ 〔日〕安部健夫著,宋肃瀛、刘美崧、徐伯夫译:《西回鹘国史的研究》,乌鲁木齐:新疆人民出版社,1986年,第299页。

辽史料文末出现。是否是原始材料有而元修《辽史》时略去不得而知。

《辽史》西辽部分开头提到耶律大石中进士，擢翰林应承。实际上有辽一代禁止契丹人参加科举，史书提到的中举者仅耶律大石一人。还提到耶律大石在天庆五年（1115）中举，后"历详、泰二州刺史"，而详州在1115年以前已经被金人攻陷。① 另外，提到大石"字重德"，苗润博指出，辽代汉文文献记载的契丹人的"字"一般指契丹语第二名，发音自契丹语翻译而来，皆以 n 收尾，而"重德"与此不符合。另外，契丹人的"字"与名无关，不具汉语名、字之间的互相关联性，而"重德"与大石语义相对应。耶律大石的契丹语第二名则未见记载。② 或许《辽史》西辽部分原始材料撰写时已距离西辽时代遥远，作者对辽制颇为生疏，有一些记载距离史实有差距。且信息不是来自西辽官方文献。

综上所述，笔者认为《辽史》西辽史料相当一部分应该出自入元后人的手笔。蒙古西征使得内地和西域交通畅通，这一时期内地人来到西域得到西辽的资料，或者西辽故地的人进入内地带来西辽历史的信息都是有可能的。从提到汉武年号看前一可能更大。西辽史料的来源或可以从这个视角出发去研究。其来源因有关资料的缺乏，还有待于今后的深入。

也许有学者会说，会不会《辽史》关于耶律大石的史料确是耶律楚材搜集，在元后期编《辽史》时被史臣不够细密地剪裁和改动，从而出现诸多矛盾和错误。笔者认为，元人对来自民族语言的译名改动现象（如阻卜与达靼）似不多，《辽史》和《金史》许多译名一仍辽金之旧。而只有西辽部分出现了许多元代译名。如果确是耶律楚材或者

---

① 李桂芝：《辽金科举研究》，北京：中央民族大学出版社，2012 年，第 61 页。
② 苗润博：《蒙古西征视野下的信息流通与文本生成——〈辽史〉所记"西辽事迹"探源》，《文史》2019 年第 3 辑。

他的后人搜集,身为契丹人,应该对这些译名和辽朝实录的译名进行统一的处理。但这些元代译名在《辽史》仅仅出现在西辽部分中。如果元末修史诸公出现将"斡鲁朵"等改写为元代的"斡耳朵","达旦"改写为"达达"等习惯,如同清代四库馆臣改动汉文史料中的少数民族译名,为什么这些现象只有在西辽史料里有,而其他地方都没有?足以说明这部分和《辽史》其他部分内容是来自不同的渠道,被整合在一起,那些元代译名就是整合后留下的痕迹。

最后拟对苗润博先生一个看法略作讨论。近年在虎思斡耳朵附近的旧地,如阿克·贝希姆(Ak-Beshim)东南的契丹人旧居地、喀喇·吉加奇(Kara-Jigach)、克拉斯纳雅·雷契卡(Krasnaya-Rechka,即小红溪)发现了许多写着"续兴元宝"的钱币,经考即《辽史》提到的西辽仁宗耶律夷列年号绍兴,学者提出很可能是为了避讳所改。[①]苗润博提出,《辽史》关于耶律大石死后的西辽历史叙述,虽然简短却对西辽每个皇帝在位年限叙述都很精确,类似"大事简编"。笔者也认为从提到各帝年号看带有明显的华夏文化色彩,应出自内地文人手笔。苗润博指出金代避讳制度的严格,认为把"续兴"改作"绍兴"很可能是为了避金哀宗完颜守绪的讳,也就是说这部分材料很可能是赴西辽故地的金使搜集的。[②]足备一说。"绍兴"是南宋高宗年号,与"续兴"语义接近。金宣宗于1224年去世,哀宗即位。苗文提出改动很可能在哀宗朝。金哀宗即位时成吉思汗已经班师回蒙古,《元朝秘史》提到成吉思汗驻夏于也儿的石河,其时当在1224年。[③]1225年春

---

① 〔俄〕别利亚耶夫、斯达诺维奇著,李铁生译:《吉尔吉斯发现的"续兴元宝"与西辽年号考》,《中国钱币》2012年第1期。
② 苗润博:《蒙古西征视野下的信息流通与文本生成——〈辽史〉所记"西辽事迹"探源》,《文史》2019年第3辑。
③ 乌兰校勘:《元朝秘史(校勘本)》,北京:中华书局,2012年,第365页。参见韩儒林主编:《元朝史》上册,北京:人民出版社,1986年,第152—153页。

成吉思汗已经回到蒙古地区黑林的斡耳朵。① 也就是说金哀宗即位时成吉思汗已经班师来到蒙古西部，这一时期前往谒见成吉思汗的金使是否会来到西辽故地并得到西辽各地信息颇为可疑，故笔者认为这一材料可能是金宣宗时期赴西域的金使搜集并带回中原，在金哀宗即位后这一文本中的"续兴"年号被改动。

综上所述，笔者赞同周良霄先生的观点，这一材料很可能是元人陆续搜集整理的。

---

① 〔波斯〕拉施特主编，余大钧、周建奇译：《史集》第 1 卷第 2 分册，北京：商务印书馆，1983 年，第 315—316、352 页；贾敬颜校注，陈晓伟整理：《圣武亲征录》，北京：中华书局，2020 年，第 302 页。

穗澳之间：阿格特绘《澳门平面图》及其《澳门广州航道图》研究

叶　农　宋玉宇

摘　要：西班牙王家菲律宾公司驻广州吕宋馆首任大班阿格特，在澳门与广州活动期间，撰写了日记，绘制了一批地图。其于1792年所绘制《澳门平面图》《澳门广州航道图》对研究广州与澳门之间航道情况及澳门城市发展有着重要的意义。从《澳门广州航道图》来看，该图具体记录了广州与澳门之内河水道的实际情况，指明了澳门与广州的实际方位。《澳门平面图》则标明了西班牙人所关心的澳门地名与机构名，它们包括军事防御设施、澳门分区、教堂、学校、修道院等机构、华人庙宇等。研究这些地图可推动清中叶澳门与广州的航道与海防情况等问题的深入研究。

关键词：阿格特；《澳门平面图》；《澳门广州航道图》

广州与澳门，是明清时期中国对外贸易的两个重要港口。明清两朝来华贸易的外国人多在澳门与广州停留、贸易与生活，曾绘制过许多两地之间的航道图、城市图等。在清中期，一位西班牙来华贸易大班阿格特（1755—1803），以其独特的视角，绘制过《澳门与广州之间用小船航行的水路地图》（下简称《澳门广州航道图》）与《葡萄牙殖民地澳门城市地图》（下简称《澳门平面图》）。这两幅地图，展现了西

作者简介：叶农，暨南大学澳门研究院院长，博士生导师。宋玉宇，暨南大学文学院2023级博士研究生。

班牙人对穗澳航道与澳门城的了解。学术界目前关于本领域的研究工作，取得过一些研究成果。关于阿格特生平事迹与绘图的研究，有严旋萍、吴天跃《收藏、翻译与艺术趣味：西班牙人阿格特与清代海幢寺外销组画》（《文艺研究》2020 年第 9 期）、Pedro Luengo《阿格特的中国海南岛地图：18 世纪制图法的文化对话个案研究》等人著作；关于清代以来珠江上"澳门航道"的研究，则有郑德华《"一口通商"与"澳门航道"》（《学术研究 1999·12/ 庆祝澳门回归专辑》）、吴宏岐《大黄滘地名考》（《岭南文史》2007 年第 4 期）、吴宏岐、张亚红《近代广州城西南的"澳门航道"与划船比赛》（《徐州师范大学学报（哲学社会科学版）》2009 年第 1 期）、朱思成《十八世纪末欧洲人在广州—澳门水路知识》（《2021 海洋史研究青年学者论坛（未刊稿）》）等；关于澳门平面图及澳门城市发展，则有汤开建《祝淮〈新修香山县志〉澳门图研究》（《暨南学报（哲学社会科学版）》2000 年第 3 期）、张晶《清末民初中葡澳门勘界地图初步研究——以〈澳门专档〉所见地图为中心》（暨南大学 2013 年硕士学位论文）、吴宏岐、张晶《〈香山县属澳门一览图〉的初步研究》（《暨南史学》2014 年）等。

有鉴于此，本文将通过《澳门广州航道图》与《澳门平面图》的研究，来探讨葡萄牙人入居澳门以来广州与澳门间航道图与澳门平面图绘制的相关问题。

一、阿格特其人其事

《澳门广州航道图》与《澳门平面图》的绘制者西班牙人阿格特，当时是菲律宾王家公司驻广州首席才副。① 阿格特于 1755 年出生于西

---

① "才副"，相当于"大班"。采用"才副"一词，金国平教授对此有过详细的考证研究。

班牙赫塔利亚，原本在当地政府工作。1779 年，他乘坐 San Francisco de Paula 号出发，开始了在亚洲的商人生涯。从此年至 1786 年，他在美洲与亚洲的海域航行，活动范围东起利马、澳门、委内瑞拉，西到马尼拉、Acapulco、开迪兹。1786 年，他作为护卫舰 Astrea 号的乘员，参加亚历杭德罗·马拉斯皮纳率领的远征队，并担任船队制图员，在航行过程中绘制了很多地图。① 马拉斯皮纳，意大利贵族，为西班牙服务，皇家海军准将。因进行伟大科学航行的马拉斯皮纳远征而闻名。从 1786 至 1787 年，他从开迪兹到达了利马和马尼拉，并来到了广州。

1786 年 33 岁时，阿格特加入了刚成立不久的菲律宾王家公司，后跟随西班牙海军军官及探险家马拉斯皮纳（Alejandro Malaspina）进行了世界范围内的商业航行。1787 年 11 月，阿格特来到了马尼拉，成

（接上页）严旎萍、吴天跃在《收藏、翻译与艺术趣味：西班牙人阿格特与清代海幢寺外销组画》一文中将"Manuel de Agote, primer Factor de la Real Compañia de Filipinas, en Canton, Año MDCCXCVI"翻译作"阿格特，皇家菲律宾公司首任经理人，收集于广州，1796 年"。在西班牙语中，"real"无"皇家"的意思。"Factor"，据《闽南—西班牙历史文献丛刊二：奥古斯特公爵图书馆菲律宾唐人手稿》，菲律宾闽南语中作"才副（法突）"。在中文文献中还有多种形式，如"财付""财副""财富"等。松浦章对此问题有详述："1. 财副《增补华夷通商考》卷 2'唐船役者'记'财副，记录核算每天货物的买卖，这其主要工作职责'。《琼浦偶笔》卷 6'人名册·有题引'《海表丛书》卷 6，第 117 页）称'财副，凡诸货物价等事，总掌登记算决者'。《通航一览》卷 232 所引'游房笔语附录遗补'（《通航一览》第 6 册，第 93 页）言'财副：以记账等会计事务为其主要职责'。《唐船兰船长崎入船便览》中'唐船役名'（《海事史料丛书》卷 13，第 6—7 页）记'财副乃用笔算账核定之人'。《东西洋考》卷九'舟师考'里，财副次于船主之下，称'有财副一人，爱司掌记'。《赤嵌笔谈》'海船'称'有一名财副，司货物钱财'。综上所述，可知'财副'的地位仅次于船主，负责船载货物登记、买卖核算等财务工作，是一个十分重要的职务。从有关资料的记载来看，来航长崎的船主多数都曾担任过财副之职。"严、吴二位作者将"Factor"翻译成"经理人"并不为错，但这只是现代词典中的译法。"primer Factor"似比较对应"大班"的概念。"于广州"一语修饰"Real Compañia de Filipinas"，因此，似应译为"菲律宾王家公司"。

① Pedro Luengo, *The Agote Map of Hainan Island, China: A Case Study for Cultural Dialogue in Eighteenth-Century Cartography*, in *The International Journal for the History of Cartography*, Imago Mundi, vol. 69, no. 1, 2017, p.87.

了菲律宾公司派驻中国首任才副,前往中国澳门和广州进行商业活动。在广州、澳门期间,阿格特在广州十三行处创立了西班牙商馆,全权负责西班牙在广州、澳门的贸易,与潘有度(潘启官,Pankekua Ⅱ)、蔡世文(蔡文官,Monkua)等行商建立了商业联系,与在华西人也有密切地交流。在经营西班牙人的广州贸易之前,他专注于航海事业,并于其日记中记录船舶航行的信息及每日气象,在24岁就完成了从美洲至亚洲海岸的全球航行。成为西班牙商馆才副后,其日记还记录了船只货物清单、黄埔港及马尼拉港各国船只往来、澳门和广州的新闻、同十三行行商的商业往来、同欧洲其他商馆大班的往来、某些重要信件的副本等。在1793至1795年间,还记载了英国马戛尔尼使团及荷兰使团的行程。1796年12月,因身患疾病,阿格特不得不返回家乡赫塔利亚。其后,他担任了赫塔利亚的镇长,于1803年在家乡终老。

阿格特受命前来广州的历史背景是西班牙王国希望振兴西属菲律宾对华贸易活动。因为在欧洲"七年战争"时期,西属菲律宾群岛受波及,马尼拉被英国人占领,贸易中断20个月,导致此后的20年里,西班牙人在菲律宾的贸易十分凋敝。为重振经济,西班牙国王费利佩五世在1785年下令成立菲律宾王家公司,以便通过新公司加入北美洲与亚洲的皮毛贸易,并扩大对华贸易。澳门是西班牙人的首选港口,从1783年开始,西班牙船也开始停靠于黄埔。

阿格特经营着广州贸易,往来于穗澳之间,还用日记记录他认为重要的信息。他本人嗜好艺术,常常在日记中用水彩或素描记录旅途见闻,收藏大量东方艺术品,其中有一件藏品很重要,就是西班牙文版的海幢寺组画。他还热衷绘制地图,在华期间,曾绘制下列有名的地图:《澳门广州航道图》《澳门平面图》《海南岛图》。下面将分析《澳门广州航道图》《澳门平面图》对广州与澳门水路航道变迁、广东海防的意义。

二、《澳门广州航道图》与广东内河航道图探析

在阿格特绘制的中国地图中,《澳门与广州之间用小船航行的水路地图》是一幅很重要的地图。目前在西班牙国家图书馆(Biblioteca Nacional de España, BNE, MR/42/487)收藏有其最后完成的版本①。

---

① 据朱思成研究,1787—1796 年,阿格特在广州、澳门所绘地图共有两幅,一幅名为《澳门广州航道图》(以下简称《日记》版《水路图》),保存在 1792 年的日记之中;一幅名为《澳门平面图》,保存在 1793 年的日记之中。《日记》版《航道图》来源于阿格特 1792 年《日记》中的折页,估测尺寸约为 65 厘米 × 40 厘米。它主要绘制了从澳门到广州的珠江内河水路航道。作为首幅西方人绘制的珠江内河水路地图,《水路图》标出了水路附近的 40 余个地名,大致准确地画出了水路流向,为还原这条水路提供了一手史料,且比以往的文字史料更为直观和准确。20 世纪 80 年代,阿格特的日记被人从阁楼中重新发现,而这两幅地图要等到 2014 年左右,因阿格特日记的数字化才重新进入公众的视线。阿格特最开始的航行与测绘活动始于 1787 年 12 月,后又经过 1788—1791 年的 8 次航行与测绘活动后,1792 年 1—4 月,阿格特初步绘制完成了首幅《航道图》,写下了文字说明部分及注释一。1792 年 9 月,小德金完成了对于 A—E 点水路航道的测观,将相关地理信息提供给了阿格特。1792 年 9 月后,阿格特完成了注释二及对澳门、广州经度的说明。1793 年 1—6 月,阿格特测绘了林岳村东北方向的 "1793 年水路"。此后直至 1796 年,阿格特又完成了一些地区的测绘和重绘工作,对《日记》版《水路图》中部分水路的细节进行了修改,在 3 处地点测绘了 5 幅山体对景图。1796 年,阿格特首次绘制了大黄圃附近的 "1796 年水路",并定点测绘了最后 2 幅对景图,完成了改良式《水路图》。其在流传过程中,出现了众多的版本:阿格特绘制西班牙海军博物馆档案馆版(168.8 厘米 × 86.9 厘米)(阿格特《日记》式)、阿格特绘制西班牙海军博物馆图书馆版(65.4 厘米 × 41.6 厘米)(阿格特《日记》式)、阿格特绘制西班牙国家图书馆版(168 厘米 × 84 厘米,阿格特《日记》改良式)、阿格特绘制葡萄牙国家图书馆版(163 厘米 × 83 厘米,阿格特《日记》改良式)、阿格特绘制大英图书馆藏马戛尔尼(Macartney)版(62 厘米 × 39 厘米,阿格特《日记》式)、阿格特绘制大英图书馆藏菲利普·包萨(Felipe Bauzà)版(阿格特《日记》改良式)、大英图书馆藏约翰·里维斯(John Reeves)绘制版(阿格特《日记》改良式)、阿格特绘制澳门档案馆版(51 厘米 × 41 厘米,阿格特《日记》式)、小德金(Chrétien-Louis-Josephde Guignes)绘制法国小德金版(阿格特《日记》式)(各版本《水路图》归纳为两种样式:包括珠江内河水路与珠江主航道的地图为阿格特《日记》式;主要绘制于 1796 年左右,包括对景图的地图为改良式)。在这些版本中,西班牙国家图书馆版地图很有可能是阿格特绘制的最终正式版《水路图》。本文主要是研究外国人在珠江口私自测绘航道问题,故主要采用西班牙国家图书馆所藏本为研究对象,还涉及其他版本源流问题。

此图绘制了从广州出发前往澳门的内河水道。明清时期，从外洋前来广州的航道主要有两条，一条是外海水道，即从澳门出发，经过虎门，进入珠海航道，前往黄埔锚地停泊后，再赴广州商馆区。另一条是内河水道。这条水道，是早期主要供葡萄牙等国的商船使用。由于水道弯曲，多浅滩和暗礁，故大型船舶较少使用此水道。

此图北起广州城外的商馆区。图中标明了带有城墙的广州城，在商馆区的东面。水道先向南行（在珠江南岸的东面，北标有大量房屋，南标有一座炮台），有一个分叉水道：一条继续向南，经过凤凰塔和一个村落；一条向西，经过三山水道——Poblacion San-chan, Sanchan（村落）、Guardía de Soldados（村落），还有一些未标明的村落，在林岳村，与东水道汇合。经过 Lacacho、Chunsi、碧江、紫泥、Aduana、一座小岛（岛上有大黄圃），继续南行，经过浮墟、Uancan、港口、Gianchang、Longali、Liochau，进入蚝壳头水道。继续南行，进入到宽阔的 Golfo de Suili 水道。水道中有小岛 Tananlon、蜘洲、暗礁 Pasiapai、Lapai、浅沙滩。在前往澳门时，水道又变窄。在经过前山寨、青洲岛后，到达澳门。在澳门地区，则标明了青洲之东、南北向的浅滩、细长的莲花茎上的关闸、澳门城内外的炮台〔从西向东有：娘妈阁炮台（Sn Tiago dela Barra）、Na S. ra de Buin Porto、伽思栏炮台（Fortateza de S. n Francisco）、东望洋炮台（Fortataza de Guia）、大炮台（Fortateza grande）〕。

沿途，除开村落外，还标明了讯营、炮台（如 Castillo de Pautai 等）、各类可以作为航标的塔（如 Torre de Fungo, Torre de Jung-lon-tao 等）、山峰、山脉等。

从上图可以看出，外国商人来华后，他们极为重视他们居留的两座城市之间的水路交通。出于种种目的，他们绘制过大量的两城之间的航道图。阿格特所绘制者，是众多外国人出于各种目的所绘制的航道图中的一种。在阿格特前后至鸦片战争结束之前,外国人所绘制的这些航道图,有《澳门、珠江三角洲、广州地图》、《珠江入口航海图》(*Carte de L'Entrée de La Riviere de Canton*)、《珠江入口航海图》(*Carte de L'Entrée de la Riviere de Canton*)、《中国部分海岸及邻近航海图》(*Carte d'une Partie de Côtes de La Chine*)、《中国广东省珠江三角洲及澳门航海图》(*Die Chinesische Küste Der Provinz Kuangtung zu beiden Seiten des Meridians bon Macao*)、《广东及珠江三角洲一带海图》(*Karte des Hafens von Canton mit Macao, Whampoa, Der Bocca Tigris*)、《珠江航道图》(*Chart of the Canton River with the Entrances and Islands*)、《珠江及附近岛屿》(*Canton River and Adjacent Islands*)等系列地图。

明清时期,外国商人等来到广州与澳门后,热衷于绘制航道图,一方面可以更好地从澳门航行来到广州,同时也有暗中抵制清政府管辖的目的。清政府为了更好地管理来华贸易的外国人,曾采取过一些措施,如引水员、买办制度等。这套制度让外国船只必须申报引水员,才能前往广州贸易,而抵达广州后也必须雇请买办、投行交易。两者相互配合,共同维护贸易安全秩序与国家主权。[①]

在珠江口地区,水文复杂,容易引起船难。《虎门览胜》云:"盖自老万山以内,下犹有地。洋面虽极宽阔,舟行必由水道以进,犹陆路之康庄也。外此则或暗沙淤浅,或巨石崚嶒,夷船载重舱深,入水必二丈余,不遵其道,非滞于沙,即坏于石矣。故诸夷赴黄埔,必先于澳门请雇疍民之谙于水道者,引其舟以行,谓之'引水',官为之司。"[②]

引水人是由广州前山(澳门海防)军民府管制,颁发执照,置于官府严密管控之下的专业人士,可分为"外部引水人"和"澳门引水

---

① 参见金国平教授:《澳门南湾领水馆考》(未刊稿)。
② (清)梁廷枏总纂,袁钟仁校注:《粤海关志校注本》卷20《兵卫》,广州:广东人民出版社,2002年,第412—413页。

人",引水亦分两段执行:外洋与内河。鸦片战争以前,外国商船抵达珠江口外的"万山列岛"或"担杆列岛"后,必须先雇用引水,将船带到澳门沙沥。此种领水,西方文献称其为"outside pilot(外洋引水)"或"渔引人"①。"这些人并不是中国当局所控制的引水人,他们被当成渔民来管理,他们的引水活动受到前山营的军民府管制。其舢板由澳门海关税馆颁发登记号,号码用中文写在船的两边,还有一个写有号码的地方是后桅顶的第三面飘旗上。"②然后在澳门的南湾再聘用新的领水,经虎门前往黄埔。此段水程的引航员,西方文献称其为"river pilot(内河/珠江引水)"。汉语有"领江"一说,亦称"Macao pilot(澳门引水)"。

总之,引水对于珠三角地区的地形、地貌和水势都非常熟悉,经验丰富。他们通过确定航线,有组织和细致化地领航,引导外国船只溯江而上,正是由于他们的努力,大型船只才能够安全航行到黄埔。因此,在粤海关的控制机器中起到了核心的作用,是广东海防的重要措施之一,其中澳门与广州是两个重要的支点。

有鉴于此,各国来华贸易者均对珠江口的水文情况极为重视,而且还奉本国政府之命,开始大量测绘这里的航道情况。而清政府对这种测绘行为亦未有警觉,而加以干涉。如阿格特在广州时就极其重视珠江的潮汐等水文信息,并在日记中加以记录。作为商人而关注珠江水文情况,本身就是不符合商人身份的行为。而他绘制广州至澳门的航道图,亦并非个人行为,而是奉本国政府之命,如何塞·埃斯皮诺

---

① 〔美〕范岱克(Paul A. Van Dyke)著,江滢河、黄超译:《在珠江上引水》,载《广州贸易:中国沿海的生活与事业(1700—1845)》,北京:社会科学文献出版社,2018年,第34页。
② 〔美〕范岱克著,江滢河、黄超译:《在珠江上引水》,载《广州贸易:中国沿海的生活与事业(1700—1845)》,第34页。

萨·特洛（José Espinosa y Tello，1763—1815）①于1792年10月24日从马尼拉致函阿格特，要求提供有关印度洋和中国海的地图。

在上述所收录的航道图中，其绘制者除开阿格特为西班牙人外，还有法国、德国、葡国、英国等国人士。而且，他们绘制的这些航道图也多数收藏在国家档案馆等政府机构里，可见他们的绘制工作，与各国政府之间的密切关系。

英国亦是积极开展珠江口水文测绘的国家。从18世纪后半叶开始，他们就开始利用阿格特的测绘成果，②在珠江口进行私自测绘。进入19世纪之后，随着中英关系的不断紧张，英国人加紧了对广州航道的测绘工作，为其发动对华战争做准备。如1841年3月13日，停泊在澳门的"复仇女神"号蒸汽铁甲战舰，在其测绘完成的航道图支持之下，在接下来的两天半时间里，沿着从澳门至广州水路航道摧毁了3处军营、6座炮台、9艘清军战船和115门大炮，使得水路沿线的防御设施全部瘫痪。③

最终，英国船只在其测绘成果的支持之下，能够自由地进出珠江口，来往于澳门与广州、广州与外海之间，使得清政府建立的引水人制度崩溃，清政府的海防制度出现巨大漏洞，形同虚设。因此，在第一、二次鸦片战争期间，英国舰船能够迅速地在珠江上航行，充分发挥制海权，而清军则是被动挨打，从而海防体系崩溃，输掉整个战争。④

---

① 何塞·埃斯皮诺萨·特洛，系海员、制图师和天文学家，于1790年参加了马拉斯皮纳探险队（Expedición Malaspina，1789—1794），作环绕世界的科学和政治航行，这是启蒙时代由西班牙王室资助的一次远航。这次远征从1789年至1794年。到过澳门的十字门水道（Canal de Taipa），著者注。
② 据朱思成研究，阿格特曾经将其测绘的澳门广州航道图，赠送给来华马戛尔尼使团。
③ W. D. Bernard, W. H. Hall, *Narrative of the Voyages and Services of the Nemesis, from 1840 to 1843*, vol.1, H. Colburn, 1844, pp.378-401.
④ 关于英国从19世纪初以来，对珠江口水域所进行的测绘活动及其影响，参见王涛：《清中叶在珠江口的地图测绘与航线变迁》，《社会科学辑刊》2016年第4期。涉及外国船

三、《澳门平面图》

1792年，阿格特绘制了另外一幅地图《澳门平面图》。本地图收藏在西班牙国家图书馆（BNE R 12 575）。该图的右上角，有一段文字，标明了本图的图名、澳门的地理经纬度、绘制者、绘制时间、献词等。翻译为中文，即"澳门城平面图，位于中华帝国南部的葡萄牙人殖民地北纬22°12′44″，东经13°15′，由菲律宾王家公司大班阿格特（Manuel de Agote）绘制。献给堂亚历杭德罗·马拉斯皮纳——圣胡安骑士团骑士——王家舰队船长及天主教国王陛下轻型护卫舰'发现'号和'无畏'号所组成的环球考察航行之司令。1792年"。

这段文字下面是本图的比例尺介绍。比例尺之下，为本图中数字所标的图例说明文字。汉语为：

本平面图上数字所标地点的图例

炮台：1. 大三巴炮台［讹为 Monte Caramelo（糖山）］；2. 东望洋炮台；3. 妈阁炮台；4. 西湾炮台；5. 枷思栏炮台；6. 南湾仔碉楼

教区：7. 大堂区；8. 疯堂区；9. 花王堂区

学校：10. 圣约瑟学堂；11. 三巴总院（均由耶稣会所设立）

修道院：12. 龙松庙（男性）；13. 枷思栏（男性）；14. 板樟堂（男性）；15. 家辣堂（女性）

隐修院或小堂：16. 仁慈堂医院小堂；17. 疯堂小堂；18. 西望洋小堂；19. 仁慈堂小堂

（接上页）只来澳门、广州航道及测绘、引航等问题的研究论文还有：程美宝：《水上人引水——16—19世纪澳门船民的海洋世界》，《学术研究》2010年第4期；〔美〕范岱克著，孙岳译：《18世纪广州的新航线与中国政府海上贸易的失控》，《全球史评论》2010年第3卷，第298—323、437页；游博清：《英国东印度公司与南中国海水文调查（1779—1833）》，《自然科学史研究》2015年第1期。

医院：见 16 和 17 的图例；其他建筑及景点；20. 议事亭；21. 王家海关；22. 疯堂门（Puerta de sn Lazaro，注：后称"水坑尾门"）；23. 三巴门；24. 柳思栏场；25. 仁慈堂前地；26. 下环；27. 北湾；28. 北湾；29. 南湾；30. 营地街市；31. 青洲；32. 关闸；33. 前山，华人城寨，葡萄牙人称之为"白房子（Casa blanca）"；34. 神庙；35.（莲峰）山，华人村落；36. 妈阁庙；37. 湾仔，华人小村落；38. 北山，华人村落；39. 十字门水道；40. 鸡颈（大凼）；41. 新村尾

在其下为澳门人口统计数据可知，当年澳门中外人员总数为 11871 人。

图中央部分为澳门半岛的平面图。左侧为湾仔，下部为凼仔的草图，没有完成。

自明朝中叶葡萄牙人入居澳门以来，各国来澳门居留人士热衷于私自测绘澳门平面。至明朝结束，所绘者不在少数，略举数图如下：《阿妈阁》《澳门平面图》《澳门平面图》《澳门平面图》。

进入清朝，由外国人私自绘制的澳门平面图更加多见，在此不一一列举。

总之，阿格特绘制《澳门平面图》的原因，首先澳门作为广州澳门航道的起点，应该受到重视。其次，阿格特代表西班牙来广州拓展贸易，自然会在澳门与广州之间走动。联想到西班牙曾经计划占领中国，那么他们来华贸易的第一站澳门，就格外受到重视，特别是澳门葡萄牙人的防御设施与驻防军人。因此，在本图中首先被标注的是炮台，人口统计中，军人是其中一项。虽然我们现在能够看到这幅地图，其实在当时未必是所有人都能够看到。阿格特作为西班牙在华高级代表，他绘制的地图，首先是奉命行事，因此他标明是献给堂亚历杭德罗·马拉斯皮纳，一定是有其特殊意义且有保密性的。在其《澳门广

州航道图》中,所绘制的澳门部分,其关注的也主要是澳门炮台。

四、结　语

明清两朝以来,以明朝中叶葡萄牙人入居澳门,开始了以澳门为外港,广州为核心港的外贸活动。因此,从外洋来到澳门及澳门与广州之间的航道,就成了来华贸易的各国政府及贸易商们极为关心的问题。在清朝时期,清政府主要通过引水员制度等手段,来监控来广州的外国贸易商,从而建立起一套相应的海防体制。

从 18 世纪中叶开始,来华外国贸易商开始不断突破清政府的管治,以扩大贸易。其中最为重要的行动,就是未经清政府批准,不断私自测绘来澳门及澳门广州之间的航道,绘制相关的航道图,以供其船只可以自由进出珠江口。西班牙人阿格特所绘制的《澳门广州航道图》,就是其中之一。

凭借此类航道图,至 19 世纪开始,外国船只可以不需要中国引水员而自由进出珠江口。这导致了清政府建立的引水员制度名存实亡,珠江口的海防体制基本崩溃。所以,清军在鸦片战争中的失败,实际就是从制海权丧失开始的。外国来华贸易商及外国政府不断组织对中国沿岸地区的私自测绘制图,是其对华制海权的基础。

《澳门平面图》亦是外国在华私自测绘活动的组成部分。澳门作为广州外贸体系的重要节点,亦是珠江口海防的支点。因此,不仅需要测绘来澳门的内外洋航道,而且澳门的防御设施也是被关心的重要方面。通过一系列的外国测绘地图,其实澳门的防御设施也是被掌握得一清二楚的。因此,英国人发动鸦片战争并没有选择此处作为主要进攻点,这也是出于他们对澳门防御情况、其在 19 世纪中叶以后在航运业中地位下降的了解与掌握。

专题研究

中唐干谒的聚焦、分散、移动及其文学书写

张春晓　陈立扬

摘　要：干谒是唐代文人极为普遍且自觉的行为，中唐较之盛唐，干谒更具分散四方的特点。一方面固然以长安为中心进行聚集，另一方面基于时事因素、谒主和谒客的双向选择等原因，表现出去中心化的态势。在聚焦、分散这两种宏观趋势下，既有对宫殿意象的现实与象征抒发，又开辟了边地主题的描绘与谏言。在具体移动过程中，除了常态的干谒心理、漂泊之苦，干谒诗文还透露出当时地理信息的真实书写，由此在创作心态、创作程式之外，提供更丰富的对社会生活的理解。

关键词：中唐；干谒；文学书写

干谒与文学向来是学界研究的重点。程千帆《唐代进士行卷与文学》、傅璇琮《唐代科举与文学》以及王佺《唐代干谒与文学》分别从行卷、科举和干谒三个切入点对干谒制度与文学的演进进行了阐发。此下诸多学位论文[①]涉及中晚唐干谒诗文及士人形象等，但多停留在文学内部研究层面。我们认为，干谒不仅是"人—人""文学—文学"

作者简介：张春晓，暨南大学文学院副教授。陈立扬，现任职于广州市黄埔区玉泉学校。本文是国家社科基金重大项目"隋唐五代交通与文学资料编研"（18ZDA247）子课题"魏晋隋唐交通与文学图考"的阶段性成果。

① 如陈雅贤的《唐代干谒诗文研究》、贺叶平的《中晚唐干谒散文研究》、陈海艳的《中晚唐干谒诗研究》、韩立新的《唐代干谒诗中的士人形象研究》和莎日娜的《中唐干谒诗研究》等。

的传播过程,同样涉及地理与交通的变化,随着干谒的聚焦、分散和移动,背后的文学书写更是社会整体图景具体而微的呈现。

一、聚焦长安与宫殿书写

长安作为集合了大批机要官员的经济、政治和文化中心,一直以来都是唐代文人投谒的中心城市。王兆鹏曾经统计唐代各省诗人的活动频次,其中陕西省高达10336次,在31个省中占了34%。① 而应申、侯景洋和周钰笛等学者在《基于唐宋文人足迹集聚性分析的中心文化城市变迁》② 一文则将这种趋势体现在热力地图之中。中唐作者占籍比重最大的前三位分别是江南东道、河南道和都畿道,而作品投递目的地占比最大的前三位分别是京畿道、江南东道和都畿道,尤其是京畿道,向其投递的作品多达64首,在十五道中占比高达33.5%。③ 可见四方而至的考生们多以京城为中心展开干谒活动。

表1 中唐干谒诗文投递方向统计表

中唐	京畿道	江南东道	都畿道
投递干谒诗文数量	64	35	16
所占比重	33.5%	18.3%	8.4%

---

① 王兆鹏、王艳:《唐代诗歌版图的静态分布与动态变化——基于〈唐宋文学编年系地信息平台〉的数据分析》,《中南民族大学学报(人文社会科学版)》2020年第1期。
② 应申、侯景洋、周钰笛、窦小影、王兆鹏、邵大为:《基于唐宋文人足迹集聚性分析的中心文化城市变迁》,《地球信息科学学报》2020年第5期。
③ 本文以陈雅贤的硕士论文《唐代干谒诗文研究》与贺叶平的硕士论文《中晚唐干谒散文研究》中的文献统计为参照,进一步明确干谒诗文标准,重新整理了盛中唐的干谒诗文,统计了其中的作者占籍与投递目的地等地理分布。

在广阔的京城之中,最能代表都城"吸引力"的当属宫殿。宫殿对于谒客而言至少具有两方面的关键意义:

一方面,从现实层面来说,它不仅是皇帝生活办公的地方,而且是众多机要官员日常出入的场所,正是行谒指向的空间。如《新唐书》"有司展县、设桉、陈车舆于太极殿廷,如元日。文武九品、朝集、藩客之位,皆如冠礼"①,记载了文武百官相会于太极宫殿庭中。皇帝甚至会在宫殿中召见谒客,《旧唐书》中记李泌"自嵩山上书论当世务,玄宗召见,令待诏翰林,仍东宫供奉"②。与此同时,宫殿还承载了政治方面的历时性变化。翰林院、学士院本都在大明宫附近,开元二十六年(738)玄宗"于院南别置学士院"③,加快了"政治决策机构由外朝向内廷迁移的变化"④。随着皇权集中化趋势的推进,不仅皇帝长期居住于宫殿,更多的谒主也在其中处理公务,谒客们自然更多地选择书写这一空间,寄托他们的期待与向往。

另一方面,从象征意义来说,"宫殿"是正统严肃的政治空间,代表中央与皇帝的权威,更是谒客们一心向往的"仕"的指代。宫殿在城市中占核心位置,既是上层阶级聚集的生活空间,又承载了皇权、礼制、官制、民族、道德等社会、文化、政治多方面的内涵,在选址、材料、色彩和布局等外部要素方面都彰显着形而上的丰富内容。以唐代大明宫为例,它占据了龙首原的优越位置,前朝而后寝,格局规整严谨,界限分明,中轴线突出,集中展示了宫殿空间中蕴含的礼制规则与高度的中央集权。谒客们时常用"宫殿"来指代他们的进取之心,如孟浩然《自浔阳泛舟经明海》中有"魏阙心恒在,金门诏不忘"⑤,刘

---

① (宋)欧阳修、宋祁等:《新唐书》,北京:中华书局,1975年,第407页。
② (后晋)刘昫等:《旧唐书》,北京:中华书局,1975年,第3621页。
③ (清)徐松撰,(清)张穆校补:《唐两京城坊考》,北京:中华书局,1985年,第24页。
④ 陈扬:《唐太极宫与大明宫布局研究》,陕西师范大学硕士论文,2010年,第20页。
⑤ (清)彭定求等:《全唐诗》,北京:中华书局,1960年,第1628页。

长卿的干谒诗《送王员外归朝》中亦有"魏阙心常在,随君亦向秦"[1]之句。

由此可见,宫殿无论是作为现实层面的工作场所,还是象征意义上的空间寄托,都承担了聚焦长安的书写意义。具体来看,谒客在宫殿书写中往往有以下三个特点:

第一,复杂性。宫殿空间本身就内涵丰富,加之谒客们矛盾、多变的心理状态,往往展现出复杂的样貌,试以羊士谔五言排律《和武相早朝中书候传点书怀奉呈》为例:

> 殿省秘清晓,夔龙升紫微。星辰拱帝座,剑履翊天机。
> 耿耿金波缺,沉沉玉漏稀。彩笺蹲鹭兽,画扇列名翚。
> 志业丹青重,恩华雨露霏。三台昭建极,一德庆垂衣。
> 昌运瞻文教,雄图本武威。殊勋如带远,佳气似烟非。
> 抗节衷无隐,同心尚弼违。良哉致君日,维岳有光辉。[2]

前四句从较为宏观的角度描写宫殿的大气与正统,为全诗奠定基调,"紫微""星辰"点明了宫殿选址与星宿的关联,突出宫殿背后的中央集权。随即写"金波""玉漏""彩笺""画扇",铺陈出天未明之时众大臣早朝的情景。"志业丹青重,恩华雨露霏"一句开始由景入人,转而赞美谒主的志向与才华,更突显皇恩之盛。继而由实体空间转入"昌运""文教""雄图""武威"等相对抽象的角度,从国运、文教、版图和军事四个方面称颂大国气象。随即而来的两个比喻却是转折,将殊勋比作远带,把佳气比作非烟,表现出自己不受重用、亟待引荐的境况。尽管如此,作者依旧坚守节操,志存高远,衷心期待着建功立业、光耀门楣的一日。

---

[1] (清)彭定求等:《全唐诗》,第 1501 页。
[2] (清)彭定求等:《全唐诗》,第 3698 页。

这首诗集中体现了干谒诗歌宫殿书写中所蕴含的复杂性。首先,空间有两层:一是看得见的华丽宫殿,二是宫殿背后抽象的时代环境。其次,人物亦有两位,分别是春风得意的谒主与潦倒失意的谒客,二者形成鲜明的对比。最后,谒客的心态也有两面:一方面失落颓唐,另一方面又表明自己坚守高节的决心。

第二,含蓄性。如果说羊士谔在《和武相早朝中书候传点书怀奉呈》中较为直接地袒露了心声,那更多的谒客在吟咏宫殿时采取了颇为含蓄的口吻。如王建《上杜元颖相公》通篇描绘谒主杜元颖在宫殿中的工作,赞美其受皇帝重用,最后自嘲为闲曹散吏,追忆荆州初次拜谒杜元颖的往事,由此提醒杜元颖与自己的旧情。耿湋的《朝下寄韩舍人》则更是委婉:

侍臣鸣佩出西曹,鸾殿分阶翊彩旄。
瑞气回浮青玉案,日华遥上赤霜袍。
花间焰焰云旗合,鸟外亭亭露掌高。
肯念万年芳树里,随风一叶在蓬蒿。①

这首律诗的首联、颔联与颈联都在描绘宫殿及其背后的祥瑞盛世,甚至尾联将这一切比作"万年芳树",最后一句终于论及谒客,将自身比作掉落于蓬蒿之中的"随风一叶",通过比喻、对比的手法,含蓄地表现出自身的漂泊无依,渴望得到谒主引荐,重新回归"万年芳树里"。

第三,程式性。一方面是出于对皇权的敬畏,宫殿的意象描写均使用象征性色彩。如杨巨源《元日呈李逢吉舍人》中的"彩霞""曙日""红烛"等,王建《上裴度舍人》中的"彩毫""金阶"等。除此之外,这一空间的刻画还离不开"光"的衬托。无论是对特定意象的

---

① (清)彭定求等:《全唐诗》,第3000页。

刻画，还是红色、金色等色彩的固定选择，都透露出谒客在创作干谒诗文过程中的用心。

另一方面，宫殿书写整体上技法较为单一，模板性、复制性较强。谒客往往用绝大部分篇幅描绘宫殿，然后再写由宫殿引出的谒主、典故或由此赞美时代，最后笔锋一转，将重点放在自己干谒的目的上。从干谒诗文的功能性来看，这样的布局固然无妨，但如果以文学作品的角度观之，显然降低了文学的多样性。

总之，长安是中唐干谒文人集中流向的传统地区，宫殿则是其中最能体现中央集权不断强化的空间。谒客们的宫殿书写具有复杂性、含蓄性和程式性的特点，由此传达出赞美、向往以及不受重用的孤独、愁苦等具体情感，不仅涵括了常态的谒客心理，更因为宫殿是聚焦长安的物象代表，是以还呈现出和普遍干谒诗文不完全对等的仪式感和象征意味。

二、"去中心化"与边地书写

随着中唐幕府兴盛，越来越多的地方势力日渐强大，需要幕僚建言献策，幕主们亦可以为前来投奔的士人提供衣食住所甚至推荐机会，因此士人们开始倾向选择干谒地方势力，从而谋求更为长远的发展，由此推动了干谒线路的四方分散。

从谒主层面来看，随着中唐地方势力的崛起、官员频繁被贬等多方面原因，中唐谒主的居住地比初盛唐更为分散。

方镇的崛起是造成干谒分散的原因之一。吴廷燮在《唐方镇年表》提及方镇的发展："唐自天宝，方镇始盛，权任之重，沿袭江左；节度之目，改由总管。观察、处置，本为采访，至德而后，关河诸道，多以节度兼领观察；江湖僻远，则以观察而带团练……"① "方镇"本是使职，后来成了"具有实际意义的集军、政、财于一体的行政单位"②。在初唐乃至盛唐期间，中央对地方的管控有力，地方势力发展颇为有限，更有"边远判官，多为老弱"③的尴尬局面，因此文人较少选择入幕。随着安史之乱的爆发，方镇的权力越来越大，文人们也更愿意入幕。中唐文人对方镇的青睐程度在戴伟华《唐代使府与文学研究》的统计④中直观地显现：

表 2　安史之乱前后入幕人数统计表

时期	安史之乱前	肃宗—德宗	顺宗—武宗	宣宗—哀帝	不详	总计
入幕人数	174	1012	930	710	307	3158
占比	5.5%	32%	29.4%	22.5%	9.7%	

占比最高的"肃宗—德宗"阶段正是中唐时期，比重接近总数的三分之一，可见文人入幕的趋势在中唐达到高峰。与此同时，国家的颓势在某种程度上也激发了诗人从军的热情。相较于初盛唐，中唐出塞的诗人数量也大幅度上升。据任文京在《唐代边塞诗的文化阐释》中的统计，唐代各时期出塞诗人数量为初唐 21 人，盛唐 39 人，中唐 61 人，晚唐 51 人。自盛唐至中唐，其增长率高达 56.4%。

另外，谒主的贬谪也是导致谒客投递分散化的重要因素。张小静根据尚永亮《唐五代逐臣与贬谪文学研究》统计出盛唐、中唐被贬士

---

① 吴廷燮：《唐方镇年表》，北京：中华书局，1980 年，第 1 页。
② 戴伟华：《唐代使府与文学研究》，桂林：广西师范大学出版社，2007 年，第 11 页。
③ （清）董诰等：《全唐文》，北京：中华书局，1983 年，第 336 页。
④ 戴伟华：《唐代使府与文学研究》，第 60—63 页。

人分别为221人与344人①，增长率达55.7%。被贬地区主要是岭南道、江南西道和山南东道，空间分布相对比较平均与分散，这也直接导致了原本在朝中有一定权力的官员群体经贬谪后流落四方，给谒客群体以新的投递方向。

被贬的官员依然可以发挥"谒主"的作用。他们虽然远调，但保留着原有的人脉，甚至有随时被调回京师的可能。以韩愈为例，他曾经多次被贬偏远地区又调回长安，纷繁往复的轨迹可见其一生的辗转，也充分说明被贬远地官员的潜在话语权。被贬阳山期间，窦存亮就曾前往拜访，韩愈作《答窦秀才书》。贞元二十一年，韩愈任江陵法曹参军，更有"陈彤、孟琯、区册等人特地前往干谒"②，之后他们的登第也从侧面证实了这次干谒的目的达成。中唐频繁的士人贬谪不仅导致了谒主的流动，也推动了谒客的追随。

从谒客层面来看，中唐入幕、出塞、游边的诗人数量都有明显上升，促成了干谒诗文向四方分散的边地书写，其中又因谒主身份、地理位置的不同，突显出沙场、安边、游边等相关书写主题。

一是通过沙场书写，塑造出英勇善战的谒主形象。一方面从具体细节入手，试以写往关内道鄜坊、邠宁的两首干谒诗为例：许浑的《献鄜坊丘常侍》描写将军的坐骑、武器与军营，以"秋槛鼓鼙""朔雪""晓阶旗纛""边风"③等衬托其威风凛凛。贾岛的《上邠宁邢司徒》通过"箭头破帖""杖底敲球"④的动作直接赞美邢司徒镇守当地的功绩。他如白居易的《叙德书情四十韵上宣歙翟中丞》不仅书写谒主在

---

① 张小静：《盛唐、中唐贬谪诗研究》，延安大学硕士论文，2019年，第8—9页。其数据来源于尚永亮：《唐五代逐臣与贬谪文学研究》，武汉：武汉大学出版社，2007年，第31—40页。
② 秦阳：《唐代士人远游求仕研究》，陕西师范大学硕士论文，2017年，第36页。
③ （清）彭定求等：《全唐诗》，第6120页。
④ （清）彭定求等：《全唐诗》，第6685页。

沙场上的英姿，更提到了他招募贤士，训练军队的情景。

另一方面通过大笔勾勒表现沙场的大气磅礴，歌颂谒主的智谋战功或赞美国家层面的军事力量。如刘长卿《落第赠杨侍御兼拜员外仍充安大夫判官赴范阳》："职副旌旄重，才兼识量通。使车遥肃物，边策远和戎。"① 又如戎昱的《上李常侍》："旌旗晓过大江西，七校前驱万队齐。千里政声人共喜，三军令肃马前嘶。"② 连用三个数字，从"大"空间的角度入手，语言简洁，场面宏大，直接明了地肯定了李常侍的成就。

二是通过安边劝谏，希望谒主不负守边复兴的使命。这一类作品多为干谒文，既有一气呵成、虚实结合的文学性，又有具体的参考意见与实践意义。以林蕴写往河南道的《上安邑李相公安边书》为例：

> 愚尝出国西，抵于泾原，历凤翔，过邠宁，此三镇得不为右臂之大藩乎？自画藩维拥旌钺者，殆数十百人，惟故李司空抱玉曾封章上闻，请复河湟。事亦旋寝，功竟不立……士卒穷年不离饥寒，以月系时，力供主将，死则已矣，赏终不及，如弃鸟兽，附于薮壤。故死者饮恨于地下，生者吞声于边上，五十余年无收尺土之功者，岂朝廷不以为虑乎，命将不得其人乎？愚以此窃知不惟土地未可复，且虑犬戎驰突，不一日二日，则彼三镇，强者闭垒自守，弱者弃壁而逸，岂暇为国家以却戎虏乎？愚所谓臂之不存，体将安舒？③

作者在这一段文字中书写了泾原、凤翔和邠宁三镇重要的军事意义，将其比作国家抵御犬戎的左膀右臂，但无奈"复河湟"一事一拖再拖。文中描绘了这一防御边塞过去与现在的境况：士卒常年饥寒，

---

① （清）彭定求等：《全唐诗》，第1546页。
② （清）彭定求等：《全唐诗》，第3016页。
③ （清）董诰等：《全唐文》，第4926—4927页。

死者饮恨，生者吞声，五十多年来没有收复尺土之功。由此强调收复失地的必要性。除此之外，林蕴还曾作《上宰相元衡宏靖论兵书》，以曾经的一场战事为例，提出了自己独到的见解，由此建议宰相"以天下无限之勇士，破淮西有数之凶贼"①。沈亚之作《上冢官书》描绘了"今西戎邀嫁，移兵寇边，仍岁不已；山东盗卒，杀辱守吏，未闻其归"②的惨状，希望可以一展身手。另有李观作《上宰相安边书》，为安边之事提出具体的谋划。这一类作品不同于第一类作品，沙场书写描绘谒主奋战之英姿，往往直接投往战争的核心地带。而安边劝谏虽然同样关注战争，但谒客更多是向各地的权贵提出建议，投递地并不固定，其中的书写也多包含对过去的追叙与对未来的筹划。

三是通过游边书写，反映出谒主与谒客双向奔赴的积极性，往往包含着谒客丰富的空间移动。即如中唐文人戎昱作为占籍京兆府长安的文人，其干谒诗《再赴桂州先寄李大夫》《上桂州李大夫》《桂州西山登高上陆大夫》都是写往桂州。桂州作为岭南道的城市，地处偏远的南方，经济发展情况并不理想，在盛唐的干谒诗文中鲜少被提及。宋之问曾作《桂州三月二日》："代业京华里，远投魑魅乡。"③足可见桂州在唐代前期的落后程度。而曾经作为诗人笔下"魑魅乡"的桂州，却在戎昱眼里频频被视为干谒的目的地，这是因为戎昱一生漂泊，曾多次入幕，其中就曾任桂州刺史李昌巎的幕僚。李昌巎曾以御史中丞出任桂州刺史兼桂管防御观察使，他为戎昱的才华所吸引，将其招为幕僚，此后又将其推荐给京兆尹李銮。后戎昱离开桂州，开始新一轮漂泊，最后又再次返回桂州担任李昌巎的幕僚，因为谒主与桂州结下不解之缘。

---

① （清）董诰等：《全唐文》，第4928页。
② （清）董诰等：《全唐文》，第3871页。
③ （清）彭定求等：《全唐诗》，第628页。

综上，正如洪迈所言："唐世士人初登科或未仕者，多以从诸藩府辟置为重。"① 这种变化直观地反映了幕府兴盛导致的干谒途径宽泛化，更从侧面呈现了从盛唐至中唐"去中心化"的趋势，而干谒的四方分散也为文人提供了更多反映家国情怀与个人事功的不同视野和区域空间。

三、谒路奔走与地理书写

聚焦长安是唐代干谒的惯性方向，向四方分散则是中唐时势造就的驱动。在两种干谒向度具体而微的移动过程中，谒客们跋山涉水，跨越重重阻碍，干谒的过程往往路途遥远，如元结在《与吕相公书》中所言："某一身奉亲，奔走万里，所望饮啄承欢膝下。"② 有的谒客辗转多次，如符载的《上韦尚书书》中所写："某拜颜逾年，出入五谒，而善竟不闻于左右，顾不及于布褐，汨没尘土，造次羁旅，是缺行败德，充溢视听之深也，射矢失中，求正诸己而已矣。"③ 正是在这样奔波往还的干谒途中，干谒诗文呈现出丰富的地理书写。

首先，提供了交通线路，大体是"以长安为上郡，各方路线俱自长安辐射"④。唐代"有驿一千六百三十九所，驿三十里一置，应有驿路四万九千一百七十里"⑤，这是盛唐时的数据，中唐还有一定数量的增加。《元和郡县志》中还有记载"八到"，即"上都与各州之间都有通道"⑥，一些较偏远的城市都可以抵达。比如"自洪州西南行，五百七十里到吉州，五百二十里到虔州，过大庾岭三百五十里到韶州，

---

① （清）徐松撰，孟二冬补正：《登科记考补正》，北京：中华书局，2010年，第1302页。
② （清）董诰等：《全唐文》，第3871页。
③ （清）董诰等：《全唐文》，第7047页。
④ 白寿彝：《中国交通史》，长沙：岳麓书社，2011年，第96页。
⑤ 白寿彝：《中国交通史》，第92页。
⑥ 白寿彝：《中国交通史》，第93页。

五百三十里到广州"①。交通通达,给广大谒客赴京干谒提供了牢固的交通基础。

欧阳詹的干谒文《上郑相公书》就直观地体现了干谒的交通路线:

> 某代居闽越,自闽至于吴,则绝同乡之人矣;自吴至于楚,则绝同方之人矣。过宋由郑,逾周到秦,朝无一命之亲,路无回眸之旧。犹孤根寄不食之田也,人人耘耨所不及,家家溉灌所不沾。②

欧阳詹在这一篇干谒文中直观详细地记录了干谒过程的流动性,其中提到了许多区域,更形成了一条完整的线路,以闽越为起点,以长安为终点,其具体路线如下:闽越—吴—楚—宋—郑—周—秦。由于其以春秋战国时期诸侯势力范围指称地区,部分范围较大,但结合地图来看,可以大致看出其入长安干谒的路径:从今福建一带出发,一路向北,途经今江苏、安徽一带,再抵达今河南省,随后由东向西进发,途经开封、郑州和洛阳等城市,最后抵达今陕西省,即"秦"——唐代长安周边。

欧阳詹为泉州人,结合白寿彝《中国交通史》第三篇第二章《隋唐宋底国内交通路线》中梳理的上都以东主要路线可知:如果从泉州、福州一带出发前往京城,其历经线路大抵如下:泉州—福州—建州—衢州—睦州—杭州—苏州—常州—润州—扬州—楚州—泗州—宿州—汴州—郑州—东都—虢州—潼关—华州—上都。这一路线与欧阳詹在《上郑相公书》中所描绘的基本一致。

唐代从泉州到长安,路程约有 5570 里,约等于今天的 2780 公里,从十五道来看,其更是横跨了岭南道、江南东道、河南道和京畿道等多个区域,足可见路途之漫长。欧阳詹通过《上郑相公书》不仅真实

---

① 白寿彝:《中国交通史》,第 95 页。此为白寿彝根据陈沅元《唐代驿制考》所改写。
② (清)董诰等:《全唐文》,第 6026 页。

具体地记载了其入京的交通线路,而且记录下不断远离故土的跋涉之苦与内心煎熬。即如从闽至吴"绝同乡之人",从吴至楚"绝同方之人",最后从宋过郑、由周到秦"朝无一命之亲,路无回眸之旧",作为现实与精神的实录同时,足以打动谒主。

其次,提供了旅途中客观的交通条件。谒客会在干谒诗文中提到途经的驿道:如贾岛《寄武功姚主簿》"驿路穿荒坂,公田带淤泥"①,周贺《投江州张郎中》"驿径曾冲雪,方泉省涤尘"②,作为"专为出行的官员、使客等提供食宿和交通工具的交通机构"③,馆驿中的接待与送别同样具有干谒的成分,钱起《清泥驿迎献王侍御》的诗题交代作品是诗人于馆驿中"迎献"所作,"候馆扫清昼,使车出明光"④等句更是表现出馆驿这一空间的显著特征。

再比如行旅中的交通工具。谒客们的条件大多艰难,如李观《上杭州房使君书》所言:"道赊其程,衣衾素单,粮糗倏罄,惟有尘镜委匣,韦编在囊。"⑤他们往往带上干粮和书卷,不远万里奔赴谒主所在。有些谒客有幸得到重用,因此可以坐车,如元结在《与李相公书》中所写:"忽枉公诏,命诣京师,州县发遣,不得辞避,三四千里,烦劳公车。"⑥因为得"公诏",元结可以"烦劳公车",但绝大多数的谒客都不如他这般幸运,交通往往是他们需要重点考虑的基本需求。如沈亚之《上寿州李大夫书》提及:"自二月至十一月,晨驰暮走,使仆马不以恙,即且碌碌。"⑦不少谒客选择乘船干谒,历经风险,如张籍《舟

---

① (清)彭定求等:《全唐诗》,第6643页。
② (清)彭定求等:《全唐诗》,第5727页。
③ 李德辉:《唐宋馆驿与文学》,上海:中西书局,2019年,第11页。
④ (清)彭定求等:《全唐诗》,第2607页。
⑤ (清)董诰等:《全唐文》,第5410页。
⑥ (清)董诰等:《全唐文》,第3870页。
⑦ (清)董诰等:《全唐文》,第7587页。

行寄李湖州》所言:"客愁无次第,川路重辛勤。藻密行舟涩,湾多转楫频。"① 欧阳詹的《送张尚书书》则记载了谒客以交通工具抵债的经历:

> 某闽越人,向京师七千里矣。去秋远应直言极谏诏,不逮试,便往西秦。今冬将从博学宏词科赴集期。昨至东洛,旧负人钱五万,卒然以逢,某则合还,人又艰迫,唯一驴一马,悉以偿之。赁庑之下,如丧手足,兀然不能出门者,再旬于兹矣。亦以窘逼,遍祈于人,人无非常,所与唯匹帛斗粟,供朝夕则才可过,其外则莫就。无车无储,寄人之庐,士之穷莫穷乎此。②

谒客不仅在干谒文中记载了自己"一驴一马"的交通方式,更记录了自己漂泊途中的种种艰迫。他不幸遇上债主,只得将自己仅有的交通工具"悉以偿之",于是"如丧手足",足可见交通工具之重要。他为生计所迫,只得"遍祈于人",所获也不过勉强足够自己度日。《唐摭言》卷四的《气义》中则记载了中唐时期一名考生熊执易助人赶考的故事:

> 熊执易赴举,行次潼关。秋霖月余,滞于逆旅。俄闻邻店有一士,吁嗟数四,执易潜伺之。曰:"前尧山令樊泽举制科,至此,马毙囊空,莫能自进!"执易造焉,遽辍所乘马,倒囊济之。③

熊执易在逆旅中遇到一位赴制举的考生,由于其"马毙囊空",因此将自己的马与缣帛相赠,助他一臂之力。由此可以反观谒客普遍生存条件之艰难。

最后,干谒诗文还如实提供了当时人们对南北地域的认知差异。如韩愈的干谒诗《赴江陵途中寄赠王二十补阙李十一拾遗李二十六员

---

① (清)彭定求等:《全唐诗》,第4313页。
② (清)董诰等:《全唐文》,第6024页。
③ (五代)王定保撰,阳羡生校点:《唐摭言》,上海:上海古籍出版社,2012年,第35页。

外翰林三学士》描绘到任之处的迥异风土：

> 逾岭到所任，低颜奉君侯。酸寒何足道，随事生疮痏。
> 远地触途异，吏民似猿猴，生狞多忿很，辞舌纷嘲啁。
> 白日屋檐下，双鸣斗鹳鹆。有蛇类两首，有蛊群飞游。
> 穷冬或摇扇，盛夏或重裘。飓起最可畏，訇哮簸陵丘。
> 雷霆助光怪，气象难比侔。疠疫忽潜遘，十家无一瘳。①

所写为贞元十九年（803）韩愈被贬为连州阳山县令之事。阳山县地处如今的广东清远，彼时属岭南道。从诗中可以看出，诗人对"瘴"的恐惧可谓深入骨髓，除却自然环境，语言与生活习惯等方面的差异同样是一种"瘴"，令韩愈感到不适。正如他在诗中所写："远地触途异，吏民似猿猴，生狞多忿很，辞舌纷嘲啁。"他在《送区册序》中更是直言当地人"皆鸟言夷面""阳山，天下之穷处也"。②

除了向谒主寻求帮助的目的，诗中实体现了韩愈先入为主的地域观，即对南人南地存在偏见。比如他用了"酸寒""异""狞""嘲啁""光怪"等词，具有一定的贬义色彩。南方与北方，除了涉及地理划分问题之外，还涉及文化上的区别。魏晋南北朝时期，这种南北方之间的差异可以成为一种"政治的语意、文化的歧视，乃至种族的排斥"③。自唐之后，这种北人对南人的歧视有所弱化，但刻板印象仍然存在。

正是由于这种印象的存在，干谒诗文中对地域偏颇认知印证的政治意义在于：一方面，它强调"差异"，强调自身区别于南人的"正统性"；另一方面，它强调的是"教化"，"凸显士人群体作为王朝

---

① （清）彭定求等：《全唐诗》，第 3768 页。
② （清）董诰等：《全唐文》，第 5621 页。
③ 刘晓：《唐代南方士人的身份表达与士族认同——兼谈中古时期"南北之别"的内涵演变》，《人文杂志》2020 年第 1 期。

'代言人'对南方的地域教化和管理的'王化'意义"。① 比如吕温在干谒文《代李中丞荐道州刺史吕温状》中谈到"况道州风俗犷猾,前后难为缉绥"②,但被贬道州的他依旧勤于治理,"自温理已来,疲人尽皆苏息。观其能政,堪为表仪"③。这种"差异"与"教化"看似冲突,在某个层面上却是互为表里的。这种北人对南人的态度同样也是官场内部"重内官,轻外职"④这一制度趋势在地域上的体现。

要之,由于干谒涉及空间的移动变化,注定与交通息息相关。"每种交通行为初起、进行和结束之时,都会有文学活动伴随。"⑤ 从干谒诗文的动态分析可以看出唐代交通路线、交通条件的具体情况,更可以反映出干谒之盛况:不少文人跋山涉水,不惜万里投奔谒主,由此体现出对地理信息、地域认知的多样反映。

四、结　语

从盛唐到中唐,谒客们的投递从原本的集中呈现出发散的趋势。聚焦长安的宫殿书写静态而具有深义,分散四方的边地书写动态而富有时事意味,具体移动中的地理书写具有交通线路和世事认知的启发,它们既提供了干谒文学更多的书写形态和书写空间,为干谒中的人事

---

① 刘晓:《唐代南方士人的身份表达与士族认同——兼谈中古时期"南北之别"的内涵演变》,《人文杂志》2020年第1期。
② (清)董诰等:《全唐文》,第6327页。
③ (清)董诰等:《全唐文》,第6327页。
④ (后晋)刘昫等:《旧唐书》,第2869页。关于"重内官,轻外职",同样也有学者认为唐代后期有"重外轻内"的趋势,尤其在地方势力发展壮大的情况下。这不仅与贬官、南北认知差异有关联,同样也与谒客与谒主的双向选择有关,尤其是在谒客选择谒主时的考量。
⑤ 李德辉:《唐代长安、岭南、扬州交通——文学三角的形成及意义》,《中州学刊》2020年第6期。

关系和心灵世界打开了丰富的留白途径，又共同印证了干谒作为一种政治行为，其过程涉及大量的社交活动，人、文学作品及聚集的场所都是其重要的实体依托。

化城：终极的乐土——兼论中古时期民众对佛教经典的理解与改造

武绍卫

提　要：自白马东来，佛教日益中国化。这一过程中，中国信众以本位文化对佛教进行了新式理解，同时，他们也会根据自身体悟对这种信仰进行改造。他们的改造活动可能源于其对佛教经典之模糊认识：他们不能很清晰地分清佛教的不同名相及教义，故其所理解的佛教很多都是模糊、似是而非的，甚至是想象的。但这种"离经叛道"式的理解也是中古时期民众的思想世界的重要组成部分，也应当被视为佛教中国化的一种方式。

关键词：佛教中国化；化城；疑伪经

净土是佛教描绘的往生世界，信众往往利用图像等形式将其具化。信众需要的是一种可以观看到和想象到的慰藉。无论是佛经，还是佛教绘画、讲经等，都为信众提供了可阅读、可观赏，甚至可聆听的净土世界。需要注意的是，上述表现形式基本上都是出自专业的教内人士或者得道僧人指导完成的，可以说是非常"佛教式"的。但具体到中古时代，对于中土信众尤其是那些分不清佛教名相乃至佛道区别的信众而言，很多时候，他们理解的净土并非是纯"佛教式"的，而是

作者简介：武绍卫，山东大学历史文化学院副教授。本文系教育部哲学社科重大攻关项目"敦煌佛教疑伪经全集整理与研究"（22JZD027）阶段性成果。

混杂的。本文所要探讨的"化城"最初只是佛教经典中的普通名相,但经过中土信众的改造,却成了他们精神世界中的净土。

本文主要尝试对中古时期不同文本中"化城"一词的语义及其在不同时期的演变进行分析,并借以探究时人尤其是下层民众对经典的认识与理解。

一、权居化城:佛典中的名相

(一)幻化之城

"化城"一词首见于佛经。东汉安世高译《道地经》即已使用该词:"行道者,当为五十五因缘自观身,是身为譬如沫不能捉……是身为譬如化城不自有亦不可取,是身为譬如骨关肉血涂。"[①]这里"化城"被用来指身体之虚幻,故应将该词理解为"幻化之城",梵文作"ṛddhīmaya nagara",意译为"用神通作的城",英语中多翻作"Majic city",或"Conjured city"。从本质上讲,这座城池是不存在的,人们看到的只是一种幻象。

后世相继译出的经典中,所用"化城"也多有此意。如北魏慧觉等译《贤愚经》卷七《大劫宾宁品》,记载金地国王摩诃劫宾宁将要率兵攻打波斯匿王,波斯匿王便向佛陀求救。于是:

> 世尊自变其身,作转轮王,令目连作典兵臣,七宝侍从,皆悉备有。又化祇桓,令作宝城,绕城四边,有七重堑,其间皆有七宝行树杂色莲花,不可称计,光明晃晃,昭然赫发。城中宫殿,亦是众宝,王在殿上,尊严可畏。于是彼使,前入化城。[②]

---

① 《大正藏》第 15 册,台北:佛陀教育基金会出版部,1990 年,第 236 页。
② 《大正藏》第 4 册,第 398 页。

这里的"化城"就是世尊将"祇洹精舍"变幻后产生的。

从佛经的基本使用情况来看,"化城"之词出现甚早,并且多用其字面之意。同时,该词并没有固定的使用语境,即佛或菩萨都可以通过神通化现出一座"化城"。这样的"化城"也并非一定就是美轮美奂之城池。

这里的"化城"虽也源于佛典,但并没有特定的佛理在其中,[①]所以后世虽也有使用,甚至可以见诸中古文人作品之中,[②]然相比于下文谈及"法华经"系列经典中"化城喻"之"化城",其影响便小了很多。

(二)《法华经》之化城与"化城寺"

1. 化城之喻

《法华经》在中国影响之广、之久远,其经收有"法华七喻","化城喻"是著名的"法华七喻"中的第四个譬喻。竺法护译《正法华经》载:

> 导师愍之,发来求宝中路而悔,设权方便于大旷野,度四千里若八千里,以神足力化作大城,告众商人无怀废退,大国已至可住休息,随意所欲饭食自恣,欲得大宝于此索之。又告比丘:"商人见城,人民兴盛,快乐无极,怪未曾有,离苦获安,喜用自慰,无复忧恐饥乏之患,自谓无为,如得灭度。"停止有日,隐知欲厌,即没化城,令无处所,告众贾曰:"速当转进到大宝地,吾

[①] 安世高译《道地经》之"化城"与上文所列几部经典尚有一些区别,它可能蕴含着"化城喻"之义。关于这一点,后文有所论述。
[②] 如,《四明尊者教行录》卷6收有宋石待问记明州新修保恩院之文,文中对保恩院之宏伟壮丽进行了描述,文载:"游之者误在于化城,住之者疑居于幻馆。轮奂之盛,莫之与京。"这里的"化城"与"幻馆"对举,当作"幻化之城"解,刻画出了保恩院美轮美奂之情形。参见《大正藏》第46册,第910页。

见汝等行疲心惧,故现此城。"①

又如鸠摩罗什译《妙法莲华经》载:

> 譬如五百由旬险难恶道,旷绝无人,怖畏之处,若有多众欲过此道至珍宝处,有一导师……以方便力,于险道中过三百由旬,化作一城,告众人言:"汝等勿怖,莫得退还,今此大城,可于中止,随意所作,若入是城,快得安隐,若能前至宝所,亦可得去。"……于是众人前入化城,……导师知此人众既得止息,无复疲倦,即灭化城。语众人言:"汝等去来宝处在近,向者大城,我所化作为止息耳。"②

如果仅就"化城喻"来讲,这个故事可能并不是随"法华经"系经典才传入汉地的。汉地出现"化城喻"故事的时间至少可以追溯到东汉安世高时期。上文所引安世高译《道地经·观身》中曾载"是身为譬如化城不自有亦不可取"③。该经并没有对"化城"有任何延伸性的解释。《开元释教录》收录《内身观章句经》,并将其归为"后汉失译"。《大正藏》收录该经,经题为"佛说内身观章句经"。该经载"以身无造者,从彼为得谛,非都骨节。从前世方来,亦非天造身。非神所化城,非无行无本,无因为自有"④。该经内容为偈语。从内容上看,和《道地经·观身》非常一致。《道地经》与竺法护所译《修行道地经》为同本异译。我们通过《修行道地经》可以较为清晰地理解《道地经》中"化城"的含义。

据《修行道地经》卷七之"弟子三品修行品"载:

> 时彼导师聪明博学亦有道术,知于贾人心之所念厌患涉路,

---

① 《大正藏》第9册,第92页。
② 《大正藏》第9册,第25页。
③ 《大正藏》第15册,第236页。
④ 《大正藏》第15册,第239页。

则于中道化作一国，城邑人民土地丰乐五谷平贱。……时众贾人便住彼土，快相娱乐饮食自恣，从意休息。……导师答曰：卿等患厌，谓道悬旷永无达矣！吾故化城国土人民使得休息，见汝厌之故则没之。①

该经所载与"法华经"之"化城喻"无疑是同一故事。所以从这一点看，在东汉时期，"化城喻"故事即使尚无经典传译，但其故事内容可能已为时人所知晓。②

从文献来看，后世所用"化城"多是源于此故事。但值得注意的是，这里的"化城"是作为信众去往宝城的过程中权以休息之地的形象出现的。就修正佛果而言，"化城"指代的是小乘的涅槃果位。"化城"实质上终究只是一座幻化之城，只能供人暂居休息。所以，从后人的评价来看，在信众，尤其是上层僧人认识中的"化城"有时就具有了贬义的色彩。

比如：《弘明集》卷十四收释宝林《破魔露布文》载：

> 功巨者赏以净土之封，勋小者指以化城之安。③

又如，天台智者在《请戒文》中写道：

> 耻崎岖于小径，希优游于大乘；笑止息于化城，誓舟航于彼岸。④

从上述引文来看，这些高僧们明显化用的都是"化城喻"，认为

---

① 《大正藏》第15册，第225—226页。
② 据那体慧（Nattier, Jan）的研究，《道地经》是由安世高自己略译足本《修行道地经》的结果。如此，我们可以推知，安世高是见过足本《修行道地经》的，经中"化城"故事也必然是知道的。关于那体慧的研究，可参看 Nattier, Jan, *A Guide to the Earliest Chinese Buddhist Translations: Texts from the Eastern Han and Three Kingdoms Periods*, International Research Institute for Advanced Buddhology, Soka University, 2006, pp. 62-63。
③ 《大正藏》第52册，第94页。
④ 《大正藏》第50册，第195页。

化城只是低级的小乘的果位，不值得留恋。但从另一个角度来看，"化城"被视为通往宝城、修正佛果的必经阶段，所以又暗含了一种积极进取的意象。

2. 化城之寺

晋唐以降，各地多有以"化城"为名的寺院。较早的一所以"化城"命名的寺院为隋时即已存在的江州庐山化城寺，当时著名的释法充等高僧都曾驻锡于此。此外据敦煌本《庐山远公话》的记载，慧远到达庐山之后所据之寺号"化成"①。考虑到在敦煌写卷中，"城"和"成"字经常是通用的，所以笔者颇疑此"成"为"城"之误，所谓"化成寺"亦即法充等所驻锡之"化城寺"。当然根据晚出的文献记载，早在三国似乎就已经有寺院以"化城"为名了，比如清人王琦在注唐李白《陪族叔当涂宰游化城寺升公清风亭》之"化城若化出，金榜天宫开"时，曾引《太平府志》："古化城寺，在府城内向化桥西礼贤坊，吴大帝时建，基址最广。"② 还有记说晋代即已有化城寺，如清人蒋虎臣据明人胡菊潭之《译峨籁》续成的《峨眉山志》就记载：晋时有西域僧阿罗婆多尊者"来礼峨眉，观山水环合，同于西域化城寺地形，依此而建道场。山高无瓦埴，又雨雪寒严，多遭冻裂，故以木皮盖殿，因呼木皮殿"③。这些记载都是晚出，真实性很值得怀疑。但仅就当涂、峨眉山等地而言，"化城寺"在其当地的影响力还是很大的。此外，道宣《续高僧传》记载，仁寿末年，隋文帝曾下敕，要求在廉州化城寺造塔。④

---

① 郝春文主编：《敦煌社会文献释录》第10卷，北京：社会科学文献出版社，2013年，第253页。
② （唐）李白著，王琦注：《李太白全集》，北京：中华书局，1977年，第964页。
③ （清）蒋超：《峨眉山志》卷5，民国二十三年（1934）印本，第1页。
④ （唐）道宣撰，郭绍林点校：《续高僧传》，北京：中华书局，2014年，第1105页。

自隋唐以来，众多文人在诗赋中多有提及化城，如王维《登辨觉寺》："竹径从初地，莲峰出化城。"[1] "初地"和"化城"在这里都可代指"辨觉寺"，但它们都是佛教用语："初地"乃指修行过程十个阶位中的第一阶位；与之相对，"化城"亦是代指修行中的一个重要阶段，在这里即是与宝所所对称之"化城"。

又如王维还有诗《与苏、卢二员外期游方丈寺而苏不至因有是作》："闻道邀同舍，相期宿化城。安知不来往，翻以得无生。"[2] 孟浩然《陪张丞相祠紫盖山途经玉泉寺》："望秩宣王命，斋心待漏行。青襟列胄子，从事有参卿。五马寻归路，双林指化城。"[3] 这些诗中所使用的"化城"都是在代指方丈寺、玉泉寺等寺院。[4] 这些诗歌对"化城"一词的使用说明，自李唐以降，化城也越来越多成为寺院的代名词。化城即寺院的逻辑，暗含着中古时期人们对寺院在求证佛果的修行过程中所起作用的认识，即"暂得休息""标立宝所"。

《法华经》中虽然并没有明确指出，那些在化城休整过的信徒下一步计划是什么，但是选择继续上路去找寻宝所应当是最合理的逻辑。这一情形在隋唐时期的绘画中有所反映，如可能是创作于盛唐时期的莫高窟第23窟南壁上画有"法华经·化城喻品"经变，壁画中，在化城之外，有数骑驰骋于山间小道，表现的就是寻求宝所的人们经过在化城的修正，又继续向宝地进发了。

中古时期的僧众以居住在"化城"自居，这倒不是一种安于小乘

---

[1] （唐）王维撰，陈铁民校注：《王维集校注》，北京：中华书局，1997年，第176页。
[2] （唐）王维撰，陈铁民校注：《王维集校注》，第340页。
[3] （唐）孟浩然撰，李景白校注：《孟浩然诗集校注》，北京：中华书局，2018年，第160页。
[4] 有学者认为，这些诗中"化城"代表的是解脱之后达到的理想境界，并认为这是文人对《法华经》的错误理解而使用。如张海沙《唐宋文人对〈法华经〉的接受与运用》，《东南大学学报（哲学社会科学版）》2009年第11期。其实，这些文人只是使用"化城"一词代指寺院而已。

的表现,更多的是在表达他们一直在为修行和找寻宝所努力,并且他们的修行已经接近正果,距离宝所亦不远了,亦即所谓"终期宝渚,权居化城"①。

上文,我们探讨了正典中"化城喻"之"化城"的意象,其在僧人和文人眼中的形象,以及"化城"等同于寺院的情形。这些"化城"基本上是源自佛典,并无太大变异。为了行文的方便,笔者暂拟称以上所讨论的化城为"化城喻"之"化城",与下文所要讨论的已有所变化的化城相区别。

二、往生化城:混杂中的弥勒净土

(一)帝王所居

"化城"在象征果位之外,也常被比附于人间所居之城。帝王所居所治之域就常被比为化城。如《宋书》卷九十七《夷蛮列传》之天竺迦毗黎国:

元嘉五年,国王月爱遣使奉表曰:

> 伏闻彼国,据江傍海,山川周固,众妙悉备,庄严清净,犹如化城,宫殿庄严,街巷平坦,人民充满,欢娱安乐。圣王出游,四海随从,圣明仁爱,不害众生,万邦归仰,国富如海。国中众生,奉顺正法,大王仁圣,化之以道,慈施群生,无所遗惜。帝修净戒,轨道不及,无上法船,济诸沈溺,群僚百官,受乐无怨,诸天拥护,万神侍卫,天魔降伏,莫不归化。王身庄严,如日初出,仁泽普润,犹如大云,圣贤承业,如日月天,于彼真丹,最

---

① (唐)义净著,王邦维校注:《大唐西域求法高僧传校注》,北京:中华书局,1988年,第77页。

为殊胜。①

此外,《宋书》卷九十七《诃罗驼国传》和《呵罗单国传》、《梁书》卷五十四《天竺传》和《婆利国传》等中也有类似描述。②值得注意的是,这些上呈国书的国家都是佛教国家;而这些国书内容十分相似,尤其是对梁武帝及其所居之城的描写都相当一致,这种一致似乎表明这些国书属同一系统。国书中称中国皇帝所居,乃"化城""天宫""状若天宫";描绘中国皇帝内治之用语为"土地平整,人民充满""四衢平坦,清净无秽";称颂其武功则是"万邦归仰""四兵具足,能伏怨敌"。阅读佛典,不难发现,这些语词在佛经中都可以找到,并且大多是用来描绘转轮王的统治。比如,西晋月氏三藏竺法护译《佛说弥勒下生经》卷一:

> 尔时世尊告阿难曰:将来久远,于此国界,当有城郭名曰翅头,东西十二由旬,南北七由旬,土地丰熟,人民炽盛,街巷成行。……时阎浮地,极为平整,如镜清明,举阎浮地,内谷食丰贱,人民炽盛,多诸珍宝。诸村落相近,鸡鸣相接。……尔时阎浮地内,自然生粳米,亦无皮裹,极为香美,食无患苦。……尔时法王出现,名曰蠰佉。③

这则材料表述的是弥勒下生前,鸡头城(翅头城)在转轮王蠰佉的统治下的繁荣景象。

在时人的观念中,皇帝所居之"化城"无疑是一方乐土。这种思想在民间亦有流传,《太平广记》引《杜阳杂编》:

> 开元中,有李氏者,嫁于贺若氏。贺若氏卒,乃舍俗为尼,

---

① (南朝宋)沈约:《宋书》,北京:中华书局,1974年,第2384—2385页。
② (南朝宋)沈约:《宋书》,第2380—2381页;(唐)姚思廉:《梁书》,北京:中华书局,1973年,第796、799页。
③ 《大正藏》第14册,第421页。

号曰真如……肃宗元年,建子月十八日夜,真如所居,忽见二人,衣皂衣。引真如东南而行,可五六十步,值一城。楼观严饰,兵卫整肃。皂衣者指之曰:"化城也。"城有大殿。一人衣紫衣,戴宝冠,号为天帝。复有二十余人,衣冠亦如之,呼为诸天。①

根据这则故事,我们可以看到,"化城"已经成为天帝所居之所。北宋的一些材料表明,已有宫殿名"化城"者。《释氏稽古略》载:

> 大觉琏禅师,名怀琏。……皇祐元年(1049),……召对化城殿,问佛法大意。奏对称旨,赐号"大觉禅师"。②

至于化城殿的具体位置,据明吴之鲸撰《武林梵志》载:

> 德章禅师初住汴大相国寺。庆历中(1041—1048),仁宗累诏师于延春阁化城殿,问法宠遇。③

可知:灵隐德章阐释面见宋仁宗的地点是在延春阁化城殿。故化城殿是在延春阁之中。宋仁宗曾在该殿频繁地召见大觉琏禅师、德章禅师等高僧大德,并且这一传统似乎在宋徽宗时期仍在延续。《续传灯录》卷十九载宋徽宗时:

> 皇后教旨遣中使降香,为皇子韩国公头晬之辰请升坐。……师曰:"木人吹玉笛,声入紫微宫。"乃曰:"妙高台畔,龙象骈阗。化城阁前,圣贤会合。正是我皇植福之地,乃为禅流选佛之场,洞启法门广开要路。"④

宋徽宗时期,高僧入宫为国及皇室祈福、讲经等事也是在化城殿进行的。延春阁化城殿在北宋一朝很可能便是统治者供养和问道高僧的场所。如此看来,化城殿之"化城"便具有浓厚的佛教色彩。

---

① (宋)李昉等编:《太平广记》,北京:中华书局,1986年,第3254—3256页。
② 《大正藏》第49册,第867页。
③ (明)吴之鲸撰,魏德良标点:《武林梵志》,杭州:杭州出版社,2006年,第208页。
④ 《大正藏》第51册,第595页。

(二) 弥勒所居

据佛典所载,弥勒在人间所居城为"鸡头城",亦即"翅头城",成佛时所居为"兜率天宫"。鸡头城和兜率天宫之间的界限在正典中的叙述是相当清晰的,但二者在下层民众的认识中却相当模糊,有时甚至被混合在一起。如可能为初唐时期作品《究竟大悲经》卷二:

> 尔时世尊说是法时,上至顶天下下尽六欲宫殿振动。无量大众不觉喜踊投身佛前,于时,众中有一无垢大士名曰灵真,奋迅哮吼猛无畏力如白佛言:"如此体解之人,当生何处?"佛告灵真曰:"如此体解者,别教所不摄,当生翅头未城弥勒佛国化城之内,耳餐零向,出没随佛。"①

这里直接将弥勒所居称为"翅头未城弥勒佛国化城",显然是将蠰佉之"翅头城"、弥勒之"兜率天宫"与"化城"混为一谈了,也说明造作者对教义的理解并不是很清晰。

其实,将这三者混合起来理解的传统,自南北朝以降,一直存在。这一点我们从一些造像记、敦煌出土的疑伪经等内容大致可以得到。如,可能作于隋初的《普贤菩萨说此证明经》之《本因经》:尊者问弥勒:"愿为演说之。"弥勒言:"尊者,汝欲求何等?"尊者:"愿弥勒为我造化城。"在《本因经》造作者认识中,"化城"就是弥勒所造。又如,唐初伪经《续命经》:"总愿当来值弥勒,连辟相将入化城。"② 从这则材料看,化城似乎就是弥勒居所,是那些欲值遇弥勒之人所要到达的终极地。又如,唐长庆二年(822)杨承和所撰的《邠国公功德铭》(时杨氏为内枢密使),文曰:"又于堂内造转轮经藏一所,刻石为云,凿地而出,方生结构,递□□缘。立无数花幢,窃比兜率;造

---

① 《大正藏》第 85 册,第 1369 页。
② 《大正藏》第 85 册,第 1405 页。

百千楼阁,同彼化城。"①这里是在描述转轮经藏上所刻图画,其中"造百千楼阁,同彼化城"中"彼"字所指代即前句之"兜率"。这里也能看出,时人还是认为"兜率天宫"中存有"化城"。这则材料也向我们表明,化城与弥勒之间存在联系的认识不独存在于普通民众中,也存在于文化精英思想之中。

以上几则材料中,化城无一例外都和弥勒有一些联系。当然,化城和释迦牟尼佛也有一些关系,如《本因经》尊者问如来:"化城在何处?"佛言:"化城在释迦得道处。……号为释迦文,九龙与吐水,治化弥勒前。"②《本因经》中,在这段经文之前叙述了尊者请弥勒造化城之事,但这段体现的造化城之佛乃"释迦文佛"。又如,造作于695年之前的《如来成道经》:"天宫楼阁指即化城,所须皆得不用功呈。"③

从文献的数量上看,化城和弥勒、兜率天宫的关系更为密切——化城就是弥勒所在之城。这种关系是基于佛经对翅头城与转轮王及弥勒与兜率天宫以及化城的描述,换言之,化城与弥勒发生联系,是多种元素相互融合的结果。虽不知这种结合融合是从何时开始,但大规模、成传统地对"化城"之使用表明,化城是一个具有固定使用方法的词语,而非单单指"幻化之城"。

综上,"化城"具有净土意象,是《法华经》、弥勒崇拜、净土信仰等思想融合的结果。至于其出现时间至少可以追溯到6世纪早期。"化城"崇拜从本质上是弥勒崇拜和净土崇拜。它从幻化之城到净土之城的转变,体现了民众对经典的认识与再理解及运用。

---

① (清)董诰等:《全唐文》卷998,第10336页。
② 《大正藏》第85册,第1365页。
③ 《大正藏》第85册,第1405页。

三、九渊化城：佛教之外的化城

前文，我们分析了佛教经典中的"化城"、精英阶层视野中的"化城"以及下层信众观念中的"化城"，这几种意象从总体上看还属于佛教信仰内容即使是下层信众观念中那种混乱的认识，从本质上看，仍然没有偏出佛教信仰的范畴。但自从东传以来，佛教从来就不是孤立发展的，它在不同时期都会与中国本土的思想进行不同形式和内容的交流。就"化城"一词而言，它虽然有着佛教内部的演变，但也存在着和本土思想结合的倾向。

（一）海中有仙山

学者常将仙境划分为三大系统：天上仙境、海中仙山和地上洞天福地。[①] 中古时期，海中仙山如蓬莱等常常被描绘为仙人所居的仙境，人们虽知其所在，但却又很少能到达其地。这种记忆自先秦以至近代，在民众中一直有着很强的印记。通过文献，我们也可以明显地发现，这种信仰已经容纳了一些佛教元素。

就可能造作于6世纪的伪经《首罗比丘经》而言，经中描绘了月光童子出世救世前所居的城池：

> 首罗问曰："城池巷陌，其事云何？"大仙答曰：……城作紫磨金色，中有兜率城……各有千巷，巷巷相当，门门相望，出见法王。如此城堞等，男女皆悉充满。……男乘天龙马，女乘百福金银车。男得金银盖，女乘琉璃轩。化城南门入，逍遥北门出。[②]

这种城池是供信徒避难并在大劫之后所居的地方，即"兜率城"，

---

① 苟波：《中国古代小说视野中的民众"仙界"观念》，《中国道教》2005年第3期。
② 《大正藏》第85册，第1356页。

也就是"化城"。① 但联系到经中言：月光童子居所乃"蓬莱山中海陵山下闵子窟所"，这一说法具有浓厚的中土海山信仰色彩。由此观之，月光童子大众所居之"化城"似乎已经融合了"化城喻"、弥勒信仰（翅头城与兜率天宫）以及中土海山信仰。这种趋势在上文所提及的几部疑伪经中也有明显的痕迹。如，可能完成于隋初的《本因经》载：

> 尊者问如来："化城在何处？"佛言："化城在释迦得道处，……号为释迦文。九龙与吐水，治化弥勒前。……从海中心入，即为造化城……"

又如，造作于中唐时期的《僧伽和尚欲入涅槃经》载：

> 吾后与弥勒尊佛下生本国，足踏海水枯竭。遂使诸天龙神，八部圣众，在于东海中心，修造化城，金银为壁，琉璃为地，七宝为殿。②

这两部经典中，化城都位于"海中心"，并且通过"海中心有化城"的信仰出现在两部不同时期的经典中，我们可以推知，"海中心有化城"的信仰是有自己的传承系统和受众面的，并不是某一造作者的即兴之笔。

（二）与道教信仰的结合

最迟可能在唐代，"化城"也开始被吸收进道经，如可能出于唐宋时期的《太上长生延寿集福德经》载："尔时元始天尊于赤明劫，与诸真仙上圣、长生大君、五福神王、诸天龙神，诣化城国霄陵园中善福堂内芝英台上，说劫运功德。"通过这部经典的描述，我们可以知道"化城"是作为"国"的形象存在的，它是元始天尊说经讲法之地。这

---

① 许理和（Erik Zürcher）已论及此点，参见 Erik Zürcher, Prince Moonlight: Messianism and Eschatology in Early Medieval Chinese Buddhism, *T'oung Pao* LXVIII, 1-3 (1982), p. 42.
② 《大正藏》第 85 册，第 1464 页。

里的"化城"乃天尊所居，无疑是一神圣之址。

又如，北宋末出《灵宝无量度人上品妙经》载："普告神州，仙境灵乡，洞天福地，海岳河源，三元曹局，九渊化城，关纽纲维，阆风昆仑，瑶阙三真，玄华帝台。"这里"化城"与"曹局""昆仑""帝台"等都属于仙境灵乡，洞天福地。

道教吸收佛教思想，乃至直接抄录佛经、偷换概念的现象自南北朝以来就屡见不鲜。[①] 上举道经中出现的"化城"，我们很难说是从佛经中直接转换而来。从其内涵来看，它更接近于佛教疑伪经中的意象，亦即具有净土色彩之"化城"。换言之，《延寿福德经》和《度人经》等经典所用之"化城"，很可能是直接取材于中土民众，甚至是疑伪经，反映的是已经中国化的观念。由此亦可见，"化城"观念在当时的流行。此外，我们还能够在道藏中找到直接借用佛教名相的痕迹。如，金王重阳（1112—1170）撰《重阳真人金关玉锁诀》载：

> 或有未出家之人，年少时不能持清静之果，从小乘，入中乘、上乘。初地达法心为小乘，觉悟者为中乘，了达者为上乘。第一是化城，第二是银城，第三是金城。似一根大树，先有其根，后有其梢。如常时只宜清静，大为正道也。

在佛教正典中，"化城"就是小乘，是低级佛果，而王嚞在这里直言，化城乃"初地""小乘"，显然是借用了"化城喻"。

四、小　结

印度佛教的传入，给中国文化注入了新的血液，带来了新活力和

[①] 相关研究，参见 Erik Zürcher, Buddhist Influence on Early Taoism: A Survey of Scriptural Evidence, *T'oung Pao* 66 (1980), pp.84-147；李丰楙：《六朝道教的终末论——末世、阳九百六与劫运说》，《道家文化研究》第9辑，北京：生活·读书·新知三联书店，1996年，第82—99页等。

创造力。①在生死观上，中土民众接受了佛教生死轮回的观念，开始追求往生净土。但中国民众面对的从来不是单一的思想，他们所认可的从来也不只是一种信仰。无论是传统的儒家、道教思想，抑或外来的佛教思想，在中古时期民众那里都被融合在一起，他们有选择，继而又有创造。

就本文探讨的"化城"来说，化城本来自"化城喻"，随着《法华经》的流布，化城也渐入人心，为民众所接受。同时，弥勒信仰以及转轮王信仰，也在民众中广为传播，弥勒所居兜率天宫和翅头城在民众中被混合在一起，都成为弥勒净土的代名词。"化城喻"中的化城在佛典中本就是一座类似佛国净土之地，所以当它和本已混沌的弥勒净土思想同时出现在中古民众观念中时，便又被赋予了净土的内含，成为民众心目中终极乐土的化身。

这种混合，自南北朝产生，至宋以后仍在延续。它不独存在于下层民众观念，也见于上层精英思想。它是中土的一种创造，体现了中土对佛教的接受和改造。通过对这种混合和改造过程的分析，我们还可以发现一点，即这种思想脱胎于正典，但又有异于正典，并且本土观念很少掺入其中。在佛教中国化的过程中，中土信徒以本位文化对佛教进行了改造，同时，他们也会根据自身体悟对东来佛教进行改造。这种改造虽是取材于佛教本身，无论是所用形式，抑或表达之思想，分开来看，都属于佛教，甚至与印度佛教并无二致；但这种形式和思想的结合，却是本土民众自己的创造，结合之结果便迥异于印度或西域的佛教。这里的改造者和接受并传播、传承者包括佛教精英信徒，也包括下层民众，并且以后者为主。仅就下层民众的改造而言，他们的改造活动可能源于其对佛教经典之模糊认识：他们不能很清晰

---

① 方立天：《中国佛教哲学要义》，北京：中国人民大学出版社，2005年，第5页。

地分清佛教的不同名相及教义,故其所理解的佛教很多都是模糊的、似是而非的,甚至是想象的。但这种"离经叛道"式的理解也是中古时期民众的思想世界的重要组成部分,也应当被视为佛教中国化的一种方式。

化城信仰和本土海山信仰、道教信仰的结合,又说明其不仅在佛教信仰内部融合了各种信仰成分发生了演变,也在中国整个信仰内部融合佛教以外的不同系统的信仰因子而发生演变。但我们还要注意到,与海山、道教结合之化城,已经不是"化城喻"之化城了,更多的是一种具有净土色彩的化城。易言之,化城与外部信仰的融合,是建立于它在佛教内部演变完成基础上的。

陆游科举诸事辨析

许起山

摘　要：宋代十分重视科举考试。陆游自言在青年时期四次参加省试，但始终没有考中进士，他把最后一次考试即绍兴二十四年科举的败北归因于权相秦桧的干扰。而实际情况是，陆游前三次考试皆非省试，他在绍兴二十四年的科举省试中没有受到秦桧的压制，陆游的落榜与他的学术兴趣和喜谈恢复故土的性格有关。陆游没有考中进士，成为他毕生的遗憾，在垂暮之年重提此事，并有意模糊了事实的真相，后人多从其说。陆游此举，是他爱惜羽毛的表现，也反映出科举在宋人心中有着至高无上的地位。

关键词：陆游；科举；落第；秦桧；陈之茂

陆游（1125—1210），字务观，号放翁，浙江绍兴人，出身书香门第，素有抱负。陆游所处的宋代是十分重视科举取士的，选拔、升迁官员，必以有进士出身者优先。正如朱熹所言："居今之世，使孔子复生，也不免应举。"[①]士人没有进士身份，难免遗憾终生。陆游虽然才华出众，但终究没能在科场上夺得一席之地，影响了他在政治上的实践。陆游一直不能忘怀他的科举之路，晚年还会在诗文中追忆当年参加考试的情形，并将绍兴二十四年的落第归因于权相秦桧的干扰。后

作者简介：许起山，暨南大学古籍所副教授。本文是国家社科基金青年项目"两宋之际杂史辑佚与研究"（项目编号：20CZS009）的阶段性成果。

① （宋）黎靖德编，王星贤点校：《朱子语类》卷13《力行》，北京：中华书局，1986年，第246页。

人研究陆游落第原因，多以陆游本人所言为据。① 然而，陆游此说是不合实情的，他晚年重提落榜事，是另有深意的。笔者不揣冒昧，对陆游科举诸事重新做一番解读，望博雅君子不吝指教。

一、被陆游夸大的三次考试

浙东山阴的陆氏家族，是当地有名的科举世家，有宋一代，不断有陆氏子弟考取功名，官至高位。陆游出生的次年即遇上靖康之乱，一时金人南牧，京城失守，皇室南迁。待局势稍稍稳定后，陆游在家乡开始接受启蒙教育，为以后的科举考试做准备。陆游自言："我年十六游名场，灵芝借榻栖僧廊。钟声才定屦声集，弟子堂上分两厢。"② 根据诗中"游名场""栖僧廊""钟声""分两厢"等场景，陆游描写的当是在临安参加省试的情景。陆游十六岁，时为绍兴十年，当年未举行科举考试，且下一场省试时间在绍兴十二年，陆游参加的显然不是省试，也不是乡试。陆游又言："绍兴癸亥，予年十九，以试南省来临安。"③ "试南省"指参加尚书省礼部组织的科举考试，即省试。他还有一首诗，诗名中有："绍兴癸亥，余以进士来临安，年十九。"④ 亦言他

---

① 几种重要的陆游传记，如于北山《陆游年谱》（上海：上海古籍出版社，2017年）、朱东润《陆游传》（北京：人民文学出版社，2007年）、齐治平《陆游传论》（长沙：岳麓书社，1984年）、邱鸣皋《陆游评传》（南京：南京大学出版社，2002年）、邹志方《陆游研究》（北京：人民出版社，2008年）等，皆对陆游因得罪于权相秦桧而落第的说法深信不疑。据目前所见，学术界尚无人质疑陆游此说的真实性。本人通过对陆游落第事件的辨析，试图观察陆游晚年的心境及其形象的自我塑造，同时从侧面探讨宋高宗朝后期的科举环境和政局变化。
② （宋）陆游撰，钱仲联校注：《剑南诗稿校注》卷15《灯笼》，上海：上海古籍出版社，1985年，第1195页。
③ （宋）陆游撰，钱仲联校注：《剑南诗稿校注》卷52《武林》，第3113页。
④ （宋）陆游撰，钱仲联校注：《剑南诗稿校注》卷53《绍兴癸亥余以进士来临安年十九明年上元从舅光州通守唐公仲俊招观灯后六十年嘉泰壬戌被命起造朝明年癸亥复见灯夕游人之盛感叹有作》，第3121页。

参加省试的情形。按，绍兴癸亥为绍兴十三年，此年并非科举年，下一场省试在绍兴十五年，陆游所言至临安"试南省"，显然不确，疑为参加当年的太学入学考试。据史载，靖康之变后，太学废而不置，直到绍兴十三年，宋廷才在临安恢复太学。当年七月，太学开始招生，约有六千人参加了入学考试，最终录取了三百人。① 陆游没有进入此三百人行列。并且太学也不在尚书省。陆游晚年又回忆道："二十游名场，最号才智下。"② 陆游二十岁，时为绍兴十四年，此年各地举行了乡试，即为来年省试选拔人才，陆游所言"二十游名场"，应指参加了此年的乡试，但成绩不佳，没有获得参加来年省试的资格，他也认为自己"最号才智下"。

根据以上所引诗句，陆游提到他在十六岁、十九岁、二十岁时参加了科举考试，所在年份分别是绍兴十年、十三年、十四年，与此相近的省试年份分别是绍兴八年、十二年、十五年，也就是说，陆游参加的三次考试皆不是省试，他距考中进士还有很远的路程。这些诗分别作于淳熙十年（1183年，59岁）、嘉泰元年（1201年，77岁）、嘉泰二年（1202年，78岁）、嘉泰三年（1203年，79岁），陆游回忆他年轻时代的三次考试时，提到"游名场""分两厢""试南省""以进士来临安"等，仅根据这些语句，不了解具体情况的人容易认为陆游在这几个年份参加了省试，甚至殿试。其实，陆游仅仅参加了一次本地的发解试（即乡试），没有取得发解资格，根本没有机会来临安参加省试。显然，陆游晚年写诗描述他当年的科举经历时，有意模糊了考试的环境，无形之中便抬高了自己参加考试的级别。如此用笔，个中

---

① （宋）熊克撰，顾吉辰、郭群一点校：《中兴小纪》卷31，福州：福建人民出版社，1985年，第372页。
② （宋）陆游撰，钱仲联校注：《剑南诗稿校注》卷32《读王摩诘诗爱其散发晚未簪道书行尚把之句因用为韵赋古风十首亦皆物外事也（十）》，第3597页。

原因，值得玩味，待与后文一共论之。

总之，陆游在二十岁之前共参加了三次由官方举行的人才选拔考试，皆未顺利过关。绍兴十七年、二十年的乡试，陆游没有参加，因为在此数年间他家事纷纭，深爱的妻子被母亲驱赶出门，感情纠葛把陆游折磨得甚为痛苦，根本没有精力准备绍兴十七年的乡试。陆游又不得不在母亲的要求下迎娶新妇王氏进门，绍兴十八年三月生下长子，六月父亲陆宰去世，他要守孝三年，按照朝廷规定，守孝期间不得参加科举，陆游又错过了绍兴二十年的乡试。

二、陆游落第事件的构造①

随着时间的推移和三个儿子的相继出生，让内心无比疲惫的陆游逐渐恢复了昔日的凌云壮志，他的报国豪情又重新燃起。绍兴二十三年，二十九岁的陆游参加了乡试，因为他在十二岁时以恩荫补官，与白身考生不同，根据宋廷规定，他参加了由转运司举行的特别乡试，即锁厅试（又称漕试）。与陆游同场考试的还有秦桧的孙子秦埙。

陆游这次考试比前几次幸运，他通过了锁厅试，获得了参加明年正月在临安举行的省试资格，如果能够通过科举考试中最为关键的省试，获得进士身份便近在咫尺。遗憾的是，陆游并没有通过省试，不能进入到殿试环节，成了落第举人。关于当年科举考试的情形，不妨在此做一简单交代。

此榜状元为张孝祥，以"爱国词人"的身份被后人所知。同榜

---

① 此节部分内容，参见许起山：《论宋高宗朝后期的科举及政局》第三部分"秦埙的乡试"，载《中国文化研究所学报》2021 年第 73 期。因要讨论陆游的科举之路及绍兴二十四年科举败北对陆游晚年心理、诗歌创作等方面的影响，所以再次叙述相关事实，以便读者阅读。

的还有虞允文,数年后因采石之战暴得大名,不久便入朝做了宰相。陆游的好友、著名诗人杨万里也在此年考中进士。除了我们今天依旧熟知的三位人物之外,中进士者还有秦桧的孙子秦埙(第三名)、门客曹冠(第二名)、亲党周寅(第四名)、侄子秦焞和秦焴、姻党沈兴杰、党羽曹泳侄子曹纬等,另有考官郑仲熊侄子郑时中(第五名)、侄孙郑缜,考官董德元之子董克正,以及大将杨存中、赵密之子。因此榜官宦子弟较多,以及有考官家属参加考试,有人怀疑取士不公。①

绍兴二十五年十月秦桧死去,结束了他近十八年的独相生涯。不久,昔日的政敌开始攻击秦桧独相期间的一些作为,得到了宋高宗的默许。原本属于秦桧党羽的一些人,见形势对己不利,立即掉转枪头,对秦桧进行更为猛烈的攻击,以期与他划清界限,获得清流的谅解。群臣上疏抨击秦桧罪责,其中有一项便是他干扰科举之事。

绍兴二十六年八月,提举淮南东路常平茶盐公事朱冠卿上书言:"故相当权,不遵祖宗故事。科举虽存,公道废绝,私于子孙,皆置优异之选,又私于族裔亲戚,又私于门下憸人秽夫。前举一榜,如曹冠、秦埙、周寅、郑时中、秦焞、郑缜、沈兴杰、秦焴凡有八人……滥窃儒科,复占省额。"御史中丞汤鹏举等人又接连上书支持朱冠卿。朝廷的最终处置是:秦埙、郑时中、秦焴、秦焞、沈兴杰"所带阶官并易'右'字",曹冠、周寅、郑缜"并驳放"②。不几日,曹纬也受到汤鹏举的弹奏,依曹冠等人例驳放。③有官人带"右"字,无官人被驳放,等同于朝廷正式下达了取消九人科举功名的诏令。"旧制,及第人带左

---

① (宋)李心传撰,胡坤点校:《建炎以来系年要录》卷166,北京:中华书局,2013年,第3153页。
② (宋)李心传撰,胡坤点校:《建炎以来系年要录》卷174,第3327页。
③ (宋)李心传撰,胡坤点校:《建炎以来系年要录》卷174,第3330页。

字，余皆带右字。"① 董德元也被时人认为是秦桧党羽，在绍兴二十五年十二月被罢官，虽未见其子董克正被驳放的记载，想必其境况不会很好。杨存中、赵密属于高宗重用的武臣，非秦党，自然没有人敢弹劾他们的儿子。

根据朱冠卿、汤鹏举等人的上疏，以及宋廷对此事的处理结果，似乎已经证明秦桧确实干预了绍兴二十四年的科举取士。据现存史料，秦埙等人皆是通过乡试、省试、殿试等正常的科举流程一步步考中进士的，考试地点相同，皆亲自参加，试卷也是经过糊名、誊录的。但主持科举的官员多是秦桧委派，评阅试卷时会将那些迎合时代思想、辞章典雅、无违科举程式的举子录取。当然，也不排除秦埙等人在试策中有一些暗示性的语言。如宋高宗读秦埙试策时，"觉其所用皆桧、熺语"②，考官有讨好秦桧的打算，看到试卷中皆秦桧、秦熺言语的那份，他们也会猜测到是秦埙所为，将其排名置在前列。秦桧死后，臣僚弹劾他干扰绍兴二十四年科举事，仅提到秦埙等人为其家人、亲信，并没有言及秦桧干预科举的细节，也没有提供如雇人替考、挟带私抄等有力的证据。根据以上情况，客观来说，秦桧对这场科举干预有限③。

《宋史·陆游传》提到："锁厅荐送第一，秦桧孙埙适居其次，桧怒，至罪主司。明年，试礼部，主司复置游前列，桧显黜之，由是为所嫉。"④ 依此记载，陆游与秦埙同场参加锁厅试，考官推荐陆游第一，

---

① （宋）赵升编，王瑞来点校：《朝野类要》卷2，北京：中华书局，2007年，第49页。
② （宋）李心传撰，胡坤点校：《建炎以来系年要录》卷166，第3153页。
③ 当然，此事必有秦桧政敌对秦桧家族及昔日党羽打击报复的因素，宋高宗为了显示"更化"，处理得有些过激。在宋孝宗朝，曹冠、周寅、沈兴杰、郑缜、曹纬等五人主动要求参加科举，又考中进士，可见他们是有真才实学的。
④ （元）脱脱等：《宋史》卷395《陆游传》，北京：中华书局，1977年，第12057页。

秦埙第二,因此惹怒了秦桧。次年省试,陆游成绩优异,被主考官置在前列,但被秦桧废黜。若《宋史》记载不误,当为科举场上一件公案,秦桧死后,朱冠卿等人攻击秦桧干扰科举时必会提及此事,以作秦桧的一项罪证。可是,当时上书言秦桧之罪的诸多臣僚并没有提到陆游之事。史家李心传在《建炎以来系年要录》中用不少笔墨批评秦桧亲党影响科举公正,也没有涉及有关陆游的只言片语。《宋会要辑稿》记载有关绍兴二十四年科举事时没有牵涉到陆游。当时陆游已以诗名崭露头角于文坛,且交友广泛,家乡绍兴又在天子脚下,秦桧死后,陆游本人及其友朋皆没有向朝廷反映秦桧因私怨黜陆游之事,此种情形显然是不正常的。

我们不妨探讨一下《宋史·陆游传》记载陆游科举之事的源头。

陆游绍兴二十四年科举落第后,他没有参加绍兴二十七年、三十年的科举,绍兴三十二年十月,史浩、黄祖舜向刚继位的宋孝宗举荐"善词章,谙典故"的陆游,陆游面见皇帝时得到赏识,"遂赐进士出身"①。虽然获赐进士出身是很荣耀的事,但终归不是通过层层选拔拼搏而得,陆游似乎觉得自己应该按照正常程序获得进士。按照惯例,陆游获得进士出身,须上表感激皇帝的隆恩,他在谢表中提到:"如某者,才朴拙而无奇,学迂疏而寡要,自悲薄命,久摈名场,敢谓一朝,遂叨赐第。"②虽是谦虚之言,也道出了自己"久摈名场"的尴尬。陆游的朋友纷纷写信向他祝贺获赐进士出身,他在给朋友的回信中言及:"伏念某才本迂疏,识尤浅暗,顷游场屋,首犯贵权,既憎糠粞之偶

---

① (元)脱脱等:《宋史》卷395《陆游传》,第12057页。陆游是一位渴望驰骋沙场、收复失地、报仇雪耻的主战派代表人物,宋孝宗继位后即积极准备北伐,赐陆游进士出身,自然有表明政治立场的目的。但此后陆游并没有获得宋孝宗的重用。
② (宋)陆游撰,马亚中、涂小马校注:《渭南文集校注》卷7《谢赐出身启》第1册,杭州:浙江古籍出版社,2015年,第205页。

前,复恶瓦枢之辄巧。讼刘蕡之下第,空辱公言;与李贺而争名,几成奇祸。敢期末路,复齿清流。晨趋甲帐之严,暮拜丙科之宠。"① 陆游没有在谢表中提起自己曾因受到权贵干扰而没能考中进士,但他在给友朋的回信中却提到自己"顷游场屋,首犯贵权",又用了"与李贺而争名,几成奇祸"的唐代典故,首次道出了自己当年参加考试时得罪了权贵,实际上即是《宋史》本传所言陆游在锁厅试中考中第一,抢了秦埙风头,引来秦桧不快之事,但陆游此时并没有明说得罪了秦桧。当时秦桧势力早已瓦解,其声名甚为狼藉,宋孝宗还为岳飞平了反,改弦更张之际,陆游没有必要惧怕秦桧残党而不敢言昔日受秦氏阻挠而进士不第之事。陆游向朋友道出此事,意在告诉他们,如果没有权贵干预,他早在绍兴二十四年便能取得进士称号,现在皇帝赐他进士出身,实至名归。陆游没有在秦桧倒台后,尤其是绍兴二十六年群臣对秦桧父子猛烈攻击时言及此事,在给宋孝宗的谢表中也不提此事,可见此事为陆游的揣测,在没有发现有力证据前,如果向皇帝言及此事,便有欺君之嫌。陆游当时尚是怀疑的心态,这种心态也是一种自我安慰。

数十年后,陆游在一首诗的诗题中写道:"陈阜卿先生为两浙转运司考试官,时秦丞相孙以右文殿修撰来就试,直欲首选。阜卿得予文卷,擢置第一。秦氏大怒。予明年既显黜,先生亦几陷危机。偶秦公薨,遂已。予晚岁料理故书,得先生手帖,追感平昔,作长句以识其事,不知衰涕之集也。"(下简称《陈阜卿》诗)诗云:"冀北当年浩莫分,斯人一顾每空群。国家科第与风汉,天下英雄惟使君。后进何人知大老,横流无地寄斯文。自怜衰钝辜真赏,犹窃虚名海内

---

① (宋)陆游撰,马亚中、涂小马校注:《渭南文集校注》卷7《答人贺赐第启》第1册,第206页。

闻。"① 此诗是为怀念陈阜卿所写，作于庆元五年（1199）秋季，陆游七十五岁。《宋史》记载秦桧科举不第事当源于此诗标题，但增加了"试礼部，主司复置游前列"一句。陆游此诗记述了自己锁厅试、省试之事，后代学者多信以为真②，但诗题中有几处关键性的错误，特讨论如下。

　　陈之茂，字阜卿，无锡人。绍兴二十三年秋，陈氏确为两浙转运司考试官中的一员。此时距秦桧去世尚有两年多时间，秦桧若要处置官职低微的陈之茂，两年之内随意找个理由即可，何必至死不为？显然，陆游"偶秦公薨，遂已"的说法不确。另有记载，绍兴二十六年五月，侍御史汤鹏举弹劾绍兴府通判陈之茂在绍兴二十三年"为秋试考官，违法容私，取秦埙于高等"，从而获得秦桧提拔。宋廷因此事将陈之茂罢官。③ 陈之茂因将秦埙擢之高等而被言官攻击，显然被认为是为了升官而讨好秦家。更有甚者，在绍兴二十四年秦埙高中进士后，陈之茂还特地上书秦桧表示祝贺，其中有言："恭惟某官，当代元勋，生民先觉。优入圣域，非尧舜之道不敢陈；化成人文，虽管晏之功可复许。黼黻皇猷之丽，栋梁王室之安。……盖孟子近孔子之世，况亲见而闻知。而僖公实周公之孙，宜炽昌之俾尔。矢意永延于相业，舆情倾属于师瞻。"④ 除给秦桧上书外，他又给秦埙之父秦熺写信庆贺，其中有

---

① （宋）陆游撰，钱仲联校注：《剑南诗稿校注》卷40《陈阜卿先生为两浙转运司考试官时秦丞相孙以右文殿修撰来就试直欲首选阜卿得予文卷擢置第一秦氏大怒予明年既显黜先生亦几陷危机偶秦公薨遂已予晚岁料理故书得先生手帖追感平昔作长句以识其事不知衰涕之集也》，上海：上海古籍出版社，1985年，第2531页。
② 如于北山《陆游年谱》，在绍兴二十三年，陆游二十九岁条下即有："赴锁厅试。考试官陈之茂擢务观第一，触秦桧怒，几得祸。"第52页。其他学者皆沿此说。
③ （宋）李心传撰，胡坤点校：《建炎以来系年要录》卷172，第3294页。
④ （宋）陈阜卿：《贺秦相孙及第启》，（宋）魏齐贤、叶棻编：《五百家播芳大全文粹》卷25《贺启》，《景印文渊阁四库全书》第1352册，台北：台湾商务印书馆，1986年，第506页。

言:"武偃文修,当昭代世臣之盛;阴德阳报,喜庆门有子之贤。……中外倚太平之基,父子著大儒之效。……教子义方,得师承渊源之自;有祖风烈,永功名福禄之传。"①两篇书信对秦桧父子、祖孙极尽拍马溜须之能事,至以"周公""大儒"比秦桧父子。观此,陈之茂属于附会秦桧者。陈之茂为了讨好秦桧,或有特意照顾秦埙的举动,理应不会垂青于无甚背景的陆游。所以,根本不是陆游所说的陈之茂顶住秦桧的压力,将他擢置第一,后来受到秦桧的报复,几陷危机。

秦桧独相时,攀附秦桧的文人、士大夫甚多,此为时势所然,并不能对他们太过苛责。秦桧倒台后,陈之茂和其他一些人因之前附会秦桧,受到宋廷的降职、免官等处理,但数年后,这些人又会在友朋的帮助下得到复官、升迁。陈之茂毕竟不是秦桧集团的核心人员,风势过后,他后来做过建康知府、吏部侍郎兼中书舍人等显职,并与王十朋、周必大等名流多有往来。陆游晚年写诗感激陈之茂的知遇之恩,实属一厢情愿,他能通过发解试,不是陈之茂的冒险提拔,陈之茂原本即想让秦埙获得第一。

另有他处记载:"〔秦〕埙试浙漕、南宫,皆第一。"②说明秦埙在锁厅试中排名第一。时人叶绍翁也言:"公〔陆游〕绍兴间已为浙漕锁厅第一,有司竟首秦熺③,寘公于末。"④照此说法,陆游言己为漕试第一,实际上是考试官有暂拟其为第一的打算,官方最终公布的排名是秦埙第一,陆游最末。所以陆游所言"秦氏大怒""至罪主司"等就没

---

① (宋)陈卓卿:《贺秦少保男及第启》,(宋)魏齐贤、叶棻编:《五百家播芳大全文粹》卷25《贺启》,《景印文渊阁四库全书》第1352册,第507页。
② (宋)周密撰,张茂鹏点校:《齐东野语》卷13《张才彦》,北京:中华书局,1983年,第233页。
③ 此处"秦熺"为"秦埙"之误,秦熺早在绍兴十二年已中进士甲科。
④ (宋)叶绍翁撰,沈锡麟、冯惠民点校:《四朝闻见录》乙集《陆放翁》,北京:中华书局,1989年,第65页。

有缘由。按照宋朝科举制度，殿试受省试排名影响较大，而乡试排名丝毫影响不到省试，更不会影响进士排名。即使陆游排名在秦埙之前，也对秦埙在省试中的排名没有影响。至于《宋史·陆游传》所言"试礼部，主司复置游前列"，"主司"指绍兴二十四年知贡举魏师逊及同知贡举汤思退、郑仲熊等人，而这些人平常做事皆仰秦桧鼻息，被时人认为是秦桧党羽。如果有陆游"锁厅荐送第一，秦桧孙埙适居其次，桧怒，至罪主司"之事，考官们既知秦桧不喜陆游，岂敢将陆游排在前列，甘冒得罪秦桧的风险？所以，《宋史》所云"复置游前列"，不可信。《宋史》中"由是为所嫉"一句，说明陆游遭到秦桧嫉恨。即使无甚背景的陆游高中状元，也不会立即威胁到秦桧的权势，显然是史家画蛇添足之言。陆游若认为科场不公，当时他才三十岁，还有很多机会参加科举考试，以证明自己的实力。但陆游终究没有再参加科举。

总之，《陈阜卿》诗所言陆游在漕试中考中第一，因与秦埙竞争，秦桧大怒，在次年的省试中特将陆游除名，垂青陆游的漕试考官陈之茂也险遭不测，此事当是陆游晚年错误的回忆，或有刻意为之的成分，不符合当时的实际情况。而《宋史·陆游传》承袭陆游之说，以正史的影响力，误导了一代代学人。

三、陆游落第原因再探

既然陆游落第与秦桧没有直接关联，又是什么原因导致他的科场失利呢？

当时的科举考试内容分为经义、诗赋两科，诗赋较经义容易，但报考者多，竞争力大。陆游擅长写诗，诗赋科对其自然有利，但考试是分三场举行的，第一场试诗、赋各一首，第二场试策，第三场试论，在策、论方面，陆游未必就能发挥好。更何况，自有科举以来，有才华者不能中第，终老科场，成了司空见惯的事情。正如前文所言，陆游分别在十六岁、十九岁、二十岁参加官方组织的考试，都未顺利通过，可见其并不适应烦琐的考试规则。

无论是经义科还是诗赋科，都是以儒家经典为根基的，绍兴和议后，宋高宗对五经及《论语》《孟子》尤为重视，亲自抄写刊刻，将印本发放到各级学校。因此，宋高宗朝后期的科举考试，必须突出尊孔崇经，考生在试策中能体现出深厚的经学修养才能中举。陆游曾言："某才质愚下，又儿童之岁，遭罹多故，奔走避兵，得近文字最晚。年几二十，始发愤欲为古学。然方是时，无师友渊源之益①。凡古人用心处，无所质问，大率以意度。"② 或可认为陆游在经学方面有先天不足的缺陷。他在《剑南诗稿》卷四十四《读苏叔党汝州北山杂诗次其韵（之十）》也言："吾幼从父师，所患经不明。何尝效侯喜，欲取能诗声。"不明经旨，不利于陆游考中进士。当然，随着知识的积累，陆游晚年的经学造诣可能已达到很高的程度，此是后话，但他毕竟没有留下一部有关研究经学的著作，或者对儒家经典篇章有某些影响深远的论断、诠释。

陆游在绍兴二十三年通过发解试之后，在《谢解启》中言："倦游场屋，分已归耕。……伏念某行已迂疏，禀资穷薄，生逢圣代，岂愿老于渔樵；性嗜古文，了不通于世俗。……然而废放已久，尽忘科举

---

① 绍兴十五年十一月，宋高宗说："古人读书，须亲师友，虽未必尽得圣经妙旨，然亦自渊源。"见（宋）李心传撰，胡坤点校：《建炎以来系年要录》卷154，第2922页。绍兴二十四年科举殿试策题中有："子大夫衷然咸造，其精思经术，详究史传，具陈师友之渊源，志念所欣慕。"参见（清）徐松辑，刘琳等点校：《宋会要辑稿》"选举八"，上海：上海古籍出版社，2014年，第5412页。陆游"无师友渊源之益"，很难符合宋高宗的取士标准。
② （宋）陆游撰，马亚中、涂小马校注：《渭南文集校注》卷13《答刘主簿书》第2册，第91页。此文作于绍兴二十九年。

之章程；得失既轻，颇有山林之气象。"①虽是自谦，但联系到之前他家中诸多变故，近十年未涉足科场，"尽忘科举之章程"，当不是夸张之言。由于不熟悉时事和时文，对科举取士章程又显陌生，陆游在庆幸自己通过发解试的同时，似乎已在担忧竞争更为激烈的次年省试。

宋、金两国在绍兴十一年底签订和议，宣告时局发生了根本性的变化，宋高宗完全放弃了报仇雪耻、收复故地的战略，转而努力维护与金人签订的屈辱和约。政策的变动，影响了科举取士。绍兴十一年之前的科举，因为宋金一直处于战争状态，一些士人在试策中大喊杀敌报国、迎回二帝，是忠君爱国的表现，更易获得考官的垂青。但绍兴十二年至绍兴三十年这段时间的科举，那些在试策中言及收回故土、一雪前耻的士子再也不能高中进士，反而那些歌颂与金和议、宋朝中兴、天下太平、圣君贤相的考生往往会拔得头筹。②据陆游晚年回忆，他年轻时"名动高皇，语触秦桧"③，与陆游年代相近的叶绍翁也言陆游参加省试时，"以秦桧所讽见黜，盖疾其喜论恢复"④。且不言陆游的试策有没有得罪秦桧，他不改本性，喜论恢复，无论文采如何飞扬，策论如何高雅，因为时势已变，也不能被考官看中。叶绍翁认为陆游是"以秦桧所讽见黜"，大概沿袭了陆游旧说。其实，此等小事，参与本场考试的知贡举、同知贡举、参详官、点检试卷官等数十人，都知道陆游这种"喜论恢复"的文风不符合朝廷的取士要求，会直接将陆游做不合格处理，不必麻烦宰相亲自干预。

---

① （宋）陆游撰，马亚中、涂小马校注：《渭南文集校注》卷6《谢解启》第1册，第164页。
② 可参见诸葛忆兵编著《宋代科举资料长编》（南宋卷上）所引宋高宗朝的各科策文，南京：凤凰出版社，2017年。与陆游同年参加省试的张孝祥便以歌颂中兴、赞扬秦桧获得进士第一名。
③ （宋）陆游撰，马亚中、涂小马校注：《渭南文集校注》卷22《放翁自赞（二）》第3册，第27页。
④ （宋）叶绍翁撰，沈锡麟、冯惠民点校：《四朝闻见录》乙集《陆放翁》，第65页。

由于当时宋高宗十分重视经旨，陆游早年经学薄弱，又不熟悉科举章程和科场风气，好作恢复故土之言，这些原因导致陆游不能顺利通过进士科的考试。

四、陆游归罪秦桧原因的分析

如陆游晚年诗中所言，他在二十岁之前共参加了三次科举考试，但没有取得进士身份，此时秦桧已独相数年，儿子秦熺高中绍兴十二年进士，陆游却没有将落第原因归罪于秦桧或他人。至于陆游将自己未能在绍兴二十四年考中进士，转而归罪秦桧的原因，可从以下几方面分析。

其一，观陆游科举之路，仅在绍兴二十四年进入了省试，这是他距离考中进士最近的一步。但他时运不济，名落孙山。此后，由于陆游名声渐隆，为免再次落第带来的尴尬，他索性不再参加科举考试。绍兴二十四年的科举考试，成为他之后时时回忆之事。其实，陆游不应有此顾虑，与他同时代的王十朋（1112—1171）在经历多次科举考试之后，四十六岁方中状元；董德元（1096—1163）更是在五十三岁取得进士及第，一雪前耻。陆游出名过早，顾虑过多，对他的再次应举无疑是巨大的累赘。向世人解释其落第实因秦桧的阻挠，既是一种很好的说辞，又能获得后人的理解与同情。

其二，秦桧死后，宋高宗不再力保秦桧，反而允许臣僚攻击秦氏父子，他希望把之前推行的不好的政策全部推托到秦桧身上。皇帝的这种态度，导致秦桧的政敌和昔日党羽对秦桧的猛烈攻击，任何郁郁不得志的士人皆可言曾经遭到过秦桧的迫害。陆游在获赐进士时，正是宋孝宗积极准备北伐之时，陆游是极力支持收复故土、九州统一的，而秦桧是绍兴和议的主要推动者，是主和派的代表，陆游向朋友言及自己曾受秦桧打击，因而没有取得进士身份，宣示了他与秦桧屈膝求和的政治理念截然不同，期望得到宋孝宗的重用。

其三，陆游诗名甚盛，尤其到了晚年，他的高寿，让他享有举世尊敬的崇高地位，但他没有考中进士，终是毕生遗憾。如本文第一部分所言，陆游在二十岁之前并没有参加过省试，但他晚年写诗回忆时，总是将考试地点说成是临安的尚书省，告诉人们他参加的是规格较高的省试。更不惜杜撰绍兴二十三年锁厅试受到考试官陈之茂的厚爱，被选为第一名，因此得罪秦桧，后来参加省试时而被黜名。陆游这样做的目的，无非是想告诉后人自己有考中进士的实力，借此弥补他一直以来的缺憾。① 这其实是一种著名人士在晚年格外爱惜羽毛的心理，或者说是部分老年人的一种通病。错误的回忆经过一次次复述出来，久而久之，回忆者也自觉地信以为真了。

另外，《陈阜卿》诗作于庆元五年秋，陆游作《南园记》时间"不可能早于庆元五年九月，也不可能迟至六年十月以后"②，《南园记》很有可能作于《陈阜卿》诗之前。据《宋史·杨万里传》记载："韩侂胄用事，欲网罗四方知名士相羽翼，尝筑南园，属万里为之记，许以掖垣。万里曰：'官可弃，记不可作也。'侂胄恚，改命他人。"③ 所谓"他人"，即是陆游。"游才气超逸，尤长于诗。晚年再出，为韩侂胄撰《南园记》《阅古泉记》，见讥清议。"④ 陆游为权臣韩侂胄撰《南园记》

---

① 包伟民先生在《陆游的乡村世界》第六章"乡居生活：垫巾风度人争看"中提到嘉泰二年（1202），陆游有《自述》诗三首，感怀生平，"其实，这样的感怀差不多成了他晚年创作最重要的主题，在许多诗篇中反复絮叨。我们或许可以说，强调乡居乐趣更多出于自我排遣，对功业无成的难以释怀才是他思绪的主流"。北京：社会科学文献出版社，2020年，第143—144页。
② 朱东润：《陆游传》，北京：人民文学出版社，2007年，第221页。
③ （元）脱脱等：《宋史》卷433《杨万里传》，第12870页。
④ （元）脱脱等：《宋史》卷395《陆游传》，第12059页。

之事颇为时人及后人所诟，也有不少人为其辩解，可谓聚讼纷纭[1]。陆游特意提起科举落第事，表明自己向来不阿附权贵，昔日被权相秦桧打压而不屈，今日也不会为讨好权臣韩侂胄而作《南园记》，他写《南园记》不是阿谀之举。陆游刻意虚构陈之茂对自己的关怀，显然是为了增加故事的真实性，向世人表明自己为人处世的态度。

五、结　语

综上所述，陆游未能在绍兴二十四年取得进士身份，后来他怀疑是在漕试中得罪了秦桧，进而在省试时遭到罢黜。秦桧死后数年，陆游借机把他的揣测告诉友人。到晚年时，为把此一猜想坐实，他又提到绍兴二十三年漕试考试官陈之茂事。考中进士科，对读书人来说是无比荣耀的，笔者认为，陆游晚年刻意回忆昔日科举事，是他爱惜世人给予的崇高名节、极力维护自己独立人格的表现。秦桧死后，陆游也曾上书庆贺秦桧昔日党羽汤思退为相，又与秦桧党羽方滋交往很深，并且与秦埙在一段时间内保持了很好的友谊。这些都是私人交往，不亏大节，无可厚非。我们的探讨，只是为了更接近历史的真实，为研究陆游的晚年心境和诗歌创作提供一些思路。

---

[1] 详细情况，可参见蒋凡：《陆游晚节评议》，《文学遗产》2016 年第 5 期。又载中国陆游研究会、绍兴市陆游研究会主编：《陆游与南宋社会：纪念陆游诞辰 890 周年国际学术研讨会论文集》，北京：中国社会科学出版社，2017 年，第 27—51 页。

论忽必烈时期元朝职官制度的定型

屈文军 周云蕾

摘　要：忽必烈在位期间，元朝的官制与前四汗时期相比有了很大的变化：除了出台各种细致繁复的官吏管理规定外，还陆续设置了众多中央政务机构、中央事务机构以及地方行政机构，这些官署和其内官职多数采用汉式名称。世祖朝之后，元朝的职官制度变动不多，学人普遍因此认为元朝的官制创立于世祖朝。实际上，世祖朝的官制，其最基本的原则和最基本的框架，前四汗时期都已经奠定，世祖只是在这些原则基础上和框架范围内做了大幅调整和增补，世祖朝是元朝官制的定型时期而不是创设阶段。从政治职能的角度分析，世祖朝采用汉式名称的官署，其职掌和运作并不纯粹"汉制"或相当程度汉式化，而都多少与前四汗时期被今人习惯称为"蒙古旧制"的制度文化有些关联。

关键词：元朝官制；忽必烈时期；前四汗时期

一、世祖朝官制的形成

《元史·百官志》序言云：

> 元太祖起自朔土，统有其众，部落野处，非有城郭之制，国

本文系国家社科基金重大项目"日本静嘉堂所藏宋元珍本文集整理与研究"（项目号 18ZDA180）成果之一。

俗淳厚，非有庶事之繁，惟以万户统军旅，以断事官治政刑，任用者不过一二亲贵重臣耳。及取中原，太宗始立十路宣课司，选儒臣用之。金人来归者，因其故官，若行省，若元帅，则以行省、元帅授之。草创之初，固未暇为经久之规矣。

世祖即位，登用老成，大新制作，立朝仪，造都邑，遂命刘秉忠、许衡酌古今之宜，定内外之官。其总政务者曰中书省，秉兵柄者曰枢密院，司黜陟者曰御史台。体统既立，其次在内者，则有寺，有监，有卫，有府；在外者，则有行省，有行台，有宣慰司，有廉访司。其牧民者，则曰路，曰府，曰州，曰县。官有常职，位有常员，其长则蒙古人为之，而汉人、南人贰焉。于是一代之制始备，百年之间，子孙有所凭藉矣。

大德以后，承平日久，弥文之习盛，而质简之意微，侥幸之门多，而方正之路塞。官冗于上，吏肆于下，言事者屡疏论列，而朝廷讫莫正之，势固然也。①

这篇序言，明确表达了两点意思：其一，世祖之前，前四汗时期的官制不值一提；其二，元朝的官制创设于世祖朝，刘秉忠、许衡于其中居功甚伟，世祖朝之后则变化不大。世祖在位前期，刘秉忠、张文谦、姚枢等汉人名臣被重用，他们各自的传记材料中有诸多关于他们辅助世祖立法定制的说法，不过明确提及制定官制的，只见于许衡和徐世隆的传记资料。《元史·许衡传》云："（至元）六年（1269），命与太常卿徐世隆定朝仪，仪成，帝临观，甚悦。又诏与太保刘秉忠、左丞张文谦定官制，衡历考古今分并统属之序，去其权摄增置冗长侧置者，凡省部、院台、郡县与夫后妃、储藩、百司所联属统制，定为

---

① （明）宋濂等：《元史》卷85《百官志一》，北京：中华书局，1976年，第2119—2120页。

图。七年，奏上之。"①《元史·徐世隆传》曰："承诏议立三省，遂定内外官制上之。"②徐传未提及官制年份，但将此事系于立朝仪之前。据《元史·高鸣传》，"议立三省"事发生于至元七年；③《元史·世祖纪四》记载，至元七年二月，世祖观刘秉忠、徐世隆等所起朝仪。④由此可知，许衡、徐世隆等人立官制当在至元六七年间，其时世祖在位已有十年时间，中书省、枢密院、御史台、翰林国史院等在政治上起重要作用的机构在此之前已陆续设置，地方上行省和宣慰司也正在广泛推行；至元六七年之后，省、院、台等依然是元代政治体制中的主要机构，所以，我们肯定不能认为元朝官制是至元六七年经许衡等人定官制之后才有的。许衡、徐世隆他们所上的"（官）图""内外官制"，具体内容我们不得而知，估计是根据当时的官制实情而适当加以损益，当时的官制实情则是世祖即位后陆续制定和调整而成，其中应有刘秉忠等汉人谋臣的功劳；许衡、徐世隆至元六七年间所设计的官制，世祖此后是否照着执行，史料中没有交代，所以，我们也不能得出元朝官制乃刘秉忠、许衡等汉人谋臣所制的结论。

许衡、徐世隆所设计官制，具体内容无从考证，不过整个世祖朝实际官制的大体情况，我们则比较清楚，《元史·百官志》《元史·选举志》《元史·世祖纪》以及《元典章·吏部》中有大量记载，而且，根据这些史料文献，我们还看到，世祖之后官制的变动确实大多属于细枝末节式的调整或无关根本的机构增减，《元史·百官志》序言所说"一代之制始备"于世祖朝，之后，"百年之间，子孙有所凭藉"这一说法没错。

---

① （明）宋濂等：《元史》卷158《许衡传》，第3726页。
② （明）宋濂等：《元史》卷160《徐世隆传》，第3770页。
③ （明）宋濂等：《元史》卷160《高鸣传》，第3758页。
④ （明）宋濂等：《元史》卷7《世祖纪四》，第128页。

后世学人受上述《百官志》等史料以及其他诸多关于世祖"以夏变夷""附会汉法""信用儒术"这些说法的影响，普遍认为元朝的官制创设于世祖朝，对于前四汗时期的官制，或认为可以忽略不计，或认为与世祖之后的官制有本质区别。前者可称之为"忽略不计论"，后者可称之为"本质区别论"。"忽略不计论"中，又有两种观点：一种认为前四汗时期官制紊乱，官职除授随心所欲，官衔名称五花八名；一种认为前四汗时期官制过于简单，只有万户、千户、百户、札鲁忽赤、必阇赤、达鲁花赤等几种官称。笔者曾撰写过数篇文章，对"忽略不计论"的两种观点进行过批评，认为前四汗时期官制既不紊乱，也不简单，这里不再重复。"本质区别论"将前四汗时期大蒙古国各种制度统称为"蒙古旧制"，其中最主要的自然是官制。对于世祖即位后包括官制在内的各种政治制度的认识，"本质区别论"又有三种不同看法：一，极少数论者认为基本汉化，既然基本汉化，那么前四汗时期的"蒙古旧制"对后来也就没有什么影响，也可以忽略不计了；二，多数论者认为以"汉法""汉制"为主，但保留了少部分的"蒙古旧制"；三，有少数学者认为世祖以后的政治制度中，"汉制"和"蒙古旧制"这两种制度成分，各自所占比重和所生影响，孰轻孰重不易判断。"本质区别论"者把世祖朝设立的中书省、枢密院、御史台、翰林国史院等众多有汉式名称的机构看成是忽必烈采行"汉法"后的产物，认为是比较纯粹的汉式官署；本文下面的考述会说明，这样的看法其实值得商榷。

仔细对比两阶段的官制，我们会发现，世祖即位后的有元一代官制，其最基本的原则和最基本的框架实际上前四汗时期已经奠定。最基本的原则，就是关于官员的来源问题。成吉思汗建国前，黄金家族人员有负责部落联盟政治事务的，但大蒙古国建国后这些诸王除了战时领兵作战外一般不再出任其他各种机构官职；宪宗朝开始有诸王出镇制度，除了增加这一出镇边徼重地之任外，诸王依然不担当其他官僚职务。不仅诸王，就是黄金家族的驸马一般也很少出任官职。成吉思汗时期帝国重要官员来自于怯薛，其他官员的来源则可以有多种途径，但他们的地位显然不如出自怯薛者；大汗与怯薛成员之间有强烈的主奴关系，也就是说帝国的重要官职要由对大汗有强烈奴婢意识（《秘史》称"梯己奴婢"）的人出任。这个最基本的官制原则前四汗时期是严格执行的。前四汗时期官制最基本的框架，有以下五个特点。其一，怯薛在国家政治事务中处于核心地位。怯薛不仅为其他官署提供重要官员，它本身也负责诸多事务，除了护卫大汗、处理皇室内部各种事务外，更重要的政治功能是参与国家决策。帝国决策一般由大汗和身边的怯薛商议后决定，并由怯薛人员撰写出旨令或由怯薛将大汗旨意传达给旨令撰写者，再交由相关职能部门去执行，除怯薛人员以外的其他各机构官员，如果不是当值怯薛就可能不与闻决策。其二，怯薛之外，汗廷最重要的机构是断事官（札鲁忽赤）群体，他们"治政刑"，实际上帝国各种公共事务，包括军事后勤补给、官员监察以及礼仪、文化、赋役等，多数要由他们处理；除札鲁忽赤外，汗廷还有一类名为必阇赤的官员，他们或为札鲁忽赤助手，或在大汗身边帮助撰写旨令和备顾问建议。以上两特点均在成吉思汗时期奠定。其三，太祖时军队实行万户—千户—百户制这样的十进位官制，太宗即位后，将该制度向蒙古军以外的探马赤军和汉军中推行。其四，汗廷之外，蒙古草原地区成吉思汗时期起实习军民合一的千户百户制度；太宗时期起，在其他被征服地区，相继设置断事官行署，即汉文中所称的行尚书省，行省设置后，汗廷断事官群体直接主管的仅是汗廷所在蒙古本土地区事务，其他地区事务则由各个行省分头掌管，汗廷断事官群体起协调作用但不是行尚书省上级。其五，太宗时期起在汉地推行行尚书省辖下的路府州县制度，即地方上设立路府州县等临民机构，它们对负责汉地事务的燕京行尚书省负责，路府州县各临民机构内均设负责监临的达鲁花赤，位在"州县守令"之上。

世祖即位后的职官制度，可以分为两方面范畴。一个是官署的设置和官员的配备；一个是官吏的管理。就后一范畴而言，世祖朝的官吏管理，如考课、奖惩、迁转、等级、休假、致仕等方面的制度规定，其细致繁复程度远非前四汗时期所能相比，其中大量内容对前四汗时期的蒙古当政者来说可能都闻所未闻，它们多是借鉴以前的汉地王朝包括金朝制度而制定。这些制度的出台，无疑是刘秉忠、姚枢、张文谦以及汉化的色目大臣廉希宪、赛典赤等人辅助世祖采行"汉法"过程中的重要内容，其条文也应该包含在许衡、徐世隆所拟的官制"图"文中。但是，官吏管理的核心，什么人可以做官特别是高级官员的来源问题，世祖并未采纳汉式王朝传统。在他的官吏管理体制中，诸王、驸马和前四汗时期一样，除了领兵作战和由诸王出镇边徼要地外极少担任官府职位，国家重要官署中的高级官员仍来自于怯薛，其他官员来源则有荫序、承袭、荐举途径以及吏员出身等。对于唐宋时期补充官员的科举制度，世祖一直不热心，这自然跟当时他的汉人辅佐大臣们中有不少人对这一制度不抱太多好感有关，但更根本的原因还是世祖本身不愿意采纳这种官员任用制度。在官吏管理这个范畴上，世祖坚持着前四汗时期的最基本原则。后来仁宗时期开始推行科举制度，但科举出身者在官员人数中所占比重很小，而且他们也很难获得高级官位。高级官员出自对大汗和皇帝有强烈主奴意识的怯薛组织，这一任官最基本原则从成吉思汗奠定时期起一直延续到王朝结束，从没有过些许动摇；因有这一最基本原则，其他官吏管理方面尽管有大量汉式制度因素，似乎也不好说在这一范畴上，世祖以后的官制就与前四汗时期有本质区别。

官署设置和官员配备方面，世祖后的官制其复杂性也是前四汗时期无法望其项背的,《元史·百官志》《元典章·吏部》罗列了大量元代的官署和官职名称,它们多数形成于世祖朝,而且其中的大多数又还是汉式名称。不过,前四汗时期尽管只有屈指可数的几类官署,也只有屈指可数的几种官职名称,但它们所构成的官制这一范畴上的基本框架,世祖朝的建设并未突破它,只是在这基础上和在这框架内作了大幅调整与增补。世祖朝所设官署,大致可以分为三类:中央政务机构、中央一般事务机构和地方行政机构。本文以下部分,对这些机构的职掌和官员配置做些说明,主要目的有二:一是清晰展示世祖朝官署的设置情形,也即是显示世祖朝开始的有元一代官署的大致定型情况,《元史·百官志》《元典章·吏部》对它们的罗列颇为凌乱;今人研究成果多习惯按院、府、寺、监这样的顺序排列,对它们的职能情况彰显不够。二是分析它们和前四汗时期官制的内在关联,以揭示元朝官制前后两阶段的继承性。

二、世祖朝所设中央政务机构

怯薛。怯薛未被《元史·百官志》和《元典章·吏部》列为元朝正式的官署机构,怯薛人员连品秩都没有(按汉式王朝的制度,他们属"白身"),他们也没有正式的俸禄,但该组织在国家政治中的作用决不亚于宰相机构中书省;怯薛组织自太祖朝成立后,一直就是元王朝大汗(皇帝)之下不折不扣的官僚最核心机构。其他各种重要机构的主要官员,尤其是省、院、台以及行省的长官,一般都出自于怯薛。除出任外廷官职外,怯薛人员还有怯薛内的自身职掌(其人如在汗廷,外廷官职和怯薛职掌往往会同时担当;若在汗廷之外,比如担任行省长官,则依然保留怯薛职掌身份,外任官职结束后可回到怯薛),笔者在《元代怯薛新论》中说,元代重要官员的怯薛职掌实比外廷官衔更为重要，至少不比它次要；怯薛人员最重要的政治职能则是参与决策，怯薛预政是元代常态的政治制度。① 怯薛自身职掌很多，有必阇赤、博儿赤（烹饪以奉上饮食者）、火儿赤（主弓矢者）、云都赤（侍上带刀者）、兀剌赤（典车马者）等，怯薛人员大体上可分为"预怯薛之职而居禁近者"和"宿卫之士"两大部分。② 对政治影响比较大的是前一部分人，人数在数百人至千余人，这些人在国家政治事务中作用大小，与他们的怯薛职掌有没有密切对应关系，是一个很难确定的问题，史料中记载过一些必阇赤、博儿赤对政事有影响的个例。当然，由于元代皇权极大，怯薛组织实不具备约束君主的权力，国家的决策过程也不都要有怯薛参与，有时就是君主独自决策，怯薛负责命令传达。

中书省。中书省向被"本质区别论"者认为是忽必烈"行汉法"、用"汉制"的代表性例证，不过，就政治职能而言，它实际上是前四汗时期断事官群体的继续。断事官群体的职掌是"会决庶务"③，中书省的职掌则是"总政务"④，意思一样，都是君主之下处理帝国公共事务的总机构，这样的机构实是每一个政权都需要的。当然，断事官群体体制简单，里面主要就是两种官员，一种是札鲁忽赤，一种是必阇赤，他们各自的分工并不明确。忽必烈中统元年（1260）三月在开平即位，同时建立自己的断事官群体，该群体有一个分支机构在燕京。四月，汗廷断事官群体改汉名中书省，其中的札鲁忽赤、必阇赤两类官员分别改称为汉式的左右丞相、平章政事、左右丞、参知政事等宰相官称，不过，仍有少数人员继续称札鲁忽赤、必阇赤，这体现了忽

---

① 屈文军：《元代怯薛新论》，收入氏著：《元史研究：方法与专题》，北京：中国社会科学出版社，2017年，第206—215页。
② （明）宋濂等：《元史》卷99《兵志二·宿卫》，第2523—2525页。
③ （明）宋濂等：《元史》卷87《百官志三》，第2187页。
④ （明）宋濂等：《元史》卷85《百官志一》，第2119页。

必烈谨慎的做事风格。七月,忽必烈将燕京的断事官群体分支机构改称燕京行中书省,其中的官员也多用汉式名号,并随即在中书省和行中书省下设置一些隶属机构和隶属幕僚,它们也都用汉式名称,如左右司、架阁库、郎中、令史等。中统二年五月,中、行二省官员在开平合并为中书省,除左右司外,另设左部(后分为吏、户、礼三部)、右部(后分为兵、刑、工三部)等下级行政机构。八月,中书省再分为中书省和燕京行中书省两省;中统四年,元朝以燕京为大都,大约在此前不久,中书省和燕京行中书省再次合并为中书省,设置于大都,可能就在这次的合并中,中书省内另增设参议府作为僚属机构。①

中书省主要官员有右丞相(一员,正一品)②、左丞相(一员,正一品)、平章政事(四员,从一品)、右丞(一员,正二品)、左丞(一员,正二品)、参知政事(二员,从二品),其中右、左丞相和平章政事当时习惯称宰相,右、左丞和参知政事习惯称执政,合称宰执,今人一般统称宰相。中书省内有三种参佐机构。一是参议府,设参议中书省事(四员,正四品)。二是断事官厅,设断事官(四十一员,正三品)。之前断事官群体改名中书省时,有部分人员仍称札鲁忽赤(断事官),至元元年(1264)以后,省内断事官变成"其人则皆御位下及中宫、东宫、诸王各投下怯薛丹等人为之"③,相当于前四汗时期诸

---

① 中书省的成立过程,参见屈文军:《元代翰林机构的成立——兼论元初中枢体制的变迁》,《中国史研究》2018年第1期。
② 元代官署,官员品秩和员额时有变化,《元史·百官志》中常见"定置"字样,其实也只是某一时期对某个或某些官署的规定,"定置"后员额依然有增减,品秩也会有升降。本文中各官名后括注的员额和品秩抄录自《元史·百官志》,多数即是所谓"定置"后的员额和品秩,也就是史料原文所据《经世大典》编撰时的官员员额和品秩,与世祖时期情况不完全一致,这里仅用来大致显示该官署设官情况及该机构和其中官员在元朝的地位高低。"定置"在以下文中多写成"定制"。
③ (明)宋濂等:《元史》卷85《百官志一》,第2124页。

王在汗廷内的断事官代表，不过他们后来也被赋予一定的司法复审疑狱权，这点与前四汗时期有所区别。三是左右司，每司均设郎中（二员，正五品）、员外郎（二员，正六品）、都事（二员，正七品）。左右司分房科治事，左司所掌为吏、户、礼三部之事，右司所掌为兵、刑、工三部之事。除三参佐机构外，中书省内还有一些僚属机构和办事官员，如客省使（四员，正五品）、照磨（一员，正八品）、承发司管勾（一员，正八品）、架阁库管勾（二员，正八品）等。

中书省是将前四汗时期的断事官群体按照汉式王朝宰相机构的模式进行改造而成，应该说这个改造比较彻底。原先群体中只有职掌分工不大明确、地位高低也不够清楚的两类官员札鲁忽赤和必阇赤，新的机构中各种宰相间具体职掌分工依然不是很明确，但大体上有了区分，他们在省内的地位高低则很明朗（当然他们在国家事务中的影响还要看他们在怯薛中的地位）。原先群体中的两种官称札鲁忽赤和必阇赤，中书省中依然还有，不过，前者变成诸王驻省代表，后者则成为一种吏。元代诸多机构中有为首长官员额比副手或下属官员额更多的"长官多头"现象，这种现象何以产生，目前还没有一个让人信服的解释，笔者认为可能跟蒙古人的分封意识有关。中书省中这种现象偶尔也有（如只有右丞相无左丞相、右丞相不止一员等），但不常见。不过，跟唐宋时期的宰相机构相比，元代中书省有两点不同需要注意。一是元代中书省实际上只是一种政令执行机构，它缺乏稳定的辅佐君主决策的权力，缺乏固定的对皇帝旨令执奏的权力，也没有约束君主权力的政事堂制度，笔者一直认为，明代"宰相制度的彻底取消，元代实际上已做了大半工作"[①]。二是元代中书省未能处于官僚体系的核心地位。在汉人臣僚的不断努力下，元代中书省的品级一直保持唯一

[①] 屈文军：《元代中书省的本质》，收入氏著：《元史研究：方法与专题》，第185—206页。

的最高（元也设三公，其品秩有时高于中书右、左丞相，但三公只是荣誉称号），但它始终不能取代怯薛的地位，虽然怯薛没有品秩。这也是元代不断有官员提出要以中书为本的原因。因为有怯薛组织，诸多国家决策宰相官员实不参与，他们只负责执行君主和怯薛人员商议后的旨令。另外，中书省本负责王朝各种公共事务，后来因有不少事务相继从中分离出去另设专门机构处理，中书省的日常政务变成以官员铨选和钱谷事项为主，但就是这些本职事务，也常受到怯薛的插手干预，甚至有时中书省自身反而不知情。当然这属于不合"体例"（规定）情形，但在元代的制度环境下根本无法制止，所以元代屡屡有不得隔越中书省奏事的规定，也屡屡成为空文。

中书省在外地的分支机构后来形成行省，中书省和行省分片管辖除吐蕃以外的全国地区，中书省直辖地区称为"腹里"，"为路二十九，州八"①。在中央，中书省直接管领六部。另外，世祖朝曾两度设立尚书省，置官同中书省一样，设尚书省时，行政权多归尚书省，中书省几成摆设。有尚书省时，六部隶属尚书省，地方行省也改称行尚书省。后来武宗时期也曾设过尚书省，同世祖时期一样，尽夺中书省职权。

六部。六部是世祖按照汉式王朝制度设计的由宰相机构中书省直接管领的下属专门性行政机构，不过它们并非一下子全部设立出来。中统二年（1261）初设部时仅设两部，吏、户、礼合称左三部，兵、刑、工合称右三部。至元二年（1265）分为四部：户部、工部、吏礼部和兵刑部。七年分为六部；八年复合为四部；十三年再度分为六部，后不再改变。元代六部的曲折设立过程，也能旁证中书省及下属六部并不是直接模仿"汉制"凭空而出，而是对前四汗时期断事官体系逐

---

① （明）宋濂等：《元史》卷58《地理志一》，第1347页。

步演变的结果。元代各部均设尚书（三员，正三品）、侍郎（二员，正四品）、郎中（二员，从五品）、员外郎（户部三员，其他五部均二员，从六品）。元代中书省决策权限非常有限，可以说实是一个大号的事务机构，中书省下属的六部，决策权限更加有限；只是由于六部所掌事务时为全国性，且与宰相机构关系密切，所以六部的政务职能会比其他各种专门的事务机构要多一些，本文将它们列为政务机构。六部中，吏部没有下辖机构，不过其所掌官员铨选事务实乃中书省所掌两种主要事务之一；其他各部下辖机构多少不一，这些下辖机构都是纯粹的事务性机构，它们中有的设在两都之外，其官员按元朝制度，属于"外任"官。

户部下辖机构众多，可以分为几类：第一类是库，包括都提举万亿宝源库、都提举万亿广源库、都提举万亿绮源库、都提举万亿赋源库等；第二类与钞有关，包括诸路宝钞都提举司、宝钞总库、印造宝钞库、烧钞东西二库等；第三类跟大都课程及全国盐引、茶引有关，包括行用六库（六库以大都六个城门为名）、大都宣课（世祖时名税课）提举司、大都酒课提举司、抄纸坊、印造盐茶等引局等；第四类与漕运有关，包括京畿都漕运使司、都漕运使司等；第五类与课冶、盐利有关，包括檀景等处金铁冶都提举司、大都河间等路都转运盐使司、山东东路转运盐使司、河东陕西等处转运盐使司等。

礼部下辖机构有：左三部照磨所，掌吏、户、礼三部钱谷计账之事；侍仪司，掌凡朝会、即位、册后、建储、奉上尊号及外国朝觐之礼；拱卫直都指挥使司，掌控鹤户及仪卫之事，该司初属宣徽院，世祖后期改隶礼部，文宗朝拨隶侍正府；仪凤司，掌乐工、供奉、祭享之事；教坊司，掌承应乐人事务；会同馆，掌接伴引见诸番蛮夷峒官之来朝贡者；铸印局等。

兵部职权非常有限。蒙古驿站由通政院管辖，兵部只能负责汉地驿站；军屯隶属于枢密院，民屯分隶于大司农司和宣徽院；马匹牧养归太仆寺，鹰坊事务多归宣徽院。兵部"实际掌管的只是山川城池图册、屯田户籍册以及直属于兵部的几个打捕鹰房民匠等户都总管府"①。据《元史·百官志》，兵部下辖机构有：大都陆运提举司，掌两都陆运粮斛之事；管领随路打捕鹰房民匠总管府；管领本投下大都等路打捕鹰房诸色人匠都总管府（此机构始设于成宗朝）；随路诸色民匠打捕鹰房等户都总管府；管领本位下打捕鹰房民匠等户都总管府（此机构始设于泰定年间）。上述四个打捕鹰房民匠等户都总管府本分别为旭烈兀、合赞（伊利汗）、唆鲁禾帖尼（世祖母）和阿里不哥后王等四家投下领主所有，后由兵部代管。

刑部下辖机构有司狱司和司籍所。

工部下辖机构甚多。主要有几类。第一类以总管府命名，包括诸色人匠总管府（下领梵像提举司、出蜡局提举司等）、诸司局人匠总管府（下领大都毡局、大都染局等）、诸路杂造总管府（下领帘网局等）、茶迭儿（蒙古语，意为庐帐）局总管府、大都人匠总管府（下领绣局、涿州罗局等）、随路诸色民匠都总管府（仁宗时设，下领织染人匠提举司、杂造人匠提举司等）等。第二类以提举司命名，包括提举右八作司、提举左八作司、旋匠提举司、撒答剌欺提举司、晋宁路织染提举司等。第三类是分布各地的二十余处工局、窑场、所，如别失八里局、平则门窑场、大都皮货所、中山刘元帅局、深州织染局等。另外，掌六部文卷簿籍架阁之事的左右部架阁库也挂靠于工部。

枢密院。全国最高军政机构，设立于中统四年（1263）。因李璮叛乱事件，世祖对中书省中的汉人官员不放心，于是仿效金宋制度，将军政事务从行政中分离出来，另设枢密院。不过，在前四汗时期，

---

① 陈高华、史卫民：《中国政治制度通史·元代》，北京：人民出版社，1996年，第85页。

断事官群体也不负责军政事务中指挥作战方面的事项,除非断事官自身也参与领兵,所以世祖在中书省之外另设枢密院也不能完全说是模仿金宋制度。不过,自成吉思汗时期起,终元一朝,军政事务的独立性都不太明显;在元之前的中原王朝,只是在宋代,宰相不易干预军政,其他时期军政也都不完全独立于行政之外。忽必烈尽管将中书省和枢密院并列为二府,比喻为左右二手,实际上二府官员常一起议事,议事范围包括军政和其他各种行政事务。当然,枢密院自行上奏军务、自行举荐官属、中书省中汉人宰相一般不能过问军务,这些规定自枢密院成立后倒是一直延续到王朝结束。《元史·百官志》记载枢密院定制后设如下官员:知枢密院事(六员,从一品)、同知枢密院事(四员,正二品)、枢密副使(简称副枢,二员,从二品)、佥书枢密院事(简称佥院,二员,正三品)、同佥书枢密院事(简称同佥,二员,正四品)、院判(二员,正五品)、参议(二员,正五品)、经历(二员,从五品)、都事(四员,正七品)、承发兼照磨(二员,正八品)、架阁库管勾(一员,正九品)、同管勾(一员,从九品)。枢密院也有两个僚属机构。一为客省使厅,设大使(二员,从五品)、副使(二员,从六品)。二为断事官厅。枢密院仿金宋制度而设,但世祖也在其中设置了蒙古名称的官员札鲁忽赤(断事官),掌处决军府之狱讼,断事官厅后定制设断事官(八员,正三品)、经历(一员,从七品)。

与中书省在地方设置分支行中书省一样,世祖朝在地方上,也曾设有数个行枢密院。成宗即位后伯颜建议"罢行枢密,兵柄一归行省"①,被成宗采纳,此后,行中书省长官管本省内枢密院系统外的镇

---

① (元)元明善:《丞相淮安忠武王碑》,载(元)苏天爵编,张金铣校点:《元文类》,合肥:安徽大学出版社,2020年,第456页。

成军队成为定制。不过,在需要时仍会临时设立行枢密院,统管来自各行省的军队,事毕取消,但文宗时设立的岭北行枢密院后一直延置。顺帝时为镇压红巾军,又设有多个行院、分院。

枢密院系统的军队主要有两种:一是世祖在汉人谋臣姚枢等建议下设立的侍卫亲军;①二是几个都万户府所统率的各万户蒙古军、探马赤军,都万户府所率蒙古军、探马赤军形成于前四汗时期。侍卫亲军按军人出身族群,有汉人卫、蒙古卫和色目卫,其中蒙古卫军人也选自外征的蒙古军和探马赤军;色目卫军人的建卫方式与前四汗时期蒙古千户编组以及探马赤军的组建方式类似,而与汉人卫军人挑选自汉军和新附军的建卫方式有所不同。②侍卫亲军大多屯营于大都周围(少量在上都),各卫都指挥使司的衙署一般也设在枢密院官衙内,属内任官署;都万户府则属于外任官署。

汉人侍卫亲军都指挥使司,包括:(1)右卫亲军都指挥使司;(2)左卫亲军都指挥使司;(3)中卫亲军都指挥使司;(4)前卫亲军都指挥使司;(5)后卫亲军都指挥使司。以上五卫是汉人侍卫亲军的主体。各卫均设都指挥使(三员,正三品)、副都指挥使(二员,从三品)、佥事(二员,正四品)、经历(二员,从七品)、知事(二员,从八品)、照磨(一员,从八品)。元代所有侍卫亲军,各卫均设1所镇抚所,设镇抚(二员,正五品)。汉人卫军五卫每卫均下领10所行军千户所、1所弩军千户所和2所屯田千户所(后卫设1所)。行军千户所设达鲁花赤、副达鲁花赤、千户、副千户、弹压、百户;弩军千户所和屯田千户所设达鲁花赤、千户、弹压、百户。另外各卫也都设蒙古

---

① 萧启庆:《元代的宿卫制度》,收入氏著:《内北国而外中国》,北京:中华书局,2007年,第216—255页。
② 史卫民:《中国军事通史·元代军事史》,北京:军事科学出版社,1998年,第225页;屈文军:《也论元代的探马赤军》,《文史》2020年第1辑。

字教授（一员）、儒学教授（一员）。五卫之外，后增设：（6）武卫亲军都指挥使司；（7）忠翊卫亲军都指挥使司；（8）虎贲卫亲军都指挥使司。三卫设官与五卫相似（武卫在都指挥使之上设有达鲁花赤一员，正三品），下领也有行军千户所、屯田千户所等。世祖之后，直属枢密院的汉人侍卫亲军还增有海口侍卫。[①]

色目卫军亲军都指挥使司，包括：（1）右阿速卫亲军都指挥使司；（2）左阿速卫亲军都指挥使司；（3）唐兀卫亲军都指挥使司；（4）贵赤卫亲军都指挥使司；（5）钦察卫亲军都指挥使司（英宗时分为左右两卫，文宗时拨隶新成立的枢密院下辖机构大都督府）。各色目卫亲军都指挥使司设官与汉人卫相似，达鲁花赤或置或不置。世祖时设立的哈剌鲁万户府（疑正三品或从三品），也是色目侍卫亲军的一种，文宗时也拨属大都督府，该万户府设达鲁花赤、万户等官。色目各卫亦分别下领若干千户，各卫一般也设有儒学教授（一员），有的还设有蒙古教授（一员）。世祖之后，增设有西域亲军（也称阿儿浑卫）都指挥使司、隆镇卫亲军都指挥使司、康里卫亲军都指挥使司、宣忠斡罗思扈卫亲军都指挥使司等色目卫军都指挥使司，也都隶属枢密院，但武宗时建立的康里卫在仁宗时被解散。

蒙古侍卫亲军都指挥使司，包括：（1）左翊蒙古侍卫亲军都指挥使司；（2）右翊蒙古侍卫亲军都指挥使司（以上两司设官与汉军五卫相似，两司均设蒙古字教授和儒学教授，各自下领若干千户所）；（3）东路蒙古军万户府（世祖时为一支探马赤军，文宗时隶属大都督府，改名东路蒙古侍卫亲军都指挥使司）。蒙古侍卫亲军在世祖之后，英宗朝增设一支宗仁卫，也设有都指挥使司，隶属枢密院。

除枢密院掌管外，元代侍卫亲军还有属于东宫、后宫者。世祖时

[①] 史卫民：《中国军事通史·元代军事史》，第217页。

为皇太子真金先后立东宫侍卫亲军都指挥使司（军人多为汉军和新附军）和东宫蒙古侍卫亲军都指挥使司（军人来源于前四汗时期的五投下探马赤军），成宗朝这两支卫军隶属皇太后（真金妻）的隆福宫，东宫侍卫亲军都指挥使司和东宫蒙古侍卫亲军都指挥使司分别改称隆福宫左都威卫使司和右都威卫使司；顺帝时它们改属皇太子爱猷识里答腊。武宗时为太子（仁宗）设立卫率府，军人为汉军，仁宗时划属太子（英宗），建左卫率府；仁宗同时将世祖时所建的左右翼屯田万户府等机构所有军人合并建立右卫率府，亦属东宫侍卫亲军。英宗即位后，左右卫率府改属枢密院，成为枢密院下辖两支侍卫亲军。两率府与其他诸卫相似，设率使（二或三员，相当于都指挥使，正三品）、副使（二员，相当于副都指挥使，从三品）、佥事、经历、知事、照磨等官，下领若干千户所；也各设有镇抚（二员）和儒学教授（一员），左卫率府还设有蒙古字教授和阴阳教授（各一员）。

  隶属枢密院的都万户府，有以下四个。（1）河南淮北蒙古军都万户府，设都万户（一员，正三品）、副都万户（一员，从三品）、经历（一员，从七品）、知事（一员，从八品）、提控案牍（一员，从八品）。属官镇抚（二员）。下领八撒儿（人名，下同）万户府、札忽儿台万户府、脱烈都万户府、和尚万户府等四个万户府，万户府设万户、经历、知事、提控案牍（各一员），有的在万户下另设副万户（一员）。万户府均设镇抚（一员），统领数个千户所，每个千户所设千户（一员）、百户（若干员）、弹压（若干员），有的在千户之上设达鲁花赤（一员），在千户之下设副千户（一员）。（2）山东河北蒙古军都万户府，文宗时改名山东河北蒙古军大都督府，设大都督（三员，从二品）、同知（一员，从三品）、副使（一员，从四品）、经历（一员，从六品）、都事（二员，从七品）、承发兼照磨（一员，正八品）。大都督府设镇抚（二员）。下领左手万户府、右手万户府、拔都万户府、哈答万户府、蒙古回回水军万户府、忋都哥万户府等六个万户府。万户府设官与前一都万户府下类似（有的在万户之上设达鲁花赤一员），各万户府亦均设镇抚（一至二员）并统领数个千户所。(3)四川蒙古军都万户府。(4)陕西蒙古军都万户府。这两个都万户府情况不详，估计跟前面两都万户府相似，设都万户（正三品）、副都万户、经历、知事等官，下领若干万户府、千户所等。

万户府按统军人数分上中下三等。上万户府统军7000以上，达鲁花赤为正三品；中万户府统军5000以上，达鲁花赤从三品；下万户府统军3000以上，达鲁花赤也从三品，但副万户、镇抚品秩均比中万户府中的低。千户所也分上中下三等。上千户所统军700以上，达鲁花赤从四品；中千户所统军500人以上，达鲁花赤正五品；下千户所统军300人以上，达鲁花赤从五品。千户所下还有百户所，分上下两等。上百户统军70人以上，从六品；下百户统军50人以上，从七品。行省所掌管的军队，也设万户府、千户所、百户所，官员设置和品秩同枢密院系统一致。

除侍卫亲军都指挥使司、都万户府外，还有几个官署亦隶属枢密院。(1)回回炮手军匠上万户府；(2)延安屯田打捕总管府（《元史·百官志》将从七品的大宁海阳等处屯田打捕所也列为枢密院直属机构，疑有误）；(3)北庭都元帅府、曲先塔林都元帅府、东路蒙古军都元帅府，这三个设于特殊要地的都元帅府，有的设于世祖朝之后，其隶属关系多有变动，颇疑一度也曾隶属枢密院，都元帅府一般设都元帅、副都元帅。

御史台。设立于至元五年（1268），是忽必烈接受一些儒臣（有西夏人高智耀、汉人张雄飞等）建议后的产物。前四汗时期，断事官群体也有纠察官员职能，世祖即位后正式将该职能从行政中分离出来，仿中原王朝模式，建立御史台。世祖对御史台的监察职能看得很重，在将中书省、枢密院比喻为左右手的同时，将御史台比喻为两手有病时的医者，并将它与二府并立，构成怯薛之外处理国家政务的三大机构。在官署品秩上，由于汉人官僚的强烈主张，中书省终被确定为唯一最高（正一品），枢密院和御史台不能和之比肩，后来都定为从一品。御史台成立后的次年，至元六年，元朝在地方上"立四道按察司"[①]，这是在模仿金朝制度。与中书省、枢密院在地方设立行署一样，世祖朝也于灭南宋后，在江南、河西、云南三处设行御史台，并逐渐建立各道提刑按察司，后来定制，除中央御史台（也称内台）外，地方上设两个行台（江南诸道行御史台和陕西诸道行御史台，分别简称南台和西台），全国共设22道肃政廉访司（提刑按察司）。同唐、宋、金时代相比，元代御史台品秩提高，监察职能强化，地方监察力度深入；御史台（及行台）与中书省（及行省）的并立局面一直比较明显，"对枢密院，宰相可以通过插手院务、兼领院官加以节制，而对御史台，宰相很难直接插手台内事务，更不能兼领台官"[②]。元代遇到大事，在君主做最后决策前，有时会举行各种形式的会议，级别最高的是百官集议，参加的官员来自多种机构（主要是省、院、台、翰林院、集贤院、六部等），议事的范围包括行政、军政、礼仪等事项，在这些会议场合，中书省、枢密院和御史台三大机构的官员发言权要远大于其他机构的官员，不过，百官集议场合，一般不议监察事务。御史台参加的省台议、院台议也多关乎行政、军政事务而不大涉及监察事务本身，不像省院议有时会讨论军政事务，所以元代御史台的独立性要强于枢密院。元代监察事务变质，主要出于省官和台官间"可以有很密切的私人关系，如父子、兄弟、叔侄、死党等，当然有时也

[①] （明）宋濂等：《元史》卷6《世祖纪三》，第121页。
[②] 张帆：《元代宰相制度研究》，北京：北京大学出版社，1997年，第181页。

会是冤家对头，这就大大减弱甚至异化了御史台的功能"①。御史台定制后设御史大夫（二员，从一品）、御史中丞（二员，正二品）、侍御史（二员，从二品）、治书侍御史（二员，正三品），首领官设经历（一员，从五品）、都事（二员，正七品）、照磨（一员，正八品）、承发管勾兼狱丞（一员，正八品）、架阁库管勾兼承发（一员，正九品）。②御史台下辖有殿中司和察院，殿中司设殿中侍御史（二员，正四品），察院设监察御史（三十二员，正七品）。南台、西台设官品秩同中央御史台（行台大夫设一员），无殿中司，有察院，南台察院设监察御史 28 员，西台察院设 20 员。三台之下，全国共设 22 道肃政廉访司（初名提刑按察司），每道设廉访使（二员，正三品）、副使（二员，正四品）、佥事（四员，部分道二员，正五品）、经历（一员，从七品）、知事（一员，正八品）、照磨兼管勾（一员，正九品）。22 道廉访司中，隶属内台 8 道；隶属南台 10 道；隶属西台 4 道。

大宗正府。从中书省中分立出来的一个机构，设于至元九年（1272），主要掌蒙古人司法事务，后来"成为与刑部相抗衡的又一全国最高司法审判机关"③。设札鲁忽赤（四十二员，从一品）、郎中（二员，从五品）、员外郎（二员，从六品）、都事（二员，从七品）、承发架阁库管勾（一员，从八品）。

---

① 屈文军：《辽西夏金元史十五讲》，上海：上海古籍出版社，2008 年，第 121 页。
② 元代各机构中的工作人员，大致可分成三个等级。第一个等级是官（也称正官），他们是机构的负责人或负有决策责任的人，包括长官和佐贰官员。第三等级是吏员，多数无品秩（有些高级机构，吏员从首领官中调充，这些吏员则有品秩），名目有掾史、令史、书吏、司吏、译史、通事、宣使、奏差、知印等。官、吏之间的是第二等级首领官，有品秩，主要名目有经历、都事、主事、照磨、提控案牍、知事、典史、管勾等。参见陈高华、史卫民：《中国政治制度通史·元代》，北京：人民出版社，1996 年，第 352—353 页。
③ 刘晓：《元代大宗正府考述》，《内蒙古大学学报》1996 年第 2 期；另见屈文军：《元代翰林机构的成立——兼论元初中枢体制的变迁》，《中国史研究》2018 年第 1 期。

翰林国史院、蒙古翰林院。不少学者认为元代的翰林机构是忽必烈即位后仿中原王朝"无中生有"创设的机构，笔者认为，与其说是模仿汉式制度而创，不如说是忽必烈对前四汗时期负责文翰事务的必阇赤体系（主要是大汗身边负责旨令撰写和备顾问的必阇赤，与断事官群体中的必阇赤有别）一步步变革的结果。中统元年（1260），忽必烈给身边的一些必阇赤赋予汉式翰林官员称号，二年成立翰林学士院，不久由翰林学士院兼国史院，称翰林国史院。翰林国史院成立不久，似乎被撤销一段时间，至元元年（1264）复立。至元十二年，从中分立出主掌蒙古文字诏旨的蒙古翰林院。元代中央各官署中，就政治职能而言，最重要的是怯薛和省、院、台三大机构，接下来当是两翰林机构，它们对国家政治事务的影响，其实要超过或至少不亚于可以越过中书省自行上奏本部门事务的宣政院和徽政院。[①] 元代翰林国史院，设翰林学士承旨（六员，从一品）、翰林学士（二员，正二品）、侍读学士（二员，从二品）、侍讲学士（二员，从二品）、直学士（二员，从三品）、翰林待制（五员，正五品）、翰林修撰（三员，从六品）、应奉翰林文字（五员，从七品）、国史院编修官（十员，正八品）、国史院检阅（四员，正八品）、国史院典籍（二员，正八品），另有经历（一员，从五品）、都事（一员，从七品）。蒙古翰林院设承旨（七员）、学士（二员）、侍读学士（二员）、侍讲学士（二员）、直学士（二员）、待制（四员）、修撰（二员）、应奉（五员），各官品秩同翰林兼国史院，但不设编修、检阅、典籍。蒙古翰林院也设经历和都事（各一员），品秩也同翰林国史院。翰林国史院领回回国子监，设官不详，估计和蒙古国子监类似。蒙古翰林院领蒙古国子监和

---

① 屈文军：《元代翰林机构的成立——兼论元初中枢体制的变迁》，《中国史研究》2018年第1期。

蒙古国子学。蒙古国子监设祭酒（一员，从三品）、司业（二员，正五品）、监丞（一员，正六品）；蒙古国子学设博士（二员，正七品）、助教（二员，正八品）、教授（二员，正八品）。蒙古国子监和蒙古国子学的设置仿照国子监和国子学，后两机构在元代隶属集贤院。

集贤院。从翰林国史院中分出的机构，至元二十二年（1285）置，"掌提调学校、征求隐逸、召集贤良，凡国子监、玄门道教、阴阳祭祀、占卜祭遁之事，悉隶焉"[①]。本属文教机构，但任职官员可以和翰林官员一道参加由宰相主持、参会人员主要是省院台官员的百官集议，其意见有时也能被采纳；[②] 集贤院官员有时也被赋予撰写旨令之任甚至被君主点名征求治国意见，有些官员甚至还享受和翰林院某些官员一样的七十不致仕的优厚待遇。本文将其视为政务机构。设官大学士（五员，从一品）、集贤学士（二员，正二品）、侍读学士（二员，从二品）、侍讲学士（二员，从二品）、直学士（二员，从三品）以及集贤待制（一员，正五品）、集贤修撰（一员，从六品）等正、属官，另有经历（一员，从五品）、都事（二员，从七品）为首领官。除长官名不同外，集贤院其他设官与翰林国史院非常相似。下领机构有国子监、国子学（设官与前述蒙古国子监、学相似）、兴文署。元代集贤院还掌管全国道教事务。

宣政院。本为掌佛教的专门事务机构，后兼处理吐蕃之境军民事务，"遇吐蕃有事，则为分院往镇"，"如大征伐，则会枢府议"[③]，也就是说，吐蕃地区的重要军事事务要由宣政院和枢密院共管。中统元年（1260），忽必烈封八思巴为国师，命掌释教，至元元年（1264）立

---

① （明）宋濂等：《元史》卷87《百官志三》，第2192页。
② 屈文军：《元代的百官集议》，原载《中国史研究》2000年第2期，修改稿收入氏著：《元史研究：方法与专题》，第215—223页。
③ （明）宋濂等：《元史》卷87《百官志三》，第2193页。

总制院，"掌浮图氏之教，兼治吐蕃之事"①。至元七年，封八思巴为帝师；②二十五年改总制院为宣政院。后定制院使（一十员，从一品）、同知（二员，正二品）、副使（二员，从二品）、佥院（二员，正三品）、同佥（三员，正四品）、院判（三员，正五品）、参议（二员，正五品）、经历（二员，从五品）、都事（三员，从七品）、照磨（一员，正八品）、管勾（一员，正八品）。宣政院"用人则自为选"③，无品秩的帝师实为宣政院最高首领，"帝师之命，与诏敕并行于西土"，宣政院使中，"其为使位居第二者，必以僧为之，出帝师所辟举，而总其政于内外者，帅臣以下，亦必僧俗并用，而军民通摄"④。

宣政院下辖机构众多，主要有两类。一类是分布于两都的僚属机构，包括：（1）断事官厅（设札鲁忽赤、经历、知事）；（2）客省使厅（设大使、副使）；（3）大都规运提点所；（4）上都规运提点所（两提点所均设达鲁花赤、提点、大使、副使）；（5）大都提举资善库（设达鲁花赤、提举、同提举、副提举）。另外还有大济仓、兴教寺等。

另一类是吐蕃地区所设的地方机构，包括三个宣慰司都元帅府和它们统辖的诸多宣抚司、安抚司、招讨司、元帅府、万户府、千户所等。宣抚司、安抚司、招讨司作为军民统辖机构，下面有的也设有万户府、千户所；在临近内地的蕃汉杂居区，亦置有路府州县，路隶属宣慰司，州县隶属路、宣抚司、安抚司等。三个宣慰司都元帅府分别是：（1）吐蕃等处宣慰司都元帅府（又称朵思麻宣慰司），设宣慰使（五员，从二品）、经历（二员）、都事（二员）、照磨（一员）、捕

---

① （明）宋濂等：《元史》卷205《桑哥传》，第4570页。
② 有学者认为，帝师为八思巴圆寂后的赐号，参见陈得芝：《八思巴字文献研究的学术贡献——庆祝蔡美彪教授八十华诞》，收入氏著：《蒙元史与中华多元文化论集》，上海：上海古籍出版社，2013年，第109—118页。
③ （明）宋濂等：《元史》卷87《百官志三》，第2193页。
④ （明）宋濂等：《元史》卷202《释老传》，第4520页。

盗官（二员）、儒学教授（一员）、镇抚（二员）。下领脱思麻路军民万户府（也称脱思麻路）、西夏中兴河州等处军民总管府（也称河州路）、洮州元帅府、积石州元帅府、礼店文州蒙古汉军西番军民元帅府、吐蕃等处招讨使司、松潘宕叠威茂州等处军民安抚使司等。本道宣慰司都元帅府下属河州路、脱思麻路及诸州，《元史·地理志》亦载入陕西行省内，"为两属地区，盖藏、汉杂居之地，汉民事务由陕西行省处理"①。（2）吐蕃等路宣慰使司都元帅府（又称朵甘思宣慰司），设宣慰使（四员，品秩可能也是从二品）、同知（二员）、副使（一员）、经历（二员）、都事（二员）、捕盗官（三员）、镇抚（二员）。下领朵甘思田地里管军民都元帅府、磜门鱼通等处军民安抚使司、天全招讨使司等。（3）乌思藏纳里速古鲁孙等三路宣慰使司都元帅府（简称乌思藏宣慰司），设宣慰使（五员，估计从二品）、同知（二员）、副使（一员）、经历（一员）、镇抚（一员）、捕盗司官（一员）。下领俗称十三万户，包括沙鲁田地里管民万户、搽里八田地里管民万户、乌思藏田地里管民万户等。十三万户初设应为实指，后有消长变化，万户下亦有千户所、百户所等。吐蕃地区三处宣慰司都元帅府下的军队，有的来自朝廷派去的探马赤军、蒙古军，有的则是当地土著军队。

宣政院在杭州曾数次设过行宣政院，也置院使、同知、副使、同佥、院判等官；宣政院下辖机构功德使司置废不常。吐蕃之外的全国其他地区，路府州县设僧录司、僧正司、都纲司等机构，分管各地的寺院和僧徒；文宗年间曾在全国设立16个广教总管府，掌管僧尼之政，各府设达鲁花赤、总管、同知府事、判官等官，顺帝即位后罢。

---

① 陈得芝主编：《中国通史·元时期》上册，上海：上海人民出版社，1997年，第259页。

三、世祖朝所设中央一般事务机构

除了建立省、院、台、翰林机构及宣政院外，世祖在位期间，还不时地根据需要，设立一些专门的事务性机构。这些事务，大多本可由宰相机构及其下属六部处理，但世祖更倾向于将它们分立。这些事务机构除了极少数（如宣徽院、徽政院）可以同枢密院、御史台、宣政院一样，有事"得自奏闻"、所辖各机构官员也能自行选用外，其他一般需要经过中书省上奏该部门事务，但实际上，由于怯薛的存在，这一规定往往被破坏；另外这些专门事务本身中书省也多不便插足干预，除了机构官员的任命一般要经由中书省。世祖时期中书省以外的专门性事务机构已经很多，世祖之后仍陆续有所增置，日本学者丹羽友三郎统计出，元代除中书省、枢密院、御史台和六部外，"中央特别官厅"尚有"十五院、十寺、十二监、三司及五府"[①]。实际上不止这么多。当然，因为有些机构在不同时期会有置废变动和隶属关系以及名称的变化，我们不可能精确地统计出元朝中央究竟有多少个"特别官厅"，不过可以肯定的是，它们多数设立于世祖朝并延续了下来。元代不受宰相机构管辖和指导的朝廷独立事务机构，其数量之多可以说相当惊人。这些机构的品秩，很多又特别高，这恐怕也是熟悉中原王朝政治文化的人比较难以理解的，很多我们认为不会对国计民生有多大影响的机构，品秩却直追省院台，要不是有汉族文人不断强调中书体尊，估计会把很多机构的品秩设成和它一样甚至超过它。由此看来，在蒙古统治者的意识中，省院台负责的全国性行政、军政、监察事务和其他机构专门负责的工程造作、服务皇室等事项比起来，不会高大

---

① 〔日〕丹羽友三郎：《关于元朝诸监的一些研究》，汉译文收入〔日〕内田吟风等著，余大钧译：《北方民族史与蒙古史译文集》，昆明：云南人民出版社，2003年，第691—721页。

特殊到哪里去,或者说,在蒙古统治者眼中,由于怯薛组织的存在,省院台和其他机构一样,都只是负责政令执行的事务机构。元代官制还有一个让人难以理解的,大量机构内长官的人数会超过次官、属官,很多机构内长官人数会有六七个、十来个甚至更多,而次官、属官甚至加上僚属官员在内,有时还没有长官人多。有学者解释,蒙古政府用高品秩官衔满足官员的虚荣心;这方面的考虑自然会有,但笔者觉得,长官多员、独立机构普设、独立机构高品秩这些现象和在全国设行省、行台一样,应该都反映了蒙古人政治思想中根深蒂固的分封潜意识。当然,对这一现象,目前还未见有圆满服人的解释。以下根据《元史·百官志》,对世祖以后元朝多数时期设置的中央事务机构(它们多形成于世祖在位期间)大致分下类,分别概述它们的职掌和设官情况。

(一)跟全国政务有些关系的事务机构

给事中。似无专门官署。至元六年(1269),设起居注、左右补阙,"掌随朝省、台、院、诸司凡奏闻之事,悉记录之"①。十五年,升起居注为给事中兼修起居注,左右补阙为左右侍仪奉御兼修起居注。后定制设给事中兼修起居注(二员,正四品)、右侍仪奉御同修起居注、左侍仪奉御同修起居注(各一员)。笔者甚疑,实以怯薛中必阇赤充之。

典瑞院。掌管宝玺、金银符牌。中统元年(1260),置符宝郎,至元十六年(1279),设符宝局,后改典瑞监。大德十一年(1307)升为院。设院使(四员,正二品)、同知(二员,正三品)、佥院(二员,从三品)、同佥(二员,正四品)、院判(二员,正五品)、经

---

① (明)宋濂等:《元史》卷88《百官志四》,第2225页。

历（二员，从五品）、都事（二员，从七品）、照磨兼管勾承发架阁库（一员，正八品）。

大司农司。设立于至元七年（1270），掌农桑、水利、学校、饥荒之事。十四年罢，以按察司兼领劝农事。十八年复立，改名农政院，二十年改称务农司，旋改司农寺。二十三年仍为大司农司。后定制设大司农（四员，从一品）、大司农卿（二员，正二品）、少卿（二员，从二品）、大司农丞（二员，从三品）、经历（一员，从五品）、都事（二员，从七品）、架阁库管勾（一员，正八品）、照磨（一员，正八品）。大司农司下辖机构有籍田署、供膳司、永平屯田总管府等。

通政院。掌驿站事务。至元七年（1270）立诸站都统领使司，十三年改称通政院，次年分置大都、上都两院。二十九年增置江南分院，大德七年（1303）罢。至大四年（1311），通政院撤销，驿站事归兵部，不久两都复置，只管蒙古地区驿站。延祐七年（1320），仍兼领汉地站赤。定制后大都院设院使（四员，从二品）、同知（二员，正三品）、副使（二员，从三品）、佥院（一员，正四品）、同佥（一员，从四品）、院判（一员，正五品）、经历（一员，从五品）、都事（一员，从七品）、照磨兼管勾承发架阁（一员，正八品）。上都院院使、同知、副使、佥院、判官、经历、都事各一员，品秩同大都院。

太常礼仪院。"掌大礼乐、祭享宗庙社稷、封赠谥号等事"[①]，设立于中统元年（1260），初名太常寺，一度并入翰林院。礼仪机构在中原王朝多是比较重要的政务官署，不过在元代，太常礼仪院的政务职能大为减弱，只在少数涉及汉式传统礼仪的问题上会参与省、院、台组织的政务讨论，其影响尚不如礼部，主要就是一个普通的事务机构。定制设院使（二员，正二品）、同知（二员，正三品）、佥院（二员，

[①] （明）宋濂等：《元史》卷88《百官志四》，第2217页。

从三品）、同佥（二员，正四品）、院判（二员，正五品）、经历（一员，从五品）、都事（一员，从七品）、照磨兼管勾承发架阁（一员，正八品），另有属官博士（二员，正七品）、奉礼郎（二员，从八品）、奉礼兼检讨（一员，从八品）、协律郎（二员，从八品）、太祝（十员，从八品）、礼直管勾（一员，从九品）。下辖机构有太庙署、郊祀署、社稷署、大乐署，其中太庙署、大乐署始设于世祖朝，郊祀署、社稷署始设于成宗朝。

都水监。掌治理河渠、堤防、水利和桥梁、闸堰等事。中统四年（1263），立漕运河渠司，至元二年（1265），改都水监。曾先后隶属大司农司、工部、中书省，多数时候为独立机构。设都水监（二员，从三品）、少监（一员，正五品）、监丞（二员，正六品）、经历（一员）、知事（一员）。下辖大都河道提举司。都水监在地方上曾设有过都水监分监或行都水监。

（二）掌宗教、文化、医疗事务的机构

元代佛教事务由宣政院掌管，道教事务由集贤院掌管。二教之外，元朝还有两个宗教管理机构。元代的畏兀儿人也专设一机构管理。

崇福司。掌基督教事务，立于至元二十六年（1289），仁宗延祐二年（1315）改名崇福院，七年复为司。设司使（四员，从二品）、同知（二员，从三品）、副使（二员，从四品）、司丞（二员，从五品）、经历（一员，从六品）、都事（一员，从七品）、照磨（一员，正八品）。

回回哈的司。掌伊斯兰教事务。哈的是伊斯兰教法官的称号，元代伊斯兰教徒聚居地都设有哈的，朝廷设置回回哈的司作为管理伊斯兰教教徒的中央机构，设置时间不详，可能在世祖时期。仁宗即位后罢回回哈的司，命哈的只管掌教念经，穆斯林所有刑名、户婚、钱

粮、词讼均由官府衙门断决，但此后回回人相互间的诉讼实际仍按旧制由哈的处理，只有无法解决的案件才向官府陈告。①

都护府。掌畏兀儿人词讼。至元十一年（1274）初置畏兀儿断事官，十七年改名领北庭都护府，二十年改称大理寺，二十二年复称大都护府。后定制设大都护（四员，从二品）、同知（二员，从三品）、副都护（二员，从四品）、经历（一员，从六品）、都事（一员，从七品）、照磨兼承发架阁库管勾（一员，正八品）。

太史院。设立于至元十五年（1278），掌天文历算之事。设院使（五员，正二品）、同知（二员，正三品）、佥院（二员，从三品）、同佥（二员，正四品）、院判（二员，正五品）、经历（一员，从五品）、都事（一员，从七品）、管勾（一员，从九品）。太史院"莅以三局。一曰推算，其官有五官正，有保章正，有副，有掌历，分集于朝室。二曰测验，其官有灵台郎，有监候，有副。三曰漏刻，其官有挈壶正，有司辰郎，分集于夕室"②。

司天监。掌凡历象之事。仿金制，成立于中统元年（1260），初名司天台。至元十五年（1278），别置太史院，以象历事归太史院，司天台成为专门的掌教育天文历法人员的机构。仁宗延祐元年（1314）改称司天监，下辖天文、算历、三式、测验、漏刻等科，生员限额75人。曾在上都设有过行司天监。司天监定制设提点（一员，正四品）、司天监（三员，正四品）、少监（五员，正五品）、监丞（四员，正六品）、知事（一员）。属官有提学（二员，从九品）、教授（二员，从九品）、学正（二员，从九品）以及各科管勾（每科二员，从九品）。另有阴阳管勾（一员）、押宿官（二员）、司辰官（八员）。

---

① 蔡美彪主编：《中国历史大辞典·辽夏金元史》"哈的"条（陈得芝撰），上海：上海辞书出版社，1986年，第364页。
② （元）杨恒：《太史院铭》，载（元）苏天爵编，张金铣校点：《元文类》卷17，第324页。

回回司天监。掌领回回人观测天象、编制回回历,始置于至元八年(1271),称回回司天台。仁宗皇庆元年(1312)改为监,也曾设有过行监。回回司天监下辖天文、算历等五科,生员限额18人。监设提点(一员)、司天监(三员)、少监(二员)、监丞(二员)、知事(一员);属官有教授(一员)、各科管勾(每科一员),官员和属官品秩与司天监同。

秘书监(附:奎章阁学士院)。设于至元九年(1272),掌历代图籍并阴阳禁书。设卿(四员,正三品)、太监(二员,从三品)、少监(二员,从四品)、监丞(二员,从五品)、典簿(一员,从七品)。属官有著作郎(二员,从六品)、著作佐郎(二员,正七品)、秘书郎(二员,正七品)、校书郎(二员,正八品)、辨验书画直长(一员,正八品)。

世祖朝之后,增设的掌文史典籍机构主要有文宗朝设的奎章阁学士院(正二品)以及艺文监(从三品)。文宗时期奎章阁学士院集中了大批当时有名文人,他们可以利用接近皇帝的机会对政局和治道发表议论,有时也能被上层采纳,所以奎章阁学士院有一定的政务功能;文宗时期,奎章阁学士院纂修了当朝大部头政书《经世大典》。顺帝朝,奎章阁改名宣文阁。艺文监掌翻译和刻印儒学典籍,设立于文宗朝,初隶属奎章阁学士院[①],参与了《经世大典》的编纂。后至元六年(1340)改称崇文监,翌年至正元年(1341)隶属于翰林国史院。[②]

太医院。设于中统元年(1260),一度称尚医监。本为服务皇室事务机构,"掌医事,制奉御药物",后扩大职能,"领各属医职"[③],各路医学提举司也由太医院管领,遂成为管理全国医疗事务的机构。设

---

① (明)宋濂等:《元史》卷33《文宗纪二》,第739页。
② (明)宋濂等:《元史》卷40《顺帝纪三》,第861页。
③ (明)宋濂等:《元史》卷88《百官志四》,第2220页。

院使（一十二员，正二品）、同知（二员，正三品）、佥院（二员，从三品）、同佥（二员，正四品）、院判（二员，正五品）、经历（二员，从七品）、都事（二员，从七品）、照磨兼承发架阁库（一员，正八品）。下辖机构有：广惠司（下领大都、上都回回药物院）、御药院、御药局、大都和上都惠民局、医学提举司（下领各处医学）等。

（三）掌皇室宫廷事务的机构

前四汗时期，汗廷事务一般由怯薛人员处理，世祖朝为其中某些职能人员专门设立机构，机构名和官职名多采用汉式名称，主要官员一般仍多由怯薛人员充当。

内八府宰相。明初人编《元史·百官志》时，已经对"内八府宰相"这一官称究竟是什么搞不清楚，权且"附见于"蒙古翰林院之后。张帆对内八府宰相的职掌和任职人员作了些考订，认为"很可能是从必阇赤中分化出来的一批专掌诸王驸马'朝觐贡献'事务的怯薛执行官"[①]。笔者认为，内八府宰相有可能是前四汗时期扯儿必一职的转化，负责皇室宫廷事务，其名称相对于外廷中书省而言，中书省宰执人员（丞相、平章政事、左右丞及参知政事）合称"八府"。《百官志》说，内八府宰相"品秩则视二品"[②]，员额不详。

宣徽院。设立于世祖即位初期，官署名来自于辽、金两朝，但辽金两朝均属礼仪方面的事务机构，元则"掌供御（《元史·百官志》作'玉'）食。凡稻粱牲牢酒醴蔬果庶品之物，燕享宗戚宾客之事，及诸王宿卫、怯怜口粮食，蒙古万户、千户合纳差发，系官抽分，牧羊滋畜，岁支刍草粟菽，羊马价值，收受阑遗等事，与尚食、尚药、尚

---

① 张帆：《元代宰相制度研究》，北京：北京大学出版社，1997年，第59—64页。
② （明）宋濂等：《元史》卷87《百官志三》，第2191—2192页。

醞三局，皆隶焉"①。与怯薛本职事务有很多重复，可能是世祖欲将部分怯薛事务加以整合而设的一个带有汉式名称的机构，②很多官员实为怯薛。正因为很多官员为怯薛，宣徽院在朝中地位甚高，"所辖内外司属，用人则自为选"，有些官员"特见爱幸"，为天子亲信，在政治事务中有不小影响。定制设院使（六员，从一品）、同知（二员，正二品）、副使（二员，从二品）、佥院（二员，正三品）、同佥（二员，正四品）、院判（二员，正五品）、经历（二员，从五品）、都事（三员，从七品）、照磨（一员，正八品）、承发架阁库（一员，正八品）。下辖机构甚多，主要有：（1）光禄寺（掌起运米、曲诸事，设卿、少卿、丞、主事）；（2）大都尚饮局（设提点、大使、副使，仁宗时增设上都尚饮局）；（3）大都、上都尚醞局（设提点、大使、副使、直长）；（4）尚珍署（设达鲁花赤、令、丞）；（5）尚舍寺（设太监、少监、监丞、知事）；（6）阑遗监（设太监、少监、监丞、知事、提控案牍）；（7）尚食局（设提点、大使、副使、直长）；（8）大都、上都生料库（设提点、大使、副使）；（9）大都、上都太仓（设提举、大使、副使）；（10）沙糖局（设达鲁花赤、提点、大使、副使）；（11）淮东淮西屯田打捕总管府（设达鲁花赤、总管、同知、府判、经历、知事、提控案牍，下领各处屯田打捕提举司、抽分场提领所、两淮新附手号军人打捕千户所等）；（12）缙山（后改名龙庆）栽种提举司（设达鲁花赤、提举、同提举、副提举）；（13）丰闰署（设达鲁花赤、令、丞、直长）；（14）常湖等处茶园都提举司（设达鲁花赤、提举、同提举、副提举、提控案牍，下领各处提领所）等。

---

① （明）宋濂等：《元史》卷87《百官志三》，第2200页。
② 参见达力扎布：《元朝宣徽院的机构和职司》，载南京大学历史系元史研究室编：《元史及北方民族史研究集刊》第11辑，1987年。

章佩监（附：侍正府）。"掌宦者速古儿赤所收御服宝带"①，速古儿赤，意为内府尚供衣服者。机构设于至元二十二年（1285），至大元年（1308）升为院，至大四年复为监。设监卿（五员，正三品）、太监（四员，从三品）、少监（二员，从四品）、监丞（二员，正五品）、经历（一员）、知事（一员）、照磨（一员）。下辖御带库、异珍库。

后来文宗时期设立的侍正府，职能和章佩监相近。侍正府，掌"内廷近侍之事，领速古儿赤四百人、奉御二十四员，拱卫直都指挥使司为其属"②。侍正府设侍正（十四员，正二品）、同知（二员，正三品）、佥府（二员，从三品）、侍判（二员，正四品）、经历（一员，从六品）、都事（一员，从七品）、照磨（一员，从八品）。二十四员奉御包括尚冠、尚衣、尚罄、尚沐、尚饰兼尚辇奉御和副奉御各二员以及四员奉御掌簿，品秩从从五品到从七品。侍正府规模大于章佩监，职能也相近，颇疑设府后章佩监并入其中。拱卫直都指挥使司，前文提及，世祖后期起本属礼部。

中尚监。"掌大斡耳朵位下怯怜口诸务，及领资成库毡作，供内府陈设帐房帘幕车舆雨衣之用"③，"大斡耳朵位下怯怜口诸务"当指服务后宫诸事务。设于至元十五年（1278），初称尚用监；二十年罢，二十四年复置，称中尚监。至大元年（1308）升为院，四年复为监。设监卿（八员，正三品）、太监（二员，从三品）、少监（二员，从四品）、监丞（二员，正五品）、经历（一员）、知事（一员）、照磨（一员）。下辖资成库。

太仆寺。掌牧养系官马匹、供给宫廷用马事务。中统四年（1263）设群牧所，后一度称尚牧监、太仆院、卫尉院等。至元二十四年

---

① （明）宋濂等：《元史》卷90《百官志六》，第2294页。
② （明）宋濂等：《元史》卷88《百官志四》，第2224页。
③ （明）宋濂等：《元史》卷90《百官志六》，第2294页。

(1287)称太仆寺,又别立尚乘寺以管鞍辔。二十五年太仆寺改隶中书省,大约在成宗朝独立,称太仆院。至大四年(1311)定为太仆寺。设卿(二员,从二品)、少卿(二员,从四品)、丞(二员,从五品)、经历(一员)、知事(一员)、照磨(一员)、管勾(一员)。太仆寺所掌系官马匹分散在全国十四道牧地牧养孳息。

尚乘寺(附:度支监)。也是与马政有关机构,主掌鞍辔及骟马事项。至元二十四年(1287)设。大德年间升为院,至大四年(1311)复为寺。设卿(四员,正三品)、少卿(二员,从四品)、丞(二员,从五品)、经历(一员)、知事(一员)、照磨(一员)、管勾(一员)。下辖资乘库。

世祖朝之后,武宗时所立掌给马驼刍粟事务的机构度支监,也是与宫廷马政事务有关机构。前四汗时期负责该事务人员称宇可孙,至元八年(1271)以重臣领之,十三年以宣徽院官员兼其任。武宗至大二年(1309)设度支院,四年改监,设卿(三员、正三品)、太监(二员,从三品)等官员。

太府监。掌库藏和钱帛出纳。设立于中统四年(1263),至元四年(1267)称宣徽太府监,大德九年(1305)升为太府院,至大四年(1311)复为监。设太卿(六员,正三品)、太监(六员,从三品)、少监(五员,从四品)、丞(五员,正五品)、经历(一员)、知事(一员)、照磨(一员)。下辖内藏、右藏、左藏三库。

利用监。掌出纳皮货衣物之事。设于至元十年(1273),二十年罢,二十六年复置。大德十一年(1307)升为院,至大四年(1311)复为监。设监卿(八员,正三品)、太监(五员,从三品)、少监(五员,从四品)、监丞(四员,正五品)、经历(一员)、知事(一员)、照磨(一员)、管勾(一员)。下辖机构有资用库、怯怜口皮局人匠提举司、貂鼠局提举司、熟皮局、软皮局、染局等。

詹事院（附：储政院、徽政院、中政院、昭功万户都总使司）。世祖至元十年（1273），立真金为太子，随即为他设立了东宫机构詹事院，设左右詹事、副詹事、詹事丞、院判等官，别置宫臣太子宾客、左右谕德、左右赞善、校书郎、中庶子、中允等属官。世祖为詹事院安排了不少钱粮工役附属机构，另给组建拨付了三个侍卫亲军都指挥使司。二十三年真金卒后，詹事院保留，归真金妻阔阔真名下。三十一年，成宗即位，阔阔真成皇太后，詹事院改名徽政院。此后，东宫机构时置时罢，掌皇太后事务的徽政院也时置时罢，两院下辖机构（世祖以后不断有所增加）的所属关系变动不常。由于史料不足，成宗朝和成宗朝之后两院变迁具体过程不易确考，估计只有一院时，下辖机构多归该院；两院并列时，下辖机构则分属两院，同时会再添设一些机构；两院都不设置时，下辖机构则归朝廷或有司。东宫机构詹事院在文宗朝改名储庆使司，天历二年（1329）改称储政院，设院使（六员，正二品）、同知（二员，正三品）、佥院（二员，从三品）、同佥（二员，正四品）、院判（二员，正五品）、司议（二员，从五品）、长史（二员，正六品）、照磨（二员，正八品）、管勾（二员，正八品）。世祖朝所设东宫侍卫亲军都指挥使司以外的詹事院附属机构，主要有：（1）家令司（掌饮膳供帐仓库等事）；（2）府正司（掌鞍辔弓矢等物）；（3）延庆司（掌修建佛事）；（4）典医监；（5）典宝监；（6）掌仪署（掌户口房舍等事，后隶属至大年间成立的管领怯怜口诸色民匠都总管府，该总管府也隶属詹事院或徽政院）；（7）江西财赋提举司；（8）鄂州等处民户水陆事产提举司；（9）随路诸色人匠都总管府[①]（下领染局、杂造局、器物局、大都等路诸色人匠提举司等）；（10）管领大都等路打捕鹰房胭粉

[①] 据《元史》卷89《百官志五》（第2254页）对该总管府的记载，"中统五年，命招集析居放良还俗僧道等户，习诸色匠艺，立管领怯怜口总管府，以司其造作"，成宗、仁宗朝曾先后改名缮珍司、徽仪使司，至治三年复为都总管府。

人户总管府;①（11）管领诸路怯怜口民匠都总管府②（下领河间、益都、汴梁等处管民提领所以及织染局、杂造局等）;（12）汴梁等路管民总管府③（下领真阳、新蔡、息州等处提领所）;（13）江淮等处财赋都总管府④（下领杭州织染局、建康等处财赋提举司、平江等处财赋提举司等）。另外，中统元年（1260）元廷招集怯怜口牧马群者1100余户，立管领本投下大都等路怯怜口民匠总管府，该总管府至元九年拨隶世祖子安西王位下；世祖朝之后，隶属关系在东宫机构（詹事院、储政院）、太后机构（徽政院）和安西王位下时有变动。

世祖朝为詹事院建了三个侍卫亲军都指挥使司。（1）侍卫亲军都指挥使司（正三品）。"至元十六年，以侍卫亲军一万户拨属东宫"⑤，成员主要是汉军。成宗即位后改名左都威卫使司，设使（三员）、副使（二员）、佥事（二员）、经历（一员）、知事（一员）、照磨（一员），另有镇抚（二员），延祐二年（1315）置教授（二员），下领行军千户所、屯田千户所、弩军千户所各2所。（2）蒙古侍卫亲军都指挥使司（正三品）。中统三年，世祖以太祖朝建立的五投下探马赤军立总管府，至元二十一年拨属詹事院，次年改名蒙古侍卫亲军都指挥

---

① 据《元史》卷89《百官志五》（第2257页）记载，该总管府人户招集于至元十四年，二十九年立总管府，可能即隶属于詹事院，成宗朝后隶属东宫或太后位下。
② 据《元史》卷89《百官志五》（第2258页）记载，"至元七年，招集析居从良还俗僧道，编籍人户为怯怜口，立总管府以领之"。按该官署在《元史·百官志》中的排列位置，推测其后来应该隶属詹事院或徽政院。
③ 据《元史》卷89《百官志五》（第2260页）记载，"国初（前四汗时期或世祖初期），立息州总管府，领归附六千三百余户"，世祖朝该总管府隶属不明；"元贞元年，又并寿颍归附民户二千四百余户，改汴梁等路管民总管府"，隶徽政院，其后则或隶詹事院（储政院）或隶徽政院。
④ 据《元史》卷89《百官志五》（第2261页）记载，"至元十六年，以宋谢太后、福王所献事产，及贾似道地土、刘坚等田，立总管府以治之"，世祖朝隶属不详；"大德四年罢，命有司掌其赋"，文宗时复立，隶属詹事院（储政院）。
⑤ （明）宋濂等：《元史》卷89《百官志五》，第2248页。

使司。成宗即位后改名右都威卫使司。设官同左都威武卫。属官也设镇抚（二员），延祐二年置儒学教授（一员），四年，增蒙古字教授（一员）。下领行军千户所 5 所、屯田千户所 2 所。（3）卫候直都指挥使司（正四品）。至元二十年，"以控鹤一百三十五人，隶府正司（詹事院下辖机构）。三十年，隶家令司（詹事院下辖机构）。三十一年，增控鹤六十五人，立卫候司以领之，兼掌东宫仪从金银器物"①。此指挥使司所有军人，后有所增加，多为投下怯怜口人员。据《元史·百官志》，文宗朝，指挥使司设达鲁花赤（二员）、都指挥使（二员）、副指挥使（二员）、知事（一员）、提控案牍（一员），下领 6 所百户所。按侍卫亲军建制惯例，似应另有镇抚。另外，前文提及，武宗、仁宗时期，曾为东宫另设立两支侍卫亲军指挥机构左卫率府和右卫率府，英宗即位后，这两支侍卫亲军改属枢密院。

世祖朝之后设的皇太后机构徽政院，除上述詹事院下辖机构曾改属其名下外，还曾增设过其他一些机构，主要有甄用监（掌某些专门库藏出纳之事）、延福司（掌供帐及扈从盖造等事）、章庆使司（具体职掌不详）等。

世祖时期除了中尚监外，似乎没有为皇后设立专门的机构。成宗朝元贞二年（1296）设中御府，掌皇后中宫财赋、营造、供给及宿卫士和分地人户等事，大德四年（1300）升为中政院。除一度短暂罢设外，该机构后来一直存在，中尚监似乎未纳入其中。中政院设院使（七员，正二品）、同知（二员，正三品）、佥院（二员，从三品）、同佥（二员，正四品）、院判（二员，正五品）。幕职有司议（二员，从五品）、长史（二员，正六品）、照磨兼管勾承发架阁（一员，正八品）。下辖机构主要有：（1）中瑞司（掌奉宝册）；（2）内正司（"掌

---

① （明）宋濂等：《元史》卷 89《百官志五》，第 2250 页。

百工营缮之役，地产孳畜之储，以供膳服，备赐予"①，下领尚工署、赞仪署、管领六盘山等处怯怜口民匠都提举司等）；（3）翊正司②（下领2提举司和1提领所）；（4）典饮局；（5）管领大都等路打捕民匠等户总管府③（下领11提举司和25提领所）；（6）管领诸路打捕鹰房民匠等户总管府（设置于成宗朝，下领4提举司和11提领所）；（7）江浙等处财赋都总管府（设置于武宗朝，下领3处提举司）；（8）管领种田打捕鹰房民匠等户万户府④（下领管领大名等处种田诸色户总管府等10处司属）；（9）海西辽东哈思罕等处鹰房诸色人匠怯怜口万户府⑤（下领11所千户所）；（10）管领本位下怯怜口随路诸色民匠打捕鹰房都总管府；⑥等等。

世祖朝之后，文宗朝设的昭功万户都总使司也是一个服务皇室的机构。该机构掌文宗潜邸扈从之臣事务，设都总使（二员，正三品）、同知（一员，从三品）、副使（二员，正四品）、经历（一员）、知事（一员）、照磨（一员）。下辖机构有：宫相都总管府、管领诸路打捕鹰房纳绵等户总管府、缮工司等。宫相都总管府、管领诸路打捕鹰房

---

① （明）宋濂等：《元史》卷88《百官志四》，第2231页。
② 据《元史》卷88《百官志四》（第2232—2233页）记载，该司前身为至元三十一年设立的御位下管领随路民匠打捕鹰房纳绵等户总管府，"掌怯怜口民匠五千余户"；延祐六年改司，隶属中政院。
③ 据《元史》卷88《百官志四》（第2234页）对该总管府记载：前四汗时期，大蒙古国攻下河南诸郡，收聚人户一万五千余，置官管领；世祖至元八年，属有司，二十年改隶中尚监，二十六年，设总管府；世祖朝之后属中政院。
④ 据《元史》卷88《百官志四》（第2236页）记载，该万户府中统二年置，掌归德、亳州、永、宿二十余城各蒙古、汉军种田户差税，初隶诸王塔察儿位下，后改属中宫、中政院。
⑤ 据《元史》卷88《百官志四》（第2237页）记载，该万户府大约置于仁宗朝，掌哈思罕、肇州等处诸色人匠四千户。
⑥ 据《元史》卷88《百官志四》（第2238页）记载，该总管府中统二年置，"掌怯怜口二万九千户，田万五千余顷，出赋以备供奉营缮之事"；成宗朝隶属詹事院，武宗朝属徽政院，文宗朝属中政院。

纳绵等户总管府下领诸多工局、提领所，有部分最早设置于世祖朝，曾隶属詹事院。顺帝时罢昭功万户都总使司，将其司属付新成立的资正院。资正院掌皇后财赋。

会福院（附：太禧宗禋院）。元历代皇帝建有多所皇家寺院，这些寺院中多有帝后的神御殿，世祖朝起也为这些寺院置官署机构，主要有世祖朝的会福院以及文宗朝的太禧宗禋院。至元十一年（1274），世祖建大护国仁王寺及昭应宫，遂置财用规运所。十六年改名会福总管府。至大元年（1308）改为都总管府，三年升为会福院。天历元年（1328），元廷罢会福院、殊祥院（其沿革待考），改置太禧院。二年，改名太禧宗禋院，主管历代皇帝所建寺院的钱粮和营缮事务以及寺中帝后神御殿"朔望岁时讳祭日辰禋享礼典"①，设院使（六员，从一品）、同知、副使、佥院、同佥、院判等官。大概在太禧院改名之际，原会福院改称会福总管府，隶属太禧宗禋院。天历二年后的会福总管府，设达鲁花赤（一员，正三品）、总管（一员，正三品）②、同知（一员）、治中（一员）、府判（一员）、经历（一员）、知事（一员）、提控案牍（一员）。下领仁王营缮司、江淮等处营田提举司、大都等路民佃提领所等。除会福总管府外，隶属于太禧宗禋院的还有隆禧总管府、崇祥总管府、寿福总管府、隆祥总管府（后改名隆祥使司），它们性质跟会福总管府一样，主管世祖之后所建各皇家寺院的营缮、财赋等事务。顺帝至元六年（1340），罢太禧宗禋院，所辖四总管府和隆祥使司都改为规运提点所，又添置万宁提点所一处，均改属宣政院，品秩降为正五品。

---

① （明）宋濂等：《元史》卷87《百官志三》，第2207页。
② 《元典章》卷7《吏部一》将大护国仁王寺昭应宫规运财赋都总管府达鲁花赤、总管（即会福总管府达鲁花赤和总管）列为"外任"官，误。见陈高华等点校《元典章》，北京：中华书局、天津：天津古籍出版社，2011年，第196页。

随路诸色民匠打捕鹰房都总管府（附：长信寺、长庆寺等）。元代历代大汗、皇帝均有数个斡耳朵，分属于各个皇后。斡耳朵拥有大量私产和附属投下人户，大汗、皇帝死后，斡耳朵由后妃或皇室继承。世祖朝起为成吉思汗四大斡耳朵先后设置一所都总管府和四所总管府，五个总管府官员可能以斡耳朵私属投下人员为主，他们也属于内任官，各总管府均属中央机构。随路诸色民匠打捕鹰房都总管府，设立于至元二十四年（1287），"总（太祖）四斡耳朵位下户计民匠造作之事"，设达鲁花赤（二员，正三品）、都总管（一员，正三品）、同知（一员）、副总管（二员）、经历（一员）、知事（一员）、提控案牍（一员）。本机构"官吏不入常调，凡斡耳朵之事，复置四总管以分掌之"[1]。掌太祖大斡耳朵事务的为置于至元十七年的管领保定等路阿哈探马儿诸色人匠总管府；掌二皇后斡耳朵事务的为置于至元二十一年的管领打捕鹰房民匠达鲁花赤总管府；掌三皇后斡耳朵事务的为置于大德二年（1298）的管领随路诸色民匠打捕鹰房等户总管府；掌四皇后斡耳朵事务的为置于延祐五年（1318）的管领随路打捕鹰房民匠怯怜口总管府。四总管府下领提举司、长官司和各种造作匠局二十余处，私属民户、工匠遍布大都、上都、曹州、东平、泰安、保定、涿州、河间、彰德等地。另外，世祖朝尚建有怯怜口诸色民匠达鲁花赤并管领上都纳绵提举司（正五品），"掌迭只斡耳朵位下怯怜口诸色民匠及岁赐钱粮等事"[2]。迭只，蒙古语意为尊贵，迭只斡耳朵不知是否指月伦太后斡耳朵或成吉思汗四大斡耳朵之外的斡耳朵。该提举司下领上都人匠提领所、归德长官司、管领上都大都诸色人匠纳绵户提举司等。

世祖及其后历代皇帝死后，元廷也多设有专门机构管理他们斡耳

---

[1] （明）宋濂等：《元史》卷89《百官志五》，第2267页。
[2] （明）宋濂等：《元史》卷89《百官志五》，第2271—2272页。

朵的户口、钱粮、营缮等事。掌世祖、成宗、武宗、仁宗、英宗、明宗、宁宗斡耳朵事务的专门机构分别是长信寺、长庆寺、长秋寺、承徽寺、长宁寺、宁徽寺、延徽寺，它们均为正三品，均设卿、少卿、寺丞、经历、知事。有的下领有怯怜口诸色人匠提举司。

王傅官、内史府。元代诸王也都有辅佐人员，称王傅官，他们总领诸王部下军需，封地内诉讼及本位下其他诸事。王傅官来源主要是诸王自有附属人员。文宗时诸王一般设王傅官一至三员。王傅官也属中央官，其中最特殊的是晋王王傅官。世祖至元二十九年（1292）为晋王王傅官专设官署内史府，设内史（九员，正二品）、中尉（六员，正三品）、司马（四员，正四品）、咨议（二员，从五品）、记室（二员，从六品）、照磨兼管勾承发架阁库（从八品）。下辖机构有延庆司（掌王府祈禳之事）、断事官厅（理王府辞讼之事）、典军司（成宗朝置，"掌控鹤百二十六人"[①]）。此外，世祖朝也曾为第四子那木罕设有过随路打捕鹰房诸色民匠总管府（正四品），设达鲁花赤、总管、同知、副总管等，下领大都、蓟州等处三个提举司以及一个杂造局。

（四）掌营造事务机构

元代负责营造事务的机构众多，除了上面提到的隶属于户部、工部、皇室（包括诸王）系统的外，在中央还有将作院、武备寺、大都及上都留守司四个官署，它们也领有大量手工业生产制造及维修营缮的局院。由上述各种中央机构领属的官府手工业是元代手工业的主体，此外，在各行省（主要是江南地区）也有一些隶属于行省系统的官府手工业生产机构。

将作院。"掌成造金玉珠翠犀象宝贝冠佩器皿，织造刺绣段匹纱

---

① （明）宋濂等：《元史》卷89《百官志五》，第2267页。

罗，异样百色造作"①，设立于至元三十年（1293），不过其下辖机构及各种工艺造作局有的在前四汗时期就有。定制设院使（七员，正二品）、同知（二员，正三品）、同佥（二员，正四品）、院判（二员，正五品）、经历（一员，从五品）、都事（一员，从七品）、照磨管勾（一员，正八品）。下辖机构有：（1）诸路金玉人匠总管府（下领玉局提举司、金银器盒提举司、玛瑙提举司等，该总管府世祖朝还在杭州设有行总管府）；（2）异样局总管府（下领异样纹绣提举司、绫锦织染提举司、纱罗提举司等）；（3）大都等路民匠总管府（下领尚衣局、御衣局、高丽提举司等）。

武备寺。掌兵器制造及其收储、给发。至元五年（1268），立军器监。二十年立卫尉院，改军器监为武备监，隶卫尉院。二十一年改监为寺，与卫尉院并立。大德十一年（1307）升武备寺为院，至大四年（1311）复为寺。其后卫尉院情况不明，颇疑并入寺中。武备寺定制设卿（四员，正三品）、同判（六员，从三品）、少卿（四员，从四品）、丞（四员，从五品）、经历（一员）、知事（一员）、照磨兼提控案牍（一员）、承发架阁库管勾（一员）、辨验弓官（二员）、辨验筋角翎毛等官（二员）。下辖有各兵器库、各处军器人匠提举司或军器局，如寿武库、利器库、大同路军器人匠提举司、平阳路军器人匠提举司、上都甲匠提举司、欠州武器局等，各提举司多下领若干军器制造局。

大都留守司。至元十九年（1282）置大都留守司，兼本路都总管，此乃仿金朝制度。二十一年，别置大都路都总管府治民事，大都留守司遂"掌守卫宫阙都城，调度本路供亿诸务，兼理营缮内府诸邸、都宫原庙、尚方车服、殿庑供帐、内苑花木，及行幸汤沐宴游之所，门

---

① （明）宋濂等：《元史》卷88《百官志四》，第2225页。

禁关钥启闭之事"①。大都留守司品秩高于大都路都总管府,不过因为不能过问民政,实际上仅成一个负责宫廷安全和宫廷制作营缮的事务机构。设留守(五员,正二品)、同知(二员,正三品)、副留守(二员,正四品)、判官(二员,正五品)、经历(一员,从六品)、都事(二员,从七品)、管勾承发架阁库(一员,正八品)、照磨兼覆料官(一员)、部役官兼壕寨(一员)。下辖机构众多,有修内司(下领木局、车局、铜局、绳局等)、祗应司(下领油漆局、画局、裱褙局等)、器物局(下领铁局、成鞍局、刀子局等)、十一大都城门尉(门尉和副尉由怯薛中八剌哈赤为之)、犀象牙局、大都窑场、器备库、上林署(掌宫苑栽植花卉、蔬果等)、仪鸾局(掌殿廷灯烛张设等事)、大都路管领诸色人匠提举司、广谊司("总和雇和买、营缮织造工役、供亿物色之务"②)等。

上都留守司。中统四年(1263)设上都路总管府;至元三年(1266),给留守司印。十九年称上都留守司兼本路都总管府。设留守(六员,正二品)、同知(二员,正三品)、副留守(二员,正四品)、判官(二员,正五品)、经历(二员,从六品)、都事(四员,从七品)、照磨兼管勾(一员,正八品)。官员品秩与大都留守司基本相同。与大都情况不同处,在于上都留守司一直兼本路都总管府,故下辖机构中有属留守司性质,也有属都总管府性质。上都留守司下辖机构重要的有修内司、祗应司、器物局、仪鸾局、兵马司(设指挥使、副指挥使、知事、提控案牍)、警巡院(设达鲁花赤、警巡使、副使、判官)、万亿库(设达鲁花赤、提举、同提举、副提举、提控案牍)、税课提举司(成宗朝置,设提举、同提举、副提举、提控案牍)等,

---

① (明)宋濂等:《元史》卷90《百官志六》,第2277页。
② (明)宋濂等:《元史》卷90《百官志六》,第2284页。

其中兵马司、警巡院、税课提举司属于上都路都总管府下属机构，万亿库估计亦是。上都路都总管府下领"县一、府一、州四。州领三县。府领三县、二州，州领六县"①，城郊由开平县（正六品）治理。

《元史·百官志》中还有三处中央机构隶属关系不明。一是尚供总管府，掌守护东凉亭行宫及游猎供需之事，至元十三年（1276）设达鲁花赤掌此事务，延祐二年（1315）改总管府。设达鲁花赤（一员，正三品）、总管（一员，正三品）、同知（一员，从四品）、副总管（一员，从五品）、判官（一员，正六品）、经历（一员）、知事（一员）、提控案牍（一员）。下辖香河等处巡检司、景运仓及法物库。二是仁宗朝所设云需总管府，掌守护察罕脑儿行宫及行营供办之事。设官名称、员额、品秩均与尚供总管府相同，下辖机构不明。以上两总管府有学者认为隶属上都留守司。②三是至大四年（1311）仁宗即位后所设经正监，"掌营盘纳钵及标拨投下草地，有词讼则治之"③。该机构设太卿（一员，正三品）、太监（二员，从三品）、少监（二员，从四品）、监丞（二员，正五品）、经历（一员）、知事（一员）。"监卿、太监、少监并奴都赤为之，监丞流官为之"④，"奴都"即"农土"，指牧地、封地，奴都赤，《元朝秘史》中汉译"管营盘的"，即经始牧地官员。太宗时期，曾任察乃、畏吾儿台二人为奴都赤，令他们往川旷之地掘井，察勘牧地迁百姓前往居住。仁宗为这一职能人员设一汉式名称机构，该机构很可能像都水监一样，是一个跟国家政务有些关系的独立事务官署。

---

① （明）宋濂等：《元史》卷58《地理志一》，第1350页。
② 陈高华、史卫民：《中国政治制度通史·元代》，第144页。
③ （明）宋濂等：《元史》卷90《百官志六》，第2295页。
④ （明）宋濂等：《元史》卷90《百官志六》，第2295页。

四、世祖朝所设地方行政机构

太祖时期，蒙古本土草原地区实行千户分封的军民合一制度，该地这一制度一直延续；征服的西域、中亚地区普遍设置达鲁花赤，汉地则"北人能以州县下者，即以为守令"①。太宗朝在燕京设立汗廷大断事官群体的行署机构燕京行尚书省作为汉地最高行政机构，地方上则形成路—府—州—县临民行政体系，各级临民机构中均设有代表蒙古政府的监临官员达鲁忽赤，其地位在实际负责行政事务的路总管、知府、知州及县令之上；地方临民机构逐渐与军事事务脱离。宪宗朝在汉地之外的西域地区，也设置了两个断事官行署机构，汗廷大断事官群体直接统辖范围限定于蒙古本土地区。世祖即位，同样设立汗廷大断事官群体，后来改名中书省；也同样在燕京设立行署，后来改名燕京行中书省。在汉人谋臣的辅佐下，世祖即位初在汉地另设立十道宣抚司，成为行中书省之下的直接管领各临民机构的中间层次官署。中统二年（1261）夏，中书省和燕京行中书省在开平合并为中书省，在草原和汉地即形成了金字塔式的中央集权行政体制：中央层次是中书省；地方上草原地区各千户直接对中书省负责，汉地各临民机构对十道宣抚司负责，宣抚司则对中书省负责（西域、中亚等其他地区事务世祖一时还不能顾及）。然而，世祖很快就扬弃了这种中央集权行政体制，决定继续实行前四汗时期那种带有分封色彩的行省制度，之前主要在原金朝汉地（山东、河北、燕京、山西、陕西、河南地区）实行的行省辖领路府州县临民机构的体制逐渐向被征服的原金、西夏、大理、南宋等各个地区普遍推行，十道宣抚司则于中统二年年底取消。

---

① （元）姚燧：《牧庵集》卷25《磁州滏阳高氏坟道碑》，收入李修生主编：《全元文》第9册，南京：江苏古籍出版社，1999年，第735页。

由于各地事务的复杂和不均，行省的设置过程相当曲折，中间多有反复。在推行行省的过程中，元廷于中统三年创制了一种新的地方机构宣慰司，其品秩比行省略低。宣慰司和行省交相设置，设宣慰司地域不设行省，如果发现宣慰司望轻则改设行省。世祖朝又是一个战争不断的时期，中央军事事务从中书省中分离出来成立枢密院后，元廷也在地方上相应推行行枢密院，作为战事指挥中心；为保障战事的顺利进行，行枢密院势必要拥有一定的调度或干预当地行政事务的权力。以上因素交织在一起，使得世祖朝地方行政体制的演变非常复杂。南宋灭亡后，大的格局基本奠定，各地分设行省；宣慰司改成为行省之下的派出机构，根据需要或设或不设。成宗即位后，在世祖朝重臣伯颜建议下，地方军政事务除了枢密院所统几个都万户府外，其他改由行省掌管，平常时期地方不再设行枢密院，只在地方有事时临时增设。到武宗朝，经过差不多半个世纪的置废分合，境内十个行省的范围终于稳定下来。蒙古本土地区也设置了十个行省之一的岭北行省；《元史·百官志》《地理志》均称元有十一行省，其中第十一行省征东行省设于作为元朝附属国的高丽地区。元朝境内吐蕃地区由宣政院直辖，前四汗时期作为大蒙古国一部分的西域、中亚地区，世祖中期以后除了少部分地域外，逐渐独立于元朝政权之外。这样，元朝全境共划分为十二个一级政区，即中书省直辖区（文献中常称"腹里"）、十个行省区和宣政院直辖吐蕃之地。

行省。 元代行省起源于前四汗时期在地方上设的断事官行署。忽必烈即位后，在汉地设的第一个行省为中统元年（1260）所设的燕京行中书省，后与中书省合并，但王朝其他地区则相继设立别的行省。世祖在位期间，陕西、四川（成宗年间曾短暂改立宣慰司，寻复）、辽阳、河南、云南、湖广、江西七行省相继定型，成宗年间甘肃、江浙两行省定型，武宗即位立和林等处行中书省（仁宗朝改名岭北行省）。行省设丞相（一员，或置或不置，从一品）、平章（二员，从一品）、右丞（一员，正二品）、左丞（一员，正二品）、参知政事（二员，甘肃和岭北设一员，从二品；以上为行省宰执人员）、郎中（二员，从五品）、员外郎（二员，从六品）、都事（二员，从七品；以上为行省首领官），行省左右司合一。行省另有下列附属机构：（1）检校所，设检校（一员，从七品）；（2）照磨所，设照磨（一员，正八品）；（3）架阁库，设管勾（一员，正八品）；（4）理问所（掌司法），设理问（二员，正四品）、副理问（二员，从五品）、知事（一员）、提控案牍（一员）；（5）都镇抚司，设都镇抚（一员，从四品）、副都镇抚（一员）。此外，各行省还设儒学提举司，设提举（一员，从五品）、副提举（一员，从七品）；有些行省设有蒙古提举学校官（从五品，设提举、同提举）、官医提举司（从六品，设提举、同提举、副提举）。

宣慰使司。元最早的宣慰使，是世祖中统元年（1260）即位初设在燕京的几位宣慰使，他们实际身份是燕京断事官行署中的札鲁忽赤或必阇赤。断事官行署改名燕京行中书省后，原宣慰使即改汉式的宰相官员名称。中统三年，元设十路宣慰司，此后，宣慰司即作为推行行省制度过程中暂不设行省地方的行省代替机构，其品秩低于行省。南宋灭亡后，宣慰司逐渐成为中书省、行省的派出机构，设于中书省和部分行省之内，"掌军民之务，分道以总郡县，行省有政令则布于下，郡县有请则为达于省"；"有边陲军旅之事，则兼都元帅府"①。宣慰使司一般只理民政，兼理军政时，称宣慰使司都元帅府或宣慰使兼管军万户府。宣慰使司设宣慰使（宣慰使司都元帅府内称宣慰使都元帅；二或三员，从二品）、同知（宣慰使司都元帅府内亦称宣慰使副

---

① （明）宋濂等：《元史》卷91《百官志七》，第2308页。

都元帅；一或二员，从三品）、副使（宣慰使司都元帅府内亦称金都元帅；一或二员，正四品）、经历（一或二员，从六品）、都事（有的称知事，一或二员，从七品）、照磨兼架阁库管勾（一员，正九品）。另外，吐蕃之地也有三道宣慰使司兼都元帅府，隶属宣政院。

宣抚司、安抚司、招讨司、长官司。十道宣抚司体制结束后，宣抚司主要设在边远少数民族地区，分属各行省或宣慰使司。宣抚司一般设达鲁花赤（一员，正三品）、宣抚使（一员）、同知（二员）、副使（二员）、佥事（一员）、计议（一员）、经历（一员）、知事（一员）、提控案牍架阁（一员），部分宣抚司有损益不同。除达鲁花赤外，其他官职一般由当地头人充任。与宣抚司类似，在有些边远民族地区设安抚司、招讨司，它们也分属各行省或宣慰使司，也均为正三品机构。安抚司设达鲁花赤、安抚使、同知、副使、佥事、经历、知事各一员；招讨司设达鲁花赤、招讨使、经历各一员，有的因无达鲁花赤而增设一员副使。部分安抚司、招讨司内，设官也有损益不同。设于民族地区的宣抚司、安抚司、招讨司，因为数量众多，加上朝廷势力渗透有限，很多机构实际上并不能整齐一致地设有上述官职。与下述路总管府官员为民职有别，宣抚司、安抚司、招讨司官员称为军民职。设于民族地区，比宣抚司、安抚司、招讨司级别为低的还有长官司。《元史·百官志》云："诸蛮夷长官司。西南夷诸溪洞各置长官司，秩如下州。达鲁花赤、长官、副长官，参用其土人为之。"[①] 下州达鲁花赤从五品，长官司达鲁花赤和长官品秩也为从五品。前面提到，吐蕃境内宣慰司下有些藏人土著军队，他们所组成的元帅府，性质跟宣抚司、安抚司、招讨司、长官司类似。

路总管府。伴随着行省制度向全国的推行，前四汗时期路府州县

---

① （明）宋濂等：《元史》卷91《百官志七》，第2318页。

临民体系也在除吐蕃地区以外的全国各地施行（吐蕃地区也设有少量的路和州县）。临民体系第一层次为路，全国大约有路一百八十（不同时期有增减）。各路设总管府，大都、上都作为都城，设都总管府。元代的总管府路并不是金朝总管府路的继承或恢复，实与之有很大区别。① 元代的路分上下两等。上路设达鲁花赤（一员，正三品）、总管（一员，正三品）、同知（一员，从四品）、治中（一员，正五品）、判官（一员，正六品）、推官（二员，从六品，专治刑狱事务）。下路设达鲁花赤（一员，从三品）、总管（一员，从三品）、同知（一员，正五品）、判官（一员，正六品）、推官（一员，从六品），不设治中。另有经历、知事、照磨兼承发架阁等首领官。其属有：（1）儒学教授（一员，正九品）、学正（一员）、学录（一员）；（2）蒙古教授（一员，正九品）；（3）阴阳教授（一员）；（4）医学教授（一员）；（5）司狱司，设司狱、丞（各一员）；（6）平准行用库，设提领、大使、副使（各一员）；（7）织染局、杂造局、府仓，各设大使（一员）、副使（一员）；（8）惠民药局，设提领（一员）；（9）税务，② 设提领（初称提举，一员）、大使（初称同提举，一员）、副使（初称副提举，一员）；（10）录事司（"路府所治，置一司，以掌城中户民之事"③，若城市民过少，则不设录事司，由倚郭县兼治其民），设达鲁花赤（一员，正八品）、录事（一员）、判官（一员）等，官员设置时有变动。

大都路都总管府（属"内任"官署）机构比其他各路庞大，设达鲁花赤（二员，正三品）、都总管（一员，正三品）、副达鲁花赤（二

---

① 屈文军、周云蕾：《大蒙古国和元朝路制的形成》，刘迎胜主编：《元史及民族与边疆研究集刊》第 43 辑，上海：上海古籍出版社，2022 年。
② 《元史》卷 7《世祖纪四》（第 133 页）记载，至元八年，"罢诸路转运司人总管府"；卷 10《世祖纪七》（第 211 页）记载，至元十六年，"各路设提举、同提举、副提举各一员，专领课程"。
③ （明）宋濂等：《元史》卷 91《百官志七》，第 2317 页。

员)、同知(二员)、治中(二员)、判官(二员)、推官(二员)、经历(二员)、知事(二员)、提控案牍(四员)、照磨兼管勾(一员)。附属机构主要有:(1)兵马都指挥使司(正四品,"掌京城盗贼奸伪鞠捕之事"①,设都指挥使、副指挥使、知事、提控案牍;兵马都指挥使司分两司,一置北城,一置南城;兵马都指挥使司隶属于大都路都总管府,但"刑部尚书一员提调司事,凡刑名则隶宗正,且为宗正之属"②);(2)司狱司(正八品,凡三,设司狱、狱丞);(3)警巡院(正六品,"分领京师城市民事"③,设达鲁花赤、使、副使、判官;世祖朝设左右警巡二院,成宗朝添设南城警巡院);(4)大都路提举学校所(正六品,设提举、教授、学正、学录);(5)东关厢、南关厢、西北三处巡检司(从九品)。大都路都总管府下领"县六、州十。州领十六县"④,大都城郊,由宛平、大兴二县分治,两县均正六品。《元史·百官志》中还录有一名为"管领诸路打捕鹰房总管府"机构,说它也隶属于大都路都总管府,⑤当是史料衍文,该名机构恐不存在。上都路以留守司兼都总管府,设官情况前文已述。

散府。临民体系第二层次为府,路治总管府以外的府称散府,全国有散府三十多个。设达鲁花赤(一员,正四品)、知府或府尹(一员,正四品)、同知(一员,从五品)、判官(一员)、推官(一员)、知事(一员)、提控案牍(一员)。散府有的隶属于路,有的隶属于行省或宣慰司;有的统州县,有的不统州县。

州。临民体系第三层次为州,全国有州350到400个。州分三

---

① (明)宋濂等:《元史》卷90《百官志六》,第2301页。
② (明)宋濂等:《元史》卷90《百官志六》,第2301页。
③ (元)孛兰肹等撰,赵万里校辑:《元一统志》卷1《中书省·大都路》,北京:中华书局,1966年,第3页。
④ (明)宋濂等:《元史》卷58《地理志一》,第1347页。
⑤ (明)宋濂等:《元史》卷90《百官志六》,第2302页。

等。上州，设达鲁花赤（一员，从四品）、州尹（一员，从四品）、同知（一员，正六品）、州判（一员，正七品）、知事（一员）、提控案牍（一员）。中州，设达鲁花赤（一员，正五品）、知州（一员，正五品）、同知（一员，从六品）、判官（一员，从七品）、吏目（一员）、提控案牍（一员）。下州，设达鲁花赤（一员，从五品）、知州（一员，从五品）、同知（一员，正七品）、判官（一员，正八品）、吏目（一至二员）。州隶属于路或府，也有的直隶于中书省、行省或宣慰司。州有的领县，有的不领。

县。临民体系第四层次为县，全国有县1100多个。县分三等。上县，设达鲁花赤（一员，从六品；两都城城郊宛平、大兴和开平三县正六品，县尹同）、县尹（一员，从六品）、县丞（一员，正八品）、主簿（一员）、县尉（一员）、典史（二员）。中县，设达鲁花赤（一员，正七品），不设丞，其余同上县。下县，设达鲁花赤（从七品），其他置官如中县，民少事简之地，有时主簿兼县尉；下县典史设一员。前文提及，元在大都设有三处巡检司；除都城外，某些县以下险要之地有时也设有巡检司，设巡检（一员，从九品）。

军。边远之地偶有，"各统属县，其秩如下州，其设官置吏亦如之"①，《元史·地理志》记载全国有军四处。

《元史·百官志》在地方机构中还录有"各处脱脱禾孙"②。前四汗时期，大蒙古国即在重要驿站设脱脱禾孙盘问过往使臣真伪，检查是否符合乘驿规定。脱脱禾孙为蒙古语，意为查验者。至元七年（1270），元仍于重要都会和各驿路交通枢纽设脱脱禾孙，每处设正副脱脱禾孙各一员，正官从五品、副官正七品。各处脱脱禾孙隶属于通

---

① （明）宋濂等：《元史》卷91《百官志七》，第2318页。
② （明）宋濂等：《元史》卷91《百官志七》，第2318页。

政院或中书兵部，不属于地方行政官署。元代在南方还有几个重要的经济事务机构，可能不属于户部而属于所处行省或宣慰司，包括：（1）两淮都转运盐使司；（2）两浙都转运盐使司；（3）福建等处都转运盐使司；（4）广东盐课提举司；（5）四川茶盐转运司；（6）广海盐课提举司（疑为成宗朝设）；（7）市舶提举司（至元二十三年始置于广州，后立数处于泉州、庆元等地）；（8）海道运粮万户府等。前文已提及，行省所辖镇戍军队，同枢密院系统一样，设万户府（分上中下三等）、千户所（分上中下三等）和百户所（分上下两等）。

五、结　语

世祖即位后的有元一代官制，面貌与前四汗时期大有区别。举其著者：（1）军政、监察事务从行政系统中分离出来，省、院、台形成怯薛之外国家最重要的三大政务机构；（2）建立了包括省、院、台在内的大量职掌比较明确的官署，设置了大量职掌也算比较清晰的官职，官署、官职多数采用汉式名称；（3）行省制度和路府州县临民行政体系向全国推广，在边区和少数民族地区则根据实际情况做适当调整，设立宣抚司、安抚司、招讨司等土官机构，吐蕃地区专由宣政院统辖；（4）逐步制定了细致的官吏管理规定。世祖朝的建设和变革意义自然非同小可，但正如本文开头所说，它们并没有突破前四汗时期所确立的官制最基本的原则和最基本的框架，世祖朝只能说是元朝官制定型的时期而不能说是创制的时期。

回到本文开头提及的"本质区别论"者所纠缠的问题：世祖朝定型的官制中，"汉制"或"汉法"的成分和"蒙古旧制"的成分孰轻孰重？在官署设置范畴，"本质区别论"论者的根据，主要是世祖朝所建官制中，绝大多数官署使用汉式名称，他们认为这些官署中的多数(尤其是省、院、台、翰林国史院等与国家政务有关的机构)又纯为"汉制"或相当程度已经汉式化;在他们眼中,"蒙古旧制"影响主要指怯薛"干涉"政务、有斡耳朵机构、有投下分封制度等。"本质区别论"者,对"蒙古旧制"的影响程度有不同评估,所以他们之间也有一些观点上的分歧,但将前四汗时期制度视作"蒙古旧制"、认为世祖以后官僚体系大量汉式化则是一致的。笔者认为,这种认识不够严谨。首先,从本文上述的分析中,我们可以发现,世祖朝的官署,几乎没有例外,都多多少少地跟所谓"蒙古旧制"有些牵连,"蒙古旧制"在被"本质区别论"者所认为纯是"汉制"或相当程度已经汉式化的机构中的影响或留痕普遍要远超过他们的估计。以枢密院为例,除了怯薛干预军政、院中高官多由怯薛担任外,军官采用万户—千户—百户头衔、探马赤军和色目卫军组建方式与汉军组织迥异、军官很多事实世袭等,也是很明显的与"汉制"有别的"蒙古旧制"。御史台机构算是程度极高的汉式官署,前四汗时期政治中监察事务不占重要地位;不过御史大夫"非国姓不以授"[①]显与"汉制"原则相背,中央御史台中的殿中司,笔者也高度怀疑其官员实由怯薛人员充当。还有些汉式名称官署,如大宗正府、宣徽院、大理寺(都护府)等,其职掌和汉式王朝名称相近机构的职掌更有甚大区别。所以,对有汉式名称的官署,我们不能望文生义,想当然地以为就是"汉制"机构或已经汉式化,我们需要仔细分析它们的具体职掌、运行机制以及实际运作的情形。其次,"汉制"和"蒙古旧制"的内涵其实很难界定。前四汗时期断事官群体掌行政,世祖朝中书省掌行政,从政治职能角度看,并没有多大区别,为什么要认为是本质有别的两种制度呢?文翰事务上,为什么官员叫必阇赤就是"蒙古旧制",叫翰林承

---

① (明)宋濂等:《元史》卷140《太平传》,第3368页。

旨、翰林学士就是"汉制"呢？它们只是名称不同而已，元朝人自己都把翰林承旨称作"为头必阇赤"，认为是同样的官职。跟世界历史上不同时代不同地区的诸多种政治制度相比，尤其是跟近现代的中外政治制度相比，中国元朝蒙古人创设的制度和当时汉人习惯的制度之间，其共同性、一致性恐怕要比两者间的差异性更为突出。第三，要识别"汉制"和"蒙古旧制"，我们似乎还只能看两制特别明显的不同方面。监察事务突出、地方行州县制度、官吏管理有复杂的程式规定，这些应是"汉制"；与君主有强烈主奴关系的怯薛组织处核心地位、草原行军民一体制、临民机构中设监临官员达鲁花赤，这些则是蒙古旧制。中原王朝秦汉之后，地方上偶有分封现象，但不占主流，元代地方有一定分封色彩，这也能看作是"蒙古旧制"。从差异性甚大的方面大致认识了"蒙古旧制"和"汉制"，再来看世祖朝的官制，还只能说有些地方"汉制"成分多些，有些地方"蒙古旧制"成分多些，总体上看，依然难说两种成分孰轻孰重。实际上，不仅是世祖朝官制，回头看前四汗时期官制，也一样不能简单地用"蒙古旧制"概括：设立负责公共行政的事务机构，这是每个政权都会做的事；汉式的官职名称太祖朝就进入蒙古政治制度，太宗朝官员不再行世袭可能也受到汉式制度的影响，而汉地地方临民行政机构的基础依然是传统的州县。从政治职能的角度，我们可以说，世祖几乎全盘继承了前四汗时期的官制体系，他的革新和"采行汉法"也应该看作为前四汗时期官制的继续演变而不能看作是中断和重起炉灶，所以，笔者认为，持世祖朝官制和前四汗时期官制有本质区别的看法未必妥当。

世祖朝官制和前四汗时期官制的继承性，证明了前贤一个普遍的认识：官制乃逐渐演变而成，而并非突然生成。相对而言，每一王朝之初的创始者在官制建立上会多有建树，但它们也很少凭空而出，往往多在前代官制上加以损益而成新王朝起始官制，以后多少还会继续变化并一直影响到后一王朝。元代情况也类似,在官制建设上,太祖、太宗之功并不亚于世祖,而太祖、太宗的官制建设也都是在既有继承又有改进的过程中进行的,他们继承的对象有草原地区的政治传统,也有汉地和其他征服地区的传统。世祖朝官制和前四汗时期官制的继承性,还促使我们思考,以往我们似乎过于强调了元朝前四汗时期和世祖即位以后时期这两个阶段的差异性而对两阶段间的延续性关注不够充分。

澳门买办巨贾徐瓜林及其家族与近代中国史事四题

赵利峰

摘 要：同治三年，因广东巡抚郭嵩焘筹饷勒捐案而出名的买办徐瓜林，据新发现史料考证，原来是徐润叔父徐荣村。其子徐秋畦，曾任总理衙门文报委员，孙中山上书李鸿章时的经手人。"同盟会徐氏三姐妹"徐慕兰、徐佩瑶与徐宗汉（黄兴夫人）是徐荣村的孙女。

关键词：近代；澳门；买办

买办是中国沦为半殖民地社会过程中的独特产物，在近代中国史研究中具有不可或缺的重要地位。鸦片战争后，买办群体日渐崛起，经济上羽翼渐丰，政治上开始崭露头角，而为世人所关注。然而，由于早期的买办大多出身微贱，名不见经传，加之史料相对稀缺，深入研究殊难着手，留下不少遗憾，香山买办徐瓜林就是一个显著的例子。

熟悉近代中国史以及澳门史的学者，对广东省香山县的百万富翁"徐瓜林"或有印象。同治三年（1864）广东巡抚郭嵩焘称其"依附洋人，致富百万"，也就是说他是一名买办巨富；为躲官非，徐瓜林"避居澳门"，那么他可能又是一位澳门华商。[①]一般来讲，如此非同凡响的人物，在近代中国史（特别是澳门史）上多多少少会留下一点痕迹，然而，徐瓜林这个名字此后竟消失得无影无踪。

作者简介：赵利峰，暨南大学中国文化史籍研究所。

① 《前后办理捐输情形片（会总督衔，同治三年十二月初一日）》，（清）郭嵩焘撰，梁小进主编：《郭嵩焘全集》第 4 册"史部一·奏稿"，长沙：岳麓书社，2018 年，第 255 页。

徐瓜林很长一个时期以来，一直是困扰学界的待解谜团。本篇论文能够顺利撰写出来，完全是机缘巧合，这得益于一条新史料的偶然发现。该条史料不仅说明了徐瓜林的身份，并连带着将澳门买办徐瓜林家族在近现代中国史中的重要价值，刮垢磨光，发覆重现于世人面前。限于篇幅，本文主要探讨徐瓜林家族的祖孙三代人——徐瓜林本人，子辈徐秋畦和孙辈"同盟会徐氏三姐妹"（徐慕兰、徐宗汉、徐佩瑶），并附带论及徐瓜林家族的澳门人特征。

一、因勒捐案而出名的徐瓜林原是徐润叔父徐荣村

咸丰末同治初，广东政坛波澜起伏，督抚轮换如走马灯，大都与地方财政吃紧有关。适时太平天国运动已持续了十余年，广东本地也兵连祸结，省城被英法联军占据了三年多，以致兵燹之后，上至中央，下至地方，财殚力疲，司农仰屋，而民穷财尽之际，地方筹饷愈形棘手，遂使督抚动辄得咎，难安于位。同治二年，清廷先后委派毛鸿宾和郭嵩焘为广东督抚，二人皆以理财见长，称誉一时。当时的广东局面非常严峻，粤抚郭嵩焘的前任黄赞汤在同治二年三月《广东吏治民生及军务军饷各情形折》中称，"广东之吏治已极窳坏，广东之民生已甚凋敝，军务则蔓延数载，蒇事有稽，军饷则积欠已多，众忧哗溃"[①]。履任后的毛、郭二人也发现，"广东支绌情形日甚一日，且有不可以咸丰年间相提并论者"[②]。"积欠俸饷等项银二百余万两"，"统计各营欠发

---

① （清）黄赞汤编，黄祖络补编：《绳其武斋自纂年谱》，同治九年（1870）庐陵黄氏刻本，第37页。《北京图书馆藏珍本年谱丛刊》第151册，北京：北京图书馆出版社，1999年。
② 《沥陈广东筹解京饷万分支绌势不能兼及镇江协饷疏（会总督衙，同治二年十一月十六日）》，（清）郭嵩焘撰，梁小进主编：《郭嵩焘全集》第4册"史部一·奏稿"，第54页。

饷糈以此两年为最巨，实有不能支持之势"①。

广东当时筹备军需之款，来源主要为厘金和捐输。②厘金一项，前粤督劳崇光曾说"所最难办者，莫如抽厘一事"③，一时难以措办，收有成效。至于捐输，经办有年，在劳崇光任内已达三十一次之多④，民间不胜其扰。同治元年八月，粤督劳崇光曾致函曾国藩称：

> 至捐输一节，粤东自咸丰初年起分设省局乡局，四路搜罗，先后十年有奇，计收过捐项银六百八十余万，不为不多。无奈入项多，出项更多，仍然入不敷出。迨后劝捐不应，继之以借，而所借又大都有借无还，至再至三，民力竭矣。近时纵尚有零星捐助，久系强弩之末。现在劝捐京米、筹捐浙饷，尽力招徕，总无起色。诚以地方情形有盛有衰，富者已贫，贫者益穷，即尚有三五家尚能温饱，其光景亦远不如前，且曾经屡次输将，何能再加抑勒？即使强加抑勒，亦未必听从。毁家纾难之举，古今曾有

---

① 《广东省历年积欠兵饷难以印票补放请仍将盐课拨支以昭核实疏（会总督衔，同治二年十二月二十一日）》，（清）郭嵩焘撰，梁小进主编：《郭嵩焘全集》第4册"史部一·奏稿"，第55—58页。

② 《各省抽厘济饷历着成效谨就管见所及备溯源流熟筹利弊疏（同治三年）》："总计十余年来，筹饷之方，名目繁多，其大要不过二端，一曰捐输，一曰厘金。"（清）郭嵩焘撰，梁小进主编：《郭嵩焘全集》第4册"史部一·奏稿"，第198页。

③ 《劳崇光来函（同治元年八月廿七日到）》，中国社会科学院近代史研究所资料室：《曾国藩未刊往来函稿》，长沙：岳麓书社，1986年，第226页。

④ 广东自咸丰四年六月初一日设局开捐。至同治元年闰八月，劳崇光奏广东第三十次捐输各员恳请奖叙。参见《两广总督叶名琛等奏报广东第二次捐输情形折（咸丰四年十一月二十五日）》，薛瑞录主编：《清政府镇压太平天国档案史料》第16册，北京：社会科学文献出版社，1994年，第401页；《清穆宗同治实录》卷41"同治元年闰八月乙巳（二十五日）"，第1106页；军机处全宗（录副奏折）03-4761-073，《两广总督劳崇光呈广东省第三十一次捐输团练请奖官绅清单（同治元年闰八月二十九日）》，中国第一历史档案馆藏。

几人？今欲概责诸悠悠之辈，窃恐徒劳唇舌，难期实济。①

有鉴于此，粤省督抚毛、郭二人经过一段时间的访查了解，以为"就广东现在情形论之，民力之凋残已甚，而地方究属全完；利源之疏凿已穷，而商贾犹能周转"②。"广东之富，在商而不在农"，粤省"正项先顾京饷，厘金半解江南，若非取资捐输，本省军饷亦实无从取给。因思派之农民而其情可悯，不如劝之富商而于心犹安"。③ 两份不同时期的奏折里面透露出了广东地方筹饷的指导思想——劝富商捐输。孰料，一场震动广东官场的轩然大波却由此掀起。

同治三年七月间，有人奏劾广东督抚，"劝捐一味逼勒，致绅商纷纷逃匿"。毛、郭二人辩解道，"所指捐者多系商富，而刁民林清萍等不肯报效，逃避香港、澳门等处，依附洋人，并非逼勒等语"。接着又有人奏参毛、郭二人不仅"勒捐"，甚且逼死人命，"民间憾之切骨，外国载之新闻"。④ 折内更详细列举其罪状事实："派捐绅富，如省城武姓潘姓，番禺、新会之张李等姓，凌辱锁押，尽力诛求，甚有一乡勒捐立毙数命者。该督并密令官差于夜静时，逾墙入捐户之室，搜索锁拿，致强有力者多潜赴香港，依附洋人，邑里骚然，有不可终日之势。请派公正大臣秉公查办各等语。"⑤ 一时舆论大哗，时人注目。而接连的参劾，引起了清廷的重视。九月，上谕以为"封疆大吏除暴

---

① 《劳崇光来函（同治元年八月廿七日到）》，中国社会科学院近代史研究所资料室：《曾国藩未刊往来函稿》，第226页。
② 《沥陈广东度支艰窘请缓解协拨各款并见催张运兰一军赴闽疏（会总督衔，同治三年六月初十日）》，（清）郭嵩焘撰，梁小进主编：《郭嵩焘全集》第4册，第135—138页。
③ 《前后办理捐输情形片（会总督衔，同治三年十二月初一日）》，（清）郭嵩焘撰，梁小进主编：《郭嵩焘全集》第4册，第254页。
④ 《覆陈广东大概情形疏会总督衔（同治三年八月初九日）》，（清）郭嵩焘撰，梁小进主编：《郭嵩焘全集》第4册，第172页。
⑤ 《广东通志稿》第1册卷首"训典"同治三年九月"，第159页。又见《清穆宗同治实录》卷114"同治三年九月甲辰初六日"，第542—543页。

安良是其专责，即劝捐军饷亦系朝廷不得已借民力之举，岂可任意逼勒，四出追呼"。命广州将军瑞麟、广东陆路提督昆寿秉公查办，并且提醒"接奉此旨，务须严密，不准稍有漏泄"①。十一月二十三日，毛鸿宾、郭嵩焘分别受到革职留任处分。②

此次"载之新闻"而闹得沸沸扬扬的舆情事件，据毛鸿宾、郭嵩焘访查，是香山富民陈守善、徐瓜林在"专以牟利"的上海、香港新闻纸中花钱"散播谣言"所造成的：③

> 此次谣言之起，谓臣等苛派扰民，逼迫各富户迁徙澳门、香港，臣等遵旨查访，终莫得其主名。惟查香山富民陈守善、徐瓜林二户，皆以依附洋人，致富百万，始而避居澳门，煽布流言，及臣等饬县访查，乃又避至天津。此辈挟资既富，声气易通，谣言之兴，未必不由于此。该陈守善在澳门租买洋地，造屋收租，每日可得租息百余两，时与洋人勾结，行踪最为诡秘。徐瓜林家雇一地师，岁修至万金，皆以收买捐票，报捐翎顶，骄汰奢侈，享用逾制，均属违例妄为，本有应得之咎，而从未一报捐军饷，访诸公正绅耆，亦莫不痛诋其非。若因其远扬逃匿，捏造谣言，竟令逍遥法外，适以长刁抗之风，且亦不足以服人心而昭公道。臣等虽制于浮言，而实不敢激于意见，少涉因循颓废，坐视时局之艰难而不思补救，任听奸民之玩法而不为究惩，仍当督同司道饬令地方官设法侦缉，严密查拿，务将陈守善、徐瓜林获案，讯

---

① 《清穆宗同治实录》卷114"同治三年甲子九月甲辰初六日"，第543页。
② 《革职留任谢恩疏（同治四年）》，（清）郭嵩焘撰，梁小进主编：《郭嵩焘全集》第4册，第332页。
③ 《复陈广东大概情形疏（会总督衔，同治三年八月初九日）》，（清）郭嵩焘撰，梁小进主编：《郭嵩焘全集》第4册，第172页。

明实情，再行按照例案分别究罚，从严惩办，以肃法纪。①

毛、郭二人在折中历数陈守善、徐瓜林二人之过错，奏请查拿究罚，予以严惩。然而，此事关乎民心大局，上谕大不以为然：

> 毛鸿宾、郭嵩焘另片奏，香山富民陈守善、徐瓜林二户，皆以依附洋人致富，始而避居澳门，继而避居天津。此辈挟赀既富，声气易通，谣言之兴，未始不由于此，现饬查拿究罚等语。捐务之兴，原系朝廷不得已之举，必须准情酌理，多方劝谕，方可以免怨尤。若派捐勒捐，自不免人言藉藉。该督抚以此次谣言之起，谓苛派扰民，逼迫各富户迁徙澳门、香港，查访不得主名，疑为陈守善等所为，欲行拿办。该富户等坐拥厚赀，一味悭吝，虽属可恶，然朝廷有宽大之体，递加以造言之罪，查拿惩办，恐弭谤适以召谤。该督抚仍当斟酌妥办，未可一意孤行，致失人心。钦此。②

毛、郭二人勒捐商富，触为政不得罪巨室之忌，在粤名声大坏，有操切之名，实由于此。适时，巡抚郭嵩焘一手总揽筹饷财政诸事务③，应负主要责任。曾国藩批评说："劝捐助饷，原为不得已之举，原无可勒，其勒者，必其人为富不仁，向有劣迹者。郭在粤东一概施之，往往诗书之家，横纳罾网，而又高自位置，不近人情，所作所为，无

---

① 《前后办理捐输情形片（会总督衔，同治三年十二月初一日）》，（清）郭嵩焘撰，梁小进主编：《郭嵩焘全集》第4册，第255页。
② 《清穆宗同治实录》卷125 "同治三年十二月戊子二十一日"，第743—744页。据郭嵩焘"同治四年正月初八日"日记中所记上谕后的按语："此折后数语，为寄公手笔，于吾心实不能安，而果致驳诘。此老于文章事理，两俱茫然，故为可慨。"（清）郭嵩焘：《郭嵩焘日记》第2卷（同治时期），长沙：湖南人民出版社，1981年，第209页。
③ 厘金，此前"皆督辕主之，嵩焘辗转寄商始获裁汰各卡，归并一局办理"。"粮库经乱后，荡无存储，乃借作筹饷库，令粮道司之。凡厘盐捐输及房捐及沙田捐及船捐，领于经费者，皆归司库，其不领于经费及诸罚款乃归筹饷库。"据此可知，当时广东财政主要为郭嵩焘一手把持。《玉池老人自叙》，（清）郭嵩焘撰，梁小进主编：《郭嵩焘全集》第15册，第764页。

不任意。"① 粤人在郭嵩焘离任时,说他"筹捐助饷为当今第一辣手"②。宣统《南海县志》记述云:"同治初年,郭嵩焘巡抚广东,与制府毛鸿宾筹饷派捐,风行雷利。有不应者,往往因事押之,缴捐乃已。时人谓劝捐为'押捐',目富户曰'富匪'。有撰联贴抚署照墙外云:'人肉食完,空剩虎豹犬羊之郭;地皮铲尽,并无涧溪沼沚之毛。'当道闻之怒甚,悬红暗拿,卒无获。"③ 职是之故,郭、毛在同治四年的一份奏片中提及捐输时,有"科及素封,而谣诼四起;语及捐借,即怨讟繁兴"一句。④ 郭嵩焘后来仕途蹭蹬近十年,与此案之影响,不无关系。

这两个让广东督抚恨之入骨,要通缉捉拿的陈守善、徐瓜林究竟是何许人也?香山县南屏村的买办富商陈守善于1866年7月13日去世,⑤ 其事迹拟另文讨论。至于徐瓜林,根据郭嵩焘等人奏章中描述的一些显著特征,如"徐瓜林家雇一地师,岁修至万金"之类。恰有著名香山买办徐润在《徐愚斋自叙年谱》说到他叔父徐荣村,"盖先叔好谈风水,阖邑无不知之,二三年内用洋十余万,每日堪舆家茶点、轿金二三十元,查置山地费,总需万金"⑥。徐荣村是宝顺洋行的买办,则"依附洋人"毫无疑义。再将二者比对,同姓又同乡,巨富和喜好风水等特征也是一致的。综合来看,徐荣村可能就是徐瓜林,但是孤证难立,还不好轻易下结论。

笔者偶然在《中国评论》(又称《远东释疑》)中看到一篇写于1875年的英文游记,几个英国人到香山县的雍陌温泉(今中山市三乡

---

① 汪世荣主编:《曾国藩未刊信稿》,北京:中华书局,1959年,第389页。
② 《粤东舆论》,《中外新闻七日录》,同治五年(1866)五月十六日,第七十四号。
③ 宣统《南海县志》卷26"杂录",第25页。
④ 《粤东厘金目前万难协饷陕甘片(会总督衔,同治四年五月二十七日)》,(清)郭嵩焘撰,梁小进主编:《郭嵩焘全集》第4册,第409页。
⑤ *The North China Daily News*, 1867-01-07, No. 801, p. 1.
⑥ (清)徐润:《徐愚斋自叙年谱》,香山徐氏校印本,1927年,第10页。

镇雍陌村）考察，他们乘船从澳门出发，溯江而上，沿途所经，多有记述。在船快到达新墟（现为中山市新圩大道）时，作者认为这个地点可作简单说明：

  河边有一座非常精致漂亮的三层塔（文阁）和一座庙，它们是一个非常富有的华人——北岭的徐瓜林（Ts'ü Qua-lum）所建的，用以纪念他已故的母亲。异常美丽的外观和朴实的建筑都反映出他的品位。多年来，徐瓜林一直与宝顺洋行有着密切的联系，积累了一大笔财富，在香港和澳门都拥有可观的资产。据说他有个不良嗜好，好赌番摊，他在澳门赌馆中的业绩使他声名狼藉。徐瓜林死后葬在对岸山脚下一个普通的中式坟墓里，毫不张扬。相当一部分的买办和细崽来自上面提到的两个小镇以及我们现在经过的整个香山区，这是很久以来中外交往过程中形成的鲜明特色。①

这篇游记还在英文中的相应位置插入了"雍陌""新墟""徐瓜林""文阁北岭"等地名、人名的中文。徐润说先叔徐荣村"心力财力能忍人所不能忍，并于麻湾村涌口之内，置有三潭围田四百余亩，造有徐氏家塾（按：'室中设有享位，子孙展墓皆往拜祭'，亦即文中所称的庙）一所，住房数间，三层门高塔一座（案，即文阁）"②。据此，可以确证徐瓜林就是徐荣村。

徐荣村最出名的事迹是以"荣记（Yunkee）"生丝参加英国伦敦

---

① A Trip to the Hot Springs of Yung Mak, *The China Review*, Or *Notes And Queries on the Far East*, vol. IV, July, 1875, No. 2.
② （清）徐润：《徐愚斋自叙年谱》，香山徐氏校印本，1927年，第10页；《徐氏书室》，《香山徐氏宗谱》卷11《祠祭志》，第8页。又"乡村大姓必于所居水口起文阁祠、文昌祠，神之生日赛会尤盛。阁凡二层或三层，高者十余丈，远望似浮屠。有阁处其内多读书家，有科第"。《同治番禺县志》卷6《舆地略》。

第一届世博会获奖,以及创设"以鸦片交换生丝的苏州制度"①。另据《香山徐氏宗谱》中《诰授奉政大夫赏戴花翎候选郎中徐君琼球行状》记述:

> 徐瑞珩,字德琼,号荣村。……君少而好学,读书通大意,顾迫于家事,兄钰亭君命君早治生,君遂出就贾,历游东南诸海口。适中外通商,沪上商务为中外冠,闽粤次之,君往来居积,一意经营,不数年间,累业巨万。一时与君同为贾者,莫能及君万一,窃窃然谓,君有何神术,乃速富如此。咸丰纪元,英国开百年大会于伦敦之京城,百国咸集,锦绮珠玉,如山如海,奇技淫巧之物,为人耳目所未经者,不可以数计,而君独寄七里湖丝十二包,往陈于会。既而论久之,竟推君丝为会中第一,中外人无异词。英国主亲临观之,喜甚,奖君金银牌各一,手谕画幅一帧,俾君执以为券。幅中作洋人,有两翼欲飞状,盖以寓君货当飞行天下之意。至是,君名益大噪。自后,君所置丝必标翼飞洋人于其上,所至辄售去,即他物,人亦知君无欺,罔不争售者,君业愈以饶。然后知君之为贾,非果有他术以致富也。其取财必精,其致工必密,而一切苟且惰窳之见不参焉。故君之货则上品,售之则上价耳。致富之速,岂偶然哉。君既富,甫逾壮岁,苟称是以往,再数十年,君之富且不可量,而君乃废然返,曰:吾先人窀穸之未安,吾其何以为人子孙矣!天下无尽之财,留以为吾后人无穷之业,可也。于是归至家,延名师,相善地,自高曾以下数世墓域,皆君手定,前后费十余万金。又以余力创家庙,置祭田,追远报本之诚,惟恐不至。……子八人,女六人,

---

① 〔美〕郝延平著,陈潮、陈任译:《中国近代商业革命》,上海:上海人民出版社,1991年,第66—67页。

孙六人。①

这段史料可知徐荣村（1822—1873）共有八子六女，为徐润父辈四兄弟中人丁最旺的一支。长子徐熊光（1850—1888），号颂如，武庠生；次子徐麟光（1851—？），号秋畦；三子徐嘉广（1856—？），号闵甫（有时也写作宏甫或荣圃，其余"鸿复"之类的，皆为讹写）；四业臣、五笏臣、六宸臣、七赞臣、八翼廷。其中宸臣、笏臣、赞臣于1875年跟随出洋幼童赴美国肄业。②

顺便提一下，徐氏一族的老大徐昭珩（1804—1870），字德球，号钰亭，有二子，长子奖立（1825—1856），次子政立（1863—1883），皆不幸先后亡故。老三徐葱珩（1819—1846），字德珪，号琚亭，道光二十六年病逝于上海，无子。徐润父亲徐佩珩（1817—1881）是老二，字德珍，号宝亭，徐润是独苗（其弟雨田出继三叔，年二十卒）。③

徐润，号雨之，有"丈夫子五，长廷鎏，字少之，候选同知，办理山子矿务；次廷康，字子元，出嗣先生弟以和公为后，办理开平局译务；三廷藩，字叔平，出嗣嘉焯公（按，即徐润伯父徐钰亭之子徐玉生）后，协理金厂沟梁矿务，俱候选县丞；四廷爵，字建侯，肄业北洋大学堂，考列头等；五廷勋，字超侯，业儒。孙五人，长沪生，次开生、柏生、金生、酉生，俱幼。女五人"。徐润子女出生的年份如下：长女徐佳（同治三年甲子，1864年生），次女徐妙（1866）、长子徐少之（1867）、三女徐荣兰（1868）、次子徐元（1870）、三子叔平（1874）、四子徐建侯（1877）、四女徐琳（1879）、五子徐超侯

---

① 《诰授奉政大夫赏戴花翎候选郎中徐君琼球行状》，（清）徐润纂修主稿：《香山徐氏宗谱》卷7《先德录》，北岭肇修堂印，光绪甲申孟秋石印本，第72页。
② 《光绪元年未园饮饯图记》，（清）徐润：《徐愚斋自叙年谱》，第22—23页；（清）徐润纂修主稿：《香山徐氏宗谱》卷6《世纪录·第十七世》，第6—7页。
③ （清）徐润纂修主稿：《香山徐氏宗谱》卷6《世纪录·第十七世》，第1—7页。

（1881）、五女徐琛（1884）。①

综上可知，徐氏一族的第二代和第三代，除了徐润及其五子五女外，其余都是徐荣村的后人。

二、徐氏一族家居澳门

徐瓜林在得罪粤省督抚而被通缉捉拿后，徐氏一族见势不妙，纷纷"避居澳门"。据徐润所撰的《徐愚斋自叙年谱》透露，徐氏一族——徐钰亭、徐宝亭、徐荣村兄弟三房皆举家迁居澳门，如"（同治十二年）正月二十三日，先叔荣村公故于澳门，年五十二岁"②。"（光绪七年）二月初三日，先大夫故于澳家，落楼伤腰，病仅三天。余在申闻电，匍匐回澳，已不能亲视含殓，终天抱恨，幸眷口在澳，饰终典礼，一切如仪。"③"（光绪十四年）十二月二十三日，先妣杨太夫人寿终澳门寓所。余刚自台湾返沪，即接澳电，知慈母病笃，星夜返澳，延请中西医诊视。"④"（光绪十六年）七月初八日，先室吴夫人病故于澳门，年五十一岁。"⑤光绪三十三年徐润七十岁时，"澳门养病"⑥。徐润的父母、叔父徐荣村、夫人吴氏皆在澳门去世。三房的眷属长期在澳门居住，以澳为家。徐润的父亲徐宝亭曾说"吾中年设渡船来往澳门省间"，说明他在澳门经营过轮船航运业。⑦徐润光绪七年《自记

---

① 《胡君祥荣为润六十生日征诗文启》，（清）徐润：《徐愚斋自叙年谱》，第189页；徐润子女出生年月，辑录自《徐愚斋自叙年谱》各该年份。
② （清）徐润：《徐愚斋自叙年谱》，第18页。
③ （清）徐润：《徐愚斋自叙年谱》，第26页。
④ （清）徐润：《徐愚斋自叙年谱》，第42页。
⑤ （清）徐润：《徐愚斋自叙年谱》，第46页。
⑥ （清）徐润：《徐愚斋自叙年谱》，第126页。
⑦ （清）徐润：《徐愚斋自叙年谱》，第29页。

行述》中称"仆粤东澳门内乡人也,世居北山岭"①。上海只不过是徐润等人的工作之地,香山北山岭是风水故乡,实际上徐氏一族全部定居在澳门,澳门为其根据地。

澳门还有不少地方,留下了徐氏一族的雪泥鸿爪。光绪元年乙亥(1875)《重修莲峰庙碑记》,有"丙寅年(1866)首倡初议重修莲峰庙值事名单",在首倡重修值事中徐氏有四人,我们发现内有徐润父子——徐宝亭、徐雨之名字,以及族人徐渭南、徐荫三。在"丙寅年首倡初议重修值事捐题芳名"中,还有徐宝亭、徐润助工银壹十大元、莫仕扬捐银壹十大元,徐荫三捐银(漫漶不清)等记述。②

同治十年(1871),澳门绅商倡建镜湖医院,据碑记上所列倡建值事芳名中有"三记行、柯秉璋、杨云骧、陈文光、曹永秋、蔡信珩、徐佩珩、徐瑞珩、赵允冠、陈善昌、王景福、蔡兆惠、郑启华、杨春华、莫维镛、杨光恬、颜增寿、颜光培、徐渭南、钟国良、容麟彩、杨显光、杨卓进、黄维垣、蔡永接、黄仕祯、张燕楼、胡泰初、何伯贤、黄宏展、林大标、林裔贤、梁宝和、曹应达、宋缙、宋绅、郑济东、徐雨之、梁宝鉴、何介禧、江应春、梁用宜、曹应贤、布定威、蔡应春、梁克庄、鲍凤楼、杨灿英、马光廷、梁子鹏、李衍麟、黄润英、陈树槐、何作培、黄棠禧、王枝崇、卢植朝、钟跃门、吴悦德、张裕广、沈荣显、沈荣煜、何配江、赵保祥、张龙光、崔鹏举、陆麟祥、周云鹏、蔡应森、蔡永基、王海清、潘以恩"等七十余人,以及八十余家商号店铺。③ 其中,徐宝亭、徐润父子,徐荣村、徐渭南,以

---

① 《自记行述》,(清)徐润:《徐愚斋自叙年谱》,第27页。内乡:谓向往中原或向慕中央政权。《汉书·司马相如传下》:"父兄不辜,幼孤为奴虏,系累号泣,内乡而怨。"颜师古曰:"乡,读曰向,向中国而怨慕也。"
② 谭世宝:《金石铭刻的澳门史:明清澳门庙宇碑刻钟铭集录研究》,广州:广东人民出版社,2006年,第195—196页。
③ 《倡建镜湖医院碑记·倡建值事芳名》,载廖泽云主编:《镜湖碑林:碑匾集》,澳门镜湖医院慈善会出版,2011年,第12页。

及郑观应的父兄郑启华、郑济东,皆名列其中。在同治辛未年至光绪己卯年止共九年各善信捐助芳名中,有徐敬修堂捐银 600 大圆,徐敬德堂捐银 500 大圆,徐敬六堂捐银 200 大圆,①其中徐敬修堂为徐润家的堂号,徐敬德堂为徐荣村家的堂号,徐敬六堂或为徐渭南家之堂号。

光绪三年丁丑季冬(1877)《重修妈阁庙碑记》"捐工金银芳名"中有"徐敬德堂捐工金银式拾大元"。②

光绪六年(1880),澳门各行公推镜湖医院总理 12 位,徐荣村之子徐麟光(秋畦)名列其中。③镜湖医院是澳门社会的重要组织,华人社会的领导机关,徐麟光被推举为镜湖医院总理,可见其在澳门地位之显赫。

1881 年,徐润父亲徐宝亭过世,徐润将"丧费所余尚存一千余金,特捐于镜湖医院,为冥中造福"④。

1895 年 10 月,徐秋畦与徐闵甫兄弟二人入葡萄牙籍。据《澳门政府宪报》登载的告白云:

> 大西洋澳门按察使司衙门书吏宋(João Carlos Rocha d'Assumpção)为通知事。案据徐秋畦禀称,生长澳门,系现已身故、向只在澳为商、未曾当过中国差事徐德敬之子,今愿隶入西洋旗籍等情。兹特布告,准自宪报第二次颁行本告白之日起计限卅日,传所有不知名之关涉人等赴案辩驳。特此通知。乙未年八月十五日。按察使司富(Alvaro Fornellos)经阅。
>
> 大西洋澳门按察使司衙门书吏宋为通知事。案据徐荣圃禀称,

---

① 《倡建镜湖医院碑记·同治辛未年至光绪己卯年止共九年各善信捐助芳名》,载廖泽云主编:《镜湖碑林·碑匾集》,第 16 页。
② 谭世宝:《金石铭刻的澳门史:明清澳门庙宇碑刻钟铭集录研究》,第 84 页。
③ 《倡建镜湖医院碑记·同治甲戌至光绪庚辰年总理》,载廖泽云主编:《镜湖碑林·碑匾集》,第 14 页。
④ 《丧礼攸隆》,《循环日报·中外新闻》1881 年 5 月 11 日,第二版。

生长澳门，系现已身故、向只在澳为商、未曾当过中国差事徐德敬之子，今愿录入西洋旗籍等情。兹特布告，准自宪报第二次颁行本告白之日起计限卅日，传所有不知名之关涉人等赴案辩驳。特此通知。乙未年八月十五日。按察使司富经阅。①

宪报中徐德敬应为徐敬德，徐荣圃应为徐闳甫。当时澳门的《镜海丛报》注意到了这件事，并作了报道：

> 通商之局开，泰西各国阑入户庭，不但商场利益多为所夺，而熙熙之众，昧其本原，亦几几云合风从，投趋恐后，有毁鲁论而读新约者，有弃宗邦而隶西籍者。统计华洋狎处之国，曰英、曰法、曰美、曰荷、曰西班牙、曰葡萄牙、曰日本。每年每月华人商旅愿隶某藉者，盖已不胜沙数矣。独于德国，各等华人有进其教，而无隶其藉焉，殆以德在中邦并无寸土为其属埠耶，且在外洋亦无寸土为华人之聚处耶。现有澳民计共五人，禀呈督辕，愿隶西洋属藉。计开：徐德敬之子两名，曰秋畦，曰荣圃；张生之子张芝；蔡豪佳之子益百；陈昌明之子光廷；经已刊登澳门宪报，届时无人指攻，即堪永托庇荫。②

光绪二十六年，徐闳甫为追收欠款，还借着葡籍身份在南海县打了一场官司。③ 1919年12月《澳门政府宪报》登载了一则有关徐润在澳遗产继承的告示：

> 澳门署理华民诉讼署书记个喇素为布告事。案因前住上海，现已身故之徐恩，即徐雨芝，遗下产业，在本署立抚孤案。现经派定未嫁妇人，本年五十六岁徐焕新，为伊之家产会长等情。兹

---

① 《澳门政府宪报》1895年10月5日，第40号。
② 《何其盛也》，《镜海丛报》1895年10月23日，第3页。
③ 《葡萄牙总领事为徐宏ून案致南海知县裴景福照会抄件（光绪二十六年十一月二十九日）》，澳门基金会等编：《葡萄牙外交部藏葡国驻广州总领事馆档案：清代部分（中文）》第16册卷宗313，广州：广东教育出版社，2009年，第161—163页。

特布告，仰已故徐恩之子，现在上海不知何处之徐少芝，译英音徐修植，已娶，本年四十二岁。又在上海不知何处之徐照好，即就好徐，已娶，本年卅九岁，均自宪报第二次颁行本布告日起，限三十日内到案，查阅案由，如不到案，本署长照例一气办理，可也。此布。一九一九年十二月九号，署长毕度画行。①

此则中文告示系由葡文转译，故其中对音多误。如"徐恩"为"徐润"之讹音；"徐少芝"即徐润长子"徐少之"；"照好"为徐润幼子"超侯"之讹音。56岁的徐焕新，应为徐润长女徐佳（生于1864年）。也就是说，徐润在澳门的遗产由其长女、长子和幼子继承。

就徐润籍贯而言，学界共识是香山买办，似无异言。而依据上述内容，如果说徐润是澳门人，亦无不可。毕竟，他的父母一直以澳为家，居住了大半辈子直到终老。父子俩同为镜湖医院倡建值事，还为莲峰庙捐过钱。当然，可能也会有一点争议。徐润出生在香山北岭，在澳实际生活的时间较短，并且光绪十六年料理完其妻葬事后，"十月底，全眷返申"②；1904年前后在北岭"自营菟裘"，建竹石山房（即珠海愚园），③1911年又在上海病逝。④然而，说徐荣村一家是澳门人，应当没有任何问题。他们一家甚至比郑观应一家的澳门身份特征还要显著，光绪甲午澳门《镜海丛报》在罗列当地的势家豪门时，也是"徐、郑"并称的。⑤并且，徐荣村亦为镜湖医院倡建值事，本人在澳病逝，最知名的两个儿子徐秋畦和徐闰甫都在澳门加入了葡萄牙籍，特别是徐秋畦还当过一届澳门镜湖医院的总理，称其为澳门人应当是毋庸置辩的。

---

① 《澳门政府宪报》1919年12月27日，第52号。
② （清）徐润：《徐愚斋自叙年谱》，第46页。
③ （清）徐润：《徐愚斋自叙年谱·序》，第2页。
④ 《申报》1911年3月11日，第1版。
⑤ 《声告》，《镜海丛报》1894年10月3日，第1—2页。

三、总署文报委员徐秋畦与孙逸仙的上书问题

光绪甲午年,孙逸仙上书李鸿章,这是近现代中国史以及孙中山研究的一个关节点,历来多有学者探讨,聚讼纷纭,著述繁多,①此处不作赘述。在孙逸仙上书的史实中,牵扯到了徐瓜林的次子徐秋畦。

查考有关中国国民党史及研究孙中山的相关著述,徐秋畦的名字最早出现在邹鲁的《中国国民党史稿》中:

> 时郑士良则结纳会党,联络防营,门径既通,端倪略备。适甲午中日战开,总理乃与陆皓东北游京津,以窥清廷虚实,深入武汉,以观长江形势。闻清北洋大臣李鸿章有兴复中国之意,乃由清总理各国事务衙门委员徐秋畦介绍见李,并上书于李。②

邹鲁编著此段内容的前半部分抄自中山先生自撰的《建国方略》:"时郑士良则结纳会党,联络防营,门径既通,端倪略备,予乃与陆皓东北游京津,以窥清廷之虚实,深入武汉,以观长江之形势。至甲午中东战起,以为时机可乘,乃赴檀岛、美洲,创立兴中会,欲纠合海外华侨以收臂助。不图风气未开,人心锢塞,在檀鼓吹数月,应者寥寥。"③中山先生在《建国方略》中,只字未提上书李鸿章一事,仅以"北游京津"四字一笔带过。至于突兀出现的徐秋畦,邹鲁对此段内容虽有注释,但并没有交代徐秋畦到底是怎么一回事。

此外,陈少白在1929年成书出版的《兴中会革命史要》中谈到上

---

① 如沈渭滨:《一八九四年孙中山谒见李鸿章一事的新资料》,《辛亥革命史丛刊》第1辑,北京:中华书局,1980年,第88—94页;戈止羲:《对〈一八九四年孙中山谒见李鸿章一事的新资料〉补正》,《学术月刊》1982年第8期;黎澍:《孙中山上书李鸿章事迹考》,《历史研究》1988年第3期;黄宇和:《历史侦探——从鸦片战争到辛亥革命》,广州:广东人民出版社,2018年。
② 邹鲁编著:《中国国民党史稿》,上海:上海民智书局,1929年,第6页。
③ 《孙中山全集》第6卷,北京:中华书局,1985年,第229页。

书问题时,也没有提到徐秋畦名字,只提到天津李鸿章幕中的一位老夫子:

> 孙先生到了上海,找着了一个香山人,就是著《盛世危言》的郑观应(字陶斋),托他想方法见李鸿章。有一天,在陶斋家里碰到一位太平天国的状元王韬(号紫铨,别号天南遁叟),王韬曾到过香港助英国牧师沥博士(Dr. Legge)翻译四书五经,沥博士回英国也请王韬同去,在英国住了几年,后来回到香港,为《循环日报》主笔。再回上海来,声名很盛,笔底对于世界知识,也很充分,并且他是和太平天国有关系的人,所以孙先生在陶斋家里一见如故,就把那篇大文章,同王韬商量起来,王韬也重新替他加以修正。这时候,王韬有一个朋友在李鸿章幕下当文案,王韬就写了封信,介绍孙先生到天津,见这位李鸿章幕下的老夫子,同老夫子商量,或者可以见李鸿章,孙先生快乐极了,就到天津去见老夫子。那时候,刚刚中日大战,打得很厉害,李鸿章至庐台督师,军书旁午,老夫子把孙先生的大文章送到李鸿章那边去,李鸿章是否看过,就不得而知了。不过后来李鸿章说:"打仗完了以后再见吧!"孙先生听了这句话,知道没有办法,闷闷不乐地回到上海,陶斋看见了,就替他想方法到江海关去领了一张护照,请他出国去设法,孙先生也就乘轮到檀香山去了。[①]

[①] 陈少白先生遗著:《兴中会革命史要》,建国月刊社,1933年,第1页。按,陈少白口述回忆时间是在民国十八年夏。据邵元冲民国二十四年一月廿一日《兴中会革命史要》序中说:"吾党史料,最难考证之部,莫如兴中会时期,以时既辽远,且参加之人又少。自总理既逝,请业无从,坠绪茫茫,夙夜在念。乃十八年夏,总理奉安首都紫金山麓,海内外同志毕临执绋,陈少白先生亦莅京参加。余以少白先生为总理最初同学,凡总理少年之抱负经营,以及兴中会之筹备成立,暨广州惠州各役,少白先生皆躬与其事,知之最详,因请其拨冗口述经过。由许君师慎为之笔录,并有少白先生亲加订定,凡数周始得竣事,题曰兴中会革命史要。"

1994年11月，台湾国民党党史会出版了由罗家伦、黄季陆主编，秦孝仪、李云汉增订的《国父年谱》第4次增订本。有关上书事的记述如下：

> 清光绪二十年五月（1894年6月）偕陆皓东至天津，上书李鸿章，陈救国大计，提出"人尽其才，地尽其利，物尽其用，货畅其流"四纲，鸿章不能纳。先生过沪在香山同乡郑观应家结识王韬（号紫铨，别号天南遁叟），与韬商量上李鸿章书，韬加以润色，并函介鸿章文案为之引介。先生抵津，经在总理各国事务衙门任职之徐秋畦介绍，上书李鸿章。①

其文后的注释云："惟邹著称徐秋畦为总理各国事务衙门'委员'，按总署似无'委员'职官，徐究任何职，待考。"可见，增订者感到莫名其妙，遂将邹鲁所撰的"委员"二字删除。

邹鲁接受中山先生嘱托撰著《中国国民党史稿》，是认真而严谨的，做过材料征集工作，引证的各类史料也非常繁富。② 揆情度理，可以断言，徐秋畦的乍然出现，绝非无中生有的杜撰，毫无渊源的信口胡诌，当有所本。

那么，孙逸仙上书李鸿章，为什么会与徐秋畦扯上关系呢？徐秋畦（1851—？），谱名拱立，名麟光，号秋畦，是徐荣村的次子，徐润的堂弟。徐秋畦在清末算得上是一位比较知名的人物。他和弟弟徐

---

① 罗家伦、黄季陆主编，秦孝仪、李云汉增订：《国父年谱》，台北：近代中国出版社，1994年，第76页。
② 民国十八年二月吴敬恒序："……中山先生止在机务极繁之暇，执笔有所载，自不能极详，于是作党史者纷起，即无有敢为讳饰与诬枉，然终难免于传误，且大都仓卒为之，更必有无可讳言之疏漏。如是即定为党史，决不能言已尽夫厥职。幸而中山先生既于自传，示其不讳不饰不诬不枉之模楷矣。复如将来传误疏漏之不能免，又谆命海滨邹先生征集材料，为大规模之编纂，于是积之年载，所得綦多，邹先生着手整理者逾三年。"邹鲁编著：《中国国民党史稿》，上海：上海民智书局，1929年，第1页。

闳甫在上海开设了同文书局,徐润、郑观应等人都有入股。① 据徐润所记同文书局原委始末云:

> 光绪八年,从弟秋畦、宏甫集股创办同文书局,余力赞成,并附股焉。附记:查石印书籍始于英商点石斋,用机器将原书摄影石上,字迹清晰,与原书无毫发爽,缩小放大,悉随人意,心窃慕之。乃集股创办同文书局,建厂购机,搜罗书籍,以为样本,旋于京师宝文斋觅得殿板白纸《二十四史》全部,《图书集成》全部。陆续印出《资治通鉴》《通鉴纲目》《通鉴辑览》《佩文韵府》《佩文斋书画谱》《渊鉴类函》《骈字类编》《全唐诗文》《康熙字典》,不下十数万本,各种法帖、大小题文府等十数万部,莫不惟妙惟肖,精美绝伦,咸推为石印之冠。迨光绪十七年辛卯(1891),内廷传办石印《图书集成》一百部,即由同文书局承印。壬辰年(1892)开办,甲午年(1894)全集告竣进呈,从此声誉益隆。唯十余年后印书既多,压本愈重,知难而退,遂于光绪二十四年戊戌停办。②

同文书局后来主要由徐闳甫打理,徐秋畦则专心在官场和商场上打拼,一度跟随徐润投资各省矿务,与其婿矿师唐星球涉足四川冕宁金矿等矿务,担任四川保富公司总办。③ 与孙逸仙上书李鸿章问题关系最为紧要的是,徐秋畦曾为驻津经理出使各国文报委员。

先是,光绪二年(1876),在总理衙门提议下,成立了专管传递驻外机构与国内来往公文业务的文报局,在上海设立南洋出使文报总局,在天津设立北洋文报总局,作为京沪转口的枢纽,并在北京设立

---

① 《致许君奏云书》,《郑观应集》下册,第939页。
② (清)徐润:《徐愚斋自叙年谱》,第30—31页。
③ 《总署奏遵议奎俊请招集华洋商人开办川省矿务议定章程折(光绪二十五年八月二十日)》,(清)王彦威、王亮辑编:《清季外交史料》卷140,第14—16页。

京局。① 据吴宗濂《随轺笔记》记载，"使臣出洋每于天津、上海两处设立文报局，递接来往文报，各人各派，竟有一局派至四五人者，不过借名安置，为开保举地步"，三年一任，又"该局本为南、北洋大臣统辖，非尽由出使大臣派员"。② 是文报委员与总署有关系，亦归南北洋大臣统辖，因此说称文报委员为总署委员，并无不妥。

又据光绪二十一年十二月十四日北洋大臣王文韶片，"再，办理出使各国文报委员三年期满，历经南北洋大臣照章会同奏奖在案。兹查接管卷内，上年四月准出使日本国大臣汪凤藻、出使俄德奥和国大臣许景澄先后来咨……驻津委员江西试用同知徐麟光，拟请俟补缺以知府用"云云。③ 据此，徐麟光（秋畦）是驻津文报委员，孙逸仙上书的甲午年恰系其在职期间。文报委员有点像现在的机要秘书、通讯秘书，有传递呈送来往函件、收集信息情报等职能。④ 考虑到徐秋畦与郑观应的密切关系，以及徐秋畦为澳门知名华商，还做过一任镜湖医院总理，与曾在澳行医的孙逸仙应当不陌生。综合来看，时任天津文报委员徐秋畦将孙逸仙的《上李鸿章书》呈送，是合情合理，顺理成章的。

进而言之，孙逸仙是否与李鸿章见了面，亦可由此澄清。在邹鲁

---

① 参见中国第一历史档案馆（丁进军编选）：《清末各地开设文报局史料》，《历史档案》1999年第2期。
② （清）吴宗濂著，许尚、穆易校点：《随轺笔记》，长沙：岳麓书社，2016年，第246页。
③ 中国历史第一档案馆藏：《光绪朝朱批奏折》第11辑"内政"，北京：中华书局，1995年，第195页。
④ 参见北洋大臣李鸿章所上的《经理出使各国文报委员请奖折（光绪十九年二月十九日）》："奏为天津上海经理出使各国文报委员，现届第五次三年期满，照章酌请奖叙缮单，恭折仰祈圣鉴事。……津、沪委员经理出使各国大臣来往文报奏折，暨递呈理衙门紧要函电，及通商省份各衙门文牍，均系随到随递。遇有发交紧要寄谕，及军机处、总理衙门夹板印封，关系重大慎密之件，则由该委员亲赍递送，往返重洋，不避艰险……"顾廷龙、戴逸主编：《李鸿章全集》15"奏议十五"，合肥：安徽教育出版社，2008年，第36页。

编著的《中国国民党史稿》初版中，尚提及"见李，并上书"，再版修订时则将"见李，并"三字删除，只提上书一事，可知邹鲁已意识到问题存疑。并且，该版还为介绍人徐秋畦加了一个注释"一说，谓为罗丰禄"。① 按常理，"侯门深似海"，寂寂无闻的孙文登门上书求见，且不说陋规门包的打点，就说日理万机的李鸿章在军书旁午之际，拨冗接见的可能性也是微乎其微的。认识到徐秋畦的职务特征，那么，孙逸仙没有见过李鸿章就昭然若揭了。不过，邹鲁书中的徐秋畦，以及其后有关上书史实中出现的李鸿章幕僚罗丰禄，都不是无中生有。其史源估计来自两条不同的线索，交汇后不断发生演绎，以至于有点类似顾颉刚的"层累说"，而失其本真。或许史实是这样的，孙逸仙北游有两个目的，一是上书李鸿章，找的关系是徐秋畦；二是办理出洋护照，找的关系是罗丰禄。

四、"同盟会徐氏三姐妹"的家庭出身

中国同盟会创建不久，徐慕兰（原名佩兰）与小妹徐宗汉及二妹徐佩瑶先后加入同盟会，被称为"同盟会徐氏三姐妹"。诸多民国史研究，都只提到三姐妹是徐润的侄女，而于她们的家庭出身等情况则一概阙如。囿于旧时女不入谱的俗例，虽有徐润所编纂的《香山徐氏宗谱》，但徐氏姐妹其父为谁，仍是隐晦不明。同盟会徐氏三姐妹，以徐宗汉史料较多。为便于解决三姐妹的家庭出身问题，我们即以徐宗汉为着眼点入手讨论。

徐宗汉与黄兴在辛亥黄花岗起义后，患难与共，二人结为夫妇，

---

① 邹鲁编著：《中国国民党史稿》第一篇，上海：商务印书馆，1939年，第2、26页。

后有二子，号一美、一球，革命伴侣，一时传为佳话。①有关徐宗汉的家庭出身情况，据冯自由为其所作传记：

> 徐宗汉（1877—1944），原名佩萱，广东香山县人，上海招商轮船总局买办徐雨之之侄女也。幼随父在沪读书家塾，有兄弟姊妹多人，年十八，适惠州海丰县人李庆春之次子某。庆春孰谙英语，充两广总督署洋务委员，与武弁杨植生相善，同称政界红员，有大厦在省河南跃龙里，长子娶宗汉长姊佩兰为室，次子则娶宗汉，盖兄弟二人分娶徐家二姊妹，即世所谓亲上加亲者也。宗汉之夫晋一，少与兴中会员陈少白同习英文，故亦颇具新思想，得子女各一，子名应强，女名若鸿，结缡数年即以病去世。宗汉教养遗孤，辛勤备至，亲友咸称誉之。……民元南京政府成立，宗汉两弟同任陆军部副官，两兄亦分任各官署要职，两姊佩兰、佩瑶于黄花岗一役亦具相当劳绩，以宗汉一人身入革命党，而弟兄姊妹子侄相率随之，非血诚感人，当不致此。独其家翁庆春一人浸染官邪，无法拔脱耳。②

在 1908 年，徐宗汉造访香港同盟会会长冯自由，介绍其亲友数人入会。同盟会南方支部筹备广州新军起义时，徐宗汉与冯自由二人多有合作。民国元年 12 月，临时稽勋局局长冯自由曾函聘徐宗汉为该局名誉审议。③ 因此之故，冯自由对徐宗汉比较熟悉了解，所述内容应当

---

① "时黄克强先生任义军总指挥，既失败负伤赴溪峡，君为掩护疗治。旧历四月朔，遂相偕赴港。会克强指伤甚剧，入医院割治，例由亲属具名负责，顾难其人，君遂以黄夫人名义签字，及克强出院，君卒归之。嗟夫！平权大义，男女等伦，自腐儒创从一而终之谬说，流毒数千年未已，君独能摧陷而廓清之，功岂在禹下哉？" 柳亚子：《徐宗汉女士墓碑铭》，《国讯旬刊（香港）》1947 年 12 月 10 日新 1 卷第 5 期。
② 冯自由：《徐宗汉女士革命事略》，《中央周刊》1944 年第 6 卷第 30 期；又见冯自由：《革命逸史》中，北京：新星出版社，2016 年，第 600—601 页。
③ 《徐宗汉（1877—1944）》，载刘绍唐主编：《民国人物小传》第 7 册，北京：生活·读书·新知三联书店，2015 年，第 208 页。

是准确的。以冯自由所记,徐宗汉兄弟姊妹至少有七人。

中华民国元年3月5日下午一时,孙中山、胡汉民等人在南京中正街开会,"为粤中后先诸义烈追悼其在天之灵"。在《追悼粤中倡义死事诸烈士通告(1912年3月5日)》中,有发起人名单如下:

孙文、胡汉民、王宠惠、徐绍桢、陈锦涛、王之瑞、朱卓文、黄晋三、李达贤、王棠、陆平、梁秩文、饶如焚、冯裕芳、林朝汉、杨镇麟、黄慕松、蓝任大、金溥崇、伍冠球、郑宪武、邝灼、刘元□、谢敦、卢仲博、张国元、黄士龙、卢极辉、李性民、杨仕东、黎铁魂、李应生、徐百容、徐尚忠、徐少秋、徐申伯、邓展鹏、孙干昆、孙廷撰、王峻仙、吴涵、梁钜屏、毕礽、吴镇、任鸿隽、但焘、萧友梅、陈治安、罗文庄、关霁、关应麟、冯自由、夏百子、余森郎、雷祝三、朱本富、余夔、陈铁五、卢炽南、陆文辉、徐田、梁宓、赵士北、钱树芬、伍宗珏、易廷憙、林直勉、黄应忠、徐峙嵩、孙仙霞、张超神、董润、孙琬、孙𬘋、陈粹芬、卢慕贞、孙科、黄杰亭、李日生、陈武昌、谢坤林、朱资生、邱文绍、梁炎郎、吴成满、梅乔林、李晓生、陈兴汉、欧阳荣之、刘素英、李伯眉、伍宏汉、邝桓。①

一般来说,带有官方意味的通告,所列名字顺序大约反映其人之重要性。以上名单中,徐百容、徐尚忠、徐少秋、徐申伯四人,徐百容、徐尚忠二人或许为徐宗汉兄长;而徐少秋、徐申伯跟从黄兴多年,黄兴之子黄一欧说二人为徐宗汉弟,应无疑义。②排名靠后的徐田、徐

---

① 《追悼粤中倡义死事诸烈士通告》,上海《民立报》1912年3月15日。中国社会科学院近代史研究所中华民国史研究室、中山大学历史系孙中山研究室等:《孙中山全集》第2卷,北京:中华书局,1982年,第176—177页。
② 黄一欧:《辛亥前后杂忆》,《湖南文史资料选辑》第15辑,长沙:湖南人民出版社,1982年,第47—48页。

峙嵩，为徐荣村的长子徐颂如（徐熊光）的幼子和次子。① 以上诸人皆为徐瓜林亦即徐荣村的孙辈。其中，徐熊光之子徐田、徐峙嵩的名字，并未紧随徐少秋、徐申伯等人之后出现，似可说明他们与徐宗汉、徐少秋、徐申伯等人并非一家。覆按《香山徐氏宗谱》所列"世系图"，徐宗汉只能是徐秋畦或徐闵甫之女。

在甲申年（1884）付梓的《香山徐氏宗谱》中，徐秋畦（1851—？）有妻无妾，一子（名培基）二女；徐闵甫（1856—？）一妻两妾，二子（名乃镛、乃粲）三女。② 再考虑到徐宗汉生于1877年，有二姊二兄。综合考虑，徐宗汉应当是徐闵甫的后人。徐闵甫，谱名舆立，名嘉广，号闵甫，主要在上海经商，其中以同文书局为最著名，③ 亦符合徐宗汉"幼随父在沪读书家塾"的说法。

五、结　语

鸦片战争后，香山徐氏一族创业发家的第一代徐钰亭、徐宝亭、徐荣村三兄弟，先后为宝顺洋行买办，在咸同年间风头最盛，显赫一时。在近代中国买办群体里，他们是代表性人物，颇有不少史事值得

---

① 徐颂如（熊光）有三子，长徐海，次徐岳，幼徐田。（清）徐润纂修主稿：《香山徐氏宗谱》卷6《世纪录·第十七世》，第4页；另，《徐愚斋自叙年谱》光绪三十四年："是年，峙嵩侄以四川知县捐升同知，进京引见，改指分发河南试用。峙嵩侄为先四叔荣村公之孙，颂如从弟之次子也。读书不成名，乃援例报捐知县，指分四川，署理绥定府大竹县知县事，历充四川军医学堂监督，陆军速成学堂提调，洋务局等差。本年奉护理川督赵，给咨赴引，旋改指河南省试用。现充河南劝业公所矿务科科长，殆亦以异途显者也。"第134页。
② （清）徐润纂修主稿：《香山徐氏宗谱》卷6《世纪录·第十七世》，第4—5页。
③ 《同文书局〈二十四史·陈书〉告成》，《申报》1884年1月11日，第五版，告白。"同文书局向系徐润雨之堂弟徐宏甫集资开设，嗣因办有起色，复议招股印《图书集成》《二十四史》两书，其所以攀附招商局者，俾易招徕，而事实有专属者焉。前十月两书并描，添置机器，增造房厂，诸事大备，订于年内搬进新厂，先印《前汉书》《图书集成》目录，分布机器，一并兴工……"

大书特书。比如老大徐钰亭,官至候选道,曾协助上海道台吴熙创练洋枪小队,即所谓华尔洋枪队的前身;① 在第二次鸦片战争时期,他是与英人在上海议约时折冲樽俎的重要人物。② 徐钰亭、徐荣村等人还主持创建了广肇山庄、广肇公所,当之无愧为适时上海的粤人领袖。如此等等,不一而足。若能进一步深入研究,于近代中国史事当有补苴罅漏之益。

然而,天道不测,造化弄人。香山徐氏一族发展到第二代,仅二房和四房后继有人。徐宝亭一房的徐润是唯一香火传人,虽叱咤一时,却一度破产。其后竭力恢复,仍得维持不倒。徐润后人借其人脉荫泽,在官场中多有谋得一官半职的。徐荣村一房,以徐秋畦与徐宏甫兄弟为主角,亦可谓庸中佼佼,光耀一时,但经营以失败居多,仕途失意,投资经商又吃了不少官场上的亏,家境日渐败落,晚景皆不甚佳,子女中不满现状参加反清革命的不少。两房后代的政治取向截然相反,相映成趣,发人深思。

本文仅以买办出身的徐瓜林家族三代为中心,撷取关涉近代中国史事者数题,挂一漏万,略述其大概。虽是管中窥豹,只见一斑,但于近代中国史之深入研究当有裨益。让人不禁感叹的是,徐瓜林家族竟然在近代中国史中具有如此之意义,所涉及的史事可圈可点,值得表而出之!现在能够对徐氏整个家族的认识进一步深化,要感谢徐润,没有他编纂的《徐愚斋自叙年谱》和《香山徐氏宗谱》二书,许多近现代中国史上的史事怕是要湮没消逝了。

---

① 《炽立公传》(按,徐炽立号芸轩,为徐润族兄):"时吴晓帆方伯商同钰亭创练洋枪小队,君谓余曰:'是虽数十人,苟扩充之,他日必可用。'"(清)徐润纂修主稿:《香山徐氏宗谱》卷7《先德录》,第79页。
② 《钦差大臣两江总督何桂清奏洋商开列八条呈览及英法船只活动情形折》,咸丰十年二月辛丑(初六日),《咸丰朝筹办夷务始末》卷48,北京:中华书局,1979年,第1810—1811页。

类书研究

理学与南宋类书：以《古今源流至论》为中心

温志拔

摘　要： 南宋文人编纂类书，随着科举考试本身的发展，不断渗透着理学的影响。南宋中期以后的类书，不仅在征引理学言行文字方面，表现出明显的不断强化的特征，而且在类书体例设置、结构安排方面，也突显出理学影响。南宋还出现了《古今源流至论》《璧水群英待问会元》等专题讨论理学相关概念、范畴、源流问题的类书。类书也是南宋后期理学学术转向的重要因素，应当更多地进入宋明理学研究的视野。

关键词： 理学；类书；《古今源流至论》

中国古代类书，主要是分类主题抄录前代文献，因此，从清人开始，对于类书的研究与应用，除了传统的版本、目录研究，主要是对其中引文的校勘和辑佚方面的研究。作为一类重要且往往卷帙宏富的文献形态，其在特定时代的编纂、刊刻、流传等方面的文献文化史研究，近年来逐渐成为新的研究范式。

南宋是古代类书发展的重要历史阶段，尤其是这一时期受到科举应试需求的刺激，中下层文人为主编纂举业类书，成为类书发展史中

作者简介：温志拔，男，南京晓庄学院文学院教授，硕士生导师，研究方向为唐宋文献整理与研究。基金项目：本文系国家社科基金重大项目"中国古代类书叙录、整理与研究"（19ZDA245）、教育部人文社科项目"南宋类书编纂研究"（20YJC751033）阶段性成果。

重要且值得关注的现象；南宋至有明一代，科举与类书的关系，变得十分密切，由此也引发了坊刻类书活动的兴盛。这些问题的研究，构成了学界有关宋明类书研究的新领域和新成果。同时我们看到，理学发展至南宋孝宗乾淳以降，已经冲破重重阻力，表现出强劲的生命力，形成一场业已兴起的"道学运动"①。如果说北宋五子为代表的理学发展，主要是少数精英思想家的理论探索和体系建构过程，那么南宋理学的发展，则主要是理论完善、传播和社会政治实践的历程。吕祖谦、朱熹、陆九渊学派的学术文化活动，广泛涉及理学文献编集、书院讲学、科举应试指导、地方社会实践等各个方面。

南宋类书主要编纂于孝宗朝以后，特别是宁宗、理宗时期，身处理学时代的这些举业类书，显然不能不受理学文化的影响。然而有关理学与类书编纂的研究，至今尚未引起学界足够重视。本文拟就此中相关问题，主要结合林駉《古今源流至论》（以下简称《至论》）一书，提出部分思考，以期抛砖引玉。

一、南宋主要类书征引理学文献概况

北宋类书以官修为主，因得见馆阁所藏汉唐文献之便，而具有极高史料辑佚价值，与此相较，南宋类书征引文献的价值，则更主要在对宋代史料的保存。这其中，既有北宋以来历朝所编之官方史籍，如国史、实录、宝训、起居注、圣政等②，也有君臣士大夫所编撰之经史论著、诏令、奏札、诗文篇章，以及治学言行语录、笔记等。因此，南宋类书有关征引文献的研究，多以讨论征引宋代史料为主。因此，

---

① 何俊：《南宋乾淳诸老及其文化逻辑》，刘东主编：《中国学术》第30辑，北京：商务印书馆，2011年，第322—336页。
② 李建国：《〈群书考索〉与宋代"宝训"》，《古籍整理研究学刊》2009年第1期。

探讨南宋类书与理学的关系，首先亦应以其中所引之理学文献为中心。

南宋时期编纂的类书，当以叶廷珪的《海录碎事》为最早，此书约成书于高宗绍兴十九年（1149），所引宋人文献，晚至苏门文人赵令畤（1064—1134）的《侯鲭录》（卷八下《豪迈门》"虹蜺丝"条）[①]，却不见录有理学士人著述、语录。较早抄录北宋理学士人言行文字的南宋类书，是佚名所纂《锦绣万花谷》（前集）。据现存最早的宋刊本——日本静冈县浜松市龙潭寺藏"金泽文库"十二行本《锦绣万花谷》（现存前集目录上、卷三十三至三十四、卷三十九至四十），其中淳熙十五年（1188）自序称"自九华之归，编粗成，凡二百二十八门，析为四十卷"，可知《锦绣万花谷》最初只有一集四十卷二百二十八门，而其中卷四十"帝后诞节名"类下"圣朝"条列及孝宗、光宗、宁宗三帝，此本当成书于理宗以后，为书坊据淳熙十五年原编增广而来。现归于江苏凤凰出版传媒集团的过云楼藏宋刊十二行本前后集各四十卷，行款格式与"金泽文库"本完全相同，且自序内容、前集卷四十"圣朝"一条内容也相同，当出于同一版本。其中有关程颐言行的文字，仅见前集卷九"皇后"类"辅成圣德为多"条引《邵氏闻见录》所载程颐议论徽宗初复元祐皇后尊号的议论，属于笔记史事记载。此外，卷二十"博学"类"记诵博识玩物丧志"条引《近思录》：

> 谢显道云："尝录古人善行别作一册。"明道先生曰："是玩物丧志。"胡安国云："谢先生初以记问为学，自负赅博，对明道举史书成篇，不遗一字。明道曰：'贤却记得许多，可谓玩物丧志。'谢闻此语，汗流浃背。及看明道读史又却逐行看过，谢甚不服，后来省悟，却将此事作话头，接引博学之士。"[②]

[①] （宋）叶廷珪撰，李之亮校点：《海录碎事》，北京：中华书局，2002年，第363页。
[②] （宋）佚名：《锦绣万花谷》第13册，影印过云楼藏宋刊本，南京：凤凰出版社，2015年，第13b页。

考此段《近思录》文字中,"胡安国云"以下为南宋理宗时期叶采所作集解文字,并非朱熹、吕祖谦原文,现存《近思录》元刻明修本载叶氏自序作于淳祐戊申(八年,1248)①,由此可知,过云楼所藏十二行本乃是原编本基础上于淳祐八年以后增补而成,此条材料亦即增补于此时。除此以外,"前集"中并无征引有关二程思想言行的史料,而北宋五子中的周敦颐、张载言行也未见载,邵雍虽有4条,却全为其少年逸闻。因此可知,《锦绣万花谷》原编内容应未抄录北宋五子的思想言论文字。

有关程门弟子的史料,则仅见前集卷二十三"才德"类"一团和气""春风中"两条引《程氏外书》:"谢显道云:'明道先生坐如泥塑人,接人则浑是一团和气。'""朱公掞见明道先生于汝,归谓人曰:'光庭在春风中坐了一个月。'"②《二程外书》为朱熹所编,约成于孝宗乾道四年(1168),《锦绣万花谷》原编者当能见到,但总体而言,淳熙年间所编之南宋类书,确实并不重视征引北宋理学士人的思想言论。这一时期的理学,不仅在科举中尚无太大影响,也尚未进入一般士林读书人的阅读视野。

关于这一点,宁宗开禧嘉定间章如愚编撰的《新刊山堂先生章宫讲考索》一百卷中,也能得到印证。该书现存宋刊为章如愚原编,其中也极少征引理学家文献,例如甲集卷一至七《六经门》所征引文献,主要是汉唐诸家经说以及正史传志③。至理宗淳祐以后吕中增补重编的二百一十二卷本《群书考索》,其中续集《经籍门》中,乃始较多征

---

① (宋)叶采:《近思录集解》,《中华再造善本》影印元刻明修本,北京:北京图书馆出版社,2006年,第2a页。
② (宋)佚名:《锦绣万花谷》第15册,第10a—10b页。
③ (宋)章如愚编:《新刊山堂先生章宫讲考索》(甲集),影印宋金华曹氏中隐书院刻本,北京:中国书店,2008年。

引程朱诸家经说、语录,尤其是朱熹的《四书集注》等文献。考察这些理学文献,还体现出一个十分明显的取向,即主要集中于有关经学文献的笺注解说方面。如《群书考索》续集卷六《经籍门》"《诗》"类引《文公集注》:

> 《关雎》兼于比,此其例中又自有不同者,学者亦不可以不知也。

又续集卷十一《经籍门》"春秋总论"类"五经有春秋"条引《伊川遗书》:

> 五经之有《春秋》,犹法律之有断例也,律令唯言其法,至于断例则始见其法之用也。①

从这些征引文献用例中可见,宁、理之际的南宋文人类书,逐渐开始抄录《康节经世书》《伊川遗书》《论语集注》《论语或问》《东莱读诗记序》《文公诗集传》《文公经说》等理学解经著述、语录等文字,作为经籍主题编类的重要史料。

这一时期类书对理学文字的征引逐渐增多,包括潘自牧《记纂渊海》以及更晚期宝祐时期谢维新的《古今合璧事类备要》等,但仍主要是作为士大夫逸闻琐谈文字,师门弟子轶事,与宋代其他史料一并抄录于相关主题之下,而并非作为理学思想的表达,或构成理学专题文献的汇集。如《记纂渊海·识见部》卷八十三"贪迷"条引"老泉"文字:"如抱石沈河,以其重愈沈,终不放下石也。"②考此条并非出于苏洵,实为《二程遗书》文字,却删去其中有关理学思想论述的主干部分,唯独留下举例论证文字:

> 所以谓万物一体者,皆有此理,只为从那里来。"生生之谓

---

① (宋)章如愚辑:《山堂先生群书考索》,《中华再造善本》影印元延祐七年圆沙书院刻本,北京:北京图书馆出版社,2006年,第52册,第10b页;第55册,第2b页。

② (宋)潘自牧编纂:《记纂渊海》,影印宋刻本,北京:中华书局,1988年,第1324页。

易",生则一时生,皆完此理。人则能推,物则气昏,推不得,不可道他物不与有也。人只为自私,将自家躯壳上头起意,故看得道理小了佗底。……譬如负贩之虫,已载不起,犹自更取物在身。又如抱石沉河,以其重愈沉,终不道放下石头,惟嫌重也。①

又如《古今合璧事类备要》前集卷三十三《师友门》"涣然自悟"条载:"横渠先生张载,字子厚,年十八以功名自许,又访诸释老之书,知无所得,反而求之六经,见二程于京师,共悟道学之要,涣然自悟。"续集卷二十八《类姓门》"文行知名"条载:"游酢,字定夫,建州建阳人。兄醇与酢具以文行知名,酢初受业于程颢,颢知扶沟县以道学为己任,酢为掌其事,由是问学益进。又事程颐,颐器之。"②此类文献条目,也主要是将理学之士作为历史和政治活动的一般主体,作为士大夫群体的组成部分,类书相关门类的知识编类,可见至南宋中后期,理学仍是宋代多元学术发展生态中的一个向度。

南宋时期的类书编纂,随着孝宗朝以后理学的发展兴盛,越来越多地受其影响,征引理学文献的数量增多,种类逐渐拓宽,理学的思想、言论、理论主张,也逐渐为社会所认可和接纳,成为普通士人群体的阅读对象,理学家及其文献的不断进入类书视野,最终也推动了向普通举业士人梳理理学相关理论问题的专门类书和专题门类的诞生。

二、《至论》编纂体例与理学

《至论》是南宋闽人林駧、黄履翁编纂的一部中型类书,前、

---

① (宋)程颢、程颐著,王孝鱼点校:《二程集·河南程氏遗书》卷2上,北京:中华书局,1981年,第33—34页。
② (宋)谢维新辑:《古今合璧事类备要》,《中华再造善本》影印宋刻本,北京:北京图书馆出版社,2004年,第18册,第10b页;第72册,第6b—7a页。

后、续三十卷为林氏所编，别集十卷为黄氏所编。关于是书的成书年代，据元刻本卷首黄履翁序，末题"嘉熙丁酉，三山前进士黄履翁吉父书"，别集卷首黄序题"癸巳书云之旦，合沙西峰主人黄履翁吉父序"，嘉熙丁酉，即理宗嘉熙元年（1237），癸巳则是理宗绍定六年（1233）。黄氏别集必成于林书之后，则嘉熙元年序乃黄履翁事后补作，或为该书刊刻所作，《至论》前、后、续集三十卷编纂成书时间不得晚于绍定六年。又《至论》文字纪年最晚为续集卷五《朱子之学门》，"近宝庆二年二月主上亲批"追封朱熹文字[①]，则三集约成书于理宗宝庆二年（1226）至绍定六年之间。

是书当初刻于理宗嘉熙元年，至晚清仍有宋本流传。清莫友芝（1811—1871）《邵亭知见传本书目》卷十下《至论》提要云："宋嘉熙丁酉刊本，半页十二行，行二十二字。"[②] 不过莫氏《宋元旧本书经眼录》卷一又云："《源流至论》四集四十卷。宋本。沪市。半页十五行，行二十五字。"[③] 惜已不存于世，不知所是。据罗振常《至论》（元麻沙本）跋所言："《邵亭书目》记宋嘉祐（当作'熙'）刊本，半页十二行，行廿二字，行款与此本合。然此本形式全似元板，疑为元翻宋刻，故行款相同耳。"[④] 对此，沈津先生已经考证认为，罗氏所谓的元刻麻沙本，实际上是弘治梅隐书堂刻本[⑤]。属于同一版本系统的元延祐四年（1317）圆沙书院刊二十五字本和梅隐书堂刻二十二字本，当至

---

① （宋）林駉：《新笺决科古今源流至论》第13册，《中华再造善本》影印元延祐四年圆沙书院刻本，北京：北京图书馆出版社，2005年，第1b页。
② （清）莫友芝撰，傅增湘订补，傅熹年整理：《藏园订补邵亭知见传本书目》，北京：中华书局，2009年，第792页。
③ （清）莫友芝撰，邱丽玫、李淑燕点校：《宋元旧本书经眼录》，上海：上海古籍出版社，2009年，第41页。
④ 罗振常：《善本书所见录》卷3，上海：上海古籍出版社，2020年，第117页。
⑤ 沈津：《〈新笺决科古今源流至论〉的版本鉴定》，载氏著：《书丛老蠹鱼》，北京：中华书局，2011年，第311—315页。

少有一种所据底本为宋刻。由此似可大致判断宋刻原编的编纂体例。

该书原本、梅隐书堂本前三集的编纂体例均为前集十卷，分卫兵上下、南军、北军……经筵、国学、州县官、学官、科举、考校等五十一类；后集十卷，分道学、格物之学、师道、友义、评文、韩文……民心、常平义仓、抑贡献、庙祀、释奠等共六十六类；续集十卷，分太极图、西铭、性学、心学、中、仁、乐道、大学中庸、语孟……恤刑、新法、朝仪、卤簿、郊礼、社稷等共七十六类。这一体例应与宋本体例相符合，即突出了制度之学的重要地位。这不仅与南宋类书整体编纂体例相符，也与林駉另一部类书《新编分门标题皇鉴笺要》"取宋一祖十一宗事迹，分门编纂，凡分君德、君政、官制、贡举、科目、用人、臣道、儒学、兵制、赋役、财用、荒政、时弊十三门"[1]所体现出的学术思想取向一致。

而明代诸刻本，包括宣德二年（1427）建阳书林刘克常刻本、詹氏刻本、朱士林刻本，嘉靖十六年（1537）白坪刻本、万历十八年（1590）郑世魁宗文堂刻本，以及清抄《四库全书》本，[2]均将前集与续集对调，从而引发学者对宋刻原貌编纂体例，以及版本变动所隐含的宋明理学意味的关注，如比利时汉学家魏希德认为："前集和续集的次序交换，说明此书新版试图掩盖道学分类方法在士人文化中压倒其他方法的历史过程。'永嘉'学派重视制度史的类书之影响力也就逐渐消失在背景中了。"[3]明人更换次序的做法，是否具有掩盖道学压倒性影响的主观意图，尚需史料进一步证明。不过明代中期以后建阳书坊为代

---

[1]（清）陆心源著，王增清点校：《仪顾堂集》卷17《明钞皇鉴笺要跋》，杭州：浙江古籍出版社，2015年，第333页。

[2] 有关版本问题参见王楠：《〈新笺决科古今源流至论〉研究》，西南交通大学硕士论文，2020年。

[3]〔比〕魏希德著，胡永光译：《义旨之争：南宋科举规范之折冲》，杭州：浙江大学出版社，2015年，第204页。

表的商业刻书,反复刊刻此书,且一致采用刘克常本的编排体例,确实反映出以试策为重心的南宋科举,"策论则须通知古今"①,重视当代典章制度史料,而到了明代科举八股应试,以程朱理学经义为中心内容的变化,需要更加突出对理学知识的梳理,才能满足新的时代需求。《至论》的新体例和知识体系,相较其他南宋类书而言,更能适应一般举子的知识需求。这一编纂体例的变化,正体现出宋明两代理学发展至占据绝对统治地位的过程中,南宋类书在流传过程中,不断进入理学阅读视野,并被赋予愈加浓厚的理学色彩。

仅就《至论》而言,不论宋本原编的次序究竟如何,四集中均已出现理学专题门类,并征引了大量北宋五子、南宋朱熹等理学名臣文字,这是显而易见的。这反映出宁宗嘉定更化、解除学禁以后,程朱理学获得士人阶层的普遍同情认可,特别是嘉定五年(1212)三月朱熹《论语》《孟子集注》立于学官以后,有关理学的概念思想脉络,在多年的禁锢之后,更是体现为一般士人知识结构的弱项。作为讲明财货、德义"本末源流",以及"治体之大"的类书(黄履翁序),《至论》正是有感于此前庆元学禁对理学压制所做的回应,后集卷一《道学门》言:

> 自是(庆元)而后,或废或兴,不知几变,未易尽言,而伊洛源流至今流衍益盛也……正学与邪学不两立,正人与邪人不两用,一消一长之间,道学所由显晦之机也。前日伪学之事可鉴矣!吁,可畏哉!②

正是出于理学(道学)兴废的感慨,林駧在梳理制度史源流的同时,尤其重视厘清理学思想体系的源流,在其编纂体例中,首先在第

---

① (宋)李心传撰,胡坤点校:《建炎以来系年要录》卷113,北京:中华书局,2013年,第2117页。
② (宋)林駧:《新笺决科古今源流至论》。

二部分后集中，首列《道学》《格物之学门》，并以道统文，以师道、友义、评文、韩文紧随其后，第三部分续集则侧重梳理理学基本概念，包括太极图、《西铭》、性学、心学、中、仁、乐道、《中庸》、《大学》、《语》、《孟》等的源流，又继之以全面介绍元祐诸家——温公之学、康节之学、欧苏之学、关洛之学的思想特点，颇具意味的是续集卷五以"朱氏之学"为首，而继以法帝王、家学、圣学、圣制、圣翰、敬天、灾祥、两府、九卿等，"道学犹元气也，周流今古，罔有间断，风雨有晦冥，日月有薄蚀，而此道不泯也，世变有污隆，治道有兴衰，而此道终存也"①，俨然有理学家之"道"统摄古今、周流治体的自信。

《至论》的编纂体例，不同于传统类书以天人感应为基本思想架构，按天、地、时序、帝王、职官、州郡、博物、四夷，条理宇宙、人事、万物知识，而是从科举策论的知识结构出发，以制度和伦理道德结构为序，重新建构了士人的知识图景；同时，《至论》编纂之际也尚未完全清理出程朱为中心的排他性的理学道统谱系，而体现出理学史发展历程中的多元与开放。

三、《至论》与南宋理学"道统"论的多元性

不同于分类抄录汇编前代文献的传统类书，《至论》在每个门类之下，是相关主题知识的古今源流条理议论，随议论文字的需要，再抄录古今文献加以笺注式的补充论证。正如黄履翁序中所说，其正文主体文字是有关"大道至论"的"大议论"。作为议论为主的类书，其文字内容更可反映编纂者乃至当时一般士人对学术思想相关问题的观

---

① （宋）林駧：《新笺决科古今源流至论》第6册，第3b、2b页。

念和认识。

两宋理学的展开过程,始终与宋学各流派之间进行着此消彼长的论争密不可分,在师承关系、基本义理概念的反复清理过程中,理学思想范畴、自身思想谱系,也最终在朱熹及其以后的时代中逐渐得以明晰,同时也体现出理学自身不断强化的门户之见。这一思想史过程,集中体现为宋代学术有关"道统"的论述。

唐宋古文家首倡"道统"之说,核心是要重新确立儒学基本价值在政治生活、道德文章的指导地位。与古文家"道统"观强调思想价值的传承谱系不同,北宋以来的君臣、官僚士大夫的"道统"论,更强调政治权力的正统性。早在北宋太宗时期,刘锡在《至道圣德颂》中即称太祖、太宗继承上古以来百王"道统":"我后继明,膺乾御宇。道统百王,功高万古。"①真宗乾兴元年(1022),李虚己也在《真宗御集序》中,称宋太祖与汉武帝、唐太宗一样,赓续上古"道统":"惟我艺祖,绍天觉民,赞述孔颜,道统复续。"②如果说早期所谓"道统复续",主要意在表达王朝之兴的神圣性,到了北宋末年的徽宗时期,再次强调君主在"道统"中的地位,则意在表明圣王"道统"的延续,有为君主,应当仁不让地扶危继绝。徽宗朝臣李若水(1093—1127)《上何右丞书》中言:"天厌丧乱,眷命有德,艺祖以勇智之资、不世出之才,祛迷援溺,整皇纲于既纷,续道统于已绝。"③正如研究者所论,"与朱熹后来提出的道统版本不同,李若水在此仅仅集中于政治人物而忽略了像孔子和孟子之类的哲人"④,君主才是真正的道统传承者。

---

① 曾枣庄、刘琳主编:《全宋文》第3册卷60,上海:上海辞书出版社、合肥:安徽教育出版社,2006年,第427页。
② 曾枣庄、刘琳主编:《全宋文》第13册卷267,第257页。
③ (宋)李若水:《李忠愍公集》,清《畿辅丛书》本。
④ 〔德〕苏费翔(Christian Robert Soffel)、〔美〕田浩(Hoyt Tillman),肖永明译:《文化权力与政治文化:宋金元时期的〈中庸〉与道统问题》,北京:中华书局,2018年,第85页。

这代表了哲宗以后士大夫彼此攻伐纷乱之后,一部分士大夫希望结束这种局面,转而寻求君主权威平衡朝政的倾向。高宗时期,赵构与秦桧也试图建立皇权为中心的"道统"观念,以对抗理学家为代表的士大夫道统谱系,并借此强化绍兴和议的合法性。①

面对政治领域的"道统"论,南宋初期的理学家如张九成及其弟子,也在《诸儒鸣道集》中,抄录北宋以来诸家名臣言论,表达权力之外的"道统"思想的传承,其中将司马光等人也列入。朱熹早期思想也体现出这一倾向特点,但在思想论辩过程中,逐渐体现出门户特色,并最终在《伊洛渊源录》中最终得以确立孔、孟、二程、周、张及朱熹的正统理学"道统"谱系。不过这一新"道统"论,并未获得吕祖谦在内当时理学之士的普遍认可。北宋以来这一系列的"道统"争辩,多以确立和抄录相应思想家言行文字的方式,表达道统谱系的不同梳理,这也为《至论》等南宋类书整理思想史脉络,提供了文献编撰的方法借鉴,同时《至论》中的相关言论,也总结体现了北宋多元歧出的道统论述,却多为前辈思想史研究者所忽略。

《至论》是南宋少数谈论"道统"论的类书,并且试图统合此前君主道统、士人道统观,"三代而上,有君师以任道统,固不待宗师之功;春秋以来,无君师以任道统,不得不赖宗师之学,上有君师任尊崇之责,下有宗师任讲明之责者,其惟我朝乎?"(续集卷一《中庸大学门》)林駉主张君主与师臣之道统应当合二为一,赞赏宁宗嘉定更化以来褒奖追封朱熹之举,是实现了二者的融合,而朱熹理学的道统,也不脱离治道之外。续集卷五《朱子之学门》:

> 夫子之学,上补治道,下扶名教,此其功岂易报哉!我主上

---

① 〔美〕蔡涵墨:《新近面世之秦桧碑记及其在宋代道学史中的意义》,载氏著:《历史的严妆:解读道学阴影下的南宋史学》,北京:中华书局,2016年,第98—160页。

心传道统，躬行实理，讲读夫子之遗书，慨慕夫子之高行，乃形奎画，乃发天语，乃畀隆职，乃封穹爵。吾道生荣，墟墓有光，此与太祖初基，首赞孔、颜，同一意也。

在林駉看来，道统不是一个历史事实的描述，也不必过分狭隘地借此确立门户观念，道统的提出，更是一个道德信仰价值重建的过程，如果"道学"只是党同伐异的虚名，将是"道学之天不幸"（后集卷四《君子门》），士大夫应"传道学之实不愿士大夫唱"（后集卷一《道学门》），凡是体现士君子之道的士大夫之学，都应归于道学之门。与朱熹的"道统"论不同，林駉《至论》以一种更为实用的态度，融合理解北宋以来的"道统"论，并以此容纳宋学各家之学。续集卷四各门中，林駉将温公之学与康节之学、欧苏之学、关洛之学、程氏、朱氏之学相源流，正在于肯定司马光"平生所行，不外乎诚无欺心也……夫惟心之无欺也，己正物正，精粗一致，意诚国治，本末一理"[1]，体现了"道统"论兼顾个体本性工夫与治国之本的特点。

北宋以来诸家论温公之学，均注意其至诚无私本心的特质，陈瓘《与龟山书》中即言其"凡温公之学，主之以诚，守之以谦"[2]，南宋初的《诸儒鸣道集》也将司马光作为鸣道之儒的一家，就连朱熹也称温公之学"一本于诚"（《答郑子上》）[3]。虽然朱熹的《伊洛渊源录》最终定稿中，还是将其排除在道统之外，但《至论》的这些材料可见，至少在林駉的时代，朱熹的道统谱系，似乎尚未获得普遍的认同，吕祖谦在《伊洛渊源录》编撰之时便颇有保留，[4] 至理宗绍定时期，作为一

---

[1] （宋）林駉：《新笺决科古今源流至论》。
[2] （清）黄宗羲编撰，（清）全祖望补修，陈金生、梁运华点校：《宋元学案》，北京：中华书局，1986年，第386页。
[3] （宋）朱熹撰，郭齐、尹波点校：《朱熹集》卷56，成都：四川教育出版社，1996年，第2862页。
[4] 姜鹏：《〈伊洛渊源录〉与早期道统建构的挫折》，《学术月刊》2008年第10期。

般知识论观念的"道统"观念，仍然是多元开放而非门户色彩强烈的。

不过，作为《伊洛渊源录》嘉定九年刊行以后的类书，《至论》确实又试图突显出道的先验本体性质，肯定北宋五子与朱熹的紧密传承关系，以及正统理学家不同于传统儒学的思想创新特点。后集卷一的这篇《道学门》文字，强调了"道学"与传统儒学不同的性质，列举了理学家师承授受所传扬的道本体论价值，正体现了"道学""儒学"分立的意识，与元人所编《宋史·道学传序》不仅结构遥相呼应，文字也十分接近：

《至论·道学门》选文	《宋史·道学传序》选文
道学之说，帝王以前无有也……吾道浑然于彝伦攸叙之际，而道学之说不闻，故在上者惟知有道统之传，在下者惟知有道化之盛。人极以之立，元化以之运，世道以之清。殆犹元气沦浑未散，初莫知吾道为何物也……道学犹元气也，周流今古，罔有间断，风雨有晦冥，日月有薄蚀，而此道不泯也。世变有污隆，治道有兴衰，而此道终存也。[1]	"道学"之名，古无是也。三代盛时，天子以是道为政教，大臣百官有司以是道为职业，党、庠、术、序师弟子以是道为讲习，四方百姓日用是道而不知。是故盈覆载之间，无一民一物不被是道之泽，以遂其性。于斯时也，道学之名何自而立哉……此宋儒之学所以度越诸子，而上接孟氏者欤。其于世代之污隆，气化之荣悴，有所关系也甚大。道学盛于宋，宋弗究于用，甚至有厉禁焉。后之时君世主，欲复天德王道之治，必来此取法矣。[2]

1. （宋）林駉：《新笺决科古今源流至论》，《中华再造善本》影印元延祐四年圆沙书院刻本，北京：北京图书馆出版社，2005年。
2. （元）脱脱等：《宋史》卷427，北京：中华书局，1977年，第12709—12710页。

首先阐明上古虽无道学之名，而有道学之实，道始终隐含于天地之间；中间历数秦汉、隋唐孔门之衰、异端之兴，至本朝诸儒师承传道，"濂溪浚其源，伊洛导其流，横渠助其澜"，至朱熹"而伊洛源流至今流衍益盛"的过程，最后感叹"道学"继绝不断的永恒独立价值。某种程度上说，《至论》此篇文字可见，《宋史》设立《道学传》并非戛然独造，实是渊源有自，至少在南宋理宗时期，已经是一般士人的常识判断。

四、科举与学术之间:《至论》的理学思想特点

与《宋史·道学传》相近,《至论》所推崇的是程朱为中心的理学,《宋史》独标北宋五子和朱熹为"道学",而以吕祖谦、陆九渊等其他重要学派为"儒学",《至论》也推崇程朱,次则吕祖谦,至于陆九渊之心学,则只字不提。这未必说明林駉归属朱门或私淑弟子,而更主要是类书之性质,与政治、科举的关系更为密切。南宋类书之编纂,是作为科举指导参考书,必然要体现国家正统观念和意识形态取向,而与一般学者思想家的思想探索、学术流派取向不同。林氏就曾明确表示"愚也不能诵此(朱熹《四书集注》)以为盘铭",坚守体现"宁不负天子负所学"的态度(续集卷二《语孟门》)。因此,南宋类书所体现的理学思想特点,与理学家的思想脉络本身并不完全一致。

《至论》的编纂,其主要背景正是嘉定更化以后,官方肯定朱熹在"四书"学方面的成就,并立《四书集注》为官学。林駉由此在策论有关制度典章源流外,特别关注理学和"四书"学的源流。续集卷一《中庸大学门》云:

> 尊崇正学在君师,讲明正学在宗师。大矣哉,《中庸》《大学》之书!盖帝王立治之根本,圣贤进德之阃奥也。是故表章圣经,崇重正学,使天下享至治之泽,此其责在君师;继续绝学,演析奥义,使天下闻大道之要,此其责在宗师。①

确立道统谱系、以"四书"为正学规范,是君主的责任,对"四

---

① (宋)林駉:《新笺决科古今源流至论》第11册,第11b页。

书"中的帝王统治奥义进行阐发传扬，是理学宗师的责任，这就是君道与师臣关系的根本。二者的结合，关键便在官学与科举。在此意义上，《至论》突出了"四书"的新经典价值，"《论语》一书，盖理学之渊源也"，"《孟子》七篇，盖性学之门户也"，二书乃"圣贤之所议论，之所问答，实万世所取法之书"（续集卷二《语孟门》）。①

朱熹也曾说："某集注《论语》，只是发明其辞，使人玩味经文，理皆在经文内。"②钱穆先生借此阐明程朱理学的不同，北宋二程是着重阐发理学家的"自有发明"，南宋朱熹则力图为理学确立坚实的经典文字依据，使"理皆经文之理"，"故朱子之《论语集注》，实乃朱子当时从程门理学转入《语》《孟》经学一大转手也"③。《至论》所谓"《论语》一书，盖理学之渊源"，实出于朱熹理学的根本精神，同时又强调了"四书"等新经典文字中所蕴含的"理学"，既是超越时间、周流万物的普遍本体，又是足为君臣万民所取法的治道实践。这一取向，一方面确立了士人理学知识学习的经典阅读依据，使陆九渊的本心之学，在科举应试的阅读系统中失去了存在的基础；另一方面，作为治理系统的一部分，士人通过举业学习所要完成的"理学"，主要不是经典学术研究，乃是参与具体政治治理。因此，在《至论》的理学知识源流中，尤为关注其中的道德实践，即心术也成为经典修养工夫的重要组成部分。续集卷一《心学门》言：

> 夫心者人之神明所以具众理而应万事者也……心之邪正，其根于一念之微乎！其所以非念之不生，罔念之不形者，又在敬学之涵养也。关洛诸公，绅绎心学之扃钥，发明性学之渊源，自敬

---

① （宋）林駉：《新笺决科古今源流至论》第11册，第14a页。
② （宋）黎靖德编，王星贤点校：《朱子语类》，北京：中华书局，1986年，第438页。
③ 钱穆：《朱子新学案·朱子之四书学》，北京：九州出版社，2011年，第206页。

之外断无余蕴。①

虽然林駉认可并引用了朱熹关于"心"统性情,"具众理而应万事",不过后者似乎更强调心的认知功能,"一念之微,以至事事物物,若静若动,凡居处饮食言语,无不是事"②。朱熹理学所格之物,既包括内在精神,也包括外在事物,而偏重自然、社会、历史之"物"的知识穷理,在此工夫上贯通天理之性,"须是今日格一件,明日格一件,积习既多,然后脱然自有贯通处"③,而林駉突出了心内道德之物。这与其应对现实治体的面向有关,并非南宋初以来张九成、陆九渊的本体论"心学",以觉悟本心之性为穷理的根本,而是以科举与政治实践为中心,强调道德修养,涵养心体之正,即以主敬为心,仍属于工夫心学范畴。在林駉看来,格物工夫不是学术史的知识论展开,而是知觉之心的德性持养,否则理学将毫无价值,这也是道统得以统合理学与圣王之学的基础,前集《圣学门》言:"自古不患学术不正,而患心术之不纯,不患心术之不纯,而患外物之易诱我。"在林駉看来,作为士大夫集团的养成之所,科举与治学的目的都应以正心为最高目标,理学格物之学的重心,不在知识乃在正心:

> 以穷理尽性为用之君子者,烛理既融,见理已到,一性澄彻,万善昭融。以之格物,何物非我;以之明理,何理非天……论关洛格物之学,不先求其正心诚意,穷理尽性之妙,而谓今日格一物,明日格一物,以为所格在是,亦不足语大学之道。(后集卷一《格物之学门》)④

林駉此意并非否定理学的下学积累工夫,而在于突出格物中的道

---

① (宋)林駉:《新笺决科古今源流至论》第11册,第5a—5b页。
② (宋)黎靖德编,王星贤点校:《朱子语类》,第287页。
③ (宋)程颢、程颐著,王孝鱼点校:《二程集·河南程氏遗书》卷18,第188页。
④ (宋)林駉:《新笺决科古今源流至论》第6册,第4a—4b页。

德养成目标,唯有始终以此为参照,具体的格物才能真正明理,否则只是单纯知识的累积,无助于治道。在纯粹的理学家之外,当日士大夫往往从此角度,认识格心对于政治场域中的士大夫风气影响的重要性,认为"革士大夫之风俗,当革士大夫之心术"[①]。

总之,《至论》中有关理学的实践品格,正体现了南宋私人科举类书编纂的动机和关切所在,与一般理学家的讲学著述不同,更多体现出其现实政治的普遍实践特征。《至论》以后的南宋类书,如淳祐乙巳(五年,1245)建安刘可达辑《璧水群英待问会元》八十二卷,延续了此类特征,将《至论》所涉及的相关理学话题,加以极大扩展,不仅同样将儒学与道学分立,而且涉及理学基本概念范畴更为广泛深入,其中卷四十七以下三卷《道学门》,详细论及道统、道学、性学、心学等理学问题,具体类目与《至论》相近而内容加详,卷五十二至五十三《性理门》心学类,又分为七小类,详细抄录梳理相关养心、正心的问题,部分文字更是直接抄自《至论》对应门类。

五、结 语

对于南宋儒学的研究,学者指出庆元党禁后的南宋理学,出现了学派间的整合,一派向日常生活实践落实,如杨简、黄榦、陈淳等,另一派则更为突出政治实践特征,如真德秀与魏了翁,还有一派理学则走向学术化,如王柏、金履祥、黄震、王应麟等。[②] 实际上,不论是理学的生活化,还是政治化、学术化,其中一个重要的连接点都是类书编纂对于理学的纳入。随着类书成为科举士人阅读的重要参考书,

---

[①] (元)脱脱等:《宋史》卷43《程元凤传》,第12521页。
[②] 何俊:《南宋儒学建构》,上海:上海人民出版社,2004年,第283—362页。

其中的理学知识，必然重构了他们的知识结构，并由此影响未来入仕后的政治实践，而理学走向学术化，本身既是科举应试书籍编纂的延伸和提升，也塑造了日后的学术旨趣和研究方式。无论从哪个方面看，理学与南宋类书关系的研究，都是值得深入的新课题。

元代民间士人视野中的元朝官制
——以《事林广记》"官制类"为中心

陈柳晶

摘　要：《事林广记》是宋元明时期流行较广、版本众多的民间日用类书。在其元代版本中记录的"官制类"内容几乎无一完全相同。至顺年间刊刻的西园精舍本《事林广记》，其"官制类"分别反映了成宗、武宗时期的内外任职官设置、仁宗延祐之后的散官制度，以及泰定年间的朝仪制度。从"官制类"的内容可以看出，普通民间士人视野里的元朝官制存在误区，一是官制知识一定程度上与时代脱节，二是对内外任官员的区分标准与官方存在差别，三是民间士人接受的部分官制知识存在错误。

关键词：《事林广记》；官制；区别

《事林广记》是宋元明时期流行较广的一部百科全书式的民间日用类书，该书由南宋末年的陈元靓编纂。陈元靓乃福建崇安人，宋宁宗、理宗时期在世。陈元靓"因科场失利，遂绝意仕进，傭于书肆，以编写为生"[①]。书中记载的内容包罗万象，涉及社会生活的方方面面，是了解宋元社会生活面貌的重要文献资料。

作者简介：陈柳晶，女，汉族，内蒙古大学中国古代史专业博士后，主要研究方向为元史、民族史。本文系国家社会科学基金重大项目"日本静嘉堂所藏宋元珍本文集整理与研究"（批准号18ZDA180）阶段性成果。

① 胡道静：《元至顺刊本〈事林广记〉解题》，《中国古代典籍十讲》，上海：复旦大学出版社，2004年，第161页。

一、西园精舍本《事林广记》及其"官制类"内容

《事林广记》是民间日用类书的肇始之作,也是宋元时期影响最大的通俗类书。自宋到明,该书前后多次刊印,目前保存下来的本子就有21种,其中元代的有6种(包括以原本为底本的刻本、抄本)。在这6种元代版本的《事林广记》中[①],除和刻本外,其余均有专门的"官制类"(后至元六年积诚堂本中称"官制门")。经过对比研究,叡山文库本、宗家文库本中收录的"官制类"与西园精舍本、椿庄书院本、积诚堂本差别较大。后三者的官制内容略有差异,但大致相同。本文以西园精舍本《事林广记》"官制类"为主,同时结合其他元代版本"官制类"进行论述。西园精舍本《事林广记》在至顺年间由福建建安书坊西园精舍所刊刻。目前被收藏在日本国立公文书馆内阁文库。"此本于日本亲町天皇永禄九年(1566)至后阳成天皇天正十九年(1591)间,原系京都妙觉寺森日兴旧藏。江户时代归丰后佐伯潘主毛利高标,仁存天皇文政年间(1818—1829年)出云守毛利高翰献于幕府。明治初期,归内阁文库。"[②] 原书高19.1厘米,宽13.2厘米。框高16.6厘米,宽11.1厘米。每半页有界栏,十四行二十四字,注文

---

① 6种元代版本分别指和刻本、叡山文库本、宗家文库本、西园精舍本、椿庄书院本、积诚堂本。由于版本众多,目前对于各个版本的《事林广记》仍缺少比较明确、易于辨别的名称。本文使用的称呼方式,采用的是2018年8月,陈广恩教授在"文献、制度与史实:《元典章》与元代社会"国际学术研讨会暨2018年中国元史研究会年会上提交的《日本宗家文库所藏元刻本〈事林广记〉初探》一文中提出的称呼方式:对于有明确刊刻书坊的版本,可以书坊名称代指该刻本,如椿庄书院本、西园精舍本;若是同一书坊刊刻的版本存在两种或者以上,则根据刊刻时间进一步限定,如弘治五年进德精舍本和弘治九年进德精舍本;若是刊刻书坊不明的版本,则以收藏单位命名,如日本比叡山延历寺叡山文库藏有江户时代的抄本,可称为叡山文库本。

② 严绍璗:《日藏汉籍善本书录》,北京:中华书局,2007年,第1019页。

小字双行，黑口，双黑鱼尾，左右双边。^①该版本《事林广记》总共 8 册 50 卷，分为前、后、续、别四集，其中《前集》13 卷，《后集》13 卷，《续集》13 卷，《别集》12 卷，但实际仅 45 卷，其缺漏的 5 卷为《续集》的卷 5—9。由于该书《后集》卷 2 "纪年类"中有"今上皇帝天历二，至顺万万年"字样，从而得以确认该版本为至顺年间所刊刻。该版本《事林广记》的影印本被收录在 2015 年由西南师范大学出版社和人民出版社共同出版的《域外汉籍珍本文库》第 5 辑子部第 12 册。

在 6 种元代版本的《事林广记》中，西园精舍本、椿庄书院本、积诚堂本的"官制类"内容最为接近。本人曾撰文介绍过椿庄书院本中的官制内容^②，西园精舍本"官制类"内容与椿庄书院本有相同的地方，但也存在差异，故作一简单介绍。

西园精舍本"官制类"内容收录在别集卷一、二中。别集卷一开篇就是《官制源流》，记载的是从黄帝到宋朝的官制发展沿革简介。接着是反映元代散官制度的两个表《大元官制》《杂流品秩》。分别记载元代文武官员、司天台等机构的散官品秩。这两张散官表与《元典章》卷 7《资品》记载的散官制度相同。^③在《杂流品秩》表之后，是《官职新制》，这一内容与椿庄书院本相同，而且在《通制条格》《元典章》中也都有记载。^④《官职新制》之后有一张阙页，之后是《元日进贺礼物》《称贺表目》《朝仪》《拜舞式》及雅古所作跋语。按照其他

---

① （宋）陈元靓：《事林广记》"提要"，《域外汉籍珍本文库》第 5 辑子部第 12 册，西园精舍本，重庆：西南师范大学出版社、北京：人民出版社，2015 年，第 351 页。
② 详见《元代日用类书所载官制浅析》一文。
③ 陈高华等点校：《元典章》卷 7《吏部·官制一·资品》，北京：中华书局、天津：天津古籍出版社，2011 年，第 189—190 页。
④ 方龄贵校注：《通制条格校注》卷 6《殿最》，北京：中华书局，2001 年，第 263 页；陈高华等点校：《元典章》卷 2《饬官吏六》，第 41 页。

元刊本的内容来看,① 此处的阙页应该就是《皇元朝仪之图》。《元日进贺礼物》《称贺表目》分别记载了元日朝会时进献礼物的机构、礼物种类、数量,和进献贺表的机构、数量。《朝仪》部分则是对朝会流程的一个简略说明。《拜舞式》则具体介绍了拜舞的动作,《拜舞式》之后还有雅古为《皇元朝仪之图》付梓所作的跋语。别集卷二主要记录了《外任诸衙门官职》和《官员禄廪俸给》,《外任诸衙门官职》主要记录了元代在地方上设立的职官机构,《官员禄廪俸给》记录的则是元代外任官员的俸禄制度。这两部分的内容与椿庄书院本所载基本相同,不再赘述。

二、"官制类"内容反映了元代不同时期的官制

西园精舍本《事林广记》是至顺年间刊刻的版本,然而从别集"官制类"的内容来看,反映的并不是至顺时期的元朝官制。经过考察,本文以为,这部分内容至少分别反映了三个不同时间段的情况。《大元官制》中记录的文资从三品散官衔中有少中大夫,该散官衔在仁宗延祐年间由"亚中大夫"改"少中大夫"②。可以确定《大元官制》反映的是仁宗延祐以后的散官制度。《皇元朝仪之图》到《拜舞式》的内容反映了泰定时期的朝仪制度。③《外任诸衙门官职》中记录的行中书省设官中有正三品佥省一职④,同卷《官员禄廪俸给》中佥省俸给钞二定半。⑤ 按《元史》记载,"旧制参政之下有佥省,有同佥之属,后

---

① 此处其他元刊本主要指宗家文库本、椿庄书院本、积诚堂本。
② (明) 宋濂:《元史》卷 91《百官志七》,北京:中华书局,1976 年,第 2320 页。
③ 关于这一点,作者另有专文进行论述,在此不作赘述。
④ (宋) 陈元靓:《事林广记》别集卷 2《外任诸衙门官职》,西园精舍本,第 626 页。
⑤ (宋) 陈元靓:《事林广记》别集卷 2《官员禄廪俸给》,西园精舍本,第 628 页。

罢不置"①。各行省"参政之下又尝再置金省，后亦废"②。成宗大德七年（1303），"罢行省金省"。③《外任诸衙门官职》及《官员禄廪俸给》中均还记录金省一职，应该是大德七年废罢金省之前的情况。而《随朝职品》所反映的时间问题则相对复杂。

从《随朝职品》记载的职官来看，既有成宗时期设立的职官，也有反映武宗时期的职官情况。《随朝职品》中，记录了致用院这一机构。致用院即制用院，该院在大德二年（1298）设立，大德七年，又"以禁商下海罢之"。④大德九年（1305），复立⑤。至大元年（1308），"复立泉府院"⑥，致用院因此被罢。除致用院外，《随朝职品》中还记载了从九品的一十九处巡防捕盗官，该职官于大德三年（1299）设立。⑦从这两个职官情况来看，显然是成宗大德年间的官制。然而，《随朝职品》中还记载了一些只有武宗朝才存在的职官设置情况。

按《随朝职品》中记载，中政院为从一品。成宗元贞二年（1296），始置中御府，秩正三品。大德四年（1300），升为中政院⑧，秩正二品。至大元年时升为从一品⑨，至大四年，罢中政院⑩，皇庆二年，复为中政院，秩正二品，设官如旧。⑪从中政院发展的沿革来看，

---

① （明）宋濂：《元史》卷91《百官志七》，第2305页。
② （元）苏天爵：《国朝文类》卷40《经世大典序录·各行省》第20册，《中华再造善本》据元至正间西湖书院刻明修本影印，北京：北京图书馆出版社，2006年，第9页。
③ （明）宋濂：《元史》卷21《成宗纪四》，第453页。
④ （明）宋濂：《元史》卷94《食货志二》，第2403页。
⑤ （明）宋濂：《元史》卷21《成宗纪四》，第465页。
⑥ （明）宋濂：《元史》卷94《食货志二》，第2403页。
⑦ （明）宋濂：《元史》卷20《成宗纪三》，第427页；陈高华等点校：《元典章》卷7《内外文武资品》，第223页。
⑧ （明）宋濂：《元史》卷20《成宗纪三》，第432页。
⑨ （明）宋濂：《元史》卷22《武宗纪一》，第502页。
⑩ （明）宋濂：《元史》卷24《仁宗纪一》，第541页。
⑪ （明）宋濂：《元史》卷88《百官志四》，第2231页。

《随朝职品》中记载中政院为从一品,应是至大元年(1308)到至大四年(1311)之间的情况。另,《随朝职品》记载,正一品职官除太师、太傅、太保外,还有诸王、中书令。元代中书令常阙,"惟皇太子立,必兼中书令、枢密使"①。至顺之前,元代三次设立中书令,分别是至元十年到至元二十二年(1285),至大元年到至大四年(1311),延祐三年(1316)至延祐七年(1320)。②成宗时期并没有设立中书令一职,《元典章》中也没有记录中书令。③

《事林广记》中关于正一品中书令的记载,反映的应该是武宗或者仁宗延祐年间的情况,不过结合《随朝职品》所载其他一些职官设置,可以确定是武宗时期的官制。《随朝职品》中记载了从二品泉府司,至元十七年(1280)十一月,元政府"置泉府司,掌领御位下及皇太子、皇太后、诸王出纳金银事"④。至元二十一年(1284)短暂废置,至元二十二年八月,"诏复立泉府司,秩从二品,以答失蛮领之"⑤。大德十一年(1307)十二月,"升泉府司为泉府院,秩正二品"⑥。至大四年五月,仁宗即位,"罢泉府司"⑦。至此,泉府司这一机构在元代不复设立。另外,《随朝职品》中记载了从五品回回司天台⑧,仁宗皇庆元年

---

① (元)虞集:《大宗正府也可札鲁火赤高昌王神道碑》,王颋点校:《虞集全集》下册,天津:天津古籍出版社,2007年,第1066页。
② (元)元明善:《丞相东平忠宪王碑》,苏天爵:《国朝文类》第12册卷24,第5页。(元)姚燧:《即位诏至大四年》,苏天爵:《国朝文类》第5册卷9,第11—12页。陈高华等点校:《元典章》卷1《建储诏》,第24页。
③ 陈高华等点校:《元典章》卷7《内外文武职品》,第192页。
④ (明)宋濂:《元史》卷11《世祖纪八》,第227页。
⑤ (明)宋濂:《元史》卷13《世祖纪十》,第278页。
⑥ (明)宋濂:《元史》卷22《武宗纪一》,第492页。
⑦ (明)宋濂:《元史》卷24《仁宗纪一》,第543页。
⑧ (宋)陈元靓:《事林广记》别集卷1《随朝职品》,西园精舍本,第624页。

(1312)五月,升回回司天台为正四品①,并改台为监②。泉府司、司天台都是仁宗朝之前的情况。可以初步确定,《随朝职品》中记载的应该是仁宗之前的官制。

在《随朝职品》中既有成宗时期的官制,又有武宗时期的官制。造成这种现象的原因,应该是其所依据的原始资料是记载成宗时期官制的材料,到武宗时期,编书者根据当时的实际情况,对这部分内容作了一定的修改。西园精舍本《事林广记》的编纂者在编写过程中,并未多加检查,直接将这一被修改过后的《随朝职品》收录其中。

三、元代民间士人视野中的官制存在误区

官制作为国家制度,并非普通平民百姓所能轻易了解,记载相关制度的书籍成为了解官制的重要途径之一。某一书籍所载官制往往只能反映某一时期的官制情况,并不能体现整个时代的官制发展。另外,由于编书者自身的文化素养等因素,书籍中的一些内容存在错误。因此,通过书籍了解的官制知识,不免存在误区,会与现实社会实行的官制存在区别。从《事林广记》"官制类"来看,这种误区可以表现为三点:一是官制知识一定程度上与时代脱节,二是民间社会对内外任官员的区分标准与朝廷制定的标准存在不同,三是民间士人接受到的部分官制知识本身就存在错误。

(一)官制知识一定程度上与时代脱节

民间日用类书取便流俗通用而编,以供给民间日用为主,因此编

---

① (明)宋濂:《元史》卷24《仁宗纪一》,第552页。
② (明)宋濂:《元史》卷90《百官志六》,第2297页。

纂者辑录资料时，往往在依据当时所有的书籍与文献基础上，根据现实社会的实际情况，进行相应增删修改，再加以引用，从而迎合市场的需求，增加书籍的市场竞争力，提高书籍销量，进而获得利益。"与时俱进"是民间日用类书的重要特点之一。民间的书商们也常常以这一点作为书籍的卖点进行宣传。《事林广记》的出版商也不例外。在西园精舍本《事林广记》首页，就有"西园精舍新刊"，其牌记中有"是编增新补旧，视它本特加详焉，收书君子幸鉴"①之语。宋元明时期，《事林广记》不断出现各种增补修订本，而且各种修订本之间往往存在差异。"现存元、明各种刻本的《事林广记》，内容都有出入，无一完全相同。"② 前面指出，各版本《事林广记》"官制类"内容无一完全相同，也是这一原因造成的。

  虽然民间书商们为追求更多的利益，在保持书籍与时俱进方面做出努力，但也难免存在力不从心的情况。这一点在各版本《事林广记》"官制类"中有所体现。元代各版本《事林广记》"官制类"确实分别反映了元代不同时期的官制情况，但稍一考察就可发现，"官制类"反映的年代明显与其书的出版年代存在脱节。叡山文库本中的"官制类"内容，在成宗时期进行了第一次"增类"，但增加的元代官制内容，反映的是忽必烈至元初年的官制情况。至顺年间刊刻的西园精舍本、椿庄书院本，以及后至元六年积诚堂本中的官制内容，内外任官员部分主要反映的是成宗、武宗时期的官制，散官部分则是仁宗延祐以后的官制，其中记载的朝仪制度则是泰定时期的制度。这些官制内容明显与当时实际实行的官制不符。这种与时代脱节的情况与《事林广记》"与时俱进"的特点存在明显的矛盾。

---

① （宋）陈元靓：《纂图增新类聚事林广记》，《域外汉籍珍本文库》第 5 辑，西园精舍本，第 353 页。
② 胡道静：《事林广记》前言，影印元椿庄书院本，京都：中文出版社，1988 年，第 5—6 页。

（二）民间社会与朝廷对内外任官员的区分标准不同

在当时社会，普通的民间士人对国家的官制认知与现实制度之间的偏差，除了时间上的脱节外，也表现在民间社会对内外任官员的理解与朝廷实际制度之间存在偏差。

元代地方行政建置大体分两部分：一是代表朝廷兼临各地的行中书省和宣慰司，二是直接牧民的路府州县。从官吏管辖类别看，行省、宣慰司属于"内任官"，路府州县属于"外任官"。[1] 元代官方以官员的迁转方式作为区别内任官与外任官的标准。至元十四年（1277），元政府规定："行省令史、宣使，各部请俸内选者，同台院。若踏逐者，与六部同。"[2] "十省之属，自管库而上，皆命于朝。"[3] 可见元代行省属官的迁转是按照御史台、枢密院及中书省六部的迁转原则进行的，且中书省始终保持着对行省属吏任免的控制权。按照这一标准，元代的行省、宣慰司、行御史台等官员均属于内任官。但在普通士民的理解中，则往往以职官衙门设置的地点作为区别内任官与外任官的标准，即衙门设在中央的就是内任官，衙门设在地方的就是外任官。

在西园精舍本《事林广记》中，行中书省、宣慰司、行御史台等机构都被认为是外任官而收录在《外任诸衙门官职》中[4]，按照元代官方的标准，这些都属于内任官。忽必烈在至元初期曾规定："诸投下官隶中书省。"[5] 在《元典章》的记载中，这些机构的主要官员都为内任

---

[1] 李治安：《元代政治制度研究》，北京：中华书局，2011年，第163页。
[2] 陈高华等点校：《元典章》卷8《选格·循行选法体例》，第237页。
[3] （元）许友壬：《至正集》卷32《送蔡子华序》，《元人文集珍本丛刊》第7册，台北：新文丰出版公司，1985年，第168页。
[4] （宋）陈元靓：《事林广记》别集卷2《外任诸衙门官职》，《域外汉籍珍本文库》第5辑，西园精舍本，第626页。
[5] （明）宋濂：《元史》卷7《世祖纪四》，第127页。

官。① 不过，《事林广记》出现的这种现象并不是特例，其他元代民间类书中也普遍存在这一情况。《事文类聚》中将行省视为外任官，《翰墨全书》将行省、行台视为外任官。这也并不只是在江南地区出现的现象，黑水城文书F61：W4号《品官名录》文书残件，记载了元朝至正年间的官制，这件文书中也将行省丞相、平章，行院知院、行台大夫视为从一品外任官。②

在叡山文库本《事林广记》中，将安西王相府僚属视为外任官。而实际上，元廷将王傅府官属划归类似朝官的"内任官"，未归入地方官之类的"外任官"。③ 安西王相府所设王相、郎中令、长史均属于内任官④。安西王相府设置于京兆地区，在至元十二年（1275）时，安西王相府既相当于王傅府，又代行已经撤销的原陕西四川行省的全部权力。⑤ 这应该就是叡山文库本《事林广记》的编修者将安西王相府僚属视为外任官的原因。

（三）民间士人接受的部分官制知识存在错误

除了与时代脱节，对内外任官员的划分标准不同于官方外，民间士人通过民间类书了解到的部分官制知识本身就存在错误。

类书的编纂过程，常常是将可见的材料进行机械的收集，加以引用与刊刻。因此其史料来源往往具有多元化特点。西园精舍本《事林广记》"官制类"的史料来源也具有这一特点。从页面行格来看，卷一

---

① 陈高华等点校：《元典章》卷7《内外文武职品》，第193页。
② 塔拉、杜建录等主编：《中国藏黑水城汉文文献》第5册，北京：国家图书馆出版社，2008年，第993页。
③ 陈高华等点校：《元典章》卷7《内外文武职品》，第193页；李治安：《元代分封制度研究（增订本）》，北京：中华书局，2007年，第209页。
④ 陈高华等点校：《元典章》卷7《内外文武职品》，第193页。
⑤ 李治安：《元代分封制度研究（增订本）》，第206、213页。

《官制源流》部分为12行，《官职新制》部分为13行，《元日进贺表目》以下均为14行，卷二则均为14行。造成行数不同的原因，应该是由于这些内容来源于不同的版本，编纂者只是将这些来源不同的材料简单汇编在了一起。"官制类"各部分内容反映了元代不同时期的官制，也与此有关。

官制作为国家制度层面的事物，更是并非民间士人所能轻易知晓。《事林广记》作为由民间书商出版的、在民间社会广泛流传的日用类书，决定了其编纂者在官制知识上的相对匮乏。《事林广记》的编纂者在编写"官制类"时，自己重新撰写元代官制内容的可能性不大，更有可能是将当时社会上流通的记载元代官制的材料进行辑录，并根据自己有限的官制知识储备，对这些内容进行"与时俱进"的修改。《随朝职品》中既有成宗时期的制度，又有武宗时期的职官，就是明证。再如叡山文库本《事林广记》中收录的《朝官职事》，编书者将这部分内容视为元代官制，但稍加考察就会发现《朝官职事》的内容非常奇怪，它混杂着金制与元制，而且是将两者机械生硬地拼凑。元朝初年承袭金制，这是当时许多士大夫的认知。许澄作《新定官制图》时，"大抵以唐为则，品从略与金同"①，王恽在《监察御史王恽今呈谨集录到》中，介绍御史台典故条例时，重点介绍唐制与金制。② 元初的官制在沿用金制的基础上，又有所改革，融入元朝的新制，呈现出金制与元初新制混用的复杂状态。而身在南宋故地的《事林广记》的编书者们对当时元廷中央制度的变革情况无法准确把握，于是只能将看到的

---

① （元）王恽撰，杨晓春点校：《玉堂嘉话》卷3，北京：中华书局，2006年，第88页；（元）王恽著，杨亮、钟彦飞点校：《王恽全集汇校》卷95《玉堂嘉话卷之三》，北京：中华书局，2013年，第3853页。
② （元）王恽著，杨亮、钟彦飞点校：《王恽全集汇校》卷83《乌台笔补牒呈》，第3441—3455页。

记载金朝制度的内容，作一些简单修改之后，直接作为元代的制度刊刻发行。

另外，和刻本《事林广记》中收录了一张《华夷一统图》，这张图在宗家文库本、西园精舍本、椿庄书院本、积诚堂本中被改为了《大元混一图》。该图其实是将金代的行政区划与南宋的行政区划进行简单拼凑而成的。当时的编纂者显然是意识到了这张图并不能作为当时的全国总图，因此有意地将图中的最高行政区划"路"改成了"道"，甚至还在图中元上都的旁边增补了"上都道"，以此造成一种该图是当时全国总图的假象。① 然而图中的诸道名称并不是元代的建置，元代更没有上都道的设置。图中也还保留着"益都府""群牧十处"等金代的建置。显然，无论是《朝官职事》，还是《大元混一图》，它们所传递的知识是存在错误的。

对于没有机会入朝为官的广大民间士人来说，书籍是他们了解国家官僚制度的重要途径之一。当他们通过阅读《事林广记》这些民间类书中记载的官制内容，来了解元代官制时，他们所接受的是存在错误的官制信息，由此而形成的对国家制度的认识是不够准确的。

虽然《事林广记》中记载的一些官制内容存在偏差，但作为元代社会中流行十分广泛的日用类书，其中专门设立"官制类"，体现了当时民间社会对官制知识的需求。通过这些内容，可以进一步了解当时普通民间士人对国家官制的认知与理解，是了解元代民间士人政治心态的重要参考资料。

---

① 成一农：《宋元日用类书〈事林广记〉〈翰墨全书〉中所收全国总图研究》，《中国史研究》2018年第2期。

《天中记》文献来源及编纂方法考

朱仙林

摘　要：明代陈耀文前后历时近五十年编纂而成的《天中记》，是明人私纂类书中的重要成果。在该书的编纂过程中，陈耀文不仅广泛利用各种类书及类书之外的文献，而且采取较为合理的编纂方法，将众多资料按其性质及类别进行编排，相互参证，将文献考证寓于文献编纂中，指出各书所载内容的优劣得失，最终编纂出质量较高且颇具特色的《天中记》。这既体现出陈氏具有丰厚的文献积累和广博的学识修养，也体现出陈氏具有良好的文献意识。

关键词：陈耀文；《天中记》；文献意识

《天中记》是明代陈耀文编纂的一部类书，该书是明人私纂类书中的佼佼者。到目前为止，对陈耀文及其《天中记》虽也有前辈时贤展开研究，并在陈耀文生平著述的梳理，《天中记》的版本、流传及校勘、辑佚价值等方面取得了一定的成绩，[①]但据实而论，这些成果尚未能深入到《天中记》文本内部去深刻揭示《天中记》的文献来源及编纂方法等问题，而这些问题的梳理将有助于深入了解陈耀文文献实践

作者简介：朱仙林，文学博士，江苏第二师范学院文学院副教授。

① 如冯惠民：《陈耀文和他的〈天中记〉》（《文献》1991年第1期）、孙顺霖：《陈耀文和他的〈天中记〉》（《天中学刊》1995年第2期）、郑慧生：《一部罕见的类书——〈天中记〉》（《中国典籍与文化》1995年第2期）、朱仙林：《〈天中记〉版本源流考略》（《图书馆杂志》2014年第7期）、沈秋燕：《〈天中记〉版本源流新考》（《图书馆杂志》2019年第6期），等等。

所体现出来的文献学意识。故笔者不揣谫陋,在对《天中记》文本进行详细考察的基础上,对上述问题进行初步考察与揭示。兹考述如下,敬请方家教正。

一、陈耀文及《天中记》述略

陈耀文（1524—1605）是明代中后期著名文献学家,曾编纂有《天中记》一书,该书初成五十卷,后经陈氏增补为六十卷。[①] 以六十卷本《天中记》而言,该书每卷有若干小目,如卷一有"天""日""日蚀""月""月蚀"共5条子目,而全书总计806条子目。每条子目下又有若干事目,且每一事目下又据各类书籍征引若干文献来加以说明,如卷一"天"下,就有"五号""四名""太清"等事目,而"五号"下则据《周礼疏》转录《尚书说》:"天有五号,尊而君之则曰皇天,元气广大则称昊天,仁覆愍下则称旻天,自天监下则称上天。据远视之,苍苍然则称苍天。"以此来说明"五号"这一事目的来由。

《天中记》成书后,褒奖之声不绝,如明屠隆于万历二十三年（1595）中秋所作《天中记序》称:"类书无虑数百家,大都博综者所纂辑,而余独喜近时陈晦伯《天中记》,盖往时类书不过撷经书子史耳目之所恒睹,以资见闻。……晦伯所为《记》,悉罗古今之所恒有,而又能广搜耳目之所不及见闻。琅函云笈,奥书秘典,往往而在。"清四库馆臣在《天中记》提要中指出:"明人类书,大都没其出处,至于凭臆增损,无可征信。此书援引繁富,而皆能一一著所由来,体裁较善。"[②] 清洪亮吉在《天中记叙》中亦对该书给予较高评价:"陈晦伯先

[①] 朱仙林:《〈天中记〉版本源流考略》,《图书馆杂志》2014年第7期。
[②] （清）纪昀等纂:《钦定四库全书总目（整理本）》,北京:中华书局,1997年,第1792页。

生《天中记》一书,综括四库卷帙而成,其载天地人物、草木昆虫,无乎不备,而又类族辨物,扼其要领,使读者手不停披,神不知倦,洵千古来绝无仅有之书,亦千古来万不可少之书。"等等。当然,褒奖之外,亦有批评之声存在。如与陈耀文同时而稍后的文献大家胡应麟就说:

> 陈晦伯博洽自居,所著述自《正杨》外,若《经典稽疑》数种,皆浅陋不足观。《天中记》尤仆所未解者,类书之体有二,匪博则精,此书既极挂漏,又所辑皆凡近庸冗事,以拟宋人《海录》,彼犹有意而天中何也?(卷一一二《杂柬次公四通》之二)
>
> 陈晦伯以学称,而《天中记》一书采掇芜陋,罔裨见闻……陈故一书簏耳,诗文意义,多所未谙,矧操笔自运而可责之。然《天中》类书,捃摭故典,本子见存,亦何难辨,而疏浅若是。唐、宋迄今,类书存者十数家,得失短长,大都等埒。明无类书,而是编之辑殊为可笑。(卷一一二《杂柬次公四通》之三)①

胡氏批评其"极挂漏",自属事实,但正如四库馆臣所言:"天下事物无穷,一书卷帙有限,自有类书以来,未有兼括无遗者。《太平御览》卷帙盈千,所未录者尚不知凡几,况此五六十卷之书乎?是固不足为耀文病也。"②且就文献保存之功,以及结合整个明代文献学发展,特别是明中叶以前文献学发展总体上呈现相对卑弱的大背景来看,陈耀文以其深厚的文献考证功底作为保障,将《天中记》编辑成书,在某种程度上促进了明代后期的文献学发展,固该书亦自有其内在的文献价值,以及特定的时代价值。据此而言,胡氏所说"陈故一书簏"及"是编之辑殊为可笑"等语就略显苛责了。

---

① (明)胡应麟:《少室山房集》,《景印文渊阁四库全书》1290册,台北:台湾商务印书馆,1983年,第815、819页。
② (清)纪昀等纂:《钦定四库全书总目(整理本)》,第1793页。

二、《天中记》文献来源考察

陈耀文能凭一己之力,完成总计60卷,洋洋洒洒200余万言的《天中记》的编纂,并且能将名目繁多的各类文献较为合理地系于各事目之下,不仅取决于陈氏本人有较好的文献功底,也取决于在陈氏之前,已有数量相当丰厚的各类文献的存在以供其参考。

1.名目繁多的各种类书。作为类书的《天中记》,其主要目的即在于尽可能多地吸纳文献,以便观览。故陈耀文在编纂该书时,充分利用各种类书以辅助自己的编纂工作,既能节省时间,又能提高效率,确为十分合理的编纂方法。对于曾利用类书来辅助《天中记》的编纂,陈耀文不仅毫不讳言,而且还在《天中记》中加以明确记录。如《天中记》卷五《九月九日》"菊花酒"条中,陈耀文就曾提及其所参考的几种类书:

> 按此贾佩兰者,戚夫人侍儿也。《初学记》引之,谓为汉武宫人,其"事类"中又云"贾饵"。夫戚之死,及武帝之初已六十年矣。徐公之不审若此。而《白氏六帖》《太平御览》及《事文类聚》《合璧事类》等俱互相抄录,不为改正,何耶?①

据考,陈氏提及的内容,分别见载于《初学记》卷四《九月九日》引,《太平御览》卷三二《九月九日》引,《白孔六帖》卷四《九月九日》"佩茱萸"注引,宋祝穆《古今事文类聚前集》卷一一《重阳》"佩萸食饵"注引,宋谢维新《古今合璧事类备要前集》卷一七《重九》"佩萸食饵"注引。除此之外,陈耀文还曾利用了《艺文类聚》

---

① 据笔者的考察,目前所见《天中记》的诸版本中,以南京图书馆藏陈龙光刻本版本价值最高(朱仙林:《〈天中记〉版本源流考略》,《图书馆杂志》2014年第7期),但鉴于此本流传不广,研究者不易得见,故此下凡引《天中记》之文,仍以习见之《四库全书》本为据,特此说明,不另出注。

《北堂书钞》《事类赋》《册府元龟》《事物纪原》《海录碎事》《锦绣万花谷前集》《类说》《绀珠集》《分门古今事类》《记纂渊海》《岁时广记》《玉海》《小学绀珠》《翰苑新书前集》《韵府群玉》[①]等书中的内容。下面以《北堂书钞》与《玉海》为例加以简要说明。

首先来看《北堂书钞》。《天中记》卷七《地》"地无两形"条所引《万机论》,就仅见于《北堂书钞》卷一五七《地》"地无两形"条注引。虽然陈氏未曾注明是从《北堂书钞》转引,但只要对现存各类文献稍加考察,就不难发现其间的关联。此外,更直接的证据是《天中记》书中曾8次提及《书钞》之名。分别是:卷一《日》"阳光"条注引,卷三《雪》"牛目"条注引,卷三《雪》"甜雪"条注引,卷五《立秋》"貂刘"条注引,卷六《寒》"出裘衣寒"条注引,卷三三《卿》"考课"条注引,卷三七《书》"大训"条注引,卷三七《春秋》"若云若海"条注引。需要加以说明的是,在陈耀文编纂《天中记》时,《北堂书钞》的最早刻本(即明陈禹谟补注刻本)尚未面世,故陈耀文在利用《北堂书钞》时,所采用的本子乃是一旧抄本。

其次再看《玉海》。《天中记》书中曾22次提及《玉海》之名,分别是:卷一《天》"五德"条注引,卷二《星》"天极"条注引,卷七《地》"六体"条注引,卷一〇《泉》"德润泉"条注引,卷一二《诞圣》"讲三教"条注引,卷一二《符命》"寝堂紫气"条注引,卷一三《殿》"温明"条引,卷一四《楼》"凌云"条注引,卷一四《楼》"朝日"条注引,卷一四《楼》"逍遥"条注引,卷一四《楼》"鸳鸯"条注引,卷一四《庭》"庭"条注引,卷一四《堂》"堂"条注引,卷一四《堂》"苗茨"条注引,卷一五《门》"金马"条注引,卷一五

[①] 按:下文所列举的陈耀文编纂《天中记》时曾利用过的书籍,并非《天中记》中实际利用书籍的全部。因为若要全部列出,其数量将十分庞大,亦非本文所必需,故此处所列举者,仅选取其中出现次数最多,利用频率相对较高者,特此说明。

《门》"露门"条注引,卷一六《邸驿》"邸驿"条注引,卷三三《卿》"归向"条注引,卷三七《易》"旨难明"条注引,卷三七《书》"上帝之书"条注引,卷四三《钟》"动物"条注引,卷五五《马》"满川花"条注引。需要指出的是,这仅是明确标明出自《玉海》的内容。其实尚有大量的内容,《天中记》虽据《玉海》转引,但并未加以指出。如《天中记》卷一四"庭"下有"庭""明庭""总街""少庭""承明""殊庭""商中"共7条事目,据考,此7条事目虽未标明出自《玉海》,但均见于《玉海》卷一六二《宫室·庭》引,而陈耀文据其转录。

通过对《天中记》考察可知,陈耀文利用其他类书转录内容时也存在类似的情况。可以说《天中记》之所以能编纂成功,充分利用类书中的相关资料,确乎是一个重要的手段。

2. 各类古注。古注由于出现时间相对较早,且保存有大量现今已佚失的文献,故历来受到重视。陈耀文在编纂《天中记》时,就曾大量采用各类古注中的相关内容。如《史记》三家注、《三国志》裴松之注、郦道元《水经注》、《文选》六臣注,等等。

以《水经注》为例,《天中记》中明确标明出自《水经注》者有217次之多。当然,这并不包含那些虽转引自《水经注》,但《天中记》中并未加以标注出来的内容。也就是说,《天中记》实际转引自《水经注》的内容远比217次多得多。但是,另有一点也必须注意,即《天中记》中某些条目下虽言出自《水经注》,但实际考察后发现,此《水经注》内容却是从其他的书籍中转录而来,非直接抄录自《水经注》。如《天中记》卷一六《道路》"褒斜"条下注称此条内容来自《水经注》,但实际考察的结果是,此条内容乃陈耀文据《玉海》卷二四《地理·道涂》"汉褒斜道"条注引《水经注》文转录而来。为便于对比,现将三书所载内容转录于下:

褒水东南历小石门，穿山通道，六丈有余。刻石言：汉永平中，司隶校尉杨厥所开。建和二年，王升琢石颂德。盖因石牛道而广之。《水经注》。(《天中记》)

《水经注》：褒水东南历小石门，穿山通道，六丈有余。刻石言：汉永平中，司隶校尉杨厥所开。建和二年，王升璩石颂德。盖因石牛道而广之。(《玉海》卷二四《地理·道涂》"汉褒斜道"条注引)①

褒水又东南历小石门，门穿山通道，六丈有余。刻石言：汉明帝永平中，司隶校尉犍为杨厥之所开。逮桓帝建和二年，汉中太守同郡王升，嘉厥开凿之功，琢石颂德，以为石牛道……厥盖因而广之矣。(《水经注》卷二七《沔水》"沔水出武都沮县东狼谷中"注引)②

据三书文字对比可知，《天中记》与《玉海》所载，除"琢石"之"琢"字《玉海》引作"璩"外，其他内容完全一致。反观《水经注》，较《天中记》《玉海》更详尽，可见此条是王应麟据《水经注》转录，并加以删削，而陈耀文又据《玉海》转录而来。此类情况在《天中记》中较为普遍。

陈耀文在编纂《天中记》时，广泛利用各类古注中的内容。但同时须警惕的是，正由于某些古注的内容是陈耀文据他书转录而来的，故当我们利用《天中记》时，对其所标注的文献来源，不宜盲从，应先加以考察分析，确定其真实的文献来源后再加以利用，以免产生不必要的误解。

3. 各类笔记小说。笔记小说中的内容，虽多夸饰、荒诞的内容，

---

① (宋)王应麟：《玉海》，南京：江苏古籍出版社，上海：上海书店出版社，1987年，第484页。
② (北魏)郦道元著，陈桥驿校证：《水经注校证》，北京：中华书局，2007年，第645页。

但其中确也有一部分可补正史之不足；且唐宋时期的考证笔记的大量出现，更具有解疑释惑之功，值得格外重视。陈耀文编纂《天中记》时，即十分重视采用笔记小说（特别是考证笔记）中的内容。并且，陈氏的另外一部专以考证为主的著作《正杨》，其中就有诸多利用笔记小说内容辅助考证的地方，可见其重视笔记小说内容的前后一贯性。在《天中记》中，曾利用了大量此类书籍，如《山海经》《穆天子传》《西京杂记》《搜神记》《博物志》《异苑》《述异记》《世说新语》《朝野佥载》《大唐新语》《唐国史补》《太平广记》《续博物志》《南部新书》《唐语林》《夷坚支志》《说郛》《辍耕录》，等等。其中，《太平广记》与《说郛》因为汇集有大量的笔记小说内容，并且有一部分内容是仅见于两书所载的，或者两书所载较他书所载为详，因此陈耀文对此二书的利用更为频繁。比如《天中记》中明确标明出自《太平广记》者共15条，分别是：卷五《冬至》"除夜"条注引，卷七《山》"五台"条注引，卷一〇《薮》"漏泽"条注引，卷一五《台》"寻真"条注引，卷一六《道路》"避迟"条注引，卷一九《贤妇》"自卖济行"条注引，卷二〇《朋友》"共枕"条注引，卷二三《梦》"倚槐"条注引，卷二八《酷虐》"生罗刹"条注引，卷二八《酷虐》"鞭挞流血"条注引，卷三五《僧》"悬识他心"条注引，卷五〇《金》"大唐金"条注引，卷五三《莲》"花广三尺"条注引，卷五五《马》"白鹄"条注引，卷五八《鹤》"化女"条注引。当然，此处仍须注意，除上列15条明确标明出自《太平广记》者外，尚有众多的条目虽据《太平广记》转录但并未加以注明。如《天中记》卷五《夏》"盛夏嘘雪"条言出自《广异记》，实则此条即据《太平广记》卷三三六《常夷》注引；又如《天中记》卷一二《符命》"雀登鸡背"条言出自《洞林记》，实则此条亦据《太平广记》卷一三五《晋元帝》注引。如此种种，多不胜举。

4. 各类文学总集及诗文评类著作。如《文选》《古文苑》《文苑英华》《唐文粹》《乐府诗集》《万首唐人绝句诗》《宋文鉴》《五百家播芳大全文粹》《本事诗》《诗话总龟前集》《后集》《韵语阳秋》《唐诗纪事》《苕溪渔隐丛话前集》《后集》，等等。

以《文苑英华》为例，《天中记》中明确标明出自《文苑英华》者共 29 条，如卷五《冬至》"书云"条注引《英华》，即见于《文苑英华》卷六四〇所载令狐楚《又进鞍马器械等状》中；卷五《冬至》"黄钟"条亦注引《英华》，即见于《文苑英华》卷六四〇所载令狐楚《冬至进鞍马弓剑香囊等状》中，等等。

当然，除此之外，《天中记》中还曾大量利用了各类文献。若按四部分类法（主要以《四库总目》分类为标准而略有变通）而言，（1）经部：如《十三经注疏》中的相关内容，以及经部小学类除《尔雅》外的《方言》《说文解字》《说文系传》《释名》《尔雅翼》《集韵》《古今韵会举要》《洪武正韵》等；（2）史部：如《史记》《汉书》等正史内容，《资治通鉴》等编年类书籍，《建康实录》《路史》等别史类书籍，《国语》《战国策》等杂史类书籍，《列女传》等传记类书籍，《三辅黄图》《元和郡县志》《太平寰宇记》《元丰九域志》《长安志》《方舆胜览》《明一统志》等地理类书籍，《唐六典》等职官类书籍，《通典》《唐会要》《文献通考》等政书类书籍，《集古录》《金石录》《郡斋读书志》《直斋书录解题》等目录类书籍，以及《史通》等史评类书籍。（3）子部：如儒家类的《荀子》《新语》《新书》《盐铁论》《说苑》《新序》《潜夫论》《孔子家语》等，道家类的《老子》《庄子》《列子》《文子》《列仙传》《抱朴子》《真诰》《云笈七签》等，法家类的《管子》《韩非子》等，墨家类的《墨子》，农家类的《齐民要术》等，医家类的《黄帝素问》等，术数类的《太玄经》《易林》等，艺术类的《书断》《历代名画记》等，杂家类的《吕氏春秋》《淮南子》《白虎通义》《独断》《古今注》《颜氏家训》《东观余论》《梦溪笔谈》《西溪丛语》

《容斋随笔》《纬略》《野客丛书》《学斋占毕》《鼠璞》《困学纪闻》等，释家类的《弘明集》《广弘明集》《法苑珠林》《宋高僧传》等。(4)集部：如楚辞类的《楚辞章句》《楚辞补注》，别集类的《李白集》《杜甫集》《韩愈集》《元氏长庆集》《白氏长庆集》《会昌一品集》等，总集及诗文评类已见上述，此不赘。

由于数量相对庞大，故此处对陈耀文利用这些书籍来辅助编纂《天中记》的详细情况，就不一一加以检讨了。但可就经史子集四类中每类举出一种书的引用情况来略作说明：

经部以元黄公绍原编、熊忠举要《古今韵会举要》为例，如《天中记》卷一七《宗族》"宗"条注言该条出自《韵会》，考《古今韵会举要》卷一《二冬与钟通》"宗"字下注文正与此同。史部以宋乐史的《太平寰宇记》为例，如《天中记》卷一五《台》"读书"条注言该条出自《寰宇记》，考《太平寰宇记》卷七二《益州·华阳县》"读书台"所载内容与此同。子部以唐释道宣《广弘明集》为例，如《天中记》卷一二《太子》"春禁"条注言该条出自《广弘明集》，考《广弘明集》卷二〇《上皇太子玄圃讲颂启》中载文与此同。集部则以唐白居易《白氏长庆集》为例，如《天中记》卷四《中和节》"节序"条注言该条出自《长庆集》，考《白氏长庆集》卷四六《中和节颂并序》文与此同。

三、《天中记》的编纂方法及其特点

据上文分析可知，陈耀文在编纂《天中记》时，曾广泛参阅了各类书籍，而在以抄本及刻本为知识获取主要手段的时代，能够在数量如此庞大的资料来源中，选取到符合要求的资料，并将资料按照其性质及类别进行合理编排，除需拥有广博的知识储备外，合理的编纂方法也将直接影响该书是否能够编纂成功及其编纂质量的高低。那么，陈耀文在编纂《天中记》时，究竟采用了怎样的编纂方法，又体现出怎样的特点，且从这些编纂方法及特点中，又能体现出陈耀文怎样的文献学意识呢？

（一）《天中记》的编纂方法

根据对《天中记》文本的梳理，以及结合对此《天中记》之前类书的分析，可大略总结出陈耀文在编纂《天中记》时所采用的方法。

1.广列各书，相互参证

此方法即将众多记载同一内容的文献放在一起进行比勘，根据比勘结果进而判断各书所载内容之优劣，这是文献考据工作得以展开的基础，也是陈耀文编纂《天中记》时最普遍采用的方法。此方法的运用，上文考察《天中记》文献来源时曾据《天中记》卷五《九月九日》"菊花酒"条转引过一则，从中可知，陈耀文在考察"菊花酒"时，曾同时参照过《初学记》等五种类书，并对其中存在的差异及各书沿袭的错误进行了分析。此种方法的运用，很好地体现了陈耀文具有的强烈的文献考辨意识。此外，《天中记》中还有很多类似的例子，此处仅另举两例。如《天中记》卷一四《楼》"丽谯"条下称：

《初学记》：魏有丽谯，盖即《庄子》中事。《白帖》乃云：魏武有丽谯楼。《合璧事类》及《韵府》俱因之，误。

据考，此条所提及的各书，分别见于《初学记》卷二四《楼》引，《白孔六帖》卷一〇《楼》"丽谯"注引，《古今合璧事类备要别集》卷一六《楼阁》"丽谯"注引，《韵府群玉》卷八《十一尤》"丽谯楼"注引。又如《天中记》卷三二《中丞》"不惮权势"条下称：

《初学记》：远迁中丞，中宗每叹其公忠（云云）。岂要其官之所至云然耶？《御览》《合璧》等俱因之，欠审！

据考，此条所提及的各书，分别见于《初学记》卷一二《御史中丞》"不吐茹"注引，《太平御览》卷二二六《御史中丞下》引，《古今合璧事类备要后集》卷二五《御史中丞》"公忠"注引。

2. 以类书为参照，将类书中没有文献出处者补出文献出处

此方法的运用，不仅能略尽弥补前此类书著录方式缺陷之功，亦能展示出陈耀文的文献溯源意识，同时也揭示出陈耀文编纂《天中记》时态度之谨严。如《天中记》卷六《寒》"裂肤"条据《唐书》转录一条文字，据考，此条文字实出自《白孔六帖》卷四《寒》"裂肤"注引，但《六帖》却未注明出自《唐书》，而陈耀文据《新唐书》所载将其出处补出。现将三者对比如下：

> 凉州都督杨敬述使官属卢公等，勒兵讨突厥，会大寒裂肤，士卒不能张弓矢，乃败。《唐书》。(《天中记》卷六《寒》"裂肤"条)

> 凉州都督杨敬述使官属卢公等，勒兵讨突厥，会大寒裂肤，士卒不能张弓矢，乃败。(《白孔六帖》卷四《寒》"裂肤"注引)①

> [凉州]都督杨敬述使官属卢公利、元澄等勒兵讨捕，暾欲谷曰："敬述若城守，当与和。如兵出，吾且决战，必有功。"澄令于军曰："裸臂持满外注。"会大寒裂肤，士手不能张弓矢，由是大败。(《新唐书》卷二一五下《突厥传下》)②

又如《天中记》卷一七《祖孙》"不名"条据《汉书》转录一条文字，而此条文字亦见《古今事文类聚后集》卷七《祖孙》"不食示训"引及《古今合璧事类备要前集》卷二七《祖孙》"子孙燕侍"注引，但二书所载均未标明出自《汉书》。实则此条见于《汉书·石奋传》中，

---

① (唐)白居易撰，(宋)孔传续撰：《唐宋白孔六帖》，明嘉靖刻本。
② (宋)欧阳修、宋祁等：《新唐书》，北京：中华书局，1975年，第6052页。

故陈耀文先据《事文类聚》或《合璧事类》了解到此条文字,然后再补出其文献来源。

必须明确指出的是,此种编纂方法虽然颇具价值,但平心而论,就《天中记》全书而言,并非每一条出自类书中的文字,陈耀文都曾将其原文献找出进行核对。其实就当时利用文献的条件而言,要完成这一工作,其难度是可想而知的。因此,陈耀文在编纂《天中记》时虽未全面利用此方法,但已有此类文献实践,固亦能体现出其相对谨严的治学态度及强烈的文献溯源意识。

3.类书之外,广采各类书籍,以充实《天中记》的内容

其实,看《天中记》是否有突破前此各种类书之处,不仅可以凭借上述两条编纂方法所示来作出判断,亦可凭借该书是否有溢出前此类书的内容,以及其数量之多寡为标准。据我们考察,《天中记》中存在大量此类文献,此处不能一一将其罗列,仅略举两例以概其余。如《天中记》卷七《山》"九成"条所引《长笛赋》及其注文,见于《文选》卷一八所载马季长《长笛赋》中,而此条不见于其他类书所载。又如《天中记》卷一六《公廨》"治廨"条所引《世说新语》文,见于《世说新语》卷中之下《赏誉》中,而此条亦不见于其他类书所载。

(二)《天中记》的编纂特点

根据上文总结的编纂方法,及结合对《天中记》文本的分析,我们可以归纳出陈耀文在编纂《天中记》时所具有的两个最重要的特点。

1.广搜博采,且十分注重当代文献的获取

根据对《天中记》文本分析的结果来看,陈耀文在编纂该书时,不仅充分利用了在他之前的类书中的内容,且曾广泛涉猎除类书之外的各种文献,其中又以大量吸收唐宋之际的各类笔记小说(特别是各类考证性笔记)中的相关内容最具特点。陈耀文编纂《天中记》时对

此类文献的大量利用，既体现了陈氏学术视野的开阔，也体现出其一贯重视文献考证的兴趣所在。而需加以特别指出的是，《天中记》所引文献上至先秦，下至明人的著作，时代断限相当广泛。对于前者，无须多加举证，而对当代文献的利用，可看出陈氏对最新学术动向及成果的关注。此可从《天中记》利用的如下两种明代文献见其一斑。首先是明英宗天顺五年（1461）成书的《大明一统志》，此书在《天中记》中出现频率非常之高，可见陈耀文对其颇为重视。又如元末明初叶子奇所著的《草木子》一书，是明代诸多笔记类著作中的上乘之作，该书最早由叶子奇裔孙叶溥于正德十一年（1516）刊刻印行，而《天中记》中就有卷六《岁阳》、卷四六《匏》、卷五三《瓜》等三处据《草木子》转录文献，虽然转录条数不多，但亦可见出陈耀文编纂《天中记》时确实十分留意对当代文献的利用。

2. 辑考结合，寓文献考证于文献编纂中

当然，将文献考证寓于文献编纂的方法并非陈耀文首创，早在北宋高承编纂《事物纪原》时，此方法就已得到初步运用，此后南宋末期王应麟编纂《玉海》时，更将此方法运用得更加纯熟，此点只要详细阅读过两书的人自可了然。陈耀文亦自觉地采用此方法来从事《天中记》的编纂，并将其彻底贯彻到编纂过程的始终，体现出陈氏具备良好的文献编纂意识及相对自觉的文献考证意识，如此方才使得《天中记》能成为明代诸多私纂类书中成就较高的一部。其实，此特点四库馆臣在《天中记》提要中早已明确指出：

> 每条间附案语。如《玉篇》《广韵》之解诞字为生，《水经注》之以苗茨堂为茅茨堂，《世说注》以钱唐为钱塘，唐《逸史》之记孙思邈年代舛错，《新唐书》之载安禄山死日乖互，皆为抉摘其失。又向来类书之沿讹者，如《合璧事类》以狄兼謩为魏謩，《锦绣万花谷》以浮图泓为一行，《事文类聚》以刘溉为到溉，《万卷菁华》

以晋建元元年为汉武帝，孔氏《续六帖》以三阳宫为迤暑宫，皆一一辨证。尤能于隶事之中，兼资考据，为诸家之所未及。①

除四库馆臣所举外，《天中记》中类似的例子还有很多。据不完全统计，《天中记》中类似的考证性文字几乎每卷都有，多者十来条，少者也有两三条，虽然就每卷来看并不算多，但就六十卷的《天中记》而言，其数量已相当可观。此处再举一例加以说明，《天中记》卷一七《父母》"将车"条据《世说新语》转录一条文字称：

> 陈太邱诣荀朗陵，贫俭无仆役，乃使元方将车，季方持杖后从，长文尚小，载著车中。既至，荀使叔慈应门，慈明行酒，余六龙下食。文若亦小，坐着膝前。于时，太史奏："真人东行。"

据考，此条文字见于《世说新语》卷上之上《德行》。据《后汉书》本传所载，荀淑（即荀朗陵）去世与荀彧（即文若）出生，前后相距15年之久，可知二人绝不可能同一时间出现在同一地点。对此，陈耀文考证称："按本传，淑卒于桓帝建和三年②，彧生于延熹六年③，相去已十三年④矣。"可见《世说》的记载确实有误，陈耀文的考证是正确的。

总之，《天中记》成书至今已有四百多年的历史，该书由陈耀文历经五十余年的时间编纂而成，是明人私纂类书中的重要成果。在该书编纂过程中，陈耀文不仅广泛利用各种类书及类书之外的文献，且采取较为合理的编纂方法，将众多资料按其性质及类别进行编排，并且广列各书，互相参证，将文献考证寓于文献编纂中，指出各书所载内容的优劣得失，去粗取精，去伪存真，从而为我们保留下一份民族文

---

① （清）纪昀等纂：《钦定四库全书总目（整理本）》，第1792—1793页。
② 笔者按：即公元149年，见《后汉书·荀淑传》。
③ 笔者按：即公元163年，见《后汉书·荀彧传》。
④ 笔者按：当为十五年之误。

化的优秀遗产付出了自己的心血。该书的成功,不仅体现出陈耀文具有丰厚的文献积累和广博的学识修养,也体现出陈氏具有良好的文献意识。

《古今图书集成》所征引重庆府属州县司志考

唐光荣

摘　要：《古今图书集成》征引19种重庆府属州县司志，其中康熙三十年《江津县志》、康熙二十六年《荣昌县志　大足县志》早已失传，有独特的史料价值和文本价值；康熙五十年《彭水县志》今日虽有传本，但缺损严重，《集成》的引文可补校今传本脱落不清之处，有极高的文本价值；康熙五十三年《涪州志》、康熙五十三年《长寿县志》之今传本基本清晰完整，《集成》的引文文本价值较低，但亦偶有可以补苴今传本文字缺损之处。剩余13种志书，《集成》编者可能并没有亲见，乃转引自同时期的《重庆府志》和《四川总志》等书。

关键词：康熙《江津县志》；康熙《彭水县志》；《古今图书集成》

清初陈梦雷主编之《古今图书集成》（以下简称《集成》）是现存最大的一部中国古代类书，多达一万卷，约1.6亿字。大量征引方志是构成《集成》门类丰富的最重要的原因之一，在这部巨制中，征引方志文献约2000种。学者杨家骆曰："盖其时于明季清初所修各省通志、各府州志（间取县志补之）网络几无一地之缺，而今则泰半已佚失也。"[①] 显而易见，《集成》中的方志引文有很高的史料价值和文本价

作者简介：唐光荣，西南大学汉语言文献研究所。本文为国家社会科学基金重大项目"中国古代类书叙录、整理与研究"（项目编号19ZDA245）阶段性成果。

① 杨家骆：《鼎文版古今图书集成分册简目汇编·职方典识语》，《鼎文版古今图书集成·台北》，台北：鼎文书局，1977年，第6页。

值。然而，《集成》征引方志只标注《某省通志》《某地府志》等，不标注各志的成书时代和编修者，征引方志虽富，却因这些方志文献身份不明，难以利用。

近年，汇集整理乡邦文献的热潮方兴未艾，山东、河南、广东、四川、安徽、江苏等省纷纷出版本地区的历代地方志集成，或与此性质相近的大型丛书。这些丛书虽然包罗宏富，超迈以往，然而往往也有遗珠之憾。本文拟通过考证《集成》所征引清代重庆府属州县司的地方志，揭示《集成》相关内容对近日出版之《重庆历代地方志集成》[1]的补遗价值，以唤起学界对《集成》方志文献辑考工作的重视，从而更深入全面地发掘、保护各地历代地方志。

据笔者统计，《集成》征引有《巴县志》《江津县志》《长寿县志》《大足县志》《永川县志》《荣昌县志》《綦江县志》《南川县志》《黔江县志》《安居县志》《合州志》《铜梁县志》《定远县志》《忠州志》《酆都县志》《垫江县志》《涪州志》《彭水县志》《石柱宣抚司志》，共19种清初重庆府属州县司志。本文试图考证这些方志的成书时代和编修人，并结合今日尚流传的相关方志文献，以判断《集成》这些方志引文的文本价值和史料价值。

一、《集成》所征引《江津县志》考

据载，康熙朝出版的一部《江津县志》，乃王璧（字瑞玉，山西阳城人，康熙十九年任江津县令）修[2]，龚懋熙总纂，康熙三十三年（1694）李俊（字万衍，福建莆田人，康熙三十三年任江津县令）刊

---

[1] 重庆市地方志办公室：《重庆历代地方志集成》，北京：国家图书馆出版社，2020年。
[2] （清）曾受一等：乾隆《江津县志》卷3，清乾隆三十三年（1768）刻本，第17页。

刻①。康熙《江津县志》早已亡佚，乾隆年间重修《县志》时已只见其残稿本。乾隆《县志》卷首附有康熙《县志》的三篇序文，分别为王璧《序》、龚懋熙《序》、周佲祚《序》，让我们可以一窥该志的编纂过程和大致体例。周佲祚《序》曰：

> 康熙十年，《省志》成，中丞张公董之；二十四年，《郡志》成，太守孙公董之，俱经笋湄先生之手，独《县志》阙然。……先生雅意搜摭，收残乘于十一，类有梗概，帙藏于筒，有年矣。会邑侯山左王公，留心治具，礼请先生总裁焉。延集博讨，分局较订，匝两旬成书。将命削氏，旋以侯奉调，不获既厥事，此后仍听之缺陷而已。越甲戌（康熙三十三年），莆田李公万衍莅津之明年，先生以其事属侯，侯欣然付剞劂焉。②

周佲祚，系当时江津本地著名文士③，据其《序》，"笋湄先生"总纂了康熙十二年（1673）《四川总志》④、康熙二十四年（1685）《重庆府志》⑤和这部《江津县志》。笋湄乃龚懋熙之号。龚懋熙，字孟章，号笋湄，江津县人，明崇祯庚辰（1640）科进士，曾任太常博士。入清后虽隐居不仕，但曾蒙总督李国英（顺治十四年任川陕总督，顺治十八年改四川总督）荐举，与四川巡抚等达官也多交往，文名很盛。"学宗朱程，博通典故，抚军以下咸咨礼焉。……所著有《四书讲语》

---

① （清）曾受一等：乾隆《江津县志》卷3，第4页。
② （清）曾受一等：乾隆《江津县志》卷前，第13页。
③ （清）曾受一等：乾隆《江津县志》卷11，第18页。
④ 康熙《四川总志》的最终成书时间实际是康熙十二年，而非周佲祚《序》所称的康熙十年。参阅何金文：《四川方志考》，长春：吉林省地方志编纂委员会，吉林省图书馆学会，1985年，第79页。
⑤ 康熙二十四年《重庆府志》，孙世泽修，龚懋熙纂。此志久佚，学界几无人知，《古今图书集成》征引有其佚文约五万字。参见唐光荣：《〈古今图书集成〉本〈重庆府志〉考》，《中国地方志》2021年第4期。

《梧竹居草诗文集》。督学曾称其与同邑曹恢：'文章留先辈典型，行谊树后生模范。虽韬孤芳于一邑，实存硕果于三巴云。'"龚懋熙被敬作"逸献"，为当地学者所宗，去世后入祀乡贤祠。①

据周《序》，《县志》乃据龚懋熙多年草稿加工而成，成书迅速，耗时不到一个月，但《县志》纂成之后，没来得及付梓，王璧便因升迁离开江津，《县志》是在康熙三十三年（1694）龚懋熙转托时任县令李俊刊刻的。有学者以为，这部《县志》的编修始于康熙十九年（1680）②，即王璧到任江津县令的第一年，是不准确的。从周《序》来看，《县志》的编修应当是在王璧任期末。王璧之《序》也说得分明，康熙十九年自己到任时，江津百废待兴，而《县志》的修纂是在百废俱兴之后③，显然不可能是康熙十九年。据乾隆《江津县志》卷三第4页，王璧的继任者司百职于康熙二十九年到任江津县令④，而龚懋熙《重修学宫记》称王璧重修江津县学康熙二十八年正月完工⑤，王璧康熙《江津县志序》又称"学宫、官署咸割俸营修，而文物气象亦复

---

① （清）曾受一等：乾隆《江津县志》卷11，第23页。
② 马又良、何金文：《四川方志考》，第272页。
③ 王璧《序》曰："予小臣，以康熙庚申（康熙十九年，1680）畀任尹津……然当贼憝初殄，峋负犹迷，耕桑之氓窜入戍籍，粮户纷诡，莫可究诘。张弛掺纵之间，治之亦綦难矣。予凛凛俱奉职无状，仰宣□□，开宥胁从，为之详请归农，而卖刀秉耜者相踵矣。惊羽既戢，荒阡渐扩，乃为之均田赋焉，为之教学校焉，而生聚、训教次第可睹矣。学宫、官署咸割俸营修，而文物气象亦复改观矣。此固宰之常职，予敢自谓无忝欤。顾一隅未靖，四方之忧也，幸小康矣，即图所以久安之谟，则本旧闻而详治具，不胪其事，曷有造于来兹乎。爰延集耆英，博讨故实，浃两旬，编次告竣。"见（清）曾受一等：乾隆《江津县志》卷前，第9页。
④ （清）曾受一等：乾隆《江津县志》卷3，第4页。
⑤ （清）龚懋熙《重修学宫记》："我邑侯王公星轺初驭，养教兼举，谓学宫为储才地，而庙制弗饬，何以称圣天子广厉学校至意？顾津左蹂躏之余，不可以重劳吾士民也，乃独输俸金，庀材计佣，命庶不作。……工始于康熙二十一年四月，以驰驱钦务，并岁中辍，越二十八年正月，工乃讫。"参见（清）曾受一等：乾隆《江津县志》卷15，第10页。

改观",于是开始修县志,两旬之后便完成书稿,因此,此志应编修于康熙二十八年。《四川方志考》还称此《县志》从未刊刻①,可能是被乾隆《江津县志序》误导了②。康熙三十三年(1694),李俊在刊刻时,是否对《县志》有所增补,增加王璧去任后六七年之事,周《序》没有提及,按照地方志修纂惯例,这是极有可能的。

康熙《江津县志》的体例,乃效仿康熙《四川总志》。龚懋熙《序》曰:

> 取《省志》例,分类二十有三。其津事已载《省志》,及《省志》所不能详而邑残乘可考,或父老见闻可据者,依类编次。每类撮谎言(引者按:谎言:荒唐之言,谦辞。)以弁其端,俱遵《省志》式也。③

《集成·职方典·重庆府部·山川考》之"《府志》未载山川"部分引《江津县志》百余条,其中"周望山"一条曰"邑人龚懋熙有记"④,明确提到龚懋熙。由此可知,成书于康熙末年的《集成》所征引《江津县志》当修纂于康熙年间,而不可能更早或更晚。据载康熙年间并无其他《江津县志》,《集成》所征引只能是这部王璧修、龚懋熙纂、李俊刻的康熙三十三年《江津县志》。

康熙《江津县志》早已失传,《集成》中有其佚文约3500字,主要分布在《职方典》《山川典》《闺媛典》,涉及疆域、山川、关梁、列女等方面的内容。若将这些佚文和乾隆《江津县志》所著录三篇康熙《江津县志》序文汇编,可得佚文5200余字,虽然可能不及原书的

---

① 马又良、何金文:《四川方志考》,第272页。
② (清)曾受一等:乾隆《江津县志》序二:"前明杨几川、国初龚笋湄两先生,先后手录抄本,卒未刻。"参见(清)曾受一等:乾隆《江津县志》卷前,第3页。
③ (清)曾受一等:乾隆《江津县志》卷前,第12页。
④ (清)陈梦雷:《古今图书集成》第11册,成都:巴蜀书社,1988年,第13205页。

十分之一，却也略具规模，自有其独特的史料价值和文本价值。兹举一例，其论江津风俗一条曰：

> 士习重友谊，要会以文，骎骎乎有德有造之风。农惟力穑自给。商重远涉，罔有厚息。工备百为，亦不出乎境。运遘甲申，途迷阡陌，皇仁招徕，蓁莽乃辟。强半侨人，礼让殊昔，饬教维风，经世攸责。①

在志书修纂者看来，明末动乱之前，江津不仅繁荣富庶，而且民风淳朴：士子爱文，农夫勤于耕作，商人不唯利是图，手工业应有尽有，江津一切自给自足，仿佛世外桃源。然而，明末动乱之后，不仅经济凋敝，而且外来人口多，破坏了从前的礼让之风，亟须整治。这段文字虽不长，却反映了龚懋熙这批明代遗民对从前的怀念，以及他们殷殷期盼清朝统治者尊崇儒教，恢复传统封建秩序。

二、《集成》所征引《彭水县志》考

据载，清朝康熙年间彭水县曾两修县志。康熙二十四年（1685）夏，彭水知县朱尔捷主持，聘请本县举人倪渝英等人编纂县志。朱尔捷《序》曰："阅两月而琅然成帙。"②然而，这部志书比较粗略，从未付梓。主纂人之一倪渝英《序》曰："仅得草创一稿，其间繁芜荒缺，未成完书。"③康熙四十八年（1709）秋，时任知县陶文彬再修县志，再次延请倪渝英，以及本县儒学教谕陈讦、儒学训导马又良等人重新编纂县志。④据陶文彬《序》，曾从倪渝英家中获取朱《志》稿

---

① （清）陈梦雷：《古今图书集成》第 11 册，第 13223 页。
② （清）庄定域等：光绪《彭水县志》卷首，清光绪元年（1875）刻本，第 3 页。
③ （清）庄定域等：光绪《彭水县志》卷首，第 10 页。
④ 何金文：《四川方志考》（第 285 页）作"马文良"，误。

本，但借鉴不多，"于朱公之稿仅存什一"①。因为人事变动，陶《志》成书时间较长，迭经陶氏两位继任者的修补，最终付梓是在康熙五十年（1711）。②光绪《彭水县志》庄定域《序》曰："索观《旧志》，盖创于前令陶公月山，而嗣辑者则自前署县张君春霆，迄侯君文梁，凡三年而成者也。"③这两部康熙《彭水县志》中，朱《志》早已失传，陶《志》今日尚有刻本存世。

《集成》在《职方典》《闺媛典》《学行典》《草木典》中征引有《彭水县志》，引文共约4000字，涉及疆域、形胜、山川、节妇、孝子等方面的内容。这部《彭水县志》应是陶《志》。理由有二：（1）其"木棕滩"一条曰：

> 去城西五十里。有新旧木棕，相去数里。康熙十七年三月二日，山石崩裂，成新木棕，旧木棕之势稍减。每冬月水涸，滩险尤甚。④

其中明确称"康熙十七年三月二日"，可见这是一部康熙《彭水县志》。（2）更能说明问题的是，《集成》所征引各条，均见于陶《志》。从整体来看，《集成》引文与陶《志》原文差异微乎其微，这些细微的差异应当是《集成》编者在抄写过程中图简省造成的。

陶《志》原刻本今日仅留存一部，收藏于故宫博物院图书馆。⑤然而这一世间孤本并非初印本，脱落、漫漶严重。陶《志》四卷首一卷，分地舆、规建、学校、官师、兵防、食货、祠庙、人物、风俗、文艺

---

① （清）庄定域等：光绪《彭水县志》卷首，第5页。
② 《重庆历代方志集成》、北京籍古轩图书数字技术有限公司《中国数字方志库》注其出版时间为康熙四十九年，误。
③ （清）庄定域等：光绪《彭水县志》卷首，第2页。
④ （清）陈梦雷：《古今图书集成》第11册，第13208页。
⑤ 马又良、何金文：《四川方志考》，第285页。

十志，每志下又各有小类。据《重庆历代方志集成》中的影印本，以及《中国数字方志库》上的图版看，今传本几无一页是清晰无残缺的。这个本子绝非康熙五十年的初印本，可能是多年之后，用保存于彭水县衙或县学的书版重印的。由于年深日久，书版保存不善，毁损严重，导致重印本缺字、模糊之处甚多。

今日若要整理陶《志》，《集成》的相关条目几乎每条都可补陶《志》之缺。兹举一例，陶《志》记彭水之疆域曰：

> 东西广一百六十里，南北袤一百【九】十里。东至细沙铺八十里，界于酉阳土司。南至龟池一百里，界于【贵州婺川县】。西至江口镇八十五里，界【于涪州武林司】。北至清明山九十里，界于湖广中路唐、崖二土司。东南至桐木溪八十里，界于酉阳土司。东北至亭子【关】一百【里，界于黔江】。西南至洋水七十里，界于遵义府真安州。西北至木棕溪六十二里，界于涪州武林司。西北水路至重庆府城七八【十里】，陆路八百三十里，西北水路至成都府省城一【千三百】里，陆路一千八百八十里。东北水路至京城九千四百里，西北陆路至京城七千五百里。①

其中【】之内的文字，今传刻本或脱落，或模糊无法辨认，均据《集成·职方典·重庆府部》下有关彭水县疆域的文字补出。② 鉴于陶《志》之残缺，《集成》的相关引文具有极高的文本价值。

三、《集成》所征引《荣昌县志》《大足县志》考

由于屡经战乱，人口急剧减少，康熙初年，大足县停铨，由荣昌

---

① （清）陶文彬：康熙《彭水县志》，清康熙五十年（1711）刻本，第2页。
② （清）陈梦雷：《古今图书集成》第11册，第13195页。

县令兼摄，休养生息数十年之后，于雍正六年，才重新恢复县治。①康熙二十六年（1687），时任荣昌兼大足县令史彰主持修纂并刊刻了一部县志，这部县志可能将荣昌、大足二县志合而为一。史彰康熙二十六年《创修荣昌县志序》曰：

> 荣昔称剧邑，额赋至二万余金。……自献贼惨屠旬余，绝烟火三十载，至康熙六年始开县。……余于壬戌八月履任，……城内颓房六七所，衙舍虽存，上漏下淙，□麻环生如林。……若赋额四两余，书快止五六人，更不堪问矣。……迨乙丑之夏，余兼摄永、璧二县，奉旨购藏书，修县志。……余时所领荣、大、永、璧四邑，皆接壤荒区，人与书茫无可据，而府檄频催，不容少缓，其时不綦难乎。幸前奉令绘舆图，郡伯出《府志》查核，余请摘录一册，以备稽考。然《人物》《艺文》皆未载，因令在城诸生查录学宫题名碑，其寺庙碑碣，无问完缺，令附近者分录以呈。若《职官》，则命耆民按年记录，以备参考。至则投之筒中，公余即检阅，稿易数次，时近两月始成书。虽《艺文》未克详载，而规模亦云备矣。昨岁排解酉保争讼，旅中暇时，复将《荣足》一志删订成集。……不惮窘囊，措资镂版，以为久远计，俾与所建大成殿、谯楼，及招徕民数、增报粮田册，共垂不朽，则斯县之规制犹存，余六年之职守庶无遗诮矣。②

史《序》不仅交代了本《县志》的成书、刊刻经过，又细致地描写了明末清初荣昌地区所遭受的大破坏，史料价值极高。据史《序》，由于战乱，明末清初三十余年，荣昌地区实质上处于无政府状态，到康熙六年才恢复县治。明末战乱之前，荣昌乃一大县，赋税多达两万

---

① 参见（清）王梦庚等：道光《重庆府志》卷1，清道光二十三年（1843）刻本，第11页；（清）李德：乾隆《大足县志》卷2，清乾隆十五年（1750）刻本，第1页。

② （清）文康等：光绪《荣昌县志》卷前，清光绪十年（1884）刻本，第1—3页。

多两白银，而史彰到任之康熙壬戌年（康熙二十一年，1682），赋税仅四两多点。此时的荣昌城内唯有几间破屋，荆棘丛生，白昼也有豺狼出没，荒凉得可怕。康熙二十四年（1685），身兼荣昌、大足二县县令的史彰，又被受命再兼任永川、壁山二县县令（壁山县亦于康熙初年停铨，被归并至永川县），正一身四任、不胜劳烦之际，重庆府又频发檄文下达朝廷诏书，敕令纂修地方志。荣昌地区没有旧志可参考，不得已，史彰从重庆知府处借得《重庆府志》，抄录了荣昌地区的相关内容，然后通过查访本地学宫题名碑、寺庙碑碣，咨询遗老等方式补充了职官、人物、艺文，以及户口、田赋等方面的内容。

《集成》征引有《荣昌县志》《大足县志》。其中《荣昌县志》的引文约240字，全在《职方典》，涉及疆域、形胜、山川、风俗等内容。《大足县志》的引文约600字，主要在《山川典》《氏族典》《闺媛典》，涉及山川、乡贤、孝友、节烈等内容。其中《大足县志》引文"曹自强女"一条曰：

> 搢绅曹自强女，名贞姑，年十四，性聪慧，能读书。崇祯十七年，张贼执而逼淫之，其父护之，贼刃其父。贞姑骂贼，冒刃而死，父亦遇害。①

此条的叙事时间为"崇祯十七年（1644）"，即明朝最后一年。明末清初，重庆府属州县历经数十年战乱，被张献忠军、地方武装、南明军、吴三桂军、清军轮番屠戮，不但老百姓无暇逃命，代表不同势力的各种官府也都是乱哄哄你方唱罢我登场，有朝无夕，没有精力纂修地方志。顺治末年、康熙初年，重庆地区才逐渐安定，恢复政治秩序。康熙十一年，朝廷敕令各地纂修地方志，准备编纂《大清一统志》，然而修志工作很快因为三藩之乱而中止（重庆所属的四川地区

---

① （清）陈梦雷：《古今图书集成》第39册，第48427页。

是三藩之乱的主战场之一，所遭破坏特重）。康熙二十年（1681），三藩之乱被平定之后，地方志的修纂工作才重又提上日程。据笔者统计，清代重庆府属州县的志书没有一部是在康熙二十年之前编纂的。因此，虽然张献忠军的许多事迹发生在明末，但记录这些事迹最早的重庆地方志却都是编纂于清康熙朝之后。编纂于康熙年间的《集成》，所征引《大足县志》既然记录有崇祯最末一年张献忠军队的事迹，那么这部县志应当修纂于康熙年间。据载，康熙年间这一地区只产生过一部县志，即康熙二十四年史彰所修县志，那么《集成》所征引当即史《志》。

史彰在《序》中称"复将《荣足》一志删订成集"，似乎史氏有意将二县志合二为一，一并付梓，既省人力物力，又可以反映当时在行政区划上大足隶属荣昌的现实。史彰这部志书可能分作两个部分，第一部分是《荣昌县志》，第二部分是《大足县志》，书名可能是《荣昌县志 大足县志》或《荣昌县志附大足县志》等（为了简便，下文一律称之为《荣昌县志 大足县志》）。《集成》在征引这部志书时，可能属荣昌的部分出处就标《荣昌县志》，属大足的部分就标《大足县志》，没有混同。

若将《集成》中的相关引文，以及乾隆《荣昌县志》、光绪《荣昌县志》所著录的史彰《序》辑录在一起，可得康熙《荣昌县志 大足县志》佚文约1650字，分量虽少，吉光片羽，也自有一定价值。

四、《集成》所征引《涪州志》考

康熙年间的涪州产生过两部志书：一是康熙二十二年（1683）《涪州志》，时任知州萧星拱修，刘之益等纂；一是康熙五十三年（1714）《涪州志》，时任知州董维祺修，冯懋柱等纂。萧《志》没有刊刻，只有稿本，早已失传。董《志》刻本在国内虽已失传，但在日本内阁文库收藏有一部，今国内有影印本。①

《集成》在《职方》等典中征引有《涪州志》，凡3000余字。这部《涪州志》应当是董《志》。理由有二：（1）这些引文的纪事时间下限是康熙四十一年，其中"冉仲道妻王氏"一条曰：

> 按《涪州志》，王氏，冉仲道妻。仲道与淫恶况荣谦比屋而居。康熙四十一年二月二十四日，荣谦瞰仲道出，以计诱氏，氏坚不受污，荣谦即持斧胁逼，氏大骂，遂中重伤，越五日死。州牧徐烺招置恶于法，闻其事于朝，有诏旌表。②

（2）这些引文均见于董《志》③，文字差异极小。另外，《集成·职方典·重庆府部·风俗考》之涪州部分，引文与董《志·风俗》篇几乎全同，排版次序亦同。个别地方与董《志》原文相比，略有删节，这无疑是因为《集成》编者在抄写中图省事而造成的。

今日留存的董《志》刻本比较完整清晰，不过，也偶有脱落、模糊之处，可据《集成》相关引文校补。例如"除夕"一条，董《志》原文"少者【以次拜其】尊长"一句中，"以次拜其"四字缺损，可据《集成》补。④

五、《集成》所征引《长寿县志》考

康熙朝曾产生过两部《长寿县志》，一为康熙二十四年（1685）

---

① 马又良、何金文：《四川方志考》，第275—276页。
② （清）陈梦雷：《古今图书集成》第39册，第48683页。
③ （清）董维祺等：康熙《重庆府涪州志》卷3，清康熙五十三年（1714）刻本，第7页。
④ （清）陈梦雷：《古今图书集成》第11册，第13225页；（清）董维祺等：康熙《重庆府涪州志》卷1，第53页。

王长德、李开先纂，一为康熙五十三年（1714）薛禄天修、刘慈纂。前者可能从未付梓，早已失传，后者则是在前者稿本的基础上增补而成，并于康熙五十三年付梓。薛禄天《序》曰：

> 今上御极之二十四年，……敕征天下郡县志乘。……邑明孝廉王鹿田（名长德，字鹿田）、李传一（名开先，号传一）先生应诏纂辑，……据其所目睹耳闻者编次成帙，旬日告竣。……辛卯夏，余视事长邑，披阅志乘，……邑绅士欲余校正之以付剞劂，……余应之曰："唯岁在甲午，有渝州刘君康成（名慈，字康成）者，博雅士也，为余壬午同年友，设帐于长，日以诗文相往复。"因举邑之《旧志》，与为搜罗考订，凡人物、古迹、沿革、建置、分野之属，按之于书，有信而可征者，则采辑之，田畴、户口、衣冠、文物之伦，为年来增添，与近日之踵兴者，则订补之，凡三阅月而告竣。更与邑绅士重加商榷，捐俸镌梓，以慰邑绅士之愿焉。①

康熙五十三年《长寿县志》共十卷，据《四川方志考》，尚有刻本传世②，该刻本近日又被影印收入《重庆历代方志集成》。③

《集成》所征引《长寿县志》，应为康熙五十三年《长寿县志》。其多条引文有明确的时间标志，使我们可以知道它编纂于康熙朝，且是在康熙二十四年之后，因此只能是康熙五十三年《长寿县志》。其"杜舟桥"条曰：

> 去治北十五里，一名万古桥，邑人古昭然建。康熙三十六年，知县刘若鼐重修。④

---

① 汤化培等：民国《长寿县志》卷首，民国十七年（1928）石印本，第5—6页。
② 马又良、何金文：《四川方志考》，第140页。
③ 重庆市地方志办公室：《重庆历代方志集成》第34册。
④ （清）陈梦雷：《古今图书集成》第11册，第13212页。

其"冉师桥"条又曰：

> 去治东北十里，邑人冉姓建，故名。康熙三十四年，知县刘若鼐重修，桥上为屋十二间，以瓦覆之，行人得憩息焉。①

《集成》征引该志约2000字，涉及疆域、山川、关梁、物产、风俗、忠义、列女等方面。然而，《重庆历代方志集成》所收影印本清晰完整，须要参考《集成》相关引文补校之处极少，因此，《集成》的这些引文文本价值较低。

六、《集成》所征引《巴县志》等13部重庆府属州县司志文字来源蠡测

《集成》还征引有《巴县志》《永川县志》《綦江县志》《南川县志》《黔江县志》《合州志》《安居县志》《铜梁县志》《定远县志》《忠州志》《酆都县志》《垫江县志》《石柱宣抚司志》等13部重庆府属州县司志书，其中《巴县志》约60字，《永川县志》25字，《綦江县志》约240字，《南川县志》16字，《黔江县志》约130字，《合州志》约500字，《铜梁县志》约100字，《安居县志》约150字，《定远县志》约130字，《忠州志》约300字，《酆都县志》约100字，《垫江县志》约120字，《石柱宣抚司志》约40字。这些引文不但字数稀少，且均无明确的时间标志，因此，很难考证上述志书的编修时间和编者。

《集成·职方典·重庆府部》之《重庆府疆域考》共著录了巴县（当时重庆府治所在地）、江津县、长寿县、荣昌县、涪州、彭水县共六地的疆域，引文出处标注为"总志州县志合载"。经笔者对勘，巴

---

① （清）陈梦雷：《古今图书集成》第11册，第13212页。

县一条引自康熙十二年《四川总志》[①],涪州一条引自康熙五十三年《涪州志》,彭水县一条引自康熙五十年《彭水县志》,长寿县一条,引自康熙五十三年《长寿县志》。江津县、荣昌县二条,按《集成》的体例,应当分别出自已失传的康熙三十三年《江津县志》和康熙二十六年《荣昌县志 大足县志》。上述六州县之外的重庆府下辖各州县的疆域,《重庆府疆域考》缺载。"疆域考"主要记载一地四面八方的疆界、距离省会、京城的距离等,内容无多,却是一部方志必不可少的要素。《集成》虽缺载永川、綦江、南川、合州、忠州、酆都、垫江共八州县的疆域,但一一注明"某某县(州)八至缺",足见不载疆域,不符合《集成·职方典》体例,不载不可能是因为《集成》编者的疏忽,只可能是因为他们没有这些州县的方志可资引用。

《集成》著录了许多明清传记资料,但去取标准颇受人诟病,于王公大臣、将帅名流收录极少,于烈女节妇却收录极多。[②]明末清初,四川各地历经数十年战乱,遭遇凄怆的烈女节妇尤其多,然而,《集成·闺媛典》于重庆府只著录了江津县、大足县、长寿县、涪州、彭水五个州县的节烈女子的传记资料,于其他各县却付阙如。

另外,《集成》征引重庆府属州县司地方志的种类虽多达19种,但引文字数却很悬殊。《江津县志》约3500字,《彭水县志》约4000字,《长寿县志》约1900字,《涪州志》约3000字,《荣昌县志 大足县志》约840字,其他州县司志书一般只有一二百字,甚至几十个字。

《集成》所征引19种重庆府属州县司志,明显地分为两组:《江津县志》《彭水县志》《长寿县志》《涪州志》《荣昌县志 大足县志》是一

---

① 康熙《四川总志》只记载各府府治的疆域,而府属州县的疆域从略。
② 裴芹:《古今图书集成研究》,北京:北京图书馆出版社,2001年,第60—61页。

组,其余13种是另一组。前一组同时具备三个特点,《集成》著录有该地的疆域、列女,并且引文字数较多。后一组也同时具备三个特点,《集成》没有著录该地的疆域①、列女,并且引文字数稀少,与前一组恰恰相反。笔者以为,根据这些迹象,或许可以合理地推断,前一组地方志为《集成》编者所亲见,是直接引用,后一组地方志则反之,《集成》编者未亲见,乃从他书转引。

后一组中的11种志书(《巴县志》《合州志》《安居县志》《铜梁县志》《定远县志》《垫江县志》《酆都县志》《綦江县志》《黔江县志》《永川县志》《忠州志》),在《集成》中的引文还有一个共同的特点,即几乎都只见于《山川典》(除了《垫江县志》《酆都县志》《忠州志》有少量论风俗的引文见于《职方典》),而且与《集成·职方典·重庆府部》下《重庆府山川考一》下的相关条目重复,文字差异极小。然而,《职方典》中这些条目的引文出处均标注为"《府志》"②,而非上述州县志书。有鉴于此,也许我们又可以推断,有10余种重庆府属州县司地方志,《集成》编者并没有亲见,只是从当时的上级志书中(可能主要是康熙《重庆府志》和康熙《四川总志》)转引了一点点,聊胜于无。

笔者以为,在《集成》所征引这19种州、县、司志中,唯《江津县志》《长寿县志》《涪州志》《彭水县志》《荣昌县志 大足县志》为直接引用,其余均为转引。然而,这并不是说重庆府其余各州县康熙年间没有修纂过方志。奉朝廷诏命,康熙年间重庆府地区有过两次大修

---

① 土司政权与一般州县有别,隶属重庆府之酉阳、石柱二司主要见载于《集成·职方典》之《酉阳宣抚司部》和《石柱宣抚司部》而非《重庆府部》,它们的疆域《集成》据康熙《四川总志》著录。
② 据笔者考证,此《府志》为康熙二十四年重庆知府孙世泽修《重庆府志》。(清)陈梦雷:《古今图书集成》第11册,第13196页。

方志的活动，分别在康熙二十年和五十年左右①。从理论上讲，重庆府属各州县在康熙朝均至少纂修过两次地方志②。按照当时的修志制度，各地纂修方志之后，最终是要把样书上交至翰林院以备检阅的，③《集成》乃朝廷钦定之书，《集成》编者可从翰林院调阅全国各地的地方志。清初，重庆府下辖三州十一县二司④，《集成》编者似乎只亲见了五县（大足归并于荣昌，二县算一县）的志书，个中缘由难以揣测。

七、结 语

康熙年间所修重庆府、州、县、司志可能有二三十种，然而流传至今的只有四种，分别是康熙五十三年《长寿县志》（十卷）、康熙五十三年《重庆府涪州志》（四卷）、康熙四十九年《酆都县志》（八卷补遗一卷）、康熙五十年《彭水县志》（四卷首一卷）。⑤根据笔者的考证，《集成》中尚保存有康熙二十四年《重庆府志》、康熙三十年《江津县志》、康熙二十六年《荣昌县志 大足县志》的部分佚文，这

---

① 康熙二十四年《彭水县志》朱尔捷《序》称："（康熙二十四年）于是政府檄下，再征蜀志，九郡承风。"参见（清）庄定域等：光绪《彭水县志》卷首，第1—2页。康熙四十九年《彭水县志序》马又良《序》又称："康熙四十八年春月，再奉大中丞檄征郡邑志书。"参见（清）庄定域等：光绪《彭水县志》卷首，第9页。康熙五十三年《重庆府涪州志》董维祺《序》也称："今圣天子厘修国史，博采风谣，各上宪加意蜀志，遍征郡邑之书以备采择。"参见（清）董维祺等：康熙《重庆府涪州志》卷前，第3页。
② 巴县例外。巴县虽为重庆府治所在，但康熙年间并无专门志书，其史实只附录于《重庆府志》之中。这种情况很普遍，据笔者统计，清初四川共九府，府治分别为成都县、巴县、阆中县、南充县、宜宾县、奉节县、屏山县、平武县、遵义县，其中平武县、遵义县在整个清代从无专志，只附见于府志，其余七县的专志则无不产生于乾隆朝之后。
③ （清）万邦维等：康熙《莱阳县志》卷首，清康熙十七年（1678）刻本，第1—3页。
④ （清）王梦庚等：道光《重庆府志》卷1，第10—11页；（清）常明等：嘉庆《四川通志》卷2，清嘉庆二十一年（1816）刻本，第56—61页。
⑤ 重庆市地方志办公室：《重庆历代方志集成·目录》。

些佚文对于本地区地方志和地方史的研究有独特的史料价值和文本价值，值得辑录汇编。《集成》所征引康熙五十年《彭水县志》，因为今传本脱落漫漶严重，有极高的文本价值。《集成》所征引康熙五十三年《涪州志》、康熙五十三年《长寿县志》之今传本基本清晰完整，《集成》的相关引文文本价值较低，只偶有可以补苴今传本文字缺损之处。

近日出版之《重庆历代方志集成》不但收录了有刻本或抄本传世的方志文献，而且从《华阳国志》、各时代《四川通志》等书中辑录与重庆相关的部分，① 是迄今为止搜罗重庆历代方志最全备的集大成之作。然而，该书编者于《集成》中这些重庆府、州、县、司志的引文未置一词，似乎没有注意到，切望拙文能唤起学界对《集成》所征引相关方志文献价值的重视。

---

① 重庆市地方志办公室：《重庆历代方志集成·前言》。

岭南文化研究

易简与方献夫的理学精神

孙建伟

摘　要：方献夫是一代名臣，也是具有独立学术精神的理学家。他心服阳明之学，于格物、博文之说终不苟同；本程门之说，于率性之说又别创新解；与湛若水等过往论道，亦不改其平生之所守。入乎其内，出乎其外，出仕与读书西樵山的经历有裨于其理学思想之形成。方献夫特立独行的理学精神影响于岭南士人者颇深，在中国理学史上当有其一席之地。"易简"是我们考察方献夫学术思想的重要线索。方献夫践行"易简"的圣贤之道，亦以之来衡量天下之学术，其对朱子之学、阳明之学之不同态度，亦缘此而生。

关键词：易简；方献夫；理学

方献夫（1485—1544），初名献科，字叔贤，号西樵，广东南海县人。方献夫栖居西樵山十年，与理学家湛若水、霍韬等过从论学，学问大进，影响于其学术思想者甚深。方献夫居石泉书院，湛若水居大科书院，霍韬居四峰书院，三院鼎峙，王阳明有"英贤之生，何幸同时共地"[①]之语，视此际遇乃千载难逢之"大机会"，可谓英雄之见。人因山灵，山以人名。西樵山有"理学名山""道学之山"之称，与

作者简介：孙建伟，历史学博士，岭南师范学院法政学院讲师。
① （明）王守仁：《答甘泉》（庚辰），《文录（一）》，《王文成公全书》第1册卷4，王晓昕、赵平略点校，北京：中华书局，2015年，第213页。

山中"近来士类渐集"①，读书、讲学、论道关系甚密。方献夫"辅明王""定大礼""断大狱"，因"大礼议"②事件而声名大著，西樵山亦缘之名满天下，是为"天下之西樵"。方献夫乃一代名臣，亦是具有独立学术精神的理学家，在中国理学史上有其独特地位。通过对《刻二原序》，与王阳明、湛若水论学书信等文献记载的解读，我们可以对方献夫的理学精神有一个大致的认识。

一、易简与圣贤之道

方献夫无疑是圣贤之道的忠实信徒，不愧于"理学名臣"这个称号。"植立一言一论必有益于斯道而后出，一事一行必无害于斯道而后为，庶几人亦信我我亦信道而斯道之明不日矣，庶几天之所责任吾辈而吾辈之所以自任者不为空言矣"③，"斯道"即圣贤之道，一言一论、一事一行皆以之为准绳，体现了其志于"斯道"，明道、宏道之自觉追求。圣贤之道以儒家经典为主要载体，但典籍浩繁，皓首穷经亦难遍究经中之义、义中之道，似为求"斯道"者设置了一道无形的障碍。如何在求道与穷经之间达成某种平衡，方献夫对此有自己的理解。

作为"理学名臣"，方献夫最大的"理学"贡献是打通了"四

---

① （明）方献夫：《柬王阳明（二）》，《西樵遗稿》卷8，桂林：广西师范大学出版社，2014年，第515页。
② 在明嘉靖朝的"大礼议"之争中，方献夫所起的作用虽不及张璁、桂萼，然其发挥的影响亦不容忽视。(参见陈文源、李耀国：《方献夫与"大礼议"之争》，《暨南学报（哲学社会科学版）》2012年第7期)于"大礼议"事件，康有为从"经义"的角度，对方献夫等提出了批评，可备一说："故君位之序，继统即继嗣，不论其为兄弟叔侄也……明世张璁、桂萼、霍韬、方献夫之徒，倡继统不继嗣之说，盈廷大乱，盖误于不知此经义故也。"(参见康有为撰，姜义华、张荣华编校：《春秋笔削大义微言考》，载《康有为全集（第六集）》，北京：中国人民大学出版社，2007年，第142—143页)
③ （明）方献夫：《复湛太史（六）》，《西樵遗稿》卷8，第508页。

书""五经"转换的通道。"四书"虽长期被列为科举考试的必读书,但在绝大部分传统读书人心目中,其不过是"五经"之"阶梯"而已,其权威性与地位无疑是不能与"五经"相提并论的。作为"理学"的主要载体与传播手段,建立"四书""五经"间的有效联系无疑是提高"理学"权威性的重要途径之一。方献夫以"易简"的思想,将"五经"之首的《周易》与"四书"之《大学》《中庸》联系在一起。《周易》乃"阴阳变化"之书,《大学》乃"修齐治平"之书,《中庸》乃"修身养性"之书,以《周易》之"易简"思想贯穿于《大学》《中庸》之间,实乃方献夫潜学深思之所得。"易简"之道,是方献夫理学思想的重要特征。

方献夫认为古昔圣贤之道至易至简,本不繁复,可以"易简"二字概括之。"易简"源出于《周易》,亦是陆王心学的重要观点。陆九渊发挥《孟子》"万物皆备于我"的观点,认为"本心"不虑而知,不学而能,"格物"不必求之于外,求之内心即可,知识的获得亦是如此。陆九渊标榜之为"易简功夫",并嘲笑朱熹的治学方法为"支离事业"。"方氏虽亲受于阳明,然其学却不纯一之王学"①,方献夫"易简"思想虽受陆王心学影响较深,亦有自己的特色。方氏以易学传家,易学对方献夫"易简"思想的形成影响很大。《周易·系辞上》:"乾以易知,坤以简能。易则易知,简则易从。易知则有亲,易从则有功。有亲则可久,有功则可大。可久则贤人之德,可大则贤人之业。易简而天下之理得矣,天下之理得,而成位乎其中矣。"②乾"易"坤"简","易"谓"易略""无所造为"之意,"简"谓"简省凝静""不须繁

---

① 周悦:《方献夫的易学观》,载景海峰、黎业明主编:《岭南思想与明清学术》,上海:上海古籍出版社,2017年,第230页。
② (唐)孔颖达:《周易正义》,(清)阮元校刻:《十三经注疏》,北京:中华书局,1980年,第76页。

劳"之意,"易略""简省"则可知可能,反之,若于物"艰难"、于事"繁劳"则不可知不可能矣;"乾"亦有"简","坤"亦有"易","天地之道,不为而善始,不劳而善成,故曰易简"①,"易简"至处,是一种"无为""自然"的状态。"易""简"既是天地万物的基本属性,也是处理天地万物关系的基本法则,圣人若能顺应天地万物之性,行此"易简"之法,则"天下之理得"矣。"易简"是成为"圣贤"的重要途径,"易"成就了贤人之"德","简"成就了贤人之"业","易简之善配至德"②,有志于成为圣贤,则不可不以"易简"是务。在《周易》"易简"思想的基础上,方献夫借助于《大学》《中庸》,作了进一步地丰富与发展。

《大学》《中庸》本为《礼记》之二篇,因理学家的表章、发明,成为理学思想的重要载体而引起了人们的重视。于《大学》《中庸》,方献夫用力颇深,颇有借此二篇以阐发其理学思想之意。《大学》《中庸》与方献夫"易简"的学术思想颇为契合,《大学原》《中庸原》之作,体现了方献夫化"繁复"为"易简"的努力,寄寓着他对圣贤之道的独特理解。王阳明于正德十三年(1518)刊行《大学古本》及其《傍释》,湛若水于正德十四年(1519)撰成《大学测》《中庸测》,方献夫亦有《大学原》《中庸原》之作。方献夫对《大学》《中庸》颇为推崇,以之为讲学之关键,他认为"今日之学难讲"乃《学》《庸》不明之故,若二书明了,则自无难讲之处,颇有将此二书反复潜玩,以见得其"本来面目"之意,遂著"二《原》"以明圣贤之道。"此二书仆留心三十年矣,而得于山中静功尤多"③,方献夫少好《学》《庸》,长而不辍,毕生用力,所得匪浅,《大学原》《中庸原》乃其沉潜有年、

---

① (唐)孔颖达:《周易正义》,(清)阮元校刻:《十三经注疏》,第76页。
② (唐)孔颖达:《周易正义》,(清)阮元校刻:《十三经注疏》,第79页。
③ (明)方献夫:《与侍御闻人提学》,《西樵遗稿》卷8,第536页。

积学深思之作，颇能体现其学术思想。

从笃好《学》《庸》到以"易简"为二书的论学大旨，经历了一个漫长的探索过程。在《刻二原序》中，方献夫自述云："予不敏，自少读二书而知好之，既长而益加绅绎，恒切讨论。尝怪夫世之说者未得其旨要，是以虚心体会，未敢狃以旧闻，切己观求，不徒凭于臆度，而又证之以六经《语》《孟》之言，参之以濂洛诸贤之说，思之又思，恍乎若有以通之。于是又持之以岁月，积之以优游，乃有所谓涣然而信、怡然而顺者。日用持循不能自已，又恐其意之或遗而行之不达也，乃次第其说而笔之以备遗忘，且为吾进修之验云尔。"① 观上所述，可见方献夫于《学》《庸》"易简"之旨得之之艰而信之之笃，二《原》之作，有将《学》《庸》"易简"之旨共之于同志而验之于天下之意。

方献夫"易简"思想可于《大学》《中庸》求之，《刻二原序》可视为其"易简"思想之纲领。圣贤之道无他，至易至简，圣人、大人之学而已。"正己而物正"② 是为大人，过化存神"上下与天地同流"③ 是为圣人。"其本在于一心，其用充于天下，其原出于性命，其理达于神化"④，《大学》始于"正心"，至于"平天下"，所以学为大人之事，是乃大人之学；《中庸》始于"性命"，达于"神化"，所以学为圣人之事，是乃圣人之学。《大学》《中庸》"大人""圣人"之学，共同组成了儒家内圣外王之道的基本内容，方献夫所言至易至简"古昔圣贤之道"，实得之于此。"圣人"是坐而论道的修身功夫，"大人"是建功安民的经世事业，二者本为一体，并非"二道"。

---

① （明）方献夫：《刻二原序》，《西樵遗稿》卷6，第404—405页。
② （宋）朱熹：《孟子集注·尽心章句上》，《四书章句集注》，北京：中华书局，2012年，第361页。
③ （宋）朱熹：《孟子集注·尽心章句上》，《四书章句集注》，第359页。
④ （明）方献夫：《刻二原序》，《西樵遗稿》卷6，第403页。

方献夫"古昔圣贤之道,至易至简"说是《周易》"易""简"成就贤人之"德""业","易简之善配至德"等思想的深入与延续,更明确了"易简"与"圣贤之道"的对应关系。方献夫"易简"之"本""用""原""理"的论述颇具理学色彩,将"易简"纳入了"理学"的理论体系。"学之者,资禀有等差,工夫有次第,固不可半途而废,亦不可躐等而进也"①,遵此"易简"之法,循序渐进,持之以恒,虽贤愚不齐,终能达圣贤之域,方献夫明确了"易简"的修道路径。以《大学》《中庸》为载体,以理学家的视角重新阐释与建构"易简"的学术思想体系,方献夫完成了《周易》与《大学》《中庸》"易简"思想的贯通。

传统读书人大都存有"圣人""大人"的梦想。这正是儒家内圣外王之道的根源与生命力之所在。方献夫出仕为官,有"大人"之功,读书樵山,悟"圣人"之道,出而经世,入而悟道,不失其平生之所守。"易简"是我们考察方献夫学术思想的重要线索。方献夫践行"易简"的圣贤之道,亦以之来衡量天下之学术,其对朱子之学、阳明之学之不同态度,亦缘此而生。

二、方献夫与朱子之学

方献夫对朱子之学颇为不满。湛若水所云"或有非晦翁者"当即针对方献夫而发。"无《章句》则二《原》不必作"②,《大学原》《中庸原》之作,显有针对朱子《大学章句》《中庸章句》之意。在写给湛若水的信中,方献夫明确表明了自己的态度。他认为朱子之学专注于

---

① （明）方献夫：《刻二原序》,《西樵遗稿》卷6,第403页。
② （明）方献夫：《复湛太史（七）》,《西樵遗稿》卷8,第509页。

"章句"，由外而入，有"支离"之病，不似阳明之学，由心而出，能得其大本。"大抵文公之学东涂西抹，拖禅揽老，专一在册子上寻摸到底，只是一个糊涂障，谓之支离，最中其病。盖其学不由中出，故卒于不知道，其说都使学者无得力处"[1]，方献夫称"文公之学"为"糊涂障"，为"支离"，其病根缘于不由"中"出。他对当时不以文公为禅而以象山为禅的"怪现象"颇不以为然。方献夫对"文公之学"之不满，于其性善恶说、率性说可见。

对于理学基本范畴"性"的理解，方献夫与程、朱分歧很大。是只有一个"性"，还是有两个"性"，或是有一个合二为一的"性"，乃理学不同派别聚讼之所在，方献夫与程、朱之分歧亦缘于此，其焦点则是性之善恶的不同观点。先来看程、朱对于"性"的看法。朱熹释"天命之谓性"之"性"为"理"[2]，"理"即"天理"之谓，既为"天理"，则均"善"而无"恶"。也就是说，只有一个"性"，且其属性是"善"的。于"子曰：'性相近也，习相远也'"之"性"，朱熹认为，"此所谓性，兼气质而言者也。气质之性，固有美恶之不同矣。然以其初而言，则皆不甚相远也。但习于善则善，习于恶则恶，于是始相远耳"，[3]"性"兼"气质"而言，则并非纯为"天理"，并非纯为"天理"，则有"善""恶"之不齐，故有"相近"以至"相远"之异。也就是说，"性"是一个合二为一的复合体，有"天理"亦有"气质"，有"善"亦有"恶"，而并非纯为"天理"的"均善"之性。程子认为"性相近"的"性"指"气质之性"而言，并非"性之本"，若言其"本"，"性"即是"理"，"理"无不"善"，又何有"相近"之说？程子持"性"即"理"的观点，并引孟子的"性善"之说为证，

---

[1] （明）方献夫：《复湛太史（一）》，《西樵遗稿》卷8，第497页。
[2] （宋）朱熹：《中庸章句》，《四书章句集注》，第17页。
[3] （宋）朱熹：《论语集注·阳货》，《四书章句集注》，第176—177页。

认为"气质"之"性"并非"性"之"本"。但如果"气质"之"性"并非"性"之"本",那"气质"之"性"的属性又该如何界定?或者是"性"之"末",抑或"性"之"流"?程子并没有明说。

程、朱"气质""天理"之"性"的说法,并不能让方献夫信服。方献夫持"性""本有善恶"的观点,并引孔子"性相近"说为证。方献夫认为,"性""相近"则无疑包含了"性""本有善恶"之意,但其初"善""恶"不甚相远,惟渐习而后相远,若皆"善"而无"恶",无"善""恶"之不齐,则何来"相近"之说?若不承认"性""本有善恶"之说,则无异于质疑孔子"性相近"说的正确性。而这无疑是理学家所不愿看到的。于"性相近"之"性",程、朱或云非"性之本",或云"兼气质而言",要之,是颇持"性"即"理","理"即"善"的观点的。方献夫的"性""本有善恶"说与程、朱所倡导的"性""本善"说存在着很大的分歧,而这可追溯到方献夫与程、朱对"性""道"关系的不同见解。方献夫认为,"一阴一阳之谓道。继之者善也,成之者性也"①,是孔子言"性"与"天道"处,对"性"与"道"关系的理解亦当以此为依据;"阴阳相继,流行不息,运于亭毒之表者,本纯粹至善者也,故可曰善也。及其赋予人物,为刚为柔而成于生质者,则有善有恶,不得纯善矣,故曰成之者性也,不可曰善矣。"②从中可推衍出"天道有善而无恶""性则有善恶"③的观点。这种把"道"与"性"分开,认为"道""善"而"性""有善有恶"的观点与程、朱"天理""气质"说颇为不同。方献夫认为,"性"就是"性",不能强析为二,只有一个"善""恶"相杂兼具的"性";只是一个"性"字,并无两个"性"字,不是有一个"善"的"性",又

---

① (唐)孔颖达:《周易正义》,(清)阮元校刻:《十三经注疏》,第 78 页。
② (明)方献夫:《复王象川论性》,《西樵遗稿》卷 8,第 523 页。
③ (明)方献夫:《复王象川论性》,《西樵遗稿》卷 8,第 523 页。

有一个"恶"的"性";天下无"性"外之物,若"性"本无"恶",则"恶"从何而来?他认为"人性皆善而无恶"说是为"大谬",对"性善"说提出了质疑。

"率性"之别解。朱熹释"率性之谓道"之"率"为"循"①,沿着"善"的"天理"而行,谓之为"道"。方献夫认为解"率"为"循"乃汉儒之误,宋儒承此误而不知,其弊一至于此。方献夫自述其学一遵孔子,沿袭程子,其《中庸原》皆本程子旧训,所不同者唯"率性"之说。可见方献夫对"率性"之说颇为重视,乃其与程门立异之处。方献夫释"率"为"帅",认为"帅"与"率"相通。他认为古文"将帅"皆用此"率"字,与《孟子》"夫志,气之帅也"之"帅"同义,所谓"帅气者志""率性者道","道"即"天理"之谓,"率"有"统领""主宰"之义,天以"理""气"俱赋于人而"道"为主。"道"在"性"先,若循"性"为"道",则"道"在"性"后,"性"反为"道"之"太极";若循"理"为"道",则循"气"径"情"者亦得谓之为"道"。方献夫认为"率性之谓道"之"率"应作"统领""主宰"解,而不能作"循"解。"惟率性之说乃仆所自得,自以为千百余年之误一旦撼破,盖性说惟主孔门而后儒一切支离之说皆不可据也"②,"率性"之解乃其深思之所得,故颇为得意,自信如此。

方献夫驳朱子"性善"之说、"率性"之解,斥朱子"章句"不由"中"出,有"支离"之病;称阳明之学"刊落陈言,直造本原,其读书悟道多由中出,不逐逐于章句之末"③,轶后儒而直追先觉,评价不可谓不高,与论朱子"章句"之说形成了强烈的对比,其抑朱扬王之学术倾向于此可见。是否由"中"而出是方献夫评价阳明之学、朱子之

---

① (宋)朱熹:《中庸章句》,《四书章句集注》,第17页。
② (明)方献夫:《与侍御闻人提学》,《西樵遗稿》卷8,第537页。
③ (明)方献夫:《祭王阳明文》,《西樵遗稿》卷7,第486页。

学之依据,由"中"而出故能得其根本而"易简",不由"中"出故务于章句而"支离","易简"成了其衡量天下学术的重要标准。

三、方献夫与阳明之学

方献夫对阳明之学的态度有一个变化的过程。方献夫于正德年间拜王阳明为师,服膺阳明之学,后因论学宗旨不同渐行渐远,疏离王门。师事阳明,并不株守阳明之学,正是其独立学术精神之体现。

方献夫之学受王阳明影响颇深。黄宗羲《明儒学案》有"岭海之士,学于文成者,自方西樵始"①之语,充分肯定了方献夫在中国理学史上的特殊地位。岭南学术对话理学主流,方献夫功不可没。正德六年,方献夫与阳明语而"有当于心",遂进拜称弟子。王阳明继承了陆九渊的心学,主张一切由"心"而发,不枝不蔓,不务词章,方献夫自称其学问"然实不出先生当时濬我之源也"②,"得于先生之启发者为多"③,对王阳明颇为推崇,与阳明之学契合其"易简"学术思想不无关系。方献夫主张道之大原出于天而生于心,为教、为礼、为孝皆当本之于心,"故学也者反诸心而已矣,读是书者亦反诸心而已矣"④,"反诸心"的学术主张,实不出阳明心学之范围。方献夫以象山为"再生孟子",有光大圣学之功,不失为"百代豪杰",亦与象山着力根本、"精一简易"有关。

方献夫深受阳明之学的影响,但并不株守阳明之说。于王阳

---

① (清)黄宗羲撰,沈芝盈点校:《粤闽王门学案》,《明儒学案(上)》卷30,北京:中华书局,2008年,第654页。
② (明)方献夫:《柬王阳明(一)》,《西樵遗稿》卷8,第510页。
③ (明)方献夫:《祭王阳明文》,《西樵遗稿》卷7,第485页。
④ (明)方献夫:《明伦大典后序》,《西樵遗稿》卷6,第389页。

明"格物""博文"之说,方献夫颇不以为然。王阳明认为"礼"即"理","理"即"文","理"之发见谓之"文","文"之隐微谓之"理","文""理"之别,只在"可见""不可见"之间,其实"一物"而已。王阳明视"礼""理""文"为"一物",其"博文"之说即基于此而发。"约礼只是要此心纯是一个天理。要此心纯是天理,须就理之发见处用功。如发见于事亲时,就在事亲上学存此天理;⋯⋯至于作止语默,无处不然,随他发见处,即就那上面学个存天理。这便是博学之于文,便是约礼的功夫。"① 王阳明以"博文"为"约礼"之功夫,认为"博文"即是"惟精","约礼"即是"惟一"。在《大学古本序》中,王阳明以"诚意"为《大学》之要,强调"诚意"之于"格物"的重要性,"诚意"为主,而"格物"则是服务于"诚意"的②。方献夫在写给王阳明的书信中有"惟格物、博文之说生尚有未释然者,但难以纸笔指陈,当俟面见请益"③之语,明确表达了对王阳明"格物""博文"之说的不满,且颇有面见"请益"之意,与王阳明的学术观点有了明显的分歧。在《祭王阳明文》中亦坚持"惟格物、博文之说似为贤智者之过"④,对王阳明"格物""博文"之说始终未能"释然"。于此二说,方献夫"屡有辩论",而王阳明亦"不以为非",真可谓各执所见,至死不改矣。

---

① (明)王守仁著,王晓昕、赵平略点校:《传习录(上)》,《语录(一)》,《王文成公全书》第1册卷1,北京:中华书局,2015年,第8页。
② 陈来先生认为:在阳明对《大学》的诠释中,与朱子的基本区别是,诚意和致知受到特别的重视,江西平藩之前他一直以诚意来统率格物,平藩之后以致知为宗旨,建立哲学体系。徐爱在《传习录》跋中曾记述阳明征南赣前的基本思想。⋯⋯这个思想是说诚意是格物的主意,格物是诚意的功夫。诚意是"关脑",是中心;格物则是服务于这一目的的手段和措施。(参见陈来:《有无之境:王阳明哲学的精神》,北京:北京大学出版社,2013年,第116页)
③ (明)方献夫:《柬王阳明(二)》,《西樵遗稿》卷8,第516页。
④ (明)方献夫:《祭王阳明文》,《西樵遗稿》卷7,第486页。

方献夫以"知本""知止"为《大学》之要,全然不提"诚意"二字,显与王阳明《大学》之要"诚意"①之说异趣。"大抵《大学》一篇,要处只在'知本'、'知止'二言。明德为本,至善为止。欲明明德必在知本,欲止于至善必在知止"②,"知本"即"至易","知止"即"至简","知本""知止"说乃方献夫"易简"学术思想之体现。方献夫认为《周易》"知至至之"即"知本"之谓,"知终终之"即"知止"之谓;《孟子》"万物皆备于我矣。反身而诚,乐莫大焉"便是"知本","强恕而行,求仁莫近焉"便是"知止"。

方献夫与王阳明之分歧源于二者解经方式之不同。方献夫遵循的是"以经解经""经文互训"的解经方式,即阐释经义基于对经文之间逻辑关系的辨析考察,而不在经文之外"另立新说",其对《大学》"格物"之"大旨"的把握,即乃其"反复潜玩"《大学》经文所得,用的就是这种解经方式。方献夫认为"格物"之"物"字即"物有本末"之"物",此由下文仅以"知本"二字释"格物"可知,可于"本文"看出:"格物"之义即于"自天子以至于庶人,壹是皆以修身为本"一节见之。观以上"物有本末""知本""修身为本"之文,方献夫似亦有以"修身"为"物"之"本"之意,但他并未就此作进一步的阐发。方献夫认为,自"物"而言谓之"格",自"心"而言谓之"知","物格""知至"本为一体,并不是"物格"之外另有所谓"知至";天下万物之理莫不有"本",究此为"格",知此为"至",亦不能将"物格""知至"分开来对待。虽说要"格"要"知",亦不能也没必要"无物不格""无知不尽",若是"一草一木亦要格,今

---

① 陈来先生认为:阳明对《大学》格物致知的理解有一个发展变化的过程。这个过程,简单说来,就是以"诚意"为本转向以"致知"为本的过程。(参见陈来:《有无之境:王阳明哲学的精神》,第 115 页)
② (明)方献夫:《柬王阳明(四)》,《西樵遗稿》卷 8,第 519—520 页。

日格一物,明日格一物",或"表里精粗无不到"之类,皆失《大学》之"本旨",方献夫目之为"支离"。方献夫认为"格物""致知"是一种并列、平行的关系,不能不说是他"以经解经"的"创见"。

方献夫持"易简"之说,与陆王心学有相通之处,此乃其服膺阳明之学的根本原因。但方献夫亦坚持自己的经典诠释方式,其对经典有不同于阳明之"新发现",此其与阳明之学产生分歧之根源。"若一切离去本文而外求臆说,则又恐非中正归一之论也"[①],方献夫将汉以来《大学》"不明",宋儒又说得"支离"之弊归之于"离去本文"之故。方献夫对王阳明"博文""格物"之说颇有异议,实亦与此相关。"方、王之间的冲突,根源在于方献夫坚持经文互训的诠释方式"[②],王阳明视之为"牵滞文义",未能"实体诸身",湛若水对其亦有"是内非外之病"之批评,但这并不妨碍方献夫坚持自己的观点。方献夫的理学思想颇有论证欠严密、不能自圆其说之处,也难怪乎王阳明不满意、湛若水等亦颇有微词。方献夫不但不苟同于朱子之学,与王阳明亦有多次学术交锋,言辞颇为激烈,同时亦要求湛若水与王阳明辩明异同。旷日持久,不改所守。这份学术坚持,实属可贵。

四、特立独行的理学家

学术乃天下之公器,当不以人事为转移。"苟非存大公之心,秉中正之说,以期至乎一是之地,则未免以乱易乱耳。先贤所谓非徒无益而反害之者也。伏乞高明深体此言,虚其心,大其量,从容涵泳,反覆精思,不事安排,不立议论,不论古今,不论人我,惟理是求,惟

---

① (明)方献夫:《柬王阳明(四)》,《西樵遗稿》卷8,第520页。
② 龙伟明:《西樵遗稿》"评介",《西樵遗稿》,第17页。龙伟明先生《西樵遗稿》"评介"关于"方献夫的理学思想"部分中,对方献夫的理学思想有深入的分析与论述。

至当之归，则非惟斯道之幸，亦吾人问学之实事也。"① 由"尚辞""讲说"而慨然有志于圣人之道，方献夫之学可谓"善变"，但其"惟理是求"的学术精神却始终如一。

清幽之境，论道之友。方献夫学术品格的形成与高度自信源于"虚心体会""切己观求"的涵养工夫，亦与其栖居樵山有莫大之关系。心服阳明之学，于格物、博文之说终不苟同；本程门之说，于率性之说又别创新解；与湛若水等过往论道，亦不改其平生之所守。其特立独行的理学精神影响于岭南士人者颇深。康有为主持维新变法运动，亦读书樵山，入而论学，出而经世，与方献夫有类似之经历。地同，时异，事类，其间或有某种道不清、割不断之联系。

---

① （明）方献夫：《复湛太史（七）》，《西樵遗稿》卷8，第509—510页。

两广总督阮元的对外思想
——以伶仃岛事件为中心

高君丽　陈文源

摘　要：1821年12月15日，英国皇家战船"土巴资号"上的水手与伶仃岛村民发生激烈的冲突，造成中方两死四伤，英方十四伤。英商借口无权管辖国王的战船，拒不配合调查，时任两广总督阮元通过行商与英商展开了漫长的交涉。交涉的过程展现了阮元处理涉外事务的策略：第一，严守华夷秩序，努力维护天朝尊严；第二，以武力为后盾，和平协商为目的。伶仃岛事件的结局是两种文明碰撞、相互妥协的结果，这为研究千年大变局背景之下两广督抚的对外思想提供了一个案例。

关键词：晚清；阮元；伶仃岛事件

阮元（1764—1849），字伯元，号芸台，江苏扬州人，乃清朝嘉道时期的封疆大吏。历任山东学政、浙江巡抚、湖广总督、两广总督和云贵总督等。其中，于嘉庆二十二年（1817）九月至道光六年（1826）任两广总督。学界对阮元在外交上的贡献多持肯定、褒扬的态度，如：陈居渊肯定阮元在严禁鸦片、整顿防务、捍卫疆土等方面的

作者简介：高君丽，暨南大学中国文化史籍研究所2021级博士研究生。陈文源，暨南大学中国文化史籍研究所研究员、博士生导师。

贡献。①陈泽泓认为："阮元加强海防、依法惩处洋人的做法，为禁鸦片输入创造了条件。"②周文林称阮元为"中国最早的禁烟总督"，认为阮元在云南时期向道光皇帝提交的禁烟章程，"虽有不尽人意之处，但颇具这位提倡'实事求是'的乾嘉学人的行事风格"③。王章涛将阮元的外交原则概括为"刚柔相济，恩威并施；利用矛盾，以夷制夷；互惠互利，公正平等；灵活机动，为我所用"④。美国学者魏白蒂广泛收集海内外资料，对阮元在粤期间处理的一系列涉外事务进行了客观的总结和评价。⑤李成良对阮元的外交思想进行了高度的概括，即"猫鼠"理论、公平互惠，互通有无、国体为大，尊严为先、利用矛盾，"恩威"并重。⑥王章涛在《阮元评传》中称："阮元所处的时代是一个中国外交史上一个新阶段的起始期；一个与世隔绝多年、封闭的封建大国不管愿不愿意，还是主动或被动都面临着外交上的新遭遇和各种考验。身为疆臣而又经常涉外的阮元处于时代交替的风口浪尖上，必然充当起外交官的角色并首当其冲。"⑦这些研究成果为深入阮元的涉外思想研究提供了良好的基础。1821年12月15日，英国皇家战船"土巴资号"上的水手与伶仃岛村民发生激烈的冲突，造成中方两死四伤，英方十四伤。时任两广总督阮元以灵活、务实、多元化的策略交涉此事，充分展现其处理涉外事务原则与策略。对此事件，此前虽有学者从治外法权的角度稍事涉及，但仍有较大的讨论空间。本文拟围绕伶

---

① 陈居渊：《阮元》，西安：陕西师范大学出版社总社有限公司，2017年，第42—47页。
② 陈泽泓：《阮元》，广州：广东人民出版社，2008年，第31页。
③ 周文林：《名儒总督阮元》，昆明：云南人民出版社，2016年，第52—57页。
④ 王章涛：《阮元评传》，扬州：广陵书社，2004年，第224页。
⑤ 〔美〕魏白蒂著，朱已泰等译：《清中叶学者大臣阮元生平与时代》，扬州：广陵书社，2017年，第116—144页。
⑥ 李成良：《阮元思想研究》，成都：四川人民出版社，1997年，第91—104页。
⑦ 王章涛：《阮元评传》，第224页。

伶仃岛事件的交涉过程，参考中西文献记载，将阮元的交涉活动置于历史大变局之中，探讨阮元在特殊时期处理涉外重大事件的原则与手段，并进一步揭示其外交思想。

一、伶仃岛事件的缘起

1821 年 12 月 15 日，停泊于外洋伶仃岛的一艘英国皇家军舰的船员上岸取水，与当地村民发生纠纷引起械斗，造成双方人员的伤亡。接报后，时任两广总督阮元派澳门同知顾远承前往调查。阮元将初步调查结果与英商经行商陈情的情况向朝廷汇报称：

> 道光元年十一月二十一日，兵船内夷人上岸取水，并带羊只赴山牧放，民人地内种有番薯，被夷人摘食，羊只亦践食薯苗；又误将民人酒坛踢翻。民人追夺索赔，互争斗殴，被夷人伤毙民人。并据洋商呈递该国兵官礼知逊禀称：派三板艇往山取水，村人下来打伤英国人十四名等语。①

这里强调的是英国人违反禁令私自上岸取水，并且毁坏当地居民的财物而引起的纠纷。后经新安知县温恭顺验明，中国方面有两死四伤。②

1822 年 8 月 30 日（道光二年七月十四日）都察院左都御史、户部侍郎果齐斯欢根据新的调查情形上奏称：

> 据广东新安县民人黄奕通，以洋商故纵夷匪，两命莫偿等词，赴臣衙门具控。臣等共同讯问，该民人全系土音，语不明晰。查据原呈内称，该民人住县属南蛇塘村，上年有英吉利国船只，湾

---

① 中国第一历史档案馆编：《鸦片战争档案史料》第 1 册，上海：上海人民出版社，1987 年，第 34 页。
② 中国第一历史档案馆编：《鸦片战争档案史料》第 1 册，第 35 页。

泊村边，至十一月二十日，夷人上岸打淡水，盗挖番薯，经村人斥逐。该夷人挟嫌，即于次日统兵百余人，持械掳掠，又用大炮轰击，身胞兄黄奕明、女婿池大河登时殒命。合村房屋多被打毁。抢夺衣物，计赃一万余两。当禀本县，温知县准报人命，不准报掳抢。①

死者黄奕明的兄弟黄奕通的控诉，不仅强调了英国偷盗财物，更强调了事件的性质属于"肆意报复"。

东印度公司翻译员兼中文秘书马礼逊全程参与了这次交涉，他在《马礼逊回忆录》中《伶仃案纪实》对事件的起因记载相当详细：

> 1821年12月15日，由里查森任舰长的"土巴资号"军舰，当时在广州派出小艇登陆取饮用水，并让船员在山溪里洗衣物。为了阻止海员和村民争斗，长官特别留意没有让船员从船上带武器，并且派了长官监督他们的行为。中国人由于积怨，船员几乎刚上岸就敲响了锣——报警的信号，所有的人都用农具武装起来，长竹竿的一端绑着刀当作长矛，有的拿着棒子、石头等攻击海员，显然是要伤害他们或杀死他们。船上的人看到船有危险，中尉从船上放枪，同时派了一队海军去救他们。但已经晚了，英国人中有14名争斗者受伤，6名受重伤；1名叫作黄亦明的中国人被杀，另有5人受伤，其中有1人因伤势过重死了。②

马礼逊认为英国船员和中国村民的矛盾由来已久，他们在极力避免与中国村民的冲突，是遭到中国村民的攻击才拿起武器自卫的。此外，其他西方文献的记载也大同小异，如当时东印度公司职员德庇时的

---

① 中国第一历史档案馆编：《鸦片战争档案史料》第1册，第46页。
② 〔英〕艾莉莎·马礼逊编，杨慧玲等译：《马礼逊回忆录（下）》，郑州：大象出版社，2019年，第706页。

《中国人：中华帝国及其居民概述》①、马士主编的《东印度公司对华贸易编年史》第四卷②，时任东印度公司董事会秘书彼得·奥贝尔的《中国政府、法律和政策大纲》③等著作均将命案的责任推给中国的村民。

二、广东政府对伶仃岛命案的处理

伶仃岛事件不仅是命案，还牵涉邦交关系，自然引起广东政府的高度重视。只是根据初步调查结果，当事人各执一词，而英国商人也以种种理由阻挠广东地方官询问与取证，使得案件办理的进度十分缓慢。从整体而言，广东政府处理此案件经历了三个阶段。

第一阶段：态度强硬，封锁贸易

命案发生后，英国"土巴资号"舰长里查森向东印度公司特选委员会报告此事，并于12月19日于城门口向总督投递信件，这封信由马礼逊进行翻译，强调了中国人受到伤害是由于他们行为不当所致，④要求广东地方政府惩治犯罪。⑤第二天，行商将特选委员会确认的信函呈送两广总督阮元，阮元表示会派人前往伶仃调查。在调查的过程中，阮元循例查找以往有关中外命案的记录，以便参照审理，但发现官府档案中并无涉及外国皇家战船的相关记录。⑥于是，便按照常规，经由

---

① John Francis Davis, *The Chinese:A General Description of the Empire of China and Its Inhabitants*, vol. I, New York: Harper & Brothers, 1836, p.106.
② 〔美〕马士著，区宗华译：《东印度公司对华贸易编年史 1635—1834年（第4卷）》，广州：广东人民出版社，2016年，第31页。
③ Peter Auber, *China:An Outline of Its Government, Laws, And Policy*, London: Parbury, Allen, and Co, 1834, p.288.
④ 〔英〕艾莉莎·马礼逊编，杨慧玲等译：《马礼逊回忆录（下）》，第706页。
⑤ Peter Auber, *China: An Outline of Its Government, Laws, And Policy*, p.288.
⑥ 中国第一历史档案馆编：《鸦片战争档案史料》第1册，第35页。

十三行行商与英国东印度公司交涉，希望英国方面能够交出涉案人员协助查验、取证："随饬洋商传谕该国寓粤之大班等，著交凶夷，并委员前往会同新安县查验伤毙民夷，分别究办。"① 但广东政府的要求遭到了英国方面的推诿和阻挠，其舰长毕查森不同意将受伤的船员抬到岸上查验伤势，又不允许中国官员在英国皇家军舰开设法庭。②

初步交涉的结果令阮元有些挫败感，斥责英国人的做法是对天朝的藐视，有损中国官府的尊严。③ 阮元为维护天朝法律尊严，按照清律以命抵命的原则，坚决要求英国方面交出两名"凶夷"④，否则威胁停止与英国的贸易。1月22日，英国大班咸臣以职权有限为由拒绝配合广东官府的调查，认为"英国皇家战船的舰长不受他们控制，因此总督要求他们做的事情是绝不可能的"⑤。阮元则认为："该大班何得将买卖、兵船分为两事。况历来夷人与民人交涉之事，俱系谕饬洋商传谕该大班办理，该大班既在粤省承管该国事务，该国兵船伤毙民人，岂能借词推诿？"⑥ 奥贝尔摘录了阮元的部分敕谕："现该国战船原系用以保护与护送商品者。如非从事贸易，何以该国战船无故来此？该头目竟将战船与贸易分为两事，此说可笑熟甚。"⑦

考虑到外国人对中国的法律不够熟悉，阮元向英商特选委员会发送手谕，耐心说明清朝处理相关案件的程序："该外国人等，从前曾与本地人发生事端，按例向由行商传谕该头目应如何办理。嘉庆十三年，该国战船借口保护葡萄牙人，竟驶来澳门。其事较当前更与商务无关，

---

① 中国第一历史档案馆编：《鸦片战争档案史料》第1册，第34页。
② 〔英〕艾莉莎·马礼逊编，杨慧玲等译：《马礼逊回忆录（下）》，第706页。
③ 〔英〕艾莉莎·马礼逊编，杨慧玲等译：《马礼逊回忆录（下）》，第706页。
④ 〔英〕艾莉莎·马礼逊编，杨慧玲等译：《马礼逊回忆录（下）》，第706页。
⑤ 〔英〕艾莉莎·马礼逊编，杨慧玲等译：《马礼逊回忆录（下）》，第707页。
⑥ 中国第一历史档案馆编：《鸦片战争档案史料》第1册，第35页。
⑦ Peter Auber, *China: An Outline of Its Government, Laws, And Policy*, p.290.

当时仍下令该头目，强使他令战船开走。该头目既然暂居广州，经办该国事务，是以无一事彼不能经办。战船既已杀害一名乡民，彼何能借词推托，置身事外？殊属不合。"① 由此可见，阮元将英商特选委员会视为英国驻华的全权代表，理应承担协助清朝官员处理两国人民的纠纷。他还认为："鉴于地方大吏从不与该国海军官员正式通讯。在此次事件中，据其代表称，本地人等曾打伤英吉利人14名，是以本官派遣官员带同行商、通事等前往伶仃，询问受伤之外国人，并提出控诉。如该战船实系有人受伤，则该船本应遵照本官命令将其交出，听候查验，以便获取证据，使事实得以查明并加以判决。"②

按照以往的惯例，这类命案经过取证之后会送到省会进行审理，如同年的德兰诺瓦案："押解赴省，饬委广州府钟英、会督广粮通判何玉池、南海县知县吉安、番禺县知县汪云任，提集尸亲人证，审明议拟，由署臬司费丙章复讯具详前来。"③ 但英国方面却要求在船上按照英国的法律进行审理，阮元表示坚决的反对，强调英国人的话语不可信："竟突然要求派往船上之官员举行审讯，此事不仅有违体制，且其事无法照办，于是借词蛮顽抗拒，是以引起14人受伤一说，疑其泰半系属虚假。"④ 阮元将谕令传达至每一艘英国船上，委员会认为这是分化英国人的手段，对此表示强烈的抗议，称所有的船员没有与中国政府通讯的权利。在双方陷入胶着状态之际，行商提醒委员会主席只要允许番禺知县上船检查伤势，进行取证，事情很快就能平息。里查森表示他会礼貌接待任何到船的人，但绝不允许任何司法检查。⑤ 交涉无效之后，

---

① Peter Auber, *China: An Outline of Its Government, Laws, And Policy*, p.290.
② Peter Auber, *China: An Outline of Its Government, Laws, And Policy*, p.291.
③ 中国第一历史档案馆编：《鸦片战争档案史料》第1册，第30页。
④ Peter Auber, *China: An Outline of Its Government, Laws, And Policy*, p.291.
⑤ Peter Auber, *China: An Outline of Its Government, Laws, And Policy*, p.292.

阮元于12月25日按照以往的惯例禁止中英贸易："向例该国夷人如敢违抗天朝禁令，即将货船封仓，禁止贸易。臣即查照旧章，饬令洋商传谕该大班，将该国在粤货船一律封仓，毋许上下货物，内有已经满载之哑吡哂等三船，准给红牌，令其乘风开行回国。其余十船，须俟交出凶夷后，方准开仓下货。"①

第二阶段：有条件的妥协——交出凶手

1822年1月5日，特选委员会得知阮元将以1784年炮手事件为例处理伶仃岛事件，故决定全面撤离广州，②并致函阮元，请求允许他们带走所有私人货物。③1月7日，行商再次向特选委员会说明清朝的司法程序，并表示总督在审阅信函后态度"冷静而坚定"。为此，委员会召开会议，认为清朝政府长期以来在处理涉外命案时不公正，并在此事的处理上达致共识，"绝不会将他的任何人员交给中国审判"④。他们甚至威胁说，宁可"率同各货船放空回国"，也不可将"凶夷"交出。而阮元态度也十分坚决，强调"封舱之事，原令大班著交凶夷，如该国早将凶夷交出，即可早日开舱，不必疑虑。若延不交凶，即货船放空回国，天朝亦断不留阻，令洋商明晰开谕去后"⑤。当然，英国舰长里查森并非真心放弃眼前的利益，因此还是侥幸地致信总督阮元，希望对立情绪能有所舒缓，但因信函翻译问题被阮元原封不动地退回。于是特选委员会决定于1月10日将商船驶往黄埔，最后驶出珠江口，以示离开的决心，同时他们还致信两广总督阮元，重申其无权管辖国

---

① 中国第一历史档案馆编：《鸦片战争档案史料》第1册，第35页。
② 〔美〕马士著，区宗华译：《东印度公司对华贸易编年史1635—1834年（第4卷）》，第36页。
③ 〔英〕艾莉莎·马礼逊编，杨慧玲等译：《马礼逊回忆录（下）》，第709页。
④ Peter Auber, China: An Outline of Its Government, Laws, And Policy, pp.293-296.
⑤ 中国第一历史档案馆编：《鸦片战争档案史料》第1册，第35页。

王的船只,只得离开。①

1822年1月12日,英国商船沿河而下,停留在壕墩。因为担心军舰畏罪潜逃,阮元还派行商前往澳门了解英国军舰的行踪。其实阮元也不想将事情闹僵,13日,他再次发文强调,只要确保交出凶犯,即可照开舱纳税,进行正常的贸易,"否则你们的贸易仍将禁止"。②1月16日,阮元询咨行商抓获凶犯的途径,但排除采用武力的可能,称"既然他们让公司的船离开,不发给他们离港执照,假如他们选择撤离中国,炮台不会用武力扣留他们"③。从可以看出,在交涉的过程中,阮元尽量避免与英国人发生正面的武力冲突,处理的手段也是相对温和友好的。然而,英国方面依然坚称其船员的行为属于自卫,但特选委员会想再次尝试缓和双方的对峙态度,1月18日,派人到广州送信表示:"海军舰长此前称伶仃案涉及人命,非常重要,应该递交英王,按照法律对涉案双方进行审讯。"④1月20日,行商将信函转呈两广总督阮元。⑤1月25日,阮元对英国舰长的做法明确表示反对,拒绝他们的方案。⑥不得已,英国舰艇与商船共十四艘从虎门出发,顺着北风南行,"在性能优良的罗斯船长'宪章号'的指引下,船队没有引水员就安全地通过了"虎门,马礼逊描述这一场景时,语气颇为自豪:"虽然这不是一件愉快的事情,但是这些公司船排成一列,场面蔚为壮观。""英王'土巴资号'有36门炮,里查森任舰长,停泊在穿鼻,

---

① Peter Auber, *China: An Outline of Its Government, Laws, And Policy*, pp.297-298.
② 〔英〕艾莉莎·马礼逊编,杨慧玲等译:《马礼逊回忆录(下)》,第712页。
③ 〔英〕艾莉莎·马礼逊编,杨慧玲等译:《马礼逊回忆录(下)》,第713页。
④ 〔英〕艾莉莎·马礼逊编,杨慧玲等译:《马礼逊回忆录(下)》,第713页。
⑤ 〔英〕艾莉莎·马礼逊编,杨慧玲等译:《马礼逊回忆录(下)》,第715页。
⑥ 〔美〕马士著,张汇文等合译:《中华帝国对外关系史》第1卷,上海:上海书店出版社,2006年,第119页。

公司船队也驶往穿鼻。"①双方在穿鼻发生了武装冲突，中方瞄准船点燃导火索，"土巴资号"立即给予还击。马礼逊在回忆录里指责阮元背信弃义："总督原来许诺说炮台不会开火，但是却靠不住。"②但到四点英国的船队安全停靠在穿鼻，说明这次冲突规模并不大，持续的时间并不长。

可以看到，在这一阶段中，英国以全面撤离中国为要挟，其核心诉求是命案不该牵连贸易。阮元虽然做出了策略调整，同意只要交出"凶夷"就能重开贸易，但其维护天朝法律尊严的决心不变，故不会改变"一命抵一命"的原则，双方陷入相互拉锯的胶着状态。短暂的武力交锋之后，双方需要一个可以妥协的平衡点。

第三阶段：对英妥协，交由英国政府处置

在双方僵持不下之时，广东行商居中斡旋。1月28日，行商奉劝特选委员会不要离开且耐心等待消息："我们有重要的话要告诉你们，因此我们请你们不要再搬运货物，而且不要走远等我们去。"这消息透露出事情的转机。1月29日，行商中有一位人称为"外江人"的老先生前往"滑铁卢号"，建议英国人给中国官府写信，声明里查森舰长已确认两名凶手失踪，但英国人没有同意。尽管如此，英方也许感觉还有回旋的余地，因此由里查森舰长致函两广总督阮元，阐明自己的立场，并在信中暗示他要离开的消息。③

2月1日，行商通知特选委员会广东政府计划派员前往伶仃调查真相，而委员会也意识到完全撤离中国的做法太过极端④，双方实际上

---

① 〔英〕艾莉莎·马礼逊编，杨慧玲等译：《马礼逊回忆录（下）》，第718—719页。
② 〔英〕艾莉莎·马礼逊编，杨慧玲等译：《马礼逊回忆录（下）》，第719页。
③ 〔英〕艾莉莎·马礼逊编，杨慧玲等译：《马礼逊回忆录（下）》，第720页。
④ Peter Auber, *China: An Outline of Its Government, Laws, And Policy*, p.303.

都做出了一定的妥协。2月4日，广东政府官员登上英国军舰，和里查森舰长面谈，参加者还有"土巴资号"的头等中尉、医生与马礼逊博士等，由马礼逊博士担任英方的翻译。但广东行商以及那位居中协调的"老先生"却没能上船参与交涉。①据日后报告，广东官员检查了受伤船员的伤势，讨论了案件的起源和过程。阮元的奏折对这天的状况进行了细致的记录：

> 经藩司程国仁、署臬司费丙章，酌委卸任番禺县知县汪云任及东莞县知县仲振履，与水师将备，带同洋人商人等前往查验。该兵官礼知逊率领夷兵免冠摆队迎接，甚为恭顺。验得夷兵店勿连治面色痿黄，睡卧在床，小腹有伤，用药敷盖，未便揭验。据通事传据该夷兵供称：被民人推跌震伤脏腑，并伤小腹，现在腹内十分疼痛。又验得夷兵威林土左等五名，伤已结痂。据该兵官指称，尚有夷兵威林土蔑等八人，伤已平复。至船内夷兵致死致伤民人，现在彼此互推，尚未查出。当日实系民人先伤夷人，以致夷兵伤毙民人。并据该委员等询据洋商声称：兵官不肯交出凶夷，其意以为民人先伤夷兵，因而夷兵致死民人，彼国事例，可以不用抵偿。②

从阮元的这份奏折可以看到，虽然对于案件的讨论并没有形成共识，但是广东官员开始认真对待案件的起因以及英国方面自卫误杀不需要偿命的正当诉求。马礼逊的回忆录称，这次来访并没有达成一个共识，但中国官员对案件的处理做了折中的暗示。

此后，清朝官府通过行商和特选委员会的多次磋商，委员会依然坚持他们无权过问国王的战船立场，希望中国官府能够将商船和战船

---

① 〔英〕艾莉莎·马礼逊编，杨慧玲等译：《马礼逊回忆录（下）》，第722页。
② 中国第一历史档案馆编：《鸦片战争档案史料》第1册，第35—36页。

区分，不要牵连贸易。他们最后承诺："将会汇报董事会，将此事呈报英王，英王或许会惩治舰船上的人。"①2月8日，由于广东政府迟迟无法决断，英舰"土巴资号"启航离开。②而这也给广东官府做出结案的借口："总督发布谕令，宣布战船开走，夷目没有将凶手交出，并准备将全部原委向本国报告，是以准许重新贸易。"③阮元在向朝廷汇报此案件处理意见时称：

> 伊等系属商身，实难管理兵船事务，且兵船已经开行，伊等实在无可如何，只得将此事本末，写书寄与伊国公班衙知道，官为奏办。且兵官礼知逊，前亦禀明回国时，必将此事奏知国主，照例究办。至兵船滋事，实与伊等贸易之人无涉，倘蒙准令伊等回馆，照常开舱贸易，伊等与众夷商，感戴不尽等情。臣查该兵船既已驶逃，凶夷自必随往，该大班等现在无从著交，所禀自系实情。现饬洋商传谕该大班等，准令各船开舱下货，仍饬大班等告知该国王，查出凶夷，附搭货船押解来粤，按名交出，听候究办。④

从结果来看，广东政府在这起命案中做出了极大的妥协，在一种虚妄的承诺下，凶手没有受到任何的惩罚，却同意恢复贸易。此外，阮元还温情地告诫英国，现在粤海安宁，今后无须派战船来华保护商船。24日，英商离开穿鼻，25日到达广州。27日广东政府发布一份相当长的谕令，内容包括整个事件的来龙去脉。⑤但是，英国人批评说这道谕令充满了谎言："提供了地方当局及对皇帝及其大臣实行欺骗的

---

① 〔英〕艾莉莎·马礼逊编，杨慧玲等译：《马礼逊回忆录（下）》，第724页。
② 〔英〕艾莉莎·马礼逊编，杨慧玲等译：《马礼逊回忆录（下）》，第723页。
③ Peter Auber, *China: An Outline of Its Government, Laws, And Policy*, p.305.
④ 中国第一历史档案馆编：《鸦片战争档案史料》第1册，第36页。
⑤ 参照中国第一历史档案馆编：《鸦片战争档案史料》第1册之《道光二年正月十八日（1822年2月9日）两广总督阮元究办英吉利夷人伤毙内地民人一案折》，第34—37页。

一个惊人的事例。"①1822年4月17日,朝廷批复处理意见,同意阮元的处理方案,并对英国严加防范。②至此,案件将会不了了之,正如1822年10月7日马礼逊致函乔治·斯当东爵士所说的那样:"中国官府期待英国方面在预定期限过后就'伶仃事件'做出答复。我不知道英国政府会有何举动。保持沉默或是不作为似乎是对东印度公司和英国不负责任的行为,可是他们又能做什么呢?"③

三、伶仃岛事件的余续

死者家属黄奕通对官府的处理结果相当不满,先后于1822年2月24日、3月23日赴广东巡抚、两广总督处投诉④,在得不到合理的回应后,又赴京城的都察院上诉:"以洋商故纵夷匪,两命莫偿,赴臣衙门具控。"据都察院左都御史、户部左侍郎果齐斯欢于8月30日上奏道光帝称:"臣等查民人黄奕通所控等情,案关外夷遏凶毙命,洋商捏报脱逃,虚实均须究办。"⑤随后,朝廷责令阮元查明事情的原委,说明黄奕通是否有捏造证词,地方官是否有意大事化小,洋商是否企图蒙混过关等。1823年3月4日,阮元上奏禀明,"洋商伍敦元等讯无捏逃谎禀及包揽私货"。黄奕通有诬告之罪,按律应该杖一百,流放三千里,念其有自首行为,免其罪责。至于在逃凶手,只能待英国商人的回应:"臣于上年正月饬令英夷大班,告知该国王查出,附搭货船解粤,核计程期到粤必应交出,各洋商等虽无蒙蔽包揽等情,但著交凶

---

① Peter Auber, *China: An Outline of Its Government, Laws, And Policy*, p.305.
② 中国第一历史档案馆编:《鸦片战争档案史料》第1册,第39页。
③ 〔英〕艾莉莎·马礼逊编,杨慧玲等译:《马礼逊回忆录(下)》,第467页。
④ 故宫博物院辑:《清代外交史料》(道光朝),台北:成文出版社,1968年,第68页。
⑤ 中国第一历史档案馆编:《鸦片战争档案史料》第1册,第46页。

夷实其专责，如再有延误，致违定例，即系有心结交夷人，届时再当奏请，严加究办。"①

恰于本月，英商特选委员会回到了广州，阮元通过行商与其沟通，力诉在下一季商船到来时，英国应交出伶仃命案中的两名罪犯，否则行商就要承担重大责任。对于中方的交涉，特选委员会表面上虚与委蛇，但背后却讥讽说："无论中国政府还是行商们设想让英国送来或放弃任何一个人都是荒谬的；如果总督和他的同僚真的愚蠢到以为我们会这么做，那他们纯属自欺欺人。"②当得知了黄奕通上诉到朝廷时，英方利用私人关系获取了黄奕通的请愿书，并通过胡夏米翻译知悉两广总督的意图，即敦请马礼逊尽快予以干预。③

时隔半年后，于9月24日，阮元再次上奏，对案件的后续发展进行汇报，认为英国声称巡船尚未回国，属于饰词，但该国礼知逊畏惧本国责罚，在大洋观望，延期回国，实属实情。案件已经发生了两年，凶犯畏罪潜逃，而且广东和英吉利相隔数万里，追责困难，建议将案件交由英国自行处置，也好能够早定罪名。朝廷对此答复"依议妥办"④。1823年11月17日，马礼逊给乔治·斯当东爵士的信中再次提及伶仃案，称："广州还是去年的总督。伶仃案还没解决，只是延期——我不知道最后地方政府怎么了结此案。"⑤

1823年，英方在其国内正式审理伶仃岛案件，两名嫌犯不仅没有受到应有的法律惩罚，反而获得了殊荣，德庇时记载："1823年，重审伶仃岛案件，但最终两名嫌犯获得释放。土巴资的中尉回国后被军事法庭审理，被无罪释放。审判的结果由帝国海外委员会转达给总督。

---

① 故宫博物院辑：《清代外交史料》（道光朝），第87页。
② 〔英〕艾莉莎·马礼逊编，杨慧玲等译：《马礼逊回忆录（下）》，第492页。
③ 〔英〕艾莉莎·马礼逊编，杨慧玲等译：《马礼逊回忆录（下）》，第493页。
④ 中国第一历史档案馆编：《鸦片战争档案史料》第1册，第52—53页。
⑤ 〔英〕艾莉莎·马礼逊编，杨慧玲等译：《马礼逊回忆录（下）》，第502页。

然而，它由委员会自由决定是否提交，因为他们可能认为最合适时机是收到诏书的那一刻。"① 英国大班咸臣因在伶仃事件中的表现出色，荣获英王乔治四世授予爵士的荣誉。②

1826 年，死者的儿子黄盛泰趁新任总督李鸿宾到任之际再次提出上诉，要求索赔。③ 英国方面依然宣称此事已经交由英国政府处理，他们无权过问。④ 李鸿宾只好继续向行商施压，伍敦元为了摆脱困境，交付了 50 万元巨款得以退休卸任。⑤ 事实上，此案最终乃不了了之，但对中英之间也产生了一定的影响，正如马礼逊评述那样："这一事件不仅影响东印度公司的经济利益，还关系到英国的国家尊严。"⑥

四、阮元的涉外事务策略

广州作为当时唯一的通商口岸，是清朝了解外部世界变化的重要窗口。阮元作为清王朝的封疆大吏，他要面对的是日益强大起来的整个西方社会。正如斯塔夫里阿诺斯在《全球通史：从史前史到 21 世纪（下册）》所言："1763 至 1914 年间作为一个欧洲直接或间接成为全球主人的时期，在世界历史上具有突出地位。欧洲的霸权不仅在政治领域——以大殖民帝国的形式——表现得很明显，而且在经济和文化

---

① John Francis Davis, *The Chinese: A General Description of the Empire of China and Its Inhabitants,* vol. I, pp.108-109.
② 〔英〕艾莉莎·马礼逊编，杨慧玲等译：《马礼逊回忆录（下）》，第 725 页。
③ 〔美〕马士著，区宗华译：《东印度公司对华贸易编年史 1635—1834 年（第 4 卷）》，第 146 页。
④ 〔美〕马士著，区宗华译：《东印度公司对华贸易编年史 1635—1834 年（第 4 卷）》，第 147 页。
⑤ 〔美〕马士著，区宗华译：《东印度公司对华贸易编年史 1635—1834 年（第 4 卷）》，第 148 页。
⑥ 〔英〕艾莉莎·马礼逊编，杨慧玲等译：《马礼逊回忆录（下）》，第 444 页。

领域中也表现得十分突出。"① 阮元治粤十年，处理了诸多的对外事务，面对代表异质文明的西方世界的挑战感受颇深。透过阮元处理伶仃岛事件的整个过程，可以较为清晰地看到阮元的涉外事务策略。

第一，严守华夷秩序，努力维护天朝尊严。据目前所见的资料记载，阮元共处理了五起涉外命案，分别是1820年英国"约克公爵号"的过失杀人案、1821年"麦尔威里夫人号"的死亡案、1821年美国船只"急庇仑号"的德兰诺瓦处死案、1821年英国皇家"土巴资号"船事件（伶仃岛事件）、1824年"保尔卡拉伯爵号"的虚控案，② 奥贝尔在《中国政府、法和政策大纲》中指出在当时的广东，中国居民与外国人的命案冲突属于普遍现象："他们行使了必要的自卫权，打击他们的迫害者，在这样一种状态中，自然会常常闹出人命来。"③ 阮元也说："查各夷船日久停泊粤洋，与民人争殴伤毙，事所常有。"④ 由此可知，上述五个案件，只是涉及中外司法冲突的典型案例。

严守华夷秩序，维护天朝体制，是阮元对外交涉策略的核心。作为嘉道年间声名远播的经学家，阮元对华夷秩序有着深刻的认知，《春秋左传正义》卷五十六有言："两君合好，而裔夷之俘，以兵乱之，非齐军所以命诸侯也，裔不谋夏，夷不乱华，俘不干于盟，兵部逼好，于神为不祥。"阮元将其解释为："裔不至乱华，正义曰：'夏也，中国谓之华，华夏一也。'莱是东夷，其地又远，裔不谋夏，言诸夏近而莱第远，夷不乱华，言莱是夷而鲁是华，二句其旨大同，各令文相对耳。"⑤ 现代

---

① 〔美〕斯塔夫里阿诺斯著，董书慧等译：《全球通史：从史前史到21世纪（下册）》，北京：北京大学出版社，2005年，第625页。
② 〔美〕马士著，张汇文等合译：《中华帝国对外关系史》第1卷，第117—119页。
③ Peter Auber, *China: An Outline of Its Government, Laws, And Policy*, p.292.
④ 中国第一历史档案馆编：《鸦片战争档案史料》第1册，第29页。
⑤ （清）阮元：《春秋左传正义》卷56，《十三经注疏附校勘记》，北京：中华书局，1980年，第2148页。

学者唐伟华认为："华夷观念不仅主宰了传统时代的对外政策，它的影响更渗透于涉外司法的各个方面。华夷之辨更是构成清代涉外思想理念的一个基本要素。"① 和以往的广东官员一样，阮元在奏折中称所有的外国人为"夷"，外国人向广东官府递交书信，需要按照中国的格式进行，马礼逊对此表示不满："这份底稿中声明它是根据委员会给行商的最近一封信起草的，只是对态度和风格进行了修改，降为一种奴仆式的口吻。代词'我们'被换成汉字'夷'——外国人的中文译名，但这个字有'不属于中国的'、卑微的意思，就像古希腊人用的野蛮人这个词一样。"② 阮元多次拒绝与里查德森舰长直接通信，也是在严守华夷秩序，维护天朝的体制，因为清朝的制度规定，地方官员不能与外商直接接触，只能通过行商这个中介进行交涉。里查森舰长直接向总督递交书信这种行为，是对当时的广州体制赤裸裸的挑战，是对华夷秩序的破坏，阮元自然不会接受。

严守华夷秩序的根本目的是维护天朝尊严。阮元以《大清律例》卷五的第三十四条"化外人有犯"一条和乾隆年间策楞制定的"乾隆九年例"为法理依据，处理涉外命案："查明例载：化外人有犯，并依律拟断。又律载：斗殴杀人者，不问手足他物金刃，并绞监候。又乾隆八年前督臣策楞奏准，嗣后民番有谋故斗殴等案，若夷人罪应绞者，该县于相验时，讯明确切，通报督抚，详加复核。如果案情允当，即批饬地方官，同该夷目将该犯依法办理，免其交禁解勘。仍一面据实奏明，并将供招报部等因。遵照在案。"③ 从伶仃岛事件的整个交涉过程中，可见阮元一直在尝试维护天朝体制的尊严。

---

① 唐伟华、黄玉：《清代广州涉外司法问题研究1644—1840》，北京：中国社会科学出版社，2009年，第177页。
② 〔英〕艾莉莎·马礼逊编，杨慧玲等译：《马礼逊回忆录（下）》，第724页。
③ 中国第一历史档案馆编：《鸦片战争档案史料》第1册，第31页。

第一，停止中英贸易，不惜牺牲关税以逼迫英国人就范。用全球化的眼光来看，全球性的经济体系已经形成，中英双方都是需要贸易的，卫三畏在《中国总论（下）》中也提到在处理类似的事情时，禁止贸易对双方皆不利："处理此事的过程中，双方都有不小顾虑，因为贸易的价值如此重要，谁都不愿意真的中断。"①阮元在回顾此事时也提到："时兵船已诡避在外洋，将匝月，我待之益坚。大班乃率各夷人全下黄浦大船，禀称：'无可如何，只好全帮回国，不做买卖。'我发印谕言：'尔愿回，即回！天朝并不重尔等货税。'于是英国大货船二十余号，收拾篷桅，作为出口之势。"②这都说明，禁止贸易在一定程度上可以遏制外国人嚣张气焰。其次，有条件的妥协，但坚持"一命抵一命"的原则。停止中英贸易后，面对英国全面撤离地威胁，阮元对英国人有所妥协，提出有条件地重开贸易。当时澳门的葡萄牙人提出要替双方调解，指出了阮元的坚持："他管理的难题既然有两名天朝帝国的子民被杀，就必须由两名英国人偿命，否则贸易就会永远停止。"③最后，案件不了了之，说明面对西方，清朝大臣并无太好的办法应付，最多也只是进行口头上的训诫，如德兰诺瓦案后"臣复谕饬洋商伍敦元等，传谕该大班，当知天朝法度尊严，该夷人既赴内地贸易，自应安静守法。该大班及船主等，务须时时戒饬船内水躺人等，毋许滋事逞凶"④。

第二，以武力为后盾，和平协商为目的。嘉庆十三年英国兵船炮击澳门，时任两广总督吴熊光因没能及时采取防御措施，受到朝廷的

---

① 〔美〕卫三畏著，陈绛校，陈俱译：《中国总论（下）》，上海：上海古籍出版社，2005年，第908页。
② （清）梁章钜：《浪迹丛谈》，石家庄：花山文艺出版社，1991年，第20—21页。
③ 〔英〕艾莉莎·马礼逊编，杨慧玲等译：《马礼逊回忆录（下）》，第721页。
④ 中国第一历史档案馆编：《鸦片战争档案史料》第1册，第31页。

责罚，后任者无不引以为戒。1818年，新任两广总督的阮元就意识到控制外国势力的紧迫性："窃臣蒙恩简界海疆，以控制外夷为最要之事。"①到广东之后，巡视澳门，亲历中路内外洋面，加强对以英国为主的西方势力的监控。阮元还向朝廷上奏提出防范英兵入侵的三大策略："一则封舱停止贸易；二则断其食用买办；三是或开炮或火攻，毁其擅入内洋之兵船。"朝廷肯定了前两条，对第三条则认为应该谨慎："此一节应慎重，不可启彼之心，我兵未必甚壮，因循固不可，孟浪亦致误事。"②5月，针对第三条批复阮元再次上奏，强调了加强海防和兵防的重要性和可能性。③为此加紧修建大虎炮台和大黄窖炮台等，构成严密的海防体系："此台之外，有沙角炮台，为第一门户。进而横档镇远为第二门户，此大虎为第三门户。又于大虎之内，新建猎德、大黄二炮台，为第四门户。"④但是阮元对于武力的使用颇为谨慎："不至十分逼近，断不敢轻举妄动，孟浪误事。"⑤

在英国的所有船队做出全面撤离的姿态，阮元加强了军事上的布置，引起了英国人的恐慌，阮元解释虎门炮口为终年常设："于是英国大船二十余号，收拾篷桅，作为出口之势。仍上禀云：'大人既许回国，何以炮台上又设兵炮？'我又加印谕言：'虎门炮台，本是终年常设，并非此时待尔等出口，欲加轰击。且天朝示人以大公，岂有许

---

① 中国第一历史档案馆、澳门基金会、暨南大学古籍研究所合编：《明清时期澳门问题档案文献汇编2》，北京：人民出版社，1999年，第129页。
② 中国第一历史档案馆、澳门基金会、暨南大学古籍研究所合编：《明清时期澳门问题档案文献汇编2》，第129页。
③ 中国第一历史档案馆、澳门基金会、暨南大学古籍研究所合编：《明清时期澳门问题档案文献汇编2》，第130—132页。
④ （清）阮元：《研经室集·二集》卷7《广州大虎山新建炮台碑铭》，王云五主编：《丛书集成初编》（2203），上海：商务印书馆，1936年，第512页。
⑤ 中国第一历史档案馆、澳门基金会、暨南大学古籍研究所合编：《明清时期澳门问题档案文献汇编2》，第132页。

尔等回国，复行追击之事。'于是各船不得已而出口。"① 在这种我强敌弱的前提之下，阮元完全可以依靠武力强迫英国人交出凶手，但阮元依然坚持以和平协商为主的对外策略，多次派遣行商向英国人解释中国的司法程序，寻求和平解决的途径。阮元向英国人承诺过不会开火，双方在穿鼻发生过短暂的军事冲突，但目前的材料只有马礼逊的回忆录，具体内容不明。但可以推断，冲突的规模小，持续时间也不长，也没造成双方人员的损失，从侧面印证了阮元对战争手段的克制。

从伶仃岛事件来看，阮元的策略确实获得了一定的效果。首先，英国的皇家战船暂缓来华："今后在和平时期，陛下战船不得前往中国，除非有印度大总督或广州大班特选委员会的要求。"② 阮元自己也颇为自豪地说："而四、五、六年间，此种兵船亦实不复至。"③ 其次，促使英国人加强对船员的纪律约束。1822 年 12 月 1 日，马礼逊发表《改善在华外国海员的道德状况的倡议书》中提议建立流动教堂以减少海员周末的外出滋事："礼拜日只是让他们有时间去酗酒、和中国人争吵。一所流动教堂每天布道两次，可以提供一种理性的休息方式，为选择来到教堂的海员提供宗教和道德教导。"④ 12 月 8 日，由马礼逊提议，东印度公司特选委员会牵头的海员教堂在黄埔成立，马礼逊为海员布道。最后，禁止鸦片贸易取得一定的成效。伶仃岛事件中的禁止中英贸易一度中断了英国鸦片在中国的输入，同时阮元禁烟的严厉态度也在一定程度上震慑了英国鸦片贩子："总督从来不敢懈怠任何与鸦片有关的事情。"⑤

---

① （清）梁章钜：《浪迹丛谈》，第 21 页。
② 〔美〕马士著，区宗华译：《东印度公司对华贸易编年史 1635—1834 年（第 4 卷）》，第 42 页。
③ （清）梁章钜：《浪迹丛谈》，第 21 页。
④ 〔英〕艾莉莎·马礼逊编，杨慧玲等译：《马礼逊回忆录（下）》，第 737 页。
⑤ 〔英〕艾莉莎·马礼逊编，杨慧玲等译：《马礼逊回忆录（下）》，第 717 页。

五、余 论

阮元治粤时期,正值西方列强在华势力日渐增长之时,传统秩序面临巨大的挑战,而清朝内部固有的官僚体制逐渐僵化,涉外的行商制度的弊端也日渐显露,英帝国不仅要在经济上打破中国的封闭状态,也在外交体制上冲击着传统的朝贡贸易,更在法理上挑战中国固有的法律传统和天朝尊严。阮元的强硬措施虽起了一定的威慑作用,延缓了他们的到来,但没有从根源上解决问题,"自我去粤后,兵船复来"。从维护天朝的尊严来看,伶仃岛事件的处理效果不如阮元宣称的那般显著,"尚记得嘉庆二十二年,我为两广总督时,首以严驭夷商洋为务,盖洋商受英夷之利益,英夷即仗洋商之庇护,因此愈加桀骜不驯,我每遇事裁抑之"[1]。在伶仃岛命案的交涉过程中,行商居中上下串联,为了商业利益而枉顾天朝尊严,试图以虚假的证词蒙混过关。如在交涉的僵持阶段,一位被英国人称为"外江人"的行商提出了一个可以让地方官府平息案件的计划,即"委员会应该给官府写信,声明里查森舰长确认某人和某人从舰队失踪了。在此基础上制造伪证(在中国,书面声明而非口誓当作证据),他们以此编织合法的借口,证明这两名失踪的人就是凶手"[2]。这位"外江人"还游说广东政府将军舰与商船区别对待,并向英商透露这种趋势:"他只提过去的事情而不谈将来,恭贺委员会被邀请返回广州,像过去一样从事贸易,肯定地说军舰的事情不会牵连公司。行商来信也这么说。"[3]事情的最后结果也如"外江人"的计划般,英国的军舰载着凶手逃离,中英贸易恢复。又据马士的记录,在2月4日广东官员前往英国军舰调查伤员的前一

---

[1] (清)梁章钜:《浪迹丛谈》,第20—21页。
[2] 〔英〕艾莉莎·马礼逊编,杨慧玲等译:《马礼逊回忆录(下)》,第720页。
[3] 〔英〕艾莉莎·马礼逊编,杨慧玲等译:《马礼逊回忆录(下)》,第725页。

天,已经派员提前到穿鼻访问"土巴资号",曾听取了海军上尉讲述有关伶仃事件全部情况:"他本人表示完全满意,并说,他将同样向总督报告。"① 也正是这提前的暗示和疏通关系,2月4日的调查才能够顺利进行。调查结束后,地方官员暗示了英国人应该采取折中的方式,以使双方都能认可接受:"中国官员来访并没有提出任何可以妥协的方案,只是笼统地暗示他们的上级不会调查外国人所述的事实;因此这些官员来访并没有达成协议,而是试图在中国官府认定的原则基础上找一种办法结束这个案子。他们所认定的原则就是英舰上的人杀死了两名中国人,或者两名英国人为此偿命,或者谎称他们逃跑时淹死了,或者说他们乘船逃跑了。"② 可以说,在案件的审理过程中,行商作为居间串联者,时常奉献了很有"建设性"的意见,目的是大事化小、小事化了,尽早恢复贸易,却枉顾清朝的律法与尊严,听任案件交由英方审理,或以一种虚妄的承诺来搪塞朝廷对案件进度的关注,这些实质上也反映出清朝官僚体系内部的腐败。

① 〔美〕马士著,区宗华译:《东印度公司对华贸易编年史1635—1834年(第4卷)》,第42页。
② 〔英〕艾莉莎·马礼逊编,杨慧玲等译:《马礼逊回忆录(下)》,第722页。

海外研究

《宋史翼》证误
——文字篇

王瑞来[①]

摘　要：晚清陆心源所纂《宋史翼》，稽考史籍稗乘，搜检别集方志，分门立传，诚为《宋史》羽翼之作。然而，编纂之际的援引沿误和节录失当，刊刻之际的衍讹脱倒，让自问世以来从未进行过较为彻底整理的《宋史翼》存在许多问题，如不加以全面发覆，则会误导研究者。本文即是从校勘学的视点出发，对刊刻形误、刊刻音误、文字倒置、上下文连属致误、脱误、衍文以及竖写致误、字讹义乖、无据改易、莫名字误、显误等杂误，进行的技术性证误。

关键词：《宋史翼》；校勘学；文字讹误

《宋史翼》作为羽翼《宋史》的补纂之作，遍检群籍，分门别类，因人立传，具有重要的研究价值。即使在史料检索相对方便的大数据时代，作为业已固化的史籍，依然没有失去其存在意义。相对集中的史料汇集，为研究带来了一定的便利，特别是对于《宋史》无传的人物，《宋史翼》往往成为主要引述对象。

不过，由于《宋史翼》一书是编纂者陆心源对原计划改弦易辙后的作品，又是刊行于陆心源去世之后，这样一些成书和刊行的因素，

[①] 王瑞来，日本学习院大学东洋文化研究所研究员、四川大学讲座教授，主要研究方向为中国古代史与文献学。

也使《宋史翼》存在较多的问题。笔者作《宋史翼笺证》，比勘相关文献，就发现有《宋史翼》的许多错误。这些错误既有《宋史翼》对援引文献"与生俱来"错误的承袭，也有在编纂、刊刻之际发生的新问题。对《宋史翼》存在的这些错误，必须指出，方能使研究者在利用之际不致沿误，保证研究质量。①

本篇证误，主要是运用校勘学方法，对《宋史翼》存在的各种形态的讹误进行的指摘发覆。包括有刊刻形误、刊刻音误、脱误与衍文，以及文字倒置、上下文连属致误、竖写致误、字讹义乖、无据改易、莫名字误、显误等杂误。《宋史翼》中还有一些传记由于引述文献本身脱阙，刊刻之际，不得不以方框或墨丁识阙。这样的语句段落难以卒读，不解其意，也须根据相关文献进行补阙。由于《宋史翼》仅刊刻过一次，无版本校的问题，所校均为他校，故引述校证文字皆一仍其旧，未予改易。对这些校勘学上常见的错误予以指摘，读者既可以从中了解校勘学的具体例证，也有助于准确理解史料。所用他校文献，注于页下，不另附参考文献。

一、刊写形误

卷一《张汧传》载：

> 汧又督发山陕所负，入便钱至五十万，大计赖焉。

"山陕"义不可解，检沈辽《云巢编》卷九《张司勋墓志铭》载："又督发川峡所负，入便钱至五十万，大计赖焉。"②按，此即本传史源。据此可知，"山"当为"川"字之形误。

---

① 参见王瑞来：《〈宋史翼〉发覆》，《中国历史研究院集刊》2023 年第 1 辑。
② （宋）沈辽：《云巢编》，《四部丛刊（三编本）》，上海：上海商务印书馆，1936 年，第 45 页。

卷四《岑象求传》载岑象求上疏有云：

　　所以天下无虞，符贶屡至，故依道家之说，造玉清昭应宫。

按，"所以天下无虞"的"所"字，并无承上文之因果语意，于此义不可通，检《国朝诸臣奏议》卷八四所载岑象求《上哲宗论佛老》作"徒"①，知本传当为形误。

卷五《满中行传》载满中行上疏有云：

　　至于横行参假，与夫见、谢、辞官，先过正衙，虽沿唐之故事，然必俟天子御殿之日，行之可也。有司失于申请，未能厘正。欲望特降指挥，先次置去。

按，"先次置去"之"置"字，于此义不可通，检《宋会要辑稿》仪制四之七于元丰四年十一月二十七日载有侍御史知杂事满中行奏疏，与本传所引相关的最后两句为："有司失于申请，未能厘正。欲望特降指挥，先次罢去。"②据此可知，本传作"置"，乃为"罢"字之形近而误。

卷六《李新传》李新上疏有云：

　　且摘山以为茶，民之朝暮不可阙也。议者以谓户部之计茶利，岁入不赀。边防之用，仰此以为喉物之哺。

其中，"仰此以为喉物之哺"之"物"，李新《跨鳌集》卷一九《上皇帝万言书》③并《历代名臣奏议》卷四三所录均作"吻"。④按，"喉吻"，指喉与口，常以此语用于饮茶，《全唐诗》卷三八八载卢仝

---

① （宋）赵汝愚：《国朝诸臣奏议》，北京大学中国中古史研究中心《宋朝诸臣奏议》校点整理本，上海：上海古籍出版社，1999年，第910页。
② （清）徐松辑，刘琳、刁忠民、舒大刚、尹波等校点：《宋会要辑稿》，上海：上海古籍出版社，2014年，第2365页。
③ （宋）李新：《跨鳌集》，《文渊阁四库全书》第1124册，台北：台湾商务印书馆，1986年，第558页。
④ （明）黄淮、杨士奇编：《历代名臣奏议》，上海：上海古籍出版社，1989年，第594页。

《走笔谢孟谏议寄新茶》诗云:"一碗喉吻润,两碗破孤闷。"① 本书作"物",则义不可通,乃出形误。

卷八《喻汝砺传》载其奏疏有云:

> 今朝廷多故,天子狩于淮甸,而二三大夫持心不移,沮格诏旨,此谓之忠乎?

其中"而二三大夫持心不移"之"心"字费解。检《建炎以来系年要录》卷一四建炎二年三月丁酉条所录喻汝砺奏疏全同本传,然"心"记作"必"。② 按,作"心"乃出形误,作"必"是。"持必不移"典出《汉书》卷九九《王莽传》:"兒很自臧,持必不移。"③ 宋人任广《书叙指南》卷一二于《疑讶诘问》云:"坚执事曰持必不移。"④ 由此可知,"持必"有固执己见乃至刚愎自用之贬义,倘作"持心",虽亦可通,然已无贬义,且无出典。

同卷《喻汝砺传》载其奏疏尚有云:

> 邵耕劝战,招徕流庸,俟以岁月。稍复就绪,然后六騑济江,以为雍容驻跸之地。

其中"邵耕劝战"的"邵",《系年要录》卷九四绍兴五年十月己巳条所录奏疏作"劭"。⑤ 按,"邵""劭"于美好之义可通假,然"邵"无"劭"字之劝勉之义,故此处不当作"邵"。

卷九《蔡伸传》载:

> 父明,官实义郎、开封府士曹。

按,"实义郎",宋无此官名,据周必大《文忠集》卷六三《中大

---

① (清) 彭定求等编:《全唐诗》,北京:中华书局,1960年,第4379页。
② (宋) 李心传撰,胡坤点校:《建炎以来系年要录》,第345页;辛更儒点校本,上海:上海古籍出版社,2018年,第309页。
③ (汉) 班固:《汉书》,北京:中华书局,1962年,第4156页。
④ (宋) 任广:《书叙指南》,《丛书集成初编》,北京:中华书局,1985年,第135页。
⑤ (宋) 李心传撰,胡坤点校:《建炎以来系年要录》,第1808页。

夫赠特进蔡公伸神道碑》,当为京官序列内之"宣义郎"之讹。①

同卷《王晞亮传》载其奏疏论选人改官之法云:

> 必使之举官五员,所以多其保任而必于向用。

其中"向用",《系年要录》卷一八三绍兴二十九年七月乙巳条所录奏疏作"可用",当是,本传盖出形近而误。

卷一〇《林季仲传》载其奏疏论进退大臣云:

> 必不得已而罢出之,姑示涵容,而露弹章于天下。如汉故事策免三公,但以阴阳失度、盗贼未弭为言。

按,审此句前文为"诚得其人,则委以庶政,责以成功,使夫逸间之口不得以人焉。必不得已而罢出之,姑示涵容",后文为"如汉故事策免三公,但以阴阳失度、盗贼未弭为言",中间"而露弹章于天下"一句与前后文意不谐。检《系年要录》卷一一六绍兴七年闰十月庚申条所引此疏同本传②,然检林季仲《竹轩杂著》卷三《乞进退大臣以礼状》此句则记作"勿露弹章于天下",与前后文义正合。③据此可知,本书及所引源头文献《系年要录》之"而"字,均为"勿"字之形误。

同传所载另一奏疏云:

> 金人肆为贪虐,以吞噬中夏,自人观之,诚强矣。

其中"自人观之"之"人",检《系年要录》卷一一八绍兴八年三月己丑条④、《三朝北盟会编》卷一八九所引此疏均记作"今"。⑤按,作"人"虽可通,然审季仲上书之背景局势,乃为站在当时之立场发

---

① (宋)周必大:《文忠集》,王瑞来:《周必大集校证》,上海:上海古籍出版社,2020年,第925页。
② (宋)李心传撰,胡坤点校:《建炎以来系年要录》,第2158页。
③ (宋)林季仲:《竹轩杂著》,《文渊阁四库全书》第1140册,第333页。
④ (宋)李心传撰,胡坤点校:《建炎以来系年要录》,第2202页。
⑤ (宋)徐梦莘:《三朝北盟会编》,上海:上海古籍出版社,1987年,第1365页。

言，知作"今"是，本传亦出形误。

同传所载同一奏疏尚云：

> 且去岁陛下中秋对月，酒初行，怆然泣下，乃命撤酒。臣以是知陛下之心，无一日不在北也。

"且去岁陛下中秋对月"一句，初看通顺无碍，并不存疑念。然"去岁"，检《系年要录》卷一一八绍兴八年三月己丑条、①《三朝北盟会编》卷一八九所引此疏均记作"云"。②按，以下所言之事，正为上文所述闻诸道路之传闻，当作"云"是。疑本书"云"形误作"去"，捍格难通，遂又补入一"岁"字。补入之后，文虽通顺，然意思已变。

同卷《冯时行传》载：

> 时行奏言：金人议和，何足深信？必缘初废伪齐，人心未固，深恐陛下乘其机会，殄灭有期。如奉迎梓宫，在陛下之心，至切至痛，故以为辞，延引岁月，待其抚循既定，狡计既生，然后牵其丑类，送死未远。陛下可否逆昭其情，深之为备。

其中"陛下可否逆昭其情"一句，观前后文意，颇感难解。检明人杨士奇等编《历代名臣奏议》卷三三五《御边》之下所载此疏，此句记作"陛下可不逆照其情"③，为反诘语句。据此可知，本传并《系年要录》"陛下可"之下"不"字形误作"否"字，亦有可能脱去"不"字而妄补"否"字。两种点校本《系年要录》对此误均失校，④《鄂国金佗稡编续编校注》卷七所引亦沿误。⑤

《冯时行传》尚载：

---

① （宋）李心传撰，胡坤点校：《建炎以来系年要录》，第2203页。
② （宋）徐梦莘：《三朝北盟会编》，第1365页。
③ （明）黄淮、杨士奇：《历代名臣奏议》，第4338页。
④ （宋）李心传撰，胡坤点校：《建炎以来系年要录》，第2244页；辛更儒点校本，第2019页。
⑤ （宋）岳珂，王曾瑜校注：《鄂国金佗稡编》，北京：中华书局，1989年，第465页。

转运判官李炯闻万州有积钱，思伪为羡财，献于朝以固宠。风时行取之，持不可。炯怒，时招置飞虎军五百人自卫跋扈，令取勘。录事参军谭俣当治其事，谓人曰："三巴尝怜无贤守，今万幸得贤守，反挤之，何以见长老子弟？"卒不肯傅改。

按，检《系年要录》卷一四五绍兴十二年六月己卯条亦载此事："左承议郎冯时行免勘勒停。时行既为漕臣李炯所劾，送开州治，捕系且二百人。录事参军奉节谭俣当治其事，炯趣具狱。俣谓人曰：三巴人常怜无贤守为治，今万幸得贤守，及挤之，何以见长老子弟？卒不肯傅致。"① 据此可知，本传这一段最后一句"卒不肯傅改"之"傅改"乃为"傅致"之形误。傅致者，傅会罗致也。作"傅改"则于义不通。

同卷《王之道传》载：

有伪为皇侄奉徽宗诏领大元帅者，移檄州郡，之道引隽不疑辨房园事，抵镇抚司，擒送行在所，果得其奸。

其中"之道引隽不疑辨房园事"之"房园"，王之道《相山集》卷三〇附录《赠故太师王公神道碑》记作"戾园"②，当是。按，颜师古于《汉书》卷四五《江充传》"语在戾园传"之下注云："即武五子传也。其中叙戾太子后加谥置园邑，故云戾园。"③ 按，隽不疑辨伪太子事见《汉书》卷七一《隽不疑传》。④ 本传"房"乃为"戾"字之形误。

卷一一《张宇发传》载：

桧薨，皓子翰林学士遵言宇发执节殁身，南北阻远，计不及时，未蒙赠恤。

其中"计不及时"之"计"字于此义不可通。检四库本宋人施宿

---

① （宋）李心传撰，胡坤点校：《建炎以来系年要录》，第2740页。
② （宋）王之道：《相山集》，《文渊阁四库全书》第1132册，第753页。
③ （汉）班固：《汉书》，第2179页。
④ （汉）班固：《汉书》，第3037页。

《会稽志》卷一五《张宇发传》作"讣"①，知本传乃为形误。然检清嘉庆十三年刻本《会稽志》②，亦同作"计"，可知陆氏乃系沿嘉庆本之误。

卷一一《杨炜传》载其奏疏云：

> 且向竭中原，举天下实一燕蓟，犹不三年而遂弊，况今欲竭江南偏在一方，求实中原，不知空空之地，屏老孤寡既不可赋，所谓按月所支，一切调度，何从出乎？

其中"况今欲竭江南偏在一方"一句的"在"，检本传所自本源文献《系年要录》卷一二五绍兴九年正月乙未条所节录与李光书作"左"。③按，作"在"虽可通，然此处当系以"偏左一方"指代江南。自魏晋南北朝以来，即惯以长江下游之南岸地区称为江左。本传作"在"，盖出形误。

卷一二《周操传》载：

> 朝廷给成牒二万道付诸路出鬻，每道收钱三百贯。

按，《宋史全文》卷二四隆兴二年三月戊申条所记此事经纬稍详："初给度牒二万道付诸路出鬻，每道收钱三百贯。侍御史周操言：今来正是起催折帛夏税之时，若添此一项，愈见窘急。每道乞量降五十千。续有旨，先次给降一万道，俟均卖尽日别取指挥。后上谓辅臣曰：闻临安所科已自纷扰，不如且已之。"④据此可知，本传"成牒"之"成"，当为"度"字之形误。

卷一三《周麟之传》载周麟之上疏载有云：

> 世宗之盛德如是，执杀使者而逞其欲，况亮之伎忍乎？

其中"伎忍"于义不通，检同录周麟之奏疏之《系年要录》卷

---

① （宋）施宿：《会稽志》，《文渊阁四库全书》第486册，第327页。
② （宋）施宿：《会稽志》，《宋元方志丛刊》，北京：中华书局，1990年，第6996页。
③ （宋）李心传撰，胡坤点校：《建炎以来系年要录》，第2367页。
④ （元）佚名：《宋史全文》，汪圣铎点校本，北京：中华书局，2016年，第1991—1992页。

一九〇绍兴三十一年六月甲寅条作"伎"①，当是。伎乃强悍凶狠之意，本传形误。

同卷《芮烨传》记载芮烨上疏云：

> 欲除缘边职任及见从军与归正、归朝、拣汰指使等官，并军功补授杂充出身人，依旧少百日为限。

按，芮辉奏疏见于《皇宋中兴两朝圣政》卷之五八淳熙七年四月："己酉，进呈芮辉奏：窃见吏部选法，小使臣遭丧不解官，给式假百日。欲除缘边职任，及见从军与归正、归朝、拣汰指使等官，并军功补授、杂流出身人，依旧以百日为限。"②据此可知，其中"军功补授杂充出身人"一句中的"充"，当为"流"字之误；"依旧少百日为限"一句中的"少"，当为"以"字之误。皆出形讹。

卷一四《王楠传》载：

> 孝宗尝疑诸州上供有渗漏，漕司遽令婺州增斛二万。守以下不敢争，楠言："今苗亩七升，罗四十余千，较他郡已重。又无故增二万，何以共命？"

其中"罗四十余千"之"四"，检叶适《水心先生文集》卷二三《朝议大夫秘书少监王公墓志铭》记作"匹"。③当是，系指绫罗上供数量。审前句"苗亩七升"，"亩"即为计量单位。据此可知，此句作"四"，当出形误。

卷一五《丁伯桂传》载：

> 嘉熙元年，除权吏部侍郎，迁给事中。蒙古北人岁入寇，宰

---

① （宋）李心传撰，胡坤点校：《建炎以来系年要录》，第3693页。
② （宋）佚名，孔学辑校：《皇宋中兴两朝圣政》，北京：中华书局，2019年，第1331—1332页。
③ （宋）叶适：《水心先生文集》，刘公纯、王孝鱼、李哲夫点校：《叶适集》，北京：中华书局，2010年，第457页。

执汹汹。

按,"蒙古"即意为"北人",语意重复,检刘克庄《后村集》卷一四一《丁给事神道碑》此句记作"鞑比岁入寇举"。① 盖本传"比"字形误作"北",又因不通而添加一"人"字。

卷一六《方大琮传》载方大琮奏疏云:

> 襄蜀流殍而诸珰进劝未已,江北清野而内庭水妖方兴。

其中"江北清野而内庭水妖方兴"之"水",检刘克庄《后村集》卷一五一《铁庵方阁学墓志铭》作"木",② 当是。按,木妖指建筑奢华。宋孔平仲《续世说·汰侈》云:"安史大乱之后,法度隳弛,内臣、戎帅竞务豪奢,亭馆第宅,力穷乃止,时谓木妖。"③ 本传作"水",当出形误。

同卷《李昴英传》载其奏疏有云:

> 四维而张,国乃灭亡,此厉俗之戒也。

其中"四维而张"之"而",就本句来看并无不通,但观全句,则于义不属。检李昴英《文溪存稿》卷六所载撰于端平三年之《端平丙申召除太博赐金奏札》作"不",当是,④ 本传作"而",义适相反,盖"而"与"不"亦因形近而误。

同卷《王应凤传》载:

> 由架阁,佐淮南,主管机宜文字。笺记填委,每入阁,口占命吏,即上马志。

按,此段最后一句"即上马志"义不可通。检《延祐四明志》卷

---

① （宋）刘克庄撰,辛更儒笺校:《后村先生大全集》,北京:中华书局,2011年,第5614页。
② （宋）刘克庄撰,辛更儒笺校:《后村先生大全集》,第5964页。
③ （宋）孔平仲:《续世说》,池洁整理:《全宋笔记》,郑州:大象出版社,2019年,第164页。
④ （宋）李昴英:《文溪存稿》,《文渊阁四库全书》第1181册,第152页。

五载:"次子应凤,与兄生同日。其学淹博精切,为文词操笔立就。佐淮南,笺记填委。每人阁,口占命吏,即上马去。"①据此可知,本传"志"当为"去"字之形误。

卷一七《方逢辰传》载其奏疏有云:

> 世变日激,天下之事不可以直遂,故处急则必以暇,处暇则必以急。不然,吾虽为昔人之急,天下之忧端未艾也。

其中"吾虽为昔人之急"之"昔"字于此义不可晓,检方逢辰《蛟峰外集》卷三所载文及翁撰《故侍读尚书方公墓志铭》所引奏疏作"晋"。②按,审此奏疏中"古之谋人国于江左,有为之者矣。莫窘于淮淝,而谈笑于奕棋;莫迫于新亭,而从容于就席"等句,皆以东晋为喻,当作"晋"是。作"昔"虽勉强可通,不及作"晋"义胜,当系形误。

同卷《赵顺孙传》载:

> 时帑藏朽乏,而人主不知,汰侈日甚。

其中"时帑藏朽乏"之"朽",检元人黄溍《格庵先生赵公阡表》作"枵"。③按,枵,音肖,空虚貌,于此文意贴切,本书作"朽"则于义不通,当系形误。

卷一八《梁茜传》载:

> 茜言:"民困敝不可凌,愿戒诸路毋得进羡财。"

其中"民困敝不可凌"之"凌",检刘挚《忠肃集》卷一三《兵部员外郎直史馆梁公墓志铭》作"浚"。④按,"凌"有凌驾之义,勉强可通,然"浚"则有压榨之义,于义贴切。《国语·晋语》九有云

---

① (元)袁桷:《延祐四明志》,《宋元方志丛刊》,第6125页。
② (宋)方逢辰:《蛟峰文集》、《外集》,《文渊阁四库全书》第1187册,第612页。
③ 李修生主编:《全元文》卷966,南京:江苏古籍出版社,1998年,第122页。
④ (宋)刘挚:《忠肃集》,裴汝诚、陈晓平点校本,北京:中华书局,2002年,第274页。

"浚民之膏泽以实之"。"凌"当为"浚"字之形讹。

同卷《寇平传》载：

> 淮阳戍兵杀巡检以叛，邻州皆警。平亟传檄海上，使舟楫远去。又募勇敢士，授以方略，令传官军以行。既而贼果领众东遁，至海不见舟而还，遂掩获之。

其中"令传官军以行"之"传"，检《华阳集》卷五五王珪撰《寇平墓志铭》，当为"傅"字之形讹。①傅者，附着。作"传"则义不可通。

同卷《李彤传》载：

> 又有三人谋杀一人者，彤方摄督邮，当议法，即白守曰："一人死，安可戮三人？坐谋首可也。"守不听，有诟詈言。彤持之益坚，请于提点刑狱，且曰："某宁解绶云，安忍妄杀人，求顺太守意耶？"

其中"某宁解绶云"之"云"字，检吕陶《净德集》卷二五《李太博墓志铭》作"去"，②意即辞官离去，当是，本传形讹。

卷一九《司马京传》载：

> 始为监酒，梁丞相守秦州，政尚威严，官属震栗。京尝白事不可，丞相厉免呵之。

其中"丞相厉免呵之"之"免"字，于此义不可通，检范祖禹《范太史集》卷三八《虞部郎中司马君墓志铭》③，知为"色"字之形误，云疾言厉色斥责。

同卷《陈廓传》载：

> 大名帅决河入澶州故道，以纾魏患。澶人大恐，廓为之增堤

---

① (宋) 王珪：《华阳集》，《文渊阁四库全书》第1093册，第404页。
② (宋) 吕陶：《净德集》，《文渊阁四库全书》第1098册，第203页。
③ (宋) 范祖禹：《范太史集》，《文渊阁四库全书》第1100册，第422页。

峻防，水入无患，两川以安。

其中"两川以安"之"川"，《京口耆旧传》卷六作"州"，① 当是，盖指大名与澶州，本传形误。

同卷《潘鲠传》载：

> 迁知州防御推官。

按，"知州"若作地名解，宋无此地方行政区划；若作官名解，既阙具体州名，又与此下"防御推官"不谐，"知"字于此实在义不可通，检《张耒集》卷六〇《潘奉议墓志铭》作"和"。② 据《宋史》卷八八《地理志》，③ 和州为淮南西路所辖。由此可知，本传"知"为"和"之形误。

同卷《蒋圆传》载：

> 擢知鄂州，附辞，上谕以荆湖多盗，卿何以治之？

其中"附辞"义不可解。检本传所录源头文献张守《毗陵集》卷一二《左中奉大夫充秘阁修撰蒋公墓志铭》，可知"附"乃为"陛"字之讹。④ 按，陛辞指官员赴外任前向皇帝辞行。

卷二〇《张震传》载：

> 继又论近日大小飞蝗地震，皆小人紊政之象，其不可有四。

其中"继又论近日大小飞蝗地震"一句之"小"，《建炎以来朝野杂记》甲集卷一八《御前军器所》记作"水"⑤，指"大水、飞蝗、地震"三事，本传作"小"乃系形误。

---

① （宋）刘宰：《京口耆旧传》，《丛书集成新编》，台北：新文丰出版公司，1986年，第392页。
② （宋）张耒著，李逸安、孙通海、傅信点校：《张耒集》，北京：中华书局，1990年，第895页。
③ （元）脱脱等：《宋史》，北京：中华书局，1985年，第2183页。
④ （宋）张守：《毗陵集》，刘云军点校本，上海：上海古籍出版社，2018年，第177页。
⑤ （宋）李心传：《建炎以来朝野杂记》，徐规点校本，北京：中华书局，2000年，第434页。

卷二一《张维传》载：

> 寻召入奏事，留为尚书左司郎中。

其中"左司郎中"，由朱熹《晦庵先生朱文公文集》卷九三有题为《右司张公墓志铭》一文，[①] 此由《右司张公墓志铭》题便可知，张维当为"右司"。左右之异，当出形误。陆氏此误，当系沿袭通行本朱熹文集之误，然宋刊浙本则记作"右司"。对此，《全宋文》于朱熹此文之下出有校勘记说明。

同卷《赵善佐传》载：

> 值岁大旱，祷祠赈货，必尽其力。节游宴，罢土木，宽诸县逋负，捐市人酒课。

其中"捐市人酒课"之"捐"字，朱熹《晦庵先生朱文公文集》卷九二《赣州赵使君墓碣铭》作"损"。[②] 按，捐为捐献，损为减省。审整段文意，作"损"为是，本传形误。

卷二二《吴炎传》载：

> 摧敛之亡艺者，如近城三十里之市征，海阳女户丁米之类，一切革去。

其中"摧敛之亡艺者"之"摧"，于义不谐。检本传援据源头文献陈宓《复斋先生龙图陈公文集》卷二二《大理正广东运判曾君墓志铭》记作"榷"。[③] 本传记作"摧"虽可作削减解，然本段最后已有"一切革去"表达此意，可知此处"摧"当为表示征税之"榷"字的形误。

[①] 曾枣庄、刘琳主编：《全宋文》卷5684，第169页。
[②] （宋）朱熹：《晦庵先生朱文公文集》，郭齐、尹波：《朱熹文集编年评注》，福州：福建人民出版社，2019，第4311页。
[③] （宋）陈宓：《复斋先生龙图陈公文集》，《续修四库全书》，上海：上海古籍出版社，1995年，第1319册，第544页。

同卷《罗博文传》载：

改知赣州瑞金县。始至岁，欲先事储备，及饥发廪赈赡，唇置纤密，吏莫敢以出入欺。

其中"始至岁欲先事储备"，虽勉强可通，然意不甚属。检汪应辰《文定集》卷二二《沙县罗宗约墓志铭》载："始至岁歉，宗约先事储积。"① 据此可知，本传"欲"当为"歉"字形误，应属上读。

同卷《吴懿德传》载：

时新令至，蜑户有给由钱，受诉牒有酷息钱，一切罢去。

其中"酷息钱"，真德秀《西山文集》卷四五《通判广州吴君墓志铭》记作"醋息钱"。② 按，作为赋税之一种，醋息钱见于《宋史》卷一七四《食货志》："湖南有土户钱、折䌷钱、醋息钱、曲引钱，名色不一。"③ 又频见于《系年要录》卷一六六、一八三、一八八。《皇宋中兴两朝圣政》卷五一引述之臣僚上言对醋息钱有具体解释："月认醋额，则谓之醋息钱。"④ 据此可知，本传将油盐酱醋的"醋"形误作貌似可通表示酷政的"酷"。

同卷《陈介传》载：

秋场受纳，每石有买口钱二猪，介笑曰："口可买，心可买乎？"搞去之。

其中家畜的"猪"，林希逸《竹溪鬳斋十一藁》续集卷二二《陈判官墓志铭》记作"楮"。⑤ 楮者，楮币，南宋纸币之一种。审本句前云"买口钱"，已言及钱，此处"二楮"则指钱数。本传盖因音近以

---

① （宋）汪应辰：《文定集》，《丛书集成初编》，第274页。
② （宋）真德秀：《西山文集》，《文渊阁四库全书》第1174册，第721页。
③ （元）脱脱等：《宋史》，北京：中华书局，1985年，第4216页。
④ （宋）佚名，孔学辑校：《皇宋中兴两朝圣政》，第1331—1156页。
⑤ （宋）林希逸：《竹溪鬳斋十一藁》，《文渊阁四库全书》第1185册，第771页。

及计猪量词"口"而联想,遂致形误。

卷二四《郑汝谐传》载:

> 绍兴中入太学,会当朝称寿覃恩封其母,乃曰:"吾母为命妇,吾复何求?"于是归隐。

其中"当朝",《宋元学案补遗》别附卷二《宋儒博考·太学郑先生汝谐》引作"东朝"。[①]按,东朝原指汉代长乐宫,为太后所居。因在未央宫之东,故称东朝。后常以东朝代指太后。宋人王义山《代贺寿崇节表》即云:"南陆呈祥,王母介在躬之福;东朝称寿,嗣皇修为子之恭。"[②]检《续宋中兴编年资治通鉴》卷六绍兴二十九年载:"春正月朔,皇太后寿八十,行贺礼。"[③]胡铨《胡澹庵先生文集》卷二六《诸王宫教授徐奉议墓志铭》亦载:"父汝霖,年八十六,绍兴乙卯春以慈宁皇太后寿八十恩授右承奉郎致仕。"[④]所记与本传所述均为同一事实。综上可知,本传"当朝"之"当"乃系"东"字之形误。

同卷《林湜传》载:

> 林湜字止甫。

按,检叶适《水心先生文集》卷一九《中奉大夫直龙图阁司农卿林公墓志铭》载:"公林氏,讳湜,字正甫,福州长溪人。"[⑤]据此可知,本传记"字止甫"之"止",当为"正"字形讹。此误从"湜"之字义亦可判断,湜,《说文》释云:"水清底见也。一曰持正貌。"[⑥]《诗

---

① (清)冯云濠、王梓材:《宋元学案补遗》,舒大刚等整理本,北京:人民出版社,2012年,第4031页。
② (元)王义山:《稼村类藁》卷21,《文渊阁四库全书》第1193册,第134页。
③ (宋)刘时举,王瑞来点校:《续宋中兴编年资治通鉴》,北京:中华书局,2014年,第141页。
④ 曾枣庄、刘琳主编:《全宋文》卷4327,第95页。
⑤ (宋)叶适:《水心先生文集》,刘公纯、王孝鱼、李哲夫点校:《叶适集》,第373页。
⑥ (汉)许慎:《说文解字》,《文渊阁四库全书》第223册,第292页。

经·谷风》有"泾以渭浊,湜湜其沚"。郑玄笺言:"持正守初,如沚然,不动摇。"① 名与字意义相应。

卷二五《辅广传》载:

> 筑傅贻书院,教授学者,称为傅贻先生。

检《至元嘉禾志》卷一三载:"扁其堂曰传贻,盖传之先儒,以贻后学也。邑大夫家之柄为建传贻书院。"② 据此详释书院名称由来可知,本传"傅贻"之"傅"当为传承之"传"形误。

卷二六《杨景略传》载:

> 又集周秦以来金石刻文至七十卷,用以考验前史疏据与夫放逸之事。

其中"疏据",无论"据"是否俗写,都无此种组词用法。检苏颂《苏魏公文集》卷五六《龙图阁待制知扬州杨公墓志铭》记作"牾"。③ 按,疏牾指粗疏抵牾,于此通顺无碍。本传因俗字"据"与"牾"形近而致误。此外,前句"七十卷",据《杨公墓志铭》,亦为"七千卷"之形误,

同卷《华镇传》载:

> 富嵤卿称其词格清丽,兴寄深婉,是以垂观来者。

其中"是以垂观来者"之"是",检《会稽续志》卷五《华镇传》记作"足"。④ 按,"是以"虽可通,不若作"足以"义胜。"是""足"形近,当为误写。

同卷《何去非传》载:

---

① (汉)毛亨传,(汉)郑玄笺,(唐)陆德明音义:《毛诗传笺》,孔祥军点校本,北京:中华书局,2018年,第51页。
② (元)徐硕:《至元嘉禾志》,《宋元方志丛刊》,第4508页。
③ (宋)苏颂:《苏魏公文集》,王同策、管成学、严中其等校点本,北京:中华书局,1988年,第852页。
④ (宋)张淏:《宝庆会稽续志》,《宋元方志丛刊》,第7147页。

元祐四年,翰林学士苏轼状奏,去非在武学今已八年,臣尝见其著述,材力有余,识度高远,所论历代废兴成败,出人意表,虽喜论兵,然本儒者,不乐为武吏,欲望圣慈特与换一文资,令充太学博士,以率励学者。诏加承事郎。

其中"诏加承事郎"之"承事郎",检《苏轼文集》卷三一《进何去非备论状》称"承奉郎、徐州州学教授何去非",知本传作"承事郎"当为"承奉郎"之形近成讹。① 作为官名,宋制二者皆有,承奉郎低承事郎一阶。

同卷《曾纡传》载:

> 盗孙诚等暴诱属邑,一方骚然。纡作圣旨招安,单舸见之,谕以祸福。诚等望风迎拜。纡上书请矫制罪,上廉而释之。

其中"廉而释之"之"廉"字,于此义不甚通。检汪藻《浮溪集》卷二八《右中大夫直宝文阁知衢州曾公墓志铭》作"贤",是讲宋高宗赞赏曾纡的做法,没有追究其自请认罚的矫制之罪。② 据此可知,本传"廉"当为"贤"字之形讹。

卷二七《董棻传》载董棻奏疏云:

> 逮至仁宗皇帝嘉祐四年,亲行祫享之礼,尝诏有司详议太祖皇帝东乡,用昭正统之绪。当时在廷多洪儒硕学,佥谓自古必以受命之祖乃居东乡之位,本朝太祖方受命之君,若论七庙之次,有僖祖以降四庙在上,当时大祫,止列昭穆而虚东乡,盖终不敢以非受命之祖而居之,允协礼经。

其中"本朝太祖方受命之君"之"方"字,于此义不可通。《系年

---

① (宋)苏轼撰,(明)茅维编,孔凡礼点校:《苏轼文集》,北京:中华书局,1986年,第896页。
② (宋)汪藻:《浮溪集》,《丛书集成初编》,第350页。

要录》卷九二绍兴五年八月己未条亦录董棻奏疏,① 此句记作"乃"字,当是,本传作"方"出于形误。

同卷《周紫芝传》载周紫芝应诏上书云:

> 凡今日奔军之将,亡国之大夫,皆前日奸佞阘茸,可诛而不诛,可去而六去者如此。

其中"可去而六去者如此"一句中之"六"字,捍格难通。检周紫芝《太仓稊米集》卷五七《上皇帝书》作"不"。② "可去而不去"与前句"可诛而不诛",于意正为相应。可知本传"六"当为"不"字之讹。

卷二八《巩丰传》载:

> 为人静正夷博,居官未尝泽辞色、贯声光以媒进,而儒术吏治,所至皆有声。

其中"贯声光以媒进"之"贯",文意费解。检洪咨夔《平斋文集》卷三一《吏部巩公墓志铭》作"赁",③ 当是。"赁"有借贷之义,于文意为合,作"贯"则义不可通,本传盖出形误。

卷三〇《王履传》载王履出使金军前向钦宗辞行:

> 履对曰:"臣六世食禄,方蒙陛下诚擢,当朝廷多事之秋,愿以死报国家,实不敢冒膺殊赏。"

其中"方蒙陛下诚擢"之"诚",用于赞扬皇帝意有未妥,检《三朝北盟会编》卷八二《王履事迹》作"识",④ 意思通畅。据此可知,本传"诚"当为"识"字形误。

同卷《郑中立传》载:

---

① (宋)李心传撰,胡坤点校:《建炎以来系年要录》,第1773页。
② (宋)周紫芝:《太仓稊米集》,《文渊阁四库全书》第1141册,第407页。
③ (宋)洪咨夔著,侯体健点校:《平斋文集》,杭州:浙江古籍出版社,2015年,第740页。
④ (宋)徐梦莘:《三朝北盟会编》,第619页。

金兵南下，擢行军总管，奉使募福建民兵，得数十人。

按，所记募兵"得数十人"，人数似过少。检《永乐大典方志辑佚》之《临汀志》载《进士题名》①及《万姓统谱》卷一〇七《郑立中传》，作"得数千人"。②本传"十"为"千"字之形讹。

卷三一《张愻传》载：

兵不支，被执。胁使降，愻曰："吾气吞若曹，顾方屈耳，岂从汝耶？"

其中"顾方屈耳"一句，意有捍格。检《雍正浙江通志》卷一六四《张愻传》，"方"字作"力"，语意顺畅。③本传作"方"，乃为形误。

同卷《林逢龙传》载：

咸淳中，同廷龙叩阍言事，惟贾似道，归乡里。

其中"惟贾似道"，于前后文意思不谐，疑为"忤"字之误。检邓淮修、王瓒、蔡芳纂《大清一统志》卷三〇四《林逢龙传》载："林逢龙。字庆云，平阳人。弟廷龙，字雷发。俱太学生。咸淳中，兄弟同叩阍言事，忤贾似道，归田里。"④正即作"忤"。据此可知，本传作"惟"当为形误。

卷三二《唐泰岳传》载：

度宗时为宁国军节度，遂卜居焉。元兵渡江，泰岳力战采石不支，退守宁国。元人来檄降，泰岳曰："世有降节度耶？"元令，围久者，下之日屠其城。泰岳谓其妻曰："吾不如先死，以存

---

① 马蓉等点校：《永乐大典方志辑佚》，北京：中华书局，2004年，第1425页。
② （明）迪凌知：《万姓统谱》，《文渊阁四库全书》第957册，第505页。
③ （清）李卫修，沈翼机纂：《雍正浙江通志》，《文渊阁四库全书》第523册，第383页。
④ （清）穆彰阿、潘锡恩等修纂，王文楚等点校：《大清一统志》，上海：上海古籍出版社，2022年，第1101页。

数万百置。"遂夫妻同日死,城得免屠,士人德之。

最后一句"士人德之"之"士人",当为"土人"之形讹。鲁铨修、洪亮吉纂《嘉庆宁国府志》卷二六载:"尝出师采石,力战不克,退守宁国。元兵檄降,岳曰,世有降节度耶?兵渐逼,谓夫人李氏曰,元令,围久者,下之日屠其城。吾何惜一身,不存数万民命,尔宜去新安里居。夫人曰,死义,与死兵等耳。妾何之?遂同日死。中军官冯铨藁葬之城北昆山后。诸子闻讣来,以墓在宣,不忍去,遂卜居焉。土人德之,称其所居里为唐家巷。"① 按,此指当地人感激唐泰岳自杀身死而未连累一城百姓。

卷三三《郭长孺传》载:

气体爽粹,侃然似不能言。

其中"气体爽粹"之"爽",明曹学佺《蜀中广记》卷九八作"夷",当是。② 按,夷粹乃平和纯正之意,典出南朝宋刘义庆《世说新语·尤悔》:"夫以水性沉柔,入隘奔激。方之人情,固知迫隘之地,无得保其夷粹。"③ "夷粹"之语,此后文献多见。《新唐书》卷一三二《沈传师传》载:"传师性夷粹无竞,更二镇十年,无书贿入权家。"④ 陆游《渭南文集》卷一四《持老语录序》云:"夷粹真率,真山林间人也。"⑤ 明李贽《初潭集》卷一八《师友》云:"子敬清立,故多人为;谢公夷粹,岂皆自然?"⑥ 本传作"爽粹"则无此用例,盖由"爽""夷"形近而致误。

---

① (清)鲁铨修,洪亮吉纂:《宁国府志》,嘉庆刻本,第2页。
② (明)曹学佺:《蜀中广记》,上海:上海古籍出版社,1993年。
③ (南朝宋)刘义庆:《世说新语》,余嘉锡笺疏本,第1058—1059页。
④ (宋)欧阳修、宋祁:《新唐书》,北京:中华书局,1975年,第4541页。
⑤ (宋)陆游:《渭南文集》,钱仲联、马亚中主编:《陆游全集校注》,杭州:浙江古籍出版社,2015年,第115页。
⑥ (明)李贽:《初潭集》,北京:中华书局,1974年,第289页。

本传又载：

> 自经史百代之书，浮屠黄老之教，下及阴阳地理医卜之术，皆尽其妙。

其中"自经史百代之书"之"代"，源头文献宋袁说友等编《成都文类》卷五〇《乐善郭先生诔》同。然《成都文类》整理本据明嘉靖刊《全蜀艺文志》改作"氏"。① 按，百氏，犹言百家，指经史之外子部之书。本传作"代"虽可通，实为形讹。本书当系沿误。

同卷《张孚宗传》载：

> 绍熙五年，有盗焚掠里间，自西而来，至孚宗乡境而返。后五年复作，自东而西亦如之。

其中"自西而来"，魏了翁《渠阳集》卷一七《归州推官承奉郎致仕张君墓志铭》记作"由西而东"。② 按，审下文"后五年复作，自东而西亦如之"可知，本传"自"为"由"字之形误，"来"为"东"字之形误。

卷三五《胡次焱传》载：

> 或劝其仕，作《媒嫠问答》诗以见志。

"媒嫠问答"之"嫠"，检胡次焱《梅岩文集》卷二，分别有《媒问嫠》与《嫠答媒》二诗，均作"嫠"。③ 按，嫠为寡妇，次焱喻以明志，作"婆"则义不可通，当属形误。

同卷《孟文龙传》载：

> 调严州录事参军，再调两浙西路安抚司淮备差遣。

按，"淮备差遣"之"淮"，与此义不可通，当为俗字"准"之形

---

① （宋）袁说友等编：《成都文类》，赵晓兰整理本，北京：中华书局，2011年，第982、992页。
② （宋）魏了翁撰，张京华校点：《渠阳集》，长沙：岳麓书社，2012年，第265页。
③ （宋）胡次焱：《梅岩文集》，《文渊阁四库全书》第1188册，第544页。

误。按,准备差遣为宋代官职名称,是都督、制置使、总领、留守、安抚使、转运使、主管殿前司公事、主管侍卫亲军马军司公事、主管侍卫亲军步军司公事的属官。检《姑苏志》卷五四《孟文龙传》,正作"准"字。①

同卷《徐天佑传》载:

以父相恩为将仕郎,铨试词赋第一,尉归安。

《万姓统谱》卷七载:"徐天佑字受之。父耜,朝奉大夫知惠州。天佑初有慧质,颖悟夙成,以惠州任为将仕郎。"② 又,《景定建康志》卷二七《溧阳县题名》亦载:"徐耜,宣教郎,绍定四年三月到任,端平元年五月满替。"③ 据此可知,"父相"之"相",非官名,当为人名"耜"字之形误。

卷三六《吴复古传》载:

及轼南迁,见于真阳,无一言及得丧休戚事,独告曰:"邯郸之梦,犹足以破兵而归真。目见而身履之,亦可以少悟矣。"

其中"犹足以破兵而归真"之"兵"费解,前后文并未言及兵事。检《苏轼文集》卷五七《与吴秀才》此句记作"犹足以破妄而归真"。④ 据此可知,本传"兵"当为"妄"字形误。

卷三六《陈辅传》载:

及其老也,复为诗号悲昔游,以致命遂老云。

《京口耆旧传》记此事云:"比其老也,复为诗号悲昔游,以致命遂志云。"⑤ 其中"遂志",与本传所记"遂老"不同。按,"以致命遂

---

① (明)王鏊:《姑苏志》,《文渊阁四库全书》第493册,第1016页。
② (明)凌迪知:《万姓统谱》,《文渊阁四库全书》第956册,第181页。
③ (宋)周应合:《景定建康志》,《宋元方志丛刊》,第1796页。
④ (宋)苏轼撰,(明)茅维编:《苏轼文集》,孔凡礼点校本,第1738页。
⑤ (宋)刘宰:《京口耆旧传》,《丛书集成新编》,台北:新文丰出版公司,1986年,第381页。

志",语出《周易·困卦》系辞《象传》"君子以致命遂志"。① 除此用典外,仅从前后文观之,前已云"比其老也",此处又云"以致命遂老",语意重复。可知本传作"老"当为"志"字形误。

卷三六《汪莘传》载:

> 莘逆通书言:"财不待先生而富,兵不待先生而强。惟主上父子之间,所不能济者,待先生而济。若惮于为父子深爱之本,而利于为礼貌臣工之末。"

其中"而利于为礼貌臣工之末"之"礼貌",汪莘《方壶存稿》卷一《辞晦庵朱侍讲书》记作"体貌"。② 按,体貌即为以礼相待之意,本传"礼"为"体"字形误。

二、刻写音误

卷一《刁约传》载:

> 李清臣赋诗所谓"传闻彩服朱延客,已作金章白发翁",盖以属约。

其中诗句"传闻彩服朱延客"之"延",《京口耆旧传》卷一作"颜"。③ 按,"朱颜客"适对下句"白发翁",本传作"延",则义不若"颜",当为音近而误。

卷四《韩治传》记韩治等议郊祀典礼云:

> 又诏亲祠北郊,如南郊仪,仍命有司修定仪注。则于承祀神祇,礼无违者。

其中"则于承祀神祇"之"祀",检《太平治迹统类》卷二二

---

① 杨天才、张善文译注:《周易》,北京:中华书局,2018年,第412页。
② (宋)汪莘:《方壶存稿》,《文渊阁四库全书》第1178册,第119页。
③ (宋)刘宰:《京口耆旧传》,《丛书集成新编》,第370页。

《元祐议合祭分祭同异》作"事"。① 按，审同奏下文亦有"尊事神祇"之语，可知作"事"是，作"祀"乃出音误。

卷五《王古传》载：

> 元丰元年，改将作监主簿，言：义仓之法，设于畿邑，已见不扰。请下提举司，视诸路税役钱欠阁，不及三分者，先推行之。

按，此下有夹注标记出处："《通鉴长编》二百九十。"检《长编》卷二九〇元丰元年六月丙寅条载："知将作监主簿王古言：去岁诏讲复义仓，试于畿邑，已不扰而可行。欲乞于丰稔路，委提举司勘会省税常平免役等钱穀欠阁共不及三分处先推行，庶几数年之间，即见成效。诏京东、京西、淮南、河东、陕西路依开封府界诸县行义仓法，余依奏，仍以今年秋料为始。"② 据此可知，本传"设于畿邑"之"设"，盖为"试"字之音近而误。

卷五《满中行传》载上奏云：

> 宰臣押班，近言已罢。而武班诸卫，本朝又不常置。故今之赴常朝者，独御史台官与审官待次阶官而已。

检《宋会要辑稿》仪制四之七于元丰四年十一月二十七日记有侍御史知杂事言，与本传相关部分为："宰臣押班，近年已罢。而武班诸卫，本朝又不常置。故今之赴常朝者，独御史台官与审官、待次阶官而已。"③ 据此可知，本传所记"近言已罢"之"言"，当为"年"字之音近而误。

卷九《连南夫传》载：

---

① （宋）彭百川：《太平治迹统类》，南京：江苏广陵古籍刻印社，1990年，第398页。
② （宋）李焘：《续资治通鉴长编》，上海师范大学古籍整理研究所、华东师范大学古籍整理研究所点校本，北京：中华书局，2004年，第7092页。
③ （清）徐松辑，刘琳、刁忠民、舒大刚、尹波等校点：《宋会要辑稿》，上海：上海古籍出版社，2014年，第2364页。

在泉二年，以宝文阁直学士，提举江州太平关。

按，据韩元吉《南涧甲乙稿》卷一九《连公墓碑》，本传所记"太平关"，当为宫祠"太平观"之音误。①

同卷《王晞亮传》载：

> 晞亮上议曰："臣等窃详选人改官之法，自祖宗以来，行至二百年，至于今日，不能无弊者，非法之不善也，患在士大夫以私情汩之耳。"

其中"自祖宗以来，行至二百年"，《系年要录》卷一八三绍兴二十九年七月乙巳条记作"自祖宗以来，行之二百年"，②较本传义胜。"之"字本传记作"至"，盖为音近而误。

卷一〇《林季仲传》记林季仲召为中书门下省检正诸房公事，建言云：

> 比年以来，大臣去位，凡其所行之事，所引之人，皆废而逐之。辈出辈入，相倾相挤。彼一以是非，此亦一是非，是非至于今未决也。遂使陛下愿治之心，愤愤然无所底定。

其中"彼一以是非"，检《竹轩杂著》卷三《乞进退大臣以礼状》③并《系年要录》卷一一六绍兴七年闰十月庚申条所引此疏，均作"彼亦一是非"。④按，审下句作"此亦一是非"，知作"彼亦一是非"是，本传盖音近而误。

卷一一《杨炜传》载杨炜移书李光云：

> 今国家兵籍非不甚众，诸将非不有人，但当谨谋谟于帷幄，收敌币以赏将士，期之岁月，何患中原之不复，梓宫之不还，太

---

① （宋）韩元吉：《南涧甲乙稿》，《丛书集成初编》，第380页。
② （宋）李心传撰，胡坤点校：《建炎以来系年要录》，第3522页。
③ （宋）林季仲：《竹轩杂著》，《文渊阁四库全书》第1140册，第333页。
④ （宋）李心传撰，胡坤点校：《建炎以来系年要录》，第2158页。

后渊深之不归?

其中"太后渊深之不归"之"渊深",义不可解。检本传所自本源文献《系年要录》卷一二五绍兴九年正月乙未条所录[①]与李光书及《三朝北盟会编》卷一九一所录与李光书全文均作"渊圣",[②]当是。按,渊圣乃钦宗之尊号,本传作"渊深",疑出抄录之际音近误植。

卷一二《王趯传》载:

> 绍兴元年十一月,充广西军略干办公事,专切提举左、右江峒丁及收买战马。

其中"充广西军略干办公事"义不可通,宋制无"军略干办公事"。检《系年要录》卷四九绍兴元年十一月丁酉条载:"承事郎王趯充广西经略干办公事,专切提举左、右江峒丁及收买战马。"[③]据此可知,本传"军"当为"经"字之音近而误。

卷一四《沈清臣传》载:

> 五月,罢为主管台州崇道观。即所居治圃筑亭,揭曰"潜欺"。

检《吴兴备志》卷一二引《西吴里语》载:"丐祠,即所居治圃筑亭,揭阁目曰潜溪。多所讽咏。后以秘阁修撰终于家。"[④]本传所据源头文献《嘉泰吴兴志》卷一七亦记作"潜溪"。[⑤]据此可知,本传记亭名"潜欺",当为"潜溪"之音误。

卷一五《吴琚传》载:

> 吴曦之复帅蜀,惟琚言其必反,后果验。太常议谥,谓其功有人所不尽知者。朝廷后恤忠定,子纲亦以密奏进其始末。

---

① (宋)李心传撰,胡坤点校:《建炎以来系年要录》,第2368页。
② (宋)徐梦莘:《三朝北盟会编》,第1381页。
③ (宋)李心传撰,胡坤点校:《建炎以来系年要录》,第1021页。
④ (明)董斯张:《吴兴备志》,《文渊阁四库全书》第494册,第400页。
⑤ (宋)谈钥:《嘉泰吴兴志》,《宋元方志丛刊》,第4824页。

检《四朝闻见录》甲集《宪圣拥立》条载:"韩诛,赵氏讼冤于朝,公之子钢亦以公密奏槀进。时相疑吴为韩氏至姻,故伸赵而不录吴云。"① 据此可知,本传记吴琚子名"纲",当为"钢"字之音误。《四朝闻见录》丁集考异云:"钢犹豫未上,会攻愧楼公钥愤其前与族兄镛有间。"② 按,族兄名镛,同辈名皆从金旁,亦旁证作"钢"为是。

卷一六《方大琮传》记方大琮上疏云:

炎、兴半守而犹牢也,不可以当吾世而有金欧破缺之形。

其中"有金欧破缺之形"之"欧",方大琮《铁庵集》卷一端平三年七月分第二札作"瓯"。③ 按,"欧"与"瓯"虽可通假,然作为国土之意的金瓯则不用"欧",本传同音致误。

卷一七《丁黼传》载:

时崔与之方帅四川,闻黼至,喜赠诗云:"同志晨星少,孤愁慕雨多。"

其中诗句"孤愁慕雨多"之"慕",《宋元学案》卷六一引作"暮",④ 再检《宋丞相崔清献公全录》卷八亦同作"暮"。⑤ 按,审前句"同志晨星少",适以"晨星"对"暮雨",当作"暮"是。本传音同而误。

卷一九《司马京传》载:

以从祖荫补太庙斋郎,监青州酒税。

---

① (宋)叶绍翁:《四朝闻见录》,沈锡麟、冯惠民点校本,北京:中华书局,1989年,第13页。
② (宋)叶绍翁:《四朝闻见录》,第212页。
③ (宋)方大琮:《铁庵集》,《文渊阁四库全书》第1178册,第151页。
④ (清)黄宗羲:《宋元学案》,陈金生、梁运华点校本,北京:中华书局,1986年,第2210页。
⑤ (宋)崔与之:《崔清献公集》,张其凡、孙志章整理:《宋丞相崔清献公全录》,广州:广东人民出版社,2008年,第101页。

"监青州酒税",范祖禹《范太史集》卷三八《虞部郎中司马君墓志铭》记作"监秦州酒税"。① 按,审此下"始为监酒,梁丞相守秦州"之记载,知本传"青"当为"秦"之音近之讹。且蔡襄《端明集》卷一一所载《齐州司法参军监秦州在城酒司马京可卫尉寺丞制》②,亦可证本书作"青州"之误。

同卷《蒋圆传》载:

元祐六年进士第,调海州司里参军。

按,"司里参军",史无此官名,检张守《毗陵集》卷一二《左中奉大夫充秘阁修撰蒋公墓志铭》,③"里"乃为"理"字之同音讹误。

卷二〇《富元衡传》载:

都督张浚以才荐,改秩为诸王宫大小学教授、大中正丞。

按,"大中正丞",宋无此官名,检《系年要录》卷九一绍兴五年七月载:"癸未,左奉议郎知南剑州沙县丞陈沃、左承务郎新婺州州学教授富元衡并充诸王宫大小学教授,绍兴府宗正司供职。"④ 作为宗正司官,可知"中"当为"宗"字之音近而讹。此由王之道《相山集》卷一四所载《和富公权宗丞十首》亦可证。⑤

卷二一《张维传》载:

及是入对,遂劝孝宗以立志为先,且引益之所以解舜者。

其中"且引益之所以解舜者"之"解",义不可通。检《晦庵先生朱文公文集》卷九三《右司张公墓志铭》作"戒"⑥,本传盖为音近而误。

卷二二《吴炎传》载:

---

① (宋)范祖禹:《范太史集》,《文渊阁四库全书》第1100册,第422页。
② (宋)蔡襄:《端明集》,《文渊阁四库全书》第1090册,第430页。
③ (宋)张守:《毗陵集》,刘云军点校本,第176页。
④ (宋)李心传撰,胡坤点校:《建炎以来系年要录》,第1755页。
⑤ (宋)王之道:《相山集》,《文渊阁四库全书》第1132册,第623页。
⑥ (宋)朱熹:《晦庵先生朱文公文集》,郭齐、尹波:《朱熹文集编年评注》,第4335页。

> 江阴以邑为郡,岁入常不给,赖柏税支吾。

其中"赖柏税支吾"之"柏",于此义不可通。检刘克庄《后村集》卷一五四《太学博士吴公墓志铭》,相应记载为:"江阴以邑为郡,岁入尤狭,赖舶税支吾,后改隶嘉兴,公请复之。"①据此可知,本传松柏之"柏"当为船舶之"舶"字之音近讹误。

同卷《曾治凤传》载:

> 历官富阳县、章州通判、将作监知袁州。

按,宋无章州建置,"章",当为"漳"字之同音讹误。陈洪谟、周瑛修纂《大明漳州府志》卷三《历官志》上《通判》载:"曾治凤,以朝散郎来任。嘉定十五年到。"②

同卷《宋慈传》载:

> 慈白于韡曰:"北兵无非越大理、特摩二国,直捣南丹之理。"已而果然。

按,"北兵无非越大理、特摩二国,直捣南丹之理",审句意,"非"字于此义不可通,检刘克庄《后村集》卷一五九《宋经略墓志铭》,相关记载为:"鬼国与南丹州争金坑,南丹言鞑骑迫境,宜守张皇乞师。公白陈公,此虏无飞越大理、特磨二国,直捣南丹之理。已而果然。"③据此可知,本传"非"为"飞"字之音误。

同卷《孙嵘叟传》载:

> 擢监察御史,论贾似道罪重法轻当斩,以示国法。

按,"论贾似道罪重法轻当斩"一句意有不属,检《宋史》卷四七四《贾似道传》载:"监察御史孙嵘叟等皆以为罚轻,言之不

---

① (宋)刘克庄,辛更儒笺校:《后村先生大全集》,第6054页。
② (明)陈洪谟、周瑛修纂,张大伟、谢茹芃点校:《大明漳州府志》,北京:中华书局,2012年,第50页。
③ (宋)刘克庄撰,辛更儒笺校:《后村先生大全集》,第6216页。

已。"① 据此可知，本传"法"当为"罚"字之音讹。

卷二三《马大年传》载：

> 元城雄伟闿爽，谈论逾时，体无欹侧，肩背耸直，声不稍动，手足亦不移。

按，此段叙事源自马永卿《元城先生语录序》："是时，先生寓于县之回车院，年六十三四，容貌堂堂，精神、言语雄伟闿爽。每见客，无寒暑，无早晏，必冠带而出，虽谈论逾时，体无欹侧，肩背耸直，身不少动，至手足亦不移。噫！可畏人也。"据此可知，本传"声不稍动"之"声"，当为"身"字之音近而误。陆氏的另一部著作《皕宋楼藏书志》卷五七《元城先生语录三卷附行录一卷》引录上述《元城先生语录序》，亦记作"身"。②

卷二三《陈长方传》载：

> 用荐关升佐从政郎，补江阴军学教授。

按，宋制无"佐从政郎"，左从政郎为选人阶官。检陈长方《唯室集》卷五所附《陈唯室先生行状》，正作"左"字。③ 可知本传"佐"乃"左"字之同音讹误。

卷二六《强至传》载：

> 至有守，一日（韩）琦行一事不关由签听，至翌日自言不称职，力辞去。

按，"签听"之"听"，明显为"厅"字之同音讹误。签厅为签书判官厅之略称。《宋史》卷一六七《职官志》七《幕职诸曹等官》载："幕职官、签书判官厅公事、两使・防・团・军事推判官、节度掌书

---

① （元）脱脱等：《宋史》，第13786页。
② （清）陆心源：《皕宋楼藏书志》，许静波点校本，杭州：浙江古籍出版社，2016年，第996页。
③ （宋）陈长方：《唯室集》，《文渊阁四库全书》第1139册，第658页。

记、观察支使：掌裨赞郡政，总理诸案文移，斟酌可否，以白于其长而罢行之。"①

卷二七《王令传》载：

> 王安石赴召，道由淮南，令赴南山之田诗，安石见之，期其才可与其功业于天下，因妻以其夫人之女弟。

其中"令赴南山之田诗"之"赴"，于此义不可通，检《广陵集》附录刘发《广陵先生传》载："是时丞相荆国公赴召，道由淮南，先生赋《南山之田》诗往见之。公得先生，大喜，期其材可与共功业于天下，因妻以其夫人之女弟焉。"②据此可知，"赴"乃"赋"字之同音讹误。

同卷《王洋传》载：

> 起知邵武军。奏言："近蒙恩诏，贫乏之家生男女不能养赡者，人于免役宽剩钱内制四千，可谓仁德甚厚矣。"

奏言内"人于免役宽剩钱内制四千"之"制"，于此义不可通，检《系年要录》卷一三九绍兴十一年三月乙巳条载："直徽猷阁知邵武军王洋言：宣和二年，布衣吕堂乞生子之家量给义仓米，朝廷不曾施行。近蒙恩诏，贫乏之家生男女而不能养赡者，人于免役宽剩钱内支四千，可谓仁德甚厚矣。"③据此可知，本传限制之"制"当为支取之"支"字之音误。

同卷《周紫芝传》载周紫芝建炎初应诏上书有云：

> 李刚危言谠论，天下耸闻，朝廷知其为贤，既委以辅相，岂当责以将帅之事？遂致覆师，以贻窜逐。

按，奏疏中人名"李刚"之"刚"，当为"纲"之明显同音之误。

---

① （元）脱脱等：《宋史》，第3975页。
② （宋）王令：《广陵集》，《文渊阁四库全书》第1106册，第564页。
③ （宋）李心传撰，胡坤点校：《建炎以来系年要录》，第2621页。

观下文即有"纲之用舍系一时之轻重"之语，此处当出于写植或刊刻之误。

卷三〇《毛奎传》载：

绍圣间进士，为闽曹。

按，"闽曹"之"闽"已表明为地方官员，因而"曹"亦非中央官署二十四曹之曹。检《系年要录》卷九建炎元年九月己丑条所记，毛奎时任福建转运副使，① 故当记作"闽漕"，本传作"曹"乃出音误。

卷三〇《夏承传》载：

寇犯阙，大尹徐秉哲散文牓根括皇族，冀以免死，承奋身立争。

其中"奋身立争"之"立"，《宝庆四明志》卷八记作"力"，义胜。②《系年要录》卷三建炎元年三月亦载："庚子，金人来取宗室，徐秉哲令坊巷五家为保，毋得藏匿。开封少尹夏承力争，不听。"③据此可知，本传"立"当为"力"之同音讹误。

卷三六《滕戊传》载：

淳熙中以贤良召试，文飘疾，午漏不移晷即就。

其中"文飘疾"之"飘"，卢熊纂修《洪武苏州府志》卷三八记作"漂"。④ 按，漂疾犹迅疾，典出枚乘《七发》"衍溢漂疾，波涌而涛起"。⑤ 本传作"飘"当为"漂"之同音讹误。

卷三八《张扩传》载：

后闻蜀有王朴善脉，又能以太素知人贵贱祸福。从之期年，

---

① （宋）李心传撰，胡坤点校：《建炎以来系年要录》，第 2391 页。
② （宋）罗浚：《宝庆四明志》，《宋元方志丛刊》，第 5092 页。
③ （宋）李心传撰，胡坤点校：《建炎以来系年要录》，第 79 页。
④ （明）牛若麟修纂：《吴县志》，崇祯十五年刊本，第 6 页。
⑤ 张启成等译注：《文选》，北京：中华书局，2019 年，第 2405 页。

得衣领中所藏素书,尽其袂,乃辞去。

其中"尽其袂"之"袂",罗愿《新安志》卷八《张扩》①并《罗鄂州小集》卷六《张承务扩传》均作"诀"。②按,审此段文意,当作口诀之"诀"。此处作衣袂之"袂",盖惑于"得衣领中所藏素书"而致误,且二字形音皆近。

三、脱误与衍文

(一) 脱误

卷五《李深传》载李深应诏因星变上言云:

> 祖宗故事,凡进退言事,虽执政不得与闻,盖以杜绝台谏私宰执也。

检《长编》卷四九一绍圣四年九月己卯条载李深奏疏相关部分所记如下:"祖宗故事,凡进退言事官,虽执政不得与闻,盖以杜绝台谏私于宰执也。"③《长编》所记与本传最大不同在于"言事"之下有一"官"字。按,言事官指台官和谏官。宋制规定任免台谏官须由皇帝亲自决定。因此,仅云"进退言事"则所指不明。本传此一脱误,由《皇朝编年纲目备要》卷第二四绍圣四年引述李深奏疏"祖宗进退言事官,虽执政不得与闻,盖以杜绝台谏私于宰执"之记载亦可作为旁证。④

同卷《陈并传》载陈并上疏引述以下史事云:

---

① (宋)罗愿:《新安志》,《宋元方志丛刊》,第7728页。
② (宋)罗愿:《罗鄂州小集》,《文渊阁四库全书》第1142册,第536页。
③ (宋)李焘:《续资治通鉴长编》,上海师范大学古籍整理研究所、华东师范大学古籍整理研究所点校本,第11669页。
④ (宋)陈均撰,许沛藻、金圆、顾吉辰、孙菊园点校:《皇朝编年纲目备要》,北京:中华书局,2006年,第604页。

> 上尝密召郭后,后欲宰相百官立班受册方拜命。

《国朝诸臣奏议》卷四四所录陈并奏疏相关部分云:"其后上尝密召郭后,后欲宰相召百官立班受册方拜命。"①于"宰相"之下有一"召"字。《历代名臣奏议》卷三〇四所录奏疏同《国朝诸臣奏议》。②按,"召"字有无,区别颇大。无则宰相百官同列,有则表明宰相主导百官。出自郭后之口,当是怨恨宰相曾于废后之事起主导作用,解铃系铃,故令宰相召百官,则可出怨气,可挽颜面。可知"召"当有,不当省略。

卷八《李复传》载:

> 又乞罢造船,奏云:"经略使乞打船五百只,于黄河顺流放下,至会州西小河内藏放。"

其中"经略使乞打船五百只"语意不明。检李复《潏水集》卷一《乞罢造船》所记稍详:"臣准尚书省札子:泾原路经略安抚使邢恕奏,乞下熙河路转运司打造三百料及五百料船五百只。"③据此可知,本传于"打"下脱"造"字。

卷八《喻汝砺传》载其奏疏有云:

> 然敌至仙人关,暂攻而久留,何也?艰于粮故也。

其中"暂攻而久留者"一句,检《系年要录》卷八五绍兴五年二月己亥条记作"暂攻而不久留者"④,意正相反。按,审下文"艰于粮故也",知当作"不久留",方于意为合。据此可知,本传脱"不"字。不过,本书之脱误,或系沿袭清广雅书局本之脱误,据广雅书局本排

---

① (宋)赵汝愚:《国朝诸臣奏议》,北京大学中国中古史研究中心《宋朝诸臣奏议》校点整理本,第459页。
② (明)黄淮、杨士奇编:《历代名臣奏议》,第3938页。
③ (宋)李复:《潏水集》,《文渊阁四库全书》第1121册,第7页。
④ (宋)李心传撰,胡坤点校:《建炎以来系年要录》,第1807页;辛更儒点校本,第1612页。

印之《国学基本丛书》本，即脱落"不"字。① 然四库本并两种新整理本则均无脱阙。

卷九《方廷实传》载：

> 时秦桧当国，方主和议，金使萧哲、张通等来计事。

按，宋金交涉大事，必入国史。此事因见载于《宋史》卷二九《高宗纪》绍兴八年十月："丁丑，金国使张通古、萧哲与王伦偕来。"② 此事金国方面史籍亦有记载，《金史》卷四《熙宗纪》于同年天眷元年八月载："己卯，以河南地与宋。以右司侍郎张通古等使江南。"③ 据此可知，本传于"张通"名下脱一"古"字。

卷九《贺允中传》载：

> 孝宗即位之二年，诏允中落致仕，提举万寿观兼侍讲。亲御翰墨，有曰："其为朕幡然而起，何以耄疾辞？"允中捧诏泣下，复具免。

韩元吉《南涧甲乙稿》卷二〇《资政殿大学士左通议大夫致仕贺公墓志铭》详载此事："上即位之二年，诏资政殿大学士贺公落致仕，提举万寿观兼侍读。上亲御翰墨累数十语，其略曰：朕嗣服以来，思得黄发老成，询咨政要。其为朕幡然而起，勿以耄疾为辞。公捧诏泣而言曰：陛下龙飞，臣以得谢在田里，无繇一望清光。今恩意若此，年将八十，其敢矫情饰词，尚以虚文末礼为解？因不复具免，束担就道，第辞所授职，愿一见而归。"④ 据此可知，前引本传这一段最后一句"复具免"之上，当脱一"不"字。

卷九《王晞亮传》载其议选人改官之法有云：

---

① （宋）李心传撰，胡坤点校：《建炎以来系年要录》，第1561页。
② （元）脱脱等：《宋史》，第537页。
③ （元）脱脱等：《金史》，北京：中华书局，1985年，第73页。
④ （宋）韩元吉：《南涧甲乙稿》，《丛书集成初编》，第400页。

祖宗法度非有大害，未易轻议。今一旦欲将二百年之成，举而易之，此其不可四也。

其中"今一旦欲将二百年之成"一句，检《系年要录》卷一八三绍兴二十九年七月乙巳条所记，于"成"字之下，有一"法"字，盖为本传所脱。① 按，此一脱误，由上一句"祖宗法度非有大害，未易轻议"亦可旁证。

卷一九《陆琮传》载：

为吉州龙泉县主簿、寿州寿春县令，虔州石城、虔化两县，又知江宁府上元县。

这段关于陆琮仕履记载，龙泉县为主簿，寿春县为县令，上元县为知县，惟虔州石城、虔化两县不记职务，检陆佃《陶山集》卷一四《朝奉大夫陆公墓志铭》②，于"虔州石城、虔化两县"句前有一"知"字，本传脱去，遂语义不明。按，宋制，县令与知县的阶官层级不同。

卷一九《郭大昕传》载：

迁宣德郎、知都县。

按，宋无"都县"建置。检《黄庭坚全集》别集卷一〇《朝请郎郭方进墓志铭》记作"成都县"。③ 据此可知，本传脱"成"字。

卷二三《阮逸传》载其上奏云：

惟蔡邕铜龠本得于《周礼》遗范，邕自知音，所以只传铜龠，积成嘉则，是声中黄钟而律本定矣。

其中"积成嘉则"一句，检《宋会要辑稿》乐二之一三景祐三年九月所载阮逸奏疏全文，于"嘉"后有"量"字，"则"字属下。④ 本

---

① （宋）李心传撰，胡坤点校：《建炎以来系年要录》，第3522页。
② （宋）陆佃：《陶山集》，《丛书集成初编》，第152页。
③ （宋）黄庭坚：《黄庭坚全集》，刘琳等点校本，北京：中华书局，2014年，第1519页。
④ （清）徐松辑，刘琳、刁忠民、舒大刚、尹波等校点：《宋会要辑稿》，第361页。

传盖脱。按，此脱误由下文引述阮逸奏疏所云"臣所以独执《周礼》铸嘉量者"亦可证明。

卷二三《刘牧传》载：

> 年十六举进士，不第，曰："有司岂杜我哉？"乃买书闭户治之，及再举，遂为举首，调州军事推官。

其中"调州军事推官"，不详具体州名。检《王安石文集》卷九七《荆湖北路转运判官尚书屯田郎中刘君墓志铭》，记作"起家饶州军事推官"。① 据此可知，本传脱一"饶"字。

卷二四《王苹传》载：

> 苹同产子证年方十四，一日在书塾拈纸作御批曰："可斩秦桧，以谢天下。"为仆所告。有司惧桧耳目，不敢隐，驿闻于朝。诏逮赴廷尉，狱具当诛，高宗怜其，减等编置象州。

其中"高宗怜其"一句，语意未尽。检叶绍翁《四朝闻见录》甲集《布衣入馆》条载此事："王既入馆，犹子谊年方十四岁，于书塾拈纸作御批曰：可斩秦桧，以谢天下。为仆所持，索千金。王之父不能从。族子谓之曰：予金则返批，批返而后别议仆罪，千金可返也。其父亦不能从，仆遂持以告有司。有司惧桧耳目，不敢隐，驿闻于朝。诏赴廷尉，狱具，伏罪当诛。桧阅其牍，审知年十四，翌日言之上。上赦其幼，编置象台。能诗文，聚徒贬所。桧死得归，治生产有绪。"② 据此可知，"高宗怜其"之下，本传当脱一"幼"字。

卷二五《杨子谟传》载：

> 适有吴曦之乱，誓以死守，移书方请讨贼，愿以义勇为前驱。

其中"移书方请讨贼"一句，语意不通，检魏了翁《鹤山先生大

---

① （宋）王安石：《王安石文集》，刘成国点校本，北京：中华书局，2021年，第1673页。
② （宋）叶绍翁：《四朝闻见录》，冯惠民、沈锡麟点校本，第10—11页。

全文集》卷七四《中大夫秘阁修撰致仕杨公墓志铭》,记作"移书方伯监司"。①按,方伯,原为称呼殷周时代一方诸侯之长。《礼记·王制》云:"千里之外设方伯。"②此处代指路一级帅臣。本传脱"伯"字,语意遂不明。

卷二七《王洋传》载其上奏有云:

义仓之米若有不继,逐年随苗量添升斗,积活民,民自乐从。

其中"积活民"一句,语意不通。检《系年要录》卷一三九绍兴十一年三月乙巳条所载王洋奏疏,于"积"下有一"以"字。③"积以活民"系指前句所云"义仓之米"。本传脱"以"字,语意遂不明。

卷二七《董棻传》载其议论太祖祫享之事有云:

自古盖未有功隆创业,为一代之太祖,而列序于昭穆之次者也,亦未有非受命而追之祖,居东乡之尊,历百代而迁者也。

其中"历百代而迁者也"一句,检《系年要录》卷九二绍兴五年八月己未条所载奏疏,于"迁"上有一"不"字。④按,此篇奏疏言太祖祫享,不当"列序于昭穆之次者",应当将地位上升,而将"非受命而追之祖,居东乡之尊"者让位给太祖。审此意,知本传于"迁"上脱"不"字。

卷二七《王铚传》载:

铚以建隆元符信史屡更,书多重复,乃以七朝国史帝记志传,外益以宰执、宗室世表,为宗室、公卿百官年表。

其中"铚以建隆元符信史屡更"一句,检《系年要录》卷一二五

---

① (宋)魏了翁:《鹤山集》,《文渊阁四库全书》第1173册,第162页。
② (汉)郑玄:《礼记注》,王锷点校本,北京:中华书局,2021年,第156页。
③ (宋)李心传撰,胡坤点校:《建炎以来系年要录》,第2621页。
④ (宋)李心传撰,胡坤点校:《建炎以来系年要录》,第1774页。

绍兴九年正月丙申条所记,"建隆"与"元符"之间有一"至"字。①按,此处言自北宋初太祖建隆年间迄止哲宗元符年间,而非单指建隆及元符年间,"至"字当有,本传盖脱。

卷三〇《王履传》载:

　　政和初复官,差充提举恩、冀州黄河堤扫勾当公事。

检《三朝北盟会编》卷八二《王履事迹》于"恩冀州"前尚有"北京"二字。②按,此北京指大名府,本传盖脱。

卷三〇《刘滂传》载:

　　大观三年进士,调新昌令。豪邹氏横里中,挟贵姻诬人死。滂捕致械治之,部使为请,不听,卒敷以法。

其中"部使为请"一句,检汪藻《浮溪集》卷二七《左朝请郎知建昌军赠朝请大夫刘君墓志铭》,于"部使"下有一"者"字。③部使者,宋世代指路一级监察官员,"者"字一般不省略,本传盖脱。

卷三〇《卢榕传》载:

　　绍兴初,剧寇曹拥众自江北掠湖南。

《淳熙三山志》卷二八载:"建炎初,贼曹成犯安仁,躬率民兵转战以没。"④据此可知,本传于"曹"下当脱一"成"字。

卷三〇《魏孝友传》载:

　　魏孝友,字移可,福建瓯宁人。卓荦不羁,弱冠入学。

按,宋代学有乡学、县学、州学、太学多种,此记"弱冠入学",所指不明。检《万姓统谱》卷九四《魏孝友传》,"学"前有一"太"

---

① (宋)李心传撰,胡坤点校:《建炎以来系年要录》,第2368页。
② (宋)徐梦莘:《三朝北盟会编》,第619页。
③ (宋)汪藻:《浮溪集》,《文渊阁四库全书》第1188册,第266页。
④ (宋)梁克家:《淳熙三山志》,《宋元方志丛刊》,第8032页。

字,①本传脱误。

卷三二《林景曦传》载：

> 有《云间怀古》《神仙访僧》《二陆故居》《淀湖》《黄耳冢》诸作。

其中"神仙访僧"，检《霁山集》卷一，题为"神山寺访僧"，诗题下尚有自注："在平阳仙口"。②据此可知，本传脱一"寺"字，又形误"山"为"仙"，遂将寺庙名错成一般语词"神仙"。

卷三五《胡次焱传》载：

> 胡次焱，字济鼎，婺源人。登咸淳四第。

按，"登咸淳四第"，此句究竟指应考次数，还是登第名次，语意不明。检《万姓统谱》卷一一《胡次焱传》，记为"登咸淳四年第"。③据此可知，本传脱"年"字。

卷三六《吴复古传》载：

> 每论出世法，以长不死为余事，炼气服药为土苴。

检《苏轼文集》卷五七《与吴秀才》之二云："子野一见仆，便谕出世间法，以长生不死为余事，而以炼气服药为土苴也。仆虽未能行，然喜诵其言，尝作论养生一篇，为子野出也。"④据此可知，本书于"长"下脱一"生"字。按，从前后文句式亦可知字有脱误。下句"炼气服药"正对上句"长生不死"。本文虽非骈文，然亦讲究音节和谐。

---

① （明）凌迪知：《万姓统谱》，《文渊阁四库全书》第957册，第360页。
② （宋）林景熙：《霁山集》，上海：中华书局上海编辑所，1960年，第21页。按，林氏之名，多作"景熙"。
③ （明）凌迪知：《万姓统谱》，《文渊阁四库全书》第956册，第233页。
④ （宋）苏轼撰，（明）茅维编：《苏轼文集》，孔凡礼点校本，第1738页。

（二）衍文

卷二《林积传》载：

> 尝覆讯强盗，狱多平反，忤提刑意。提刑初欲荐积，因是已之。积笑曰："失一荐而活五十八人，何憾焉。"

黄裳《演山集》卷三三《中散大夫林公墓志铭》详记此事："始为循州军事判官，县解强盗五十人。公再讯得其情，坐罪而黥者三十余人，其他释。失宪司意，欲荐公而罢。公曰：吾失一荐而得生者五十人，复何憾哉？"① 按，文中两次提及"五十人"，疑本传"五十八人"之"八"字盖为"人"字之形误，因不通而又补入一"人"字。

卷九《贺允中传》载：

> 时和议未定，上问策将安出，对曰："臣向非主和。主和者自符离之役，器械刓敝，而军气尚索，愿少需之，姑听其和，而战不可终食忘尔。"

按，允中之言，韩元吉《南涧甲乙稿》卷二〇《资政殿大学士左通议大夫致仕贺公墓志铭》记作："臣向非主和者也。自符离之役，器械刓敝而军气尚索，愿少需之，姑听其和，而战未可终日忘尔。"② 据此可知，本传因承上句衍"主和者"三字，即使如引述断句，亦不甚通顺。

卷一二《张戒传》记载张戒上言云：

> 自古能守而不能和者有矣，未有不能战不能守而能和者也。

按，"不能和"，《系年要录》卷一二一绍兴八年七月乙酉条、③《皇宋中兴两朝圣政》卷二三、④《宋史全文》卷二〇中均作"能和"，⑤ 审下

---

① （宋）黄裳：《演山集》，《文渊阁四库全书》第1120册，第220页。
② （宋）韩元吉：《南涧甲乙稿》，《丛书集成初编》，第400页。
③ （宋）李心传撰，胡坤点校：《建炎以来系年要录》，第2253页。
④ （宋）佚名，孔学辑校：《皇宋中兴两朝圣政》，第743页。
⑤ （元）佚名：《宋史全文》，汪圣铎点校本，第1545页。

文为"不能战不能守而能和",知此处当衍一"不"字。

卷一三《沈复传》载:

> 十二月,遂罢为资政殿大学士知荆南府。

按,沈复罢同知枢密院事,《宋史》卷二一三《宰辅表》于干道九年载:"十二月甲子,沈复罢同知,以资政殿学士知荆南府。"① 据此可知,本传"资政殿大学士"职名当为"资政殿学士"之误。《宋会要辑稿》职官七八之五二所记系衔亦为"资政殿学士"②,亦证本传所记衍一"大"字。

卷二〇《张震传》载:

> 上初即位,刘度入对,首言龙大渊、曾觌潜邸旧人,待之不可无节度。臣欲退之,而陛下欲进之,何面目尚为谏官?乞赐贬黜。震时为中书舍人,缴其命至再,遂除震敷文阁待制、知绍兴府。

其中"而陛下欲进之"之"欲",《宋史》卷四七〇《曾觌传》所引无此字。③ 按,此乃已下之既成任命,非为计划中的人事拟议,本传所记"欲"字盖衍。

卷二一《何耕传》载:

> 免丧逾年,青州羌寇沅黎,虞允文为宣抚使,檄耕守雅州。

检本传原始出处周必大《省斋文稿》卷三五《朝请大夫知潼川府何君耕墓志铭》所记为:"免丧逾年,青羌寇沅黎,虞雍公为宣抚使,檄公守雅州。"④ 观此,"青州羌寇沅黎"一句中之"州"字无。按,此非墓志铭有脱文,"州"字本不当有。青羌乃西南羌族之一支,因服饰

---

① (元)脱脱等:《宋史》,第5579页。
② (清)徐松辑,刘琳、刁忠民、舒大刚、尹波等校点:《宋会要辑稿》,第5220页。
③ (元)脱脱等:《宋史》,第13688页。
④ (宋)周必大:《省斋文稿》,王瑞来:《周必大集校证》,第520页。

尚青色，故称青羌，跟地名无关，加入"州"字乃成所属地名标识，本传"州"字当系衍文。又，此句中"沇"字亦为"沈"之形误。宋人李石有诗《沈黎四首》，其首句即云"民俗濒蛮诏，边城异土宜"。

卷二四《陈鹏飞传》载：

> 陈振孙曰：观其书绍兴十三年所叙于文侯之命，其言骊山之祸申侯启之，平王感申侯之立己，而戍申不知其德，不足以偿怨。郑桓公死于难而武公复娶申，君臣如此，而望其振国耻难矣。呜呼，其得罪于桧，岂一论而已哉！

其中"而戍申不知其德不足以偿怨"一句中之"戍申"不知所云，云，义不可通。检《直斋书录解题》①卷二并《文献通考》卷一七七《经籍考》所引均无，②当系衍文。

卷二四《赵师渊传》载：

> 以母病添差通判温州，入主将作太常簿。

按，入主为簿，言任主簿，然所任主簿官署，究竟是将作监，还是太常寺，此处所记，二官署并列，意指混乱。检《宋元学案》卷六九《沧洲诸儒学案》上《晦翁门人·常丞赵讷斋先生师渊》记作"入主将作簿"。据此可知，本传"太常"二字当为衍文。

卷二九《刘克庄传》载：

> 甫及月，丁母忧，方禫，除秘阁书监，以制未终辞。

按，"秘阁书监"，宋代官制所无。检本传援据文献林希逸《竹溪鬳斋十一藁》续集卷二三《宋龙图阁学士赠银青光禄大夫侍读尚书后村刘公状》载："甫及月，丁魏国忧，哀慕毁瘠，三年如一日。庚戌

---

① （宋）陈振孙：《直斋书录解题》，徐小蛮、顾美华点校本，上海古籍出版社，2015年，第31页。
② （元）马端临：《文献通考》，上海师范大学古籍整理研究所、华东师范大学古籍整理研究所点校本，2011年，第5288页。

十一月，除秘书监。公以禫制未终辞。"① 观此，仅作"秘书监"，无"阁"字。据此可知，本传为衍。

四、杂误种种

（一）文字倒置

卷二《蔡承禧传》载其上奏论及盐法有云：

此惠卿之朋比专权，坏失国家源利也。

其中"坏失国家源利也"之"源利"，检《长编》卷二六九熙宁八年十月庚寅条所载承禧奏疏记作"利源"。②"源利"不通，本传盖倒。按，此非陆氏之误，而系沿袭清光绪七年浙江书局《长编》刊本之误，而《四库全书》文津阁本、文渊阁本则均不误。

卷一六《李昂英传》载其"赐对，上奏札"有云：

锡赉之数无涯，宫庭之费不会。此冠布衣帛之时也。愧脱簪之谏，周室所以中兴；坚覆觫之志，晋元所以再造。此岂甚高难行之事？

其中"此冠布衣帛之时也"之"冠布衣帛"，李昂英《文溪存稿》卷六所载撰于端平三年之《召除太博赐金奏札》作"衣布冠帛"。③按，"衣布冠帛"典出《左传》闵公二年："卫文公大布之衣，大帛之冠。"杜预注："大布，粗布。"④本传所记则无据，盖倒置。

卷一九《黄莘传》载：

---

① （宋）林希逸：《竹溪鬳斋十一藁》，《文渊阁四库全书》第 1185 册，第 785 页。
② （宋）李焘：《续资治通鉴长编》，上海师范大学古籍整理研究所、华东师范大学古籍整理研究所点校本，第 6586 页。
③ （宋）李昂英：《文溪存稿》，《文渊阁四库全书》第 1181 册，第 151 页。
④ （春秋）左丘明撰，（晋）杜预集解：《春秋左传集解》，南京：凤凰出版社，2015 年，第 121 页。

> 徙恩州清河令。黄河旧在州境,县岁输刍茭。后河徙,犹赋之,积逋四十万,皆贫户。都水使者督不已。莘条列于朝,悉蠲之。

其中"积逋四十万"之"四十万",刘挚《忠肃集》卷一四《朝奉郎致仕黄君墓志铭》①及杨杰《无为集》卷一四《故朝奉郎知汝州黄府君行状》均作"十四万"。按,本传此事记载源自《黄君墓志铭》,然《黄府君行状》所载稍详:"恩州之清河、清阳欠黄河堤岸芟草十四万,两县于队长十九户下催理,都水漕台文移不绝。十九户贫乏,六年不能供,前后长少鞭扑不胜数尽。当时队长以丁数选,非以物产定故尔。郡县苦之,人莫敢议。君乃言于朝曰:嘉祐之初,河入恩州,故堤岸芟草出于民者万数,今则聚而无用。条其可免之十利,朝廷可其奏,悉蠲之。魏公方执政,尤称其事。"②据此可知,本传盖倒置。

卷二二《陈介传》载:

> 初游同邑陈藻门,年十三,不以场屋为意。

按,"年十三不以场屋为意",似不足为奇,颇合常理。检林希逸《竹溪鬳斋十一藁》续集卷二二《陈判官墓志铭》:"君生五岁而孤,母氏督教甚至。初从学尚右郑公,有能赋声。郑公,世所传八韵活法者,名师也。长事乐轩于网山之里。母氏外家龙江,实与网山为邻,遂徙而居焉。君既有闻于乐轩,不以场屋为意,年三十不应举。"③据此可知,本传记作"年十三"当为"年三十"之倒。

卷二七《徐兢传》载:

> 京西使者以佞幸进,遣逃卒二百辈筑室邑中,肆为盗暴,一邑大扰。

---

① (宋)刘挚:《忠肃集》,裴汝诚、陈晓平点校本,第287页。
② (宋)杨杰:《无为集》,曹小云校笺本,合肥:黄山书社,2014年,第484页。
③ (宋)林希逸:《竹溪鬳斋十一藁》,《文渊阁四库全书》第1185册,第771页。

其中"肆为盗暴"之"盗暴",不大经见。检《宣和奉使高丽图经》①附录张孝伯撰《宋故尚书刑部员外郎徐公行状》作"暴盗",意指凶暴盗抢,当是。本传盖倒置。

卷三〇《郑中立传》载:

郑中立,字从之,福建长汀人。

按,传主人名,据《永乐大典方志辑佚》之《临汀志》载《进士题名》②与《万姓统谱》卷一〇七③并《乾隆福建通志》④卷四八,均作"郑立中"。本书传主姓名"郑中立"为"郑立中"之倒。按,宋世确有名"郑中立"者,然时代早于传主,地望亦不同,传见《雍正江西通志》卷四九⑤,当为另外一人。本传倒误。此误由本书卷二一《杨方传》所记"以方与郑立中配食焉"亦可证。

卷三一《吴从龙传》载:

立庙扬、泰二州,赐额"褒忠",官其从弟虎。

"官其从弟虎",《宋史》卷四五二《吴从龙传》记作"官其弟从虎"⑥,审"从虎"与传主"从龙"之名意义相应,知本传作"从弟"盖为倒误。

卷三二《胡廷桂传》载:

登咸淳七年进士,授平乐尉。

---

① (宋)徐兢:《宣和奉使高丽图经》,虞云国、孙旭整理:《全宋笔记》,郑州:大象出版社,2019年,第322页。
② 马蓉等点校:《永乐大典方志辑佚》,第1425页。
③ (明)迪凌知:《万姓统谱》,《文渊阁四库全书》,台北:商务印书馆,1986年。
④ (清)郝玉麟修,谢道承纂:《乾隆福建通志》,《文渊阁四库全书》,台北:商务印书馆,1986年,第529册,第633页。
⑤ (清)谢旻修:《雍正江西通志》,《文渊阁四库全书》第514册,第518页。
⑥ (元)脱脱等:《宋史》,第13308页。

"平乐",《徽州府志》记作"乐平"。① 按,"平乐",据《宋史》卷九〇《地理志》六,隶广南西路昭州,而卷八八《地理志》四,记乐平为饶州属县,隶江南东路。② 审本传下文内容有"饶守唐震素知其才,辟居签幕",可知传主所任当为饶州乐平。本传误倒。

卷三五《胡大壮传》载:

> 胡大壮,字履季,福建崇安人。

"字履季",检张栻《南轩集》卷二五有《答胡季履》,③ 可知本传"履季"当为"季履"之倒。按,古人命名,常以伯仲叔季居于名前,表示兄弟排行。由此观之,亦当作"季履"为是。

(二)上下文连属致误

卷一《毕从古传》载:

> 会颖上亦大饥,民亦攘其粟。县令雷详议曰:"岁饥取粟,姑以免死。"

其中"县令雷详议曰"之"详",本传所据源头文献毕仲游《西台集》卷一六《尚书郎赠金紫光禄大夫毕从古行状》记作"祥",与前"雷"连属为人名"雷祥",当是。④ 本传作"详"则是与下文连属为"详议"而误。

卷一二《王趯传》载:

> (绍兴)二十五年十二月,复右朝奉大夫、主管台州崇道观。

按,《系年要录》卷一七〇于绍兴二十五年十二月丁酉条载:"除名勒停人王趯复右朝奉大夫,朝奉郎、主管台州崇道观刘岑复左朝散

---

① (明)汪尚宁纂:《徽州府志》,嘉靖四十五年刊本。
② (元)脱脱等:《宋史》,第2241、2187页。
③ (宋)张栻:《南轩集》,杨世文点校:《新刊南轩先生文集》,北京:中华书局,2015年,第1144页。
④ (宋)毕仲游:《西台集》,《文渊阁四库全书》第1122册,第208页。

大夫。"① 据此可知，王趯仅为"右朝奉大夫"，"主管台州崇道观"乃刘岑复左朝散大夫之前所带。本传连书与王趯无关之下文记载。

卷一九《司马京传》载：

> 元丰二年卒，年六十八。

按，范祖禹《范太史集》卷三八《虞部郎中司马君墓志铭》载："元丰二年六月戊戌朔，以疾终于家，年六十。八月壬寅，祔于先原。"② 据此可知，本书记司马京享年，将下句"八月"属上，误为享年"六十八"。

卷三二《陈尉德传》载：

> 陈尉德，福建德化人。

传主人名，《乾隆永春州志》卷二六上记作"陈蔚，德化人"，盖本传将地名"德"字属上误连作人名。③ 按，《永春州志》记人名为"陈蔚"，亦疑不得其实。本传所记"尉"亦非人名，而是官名，陈尉者，陈姓县尉也。

（三）竖写致误

卷二一《黄洧传》载：

> 番禺令近在帅守诸司治所，肆意为奸，无按举者。洧素闻之，至是诲厉之，不能改，乃捕其吏属劾之，反而狱具。

其中"反而狱具"一句，检朱熹《晦庵先生朱文公文集》卷九三《转运判官黄公墓碣铭》，记作"一夕而狱具"，④ 与前后文意相合。按，本传"反"字，当为竖写状态下之讹误。

---

① （宋）李心传撰，胡坤点校：《建炎以来系年要录》，第 3249 页。
② （宋）范祖禹：《范太史集》，《文渊阁四库全书》第 1100 册，第 422 页。
③ （清）郑一崧修，颜璘纂：《永春州志》，乾隆五十二年刊本，第 2 页。
④ （宋）朱熹：《晦庵先生朱文公文集》，郭齐、尹波：《朱熹文集编年评注》，第 4322 页。

（四）无据改易

卷五《王古传》载：

> 奏言：淮、浙旱蝗，私家无积，乞豫为备。

《长编》卷二六六熙宁八年七月甲申条载："诏淮南、两浙转运司相度所须出籴及兴修水利斛斗之数，计会发运司截留上供穀应副。以司农寺主簿王古言奉诏体访，淮浙今岁旱蝗，私稼无望，民必艰食，乞豫为备也。"① 按，本传"私家无积"盖为《长编》此条"私稼无望"之无据改易。

卷二九《孙应时传》载：

> 兴州元帅吴氏将有世袭之势，朝廷患之，而未敢轻有变易也。

"兴州元帅"，《会稽续志》卷五《孙应时传》记作"兴元帅"。② 按，兴元指兴元府，帅臣指安抚使，本传改作"兴州元帅"不确。

（五）字讹义乖

卷六《杨康国传》载其弹劾苏轼奏疏有云：

> 时臣未有言责，徒自震恐。未必无人为陛下言不可之状，致朝廷尚稽窜责。

其中"未必无人为陛下言不可之状"之"未"，检《长编》卷四〇七元祐二年十二月壬寅条所载奏疏记作"此"。③ 按，审下句"致朝廷尚稽窜责"，知当作"此"是，作"未"意正相反。

---

① （宋）李焘：《续资治通鉴长编》，上海师范大学古籍整理研究所、华东师范大学古籍整理研究所点校本，第6535页。

② （宋）张淏：《宝庆会稽续志》，《宋元方志丛刊》，第7153页。

③ （宋）李焘：《续资治通鉴长编》，上海师范大学古籍整理研究所、华东师范大学古籍整理研究所点校本，第9914页。

（六）显误

卷二《蔡承禧传》载：

承禧累乞罢台职，十五年为集贤校理、提点开封府县界公事。

按，熙宁无十五年，显误，据《长编》卷二八二所记此事，① 知为十年五月之讹。

卷一九《费琦传》载：

县接契丹境，一日，民讹言相惊，谓北兵来浸，皆闭户自匿，市井不相通。

其中"谓北兵来浸"之"浸"当为"侵"字之讹，吕陶《净德集》卷二四《朝散郎费君墓志铭》此句记作"谓北人来寇"②，亦为同义不误。

卷二二《吴懿德传》载：

将没前二日，书于册曰："平生薄宦，甘受冻饥。一介不取，一豪不欺。"

按，"一豪不欺"之"豪"，为"毫"字显误。检真德秀《西山文集》卷四五《通判广州吴君墓志铭》，正作"一毫不欺"。③

卷二四《黄公度传》载：

子沃，以父任补官，终朝请大夫、知邵州；宁庆元五年特奏名，漳州军事推官。

其中纪年"宁庆元五"，"宁"后明显脱一"宗"字。

卷三六《杜子野传》载：

孙育德，兴五年进士。

---

① （宋）李焘：《续资治通鉴长编》，上海师范大学古籍整理研究所、华东师范大学古籍整理研究所点校本，第6908页。
② （宋）吕陶：《净德集》，《文渊阁四库全书》第1098册，第199页。
③ （宋）真德秀：《西山文集》，《文渊阁四库全书》第1174册，第721页。

"兴五年",纪年不明。检本传转录自注明出处之"林志",即《雍正江西通志》卷八〇,"兴五年",乃为"绍兴五年"之明显脱误。①

(七) 莫名字误

卷三〇《王履传》载:

> 靖康元年八月,以武翼大夫充大金白西军前和议副使,副李若水行至太原。

按,《三朝北盟会编》卷五二载此事:"(靖康元年八月)二十四日丁巳,李若水以吏部侍郎充山西军前和议使,王履以相州观察使充山西军前和议副使。"②据此可知,本传"白西"当为"山西"之误。

(八) 以不阙为阙

卷五《陈并传》记陈并上疏有云:

> 古人言投鼠忌器,□元祐之政,更为形比先帝。

按,"元祐"上之方框,表示原阙一字。然检《国朝诸臣奏议》卷四四所录陈并《上哲宗答诏论彗星陈四说》,并无阙字,③当删除阙字方框。

(九) 补阙

卷五《陈并传》记陈并上疏有云:

> 若无过恶,□□诘责。

按,阙字方框,盖本传所据版本脱阙,检《国朝诸臣奏议》卷四四

---

① (清)谢旻修:《雍正江西通志》,《文渊阁四库全书》第515册,第734页。
② (宋)徐梦莘:《三朝北盟会编》,第392页。
③ (宋)赵汝愚:《国朝诸臣奏议》,北京大学中国中古史研究中心《宋朝诸臣奏议》校点整理本,第459页。

所录陈并《上哲宗答诏论彗星陈四说》，为"不过"二字，[1] 可据补。

同奏疏：

> 设□□□，不过猜妒，乃妇人之常情。

按，阙字方框，盖本传所据版本脱阙，检《国朝诸臣奏议》所录奏疏所阙字处，为"有忤旨"三字，[2] 可据补。

卷二三《周行己传》载：

> 大观三年，御史毛□劾行己师事程氏，卑污苟贱。

按，本传卷末虽标记出处为"《万历温州府志》参《浮沚集》"，实际转引自《宋元学案》卷三二《周许诸儒学案·程吕门人·正字周浮沚先生行己》，此句即有阙字。[3] 考《长编纪事本末》[4] 卷一三一及《宋史》卷三四八《毛注传》，[5] 此时担任侍御史者为毛注，可据补。

卷二六《商倚传》载：

> 建中靖国元年为殿中侍御史，九月上书曰："■■■■■朋党之论■■，■■不■朝廷患，臣不敢■■■■■之变为今日戒。臣窃观绍圣、元符间朋党之■■作，岂朝廷所欲为哉？"

以上数句多有阙字墨丁，不可卒读。按，商倚此奏载赵汝愚编《国朝诸臣奏议》卷七六，题为《上徽宗乞戒朋党之弊》，阙字数句如下："臣尝闻自古朋党之论既起，未有不为朝廷患。臣不敢远引汉唐败乱之迹为今日戒，臣窃观绍圣、元符间朋党之说互作，岂朝廷所欲为

---

[1] （宋）赵汝愚：《国朝诸臣奏议》，北京大学中国中古史研究中心《宋朝诸臣奏议》校点整理本，第458页。
[2] （宋）赵汝愚：《国朝诸臣奏议》，北京大学中国中古史研究中心《宋朝诸臣奏议》校点整理本，第458页。
[3] （清）黄宗羲，陈金生、梁运华点校：《宋元学案》，第1279页。
[4] （宋）杨仲良编，李之亮点校：《皇宋通鉴长编纪事本末》，哈尔滨：黑龙江人民出版社，2006年，第2222页。
[5] （元）脱脱等：《宋史》，第11033—11035页。

哉。"① 盖本传援据版本有阙，故仍其旧，可据补。

　　追根溯源，依据援引文献，并审视文本自身，以上分类梳理了《宋史翼》中存在的由形误、音误等原因造成的衍误脱倒等各种讹误。这些在文献传抄、刊刻过程中生成的讹误，造成了文本的事实改变，形成了读者的阅读障碍。调动综合知识，通过文本检核、事实认证，将考据学应用于校勘学领域，指出并是正这些讹误，不仅有助于文献本身的利用，还具有校勘学释例的典型意义。就《宋史翼》本身来说，则更具有特殊意义。《宋史翼》是一部没有经过认真辨析的史料汇集，如上述考证可见，问题极多。纠正《宋史翼》与生俱来的错误，会让这部史书清爽少瑕，信实可用。从这个意义上说，本文从校勘学入手的讹误是正，则具有更为广泛的研究意义。

---

① （宋）赵汝愚：《国朝诸臣奏议》，北京大学中国中古史研究中心《宋朝诸臣奏议》校点整理本，第831页。

《历史文献与传统文化》征稿启事

  《历史文献与传统文化》是由暨南大学中国文化史籍研究所主办的学术集刊，创刊于1990年，由研究所第二任所长常绍温先生创办，研究所首任所长、著名宋史专家陈乐素先生题写刊名。本刊目前由商务印书馆出版，并为中国知网收录。

  常先生在创刊号序言《弘扬祖国优秀文化传统进行专题探索》里指出："中华民族有着悠久的历史和灿烂的文化。我国古代文化是人类文化史上的瑰宝，是祖先留给我们的宝贵文化遗产。而历史文献是中国文明的重要组成部分和文明发展程度的历史标志。我国的历史典籍浩如烟海，整理和研究现存的历史典籍，对于研究我国的历史文化，总结我们民族在社会发展的各阶段从社会经济基础到上层建筑各个领域的成就和历史经验，有着重要价值和现实意义。"明确提出本刊的宗旨是：整理和研究历史文献，弘扬中华优秀传统文化。自创刊以来，本刊坚持这一宗旨，坚持为国家实施文化战略政策服务，贯彻严谨、笃实的学术作风，矢志不懈地努力将本刊打造成为传播和发展中华传统文化的优秀平台。

  本刊开设有文献考辨、专题研究、岭南文化研究、稀见文献、海外研究等专栏，敬希海内外学者惠赐大作。来稿具体要求如下：

  （一）来稿须为原创首发，请勿一稿多投，字数一万—三万字。请附中文摘要和关键词，同时请提供英文题目、关键词。

  （二）本刊为简体横排。注释采用脚注格式，每页重新编号。具体注释格式和体例，以《历史研究》注释为准。

（三）本刊书评采取约稿方式，不接收投稿的书评。

（四）稿件的写作语言为中文，外文稿件请译为中文。

（五）本刊编辑部对来稿有权进行技术性处理和适当的文字修改，将不另行知会作者。如需保留修改权，务请在来稿中说明。

（六）本刊采用同行专家匿名审稿制度，审稿周期为三个月。投稿后3个月未有答复者，作者可自行处理稿件。

（七）来稿请于首页第一个脚注之前，注明作者姓名、单位、职称、研究方向。另以附件形式注明通讯地址、邮编、邮箱、手机号码等联系方式。

（八）编辑部邮箱为：orichc@jnu.edu.cn。来稿请在邮件标题中注明：作者姓名和论文题目。

（九）本集刊为半年刊，欢迎随时赐稿。本刊不收取任何形式的版面费、审稿费等费用。来稿一经刊出，即赠送样刊一册，并酌付稿酬。

欢迎学林同道惠赐大作！

《历史文献与传统文化》编辑部